현대 기독교 윤리의 쟁점과 과제

현대 기독교 윤리의 쟁점과 과제

개정 증보판 2019년 4월 5일

지은이 유경동
발행인 윤상문
디자인 표소영, 박진경
발행처 킹덤북스
등록 제2009-29호(2009년 10월 19일)
주소 경기도 용인시 기흥구 동백동 622-2
문의 전화 031-275-0196 팩스 031-275-0296

ISBN 979-11-5886-094-3 (03230)

Copyright ⓒ 2019 유경동
이 책은 저작권법에 따라 보호받는 저작물이므로 무단전재와 복제를 금지하며,
이 책의 내용의 전부 또는 일부를 이용하려면 반드시 저작권자와 킹덤북스의 서면 동의를 받아야 합니다.

※ 잘못된 책은 구입하신 곳에서 교환하여 드립니다.
※ 책 가격은 표지 뒷면에 있습니다.

킹덤북스(Kingdom Books)는 문서사역을 통해 하나님의 나라를 확장하고,
한국 교회와 세계 교회를 섬기고자 설립된 출판사입니다.

유경동 지음

현대 기독교 윤리의 쟁점과 과제

킹덤북스
Kingdom Books

목차

책을 출판하며　　6
개정 증보판을 내며　　9

1. 뇌 과학의 관점에서 본 배아의 생명권　　11
   I. 들어가는 말 ― II. 헌법재판소의 배아의 생명권에 대한 판시 ― III. 뇌 과학의 관점에서 본 배아 ― IV. 해방생물학 ― V. 뇌 과학의 관점에서 본 배아의 생명권 ― VI. 결론

2. 뇌 기능과 뇌 의식의 문제를 극복하는 윤리적 공동체 연구　　39
   I. 서론 ― II. 뇌 과학에서의 뇌 기능과 의식의 역할 ― III. 뇌 기능과 의식, 그리고 범주화의 문제 ― IV. 뇌 기능과 의식, 그리고 도덕적 범주화에 대한 윤리적 과제 ― V. 결론

3. 생명 개념과 생명 윤리에 관한 법과 기독교의 입장 비교 연구　　72
   I. 서론 ― II. 판례를 통하여 본 법의 생명 개념 ― III. 한국 기독교의 교리에 나타나는 생명 개념 ― IV. 기독교 윤리적 관점에서의 생명 개념에 대한 제안 ― V. 결론

4. 신무신론 시대의 기독교 신학의 역할에 대한 연구　　102
   I. 들어가는 말 ― II. 전통적 무신론 ― III. 신무신론 ― IV. 나가는 말

5. 법과 종교를 위한 공동체 윤리: 종교/폭력과 기독교 평화주의 연구　　133
   I. 서론 ― II. 현대의 종교/폭력의 세계화 문제 ― III. 비폭력 무저항주의에서의 폭력과 평화 ― IV. 종교/폭력 세계화에 대한 비폭력 무저항주의의 대안적 평화 원리 ― V. 결론

6. 법과 종교를 위한 공동체 윤리: 종교적 관점에서 본 배아의 생명권　　162
   I. 들어가는 말 ― II. 유대교적 관점에서의 배아의 생명권 ― III. 기독교적 관점에서의 배아의 생명권 ― IV. 이슬람의 관점에서의 배아의 생명권 ― V. 불교의 관점에서의 배아의 생명권 ― VI. 힌두교적 관점에서의 배아의 생명권 ― VII. 유교적 관점에서의 배아의 생명권 ― VIII. 결론

7. 에른스트 블로흐(Ernst Bloch)의 낮꿈과 유토피아를 넘어　　193
   : 베드로의 낮꿈과 하나님의 나라
   I. 서론 ― II. 프로이드(Sigmund Freud)의 밤꿈 ― III. 에른스트 블로흐(Ernst Bloch)의 희망의 원리로서 낮꿈 ― IV. 희망의 원리로서 유토피아 ― V. 미완성으로서의 유토피아와 기독교의 완전 ― VI. 베드로의 낮꿈 ― VII. 블로흐의 유토피아를 넘어 하나님의 나라로 ― VIII. 결론

8. 남북한 평화 통일과 기독교 윤리의 과제: 제3의 대안은 있는가?   221
   I. 들어가는 말, 평화가 가능한가? — II. 남북 통일과 다양한 관점들 — III. 통일 신학과 한계 — IV. 현실주의의 폭력과 권력 — V. 비폭력 무저항주의와 평화 — VI. 나가는 말, 통일 신학의 이론적 대안

9. 기독교의 '완전(perfection)' 개념과 기독교 윤리   249
   I. 서론 — II. 사도적 교부들의 완전 — III. 어거스틴(Augustine)의 완전 — IV. 토마스 아퀴나스(Thomas Aquinas)의 완전 — V. 월터 힐튼(Walter Hilton)의 완전 — VI. 테레사(St. Teresa of Avila)의 완전 — VII. 존 웨슬리 — VIII. 결론

10. 목회자 세금납부와 기독교 윤리   275
    I. 들어가는 말 — II. 법적인 관점 — III. 법적인 쟁점에 대한 대안: 법과 종교의 조화 — IV. 도덕적 관점 — V. 도덕적 쟁점에 대한 대안: 체계와 생활 세계의 조화 — VI. 신학적 관점 — VII. 나가는 말: 이웃의 사제로

11. 대한민국 헌법의 기본권에 나타나는 생명 개념과 종교적 양심에 대한 고찰   302
    I. 들어가는 말 — II. 기본권과 종교 — III. 기본권의 특성 — IV. 기본권과 생명 — V. 기본권과 종교의 양심과 자유 — VI. 나가는 말

12. 집합 기억과 기독교 윤리   327
    I. 서론 — II. 집합 기억 — III. 집합 기억과 신앙 공동체 — IV. 집합 기억과 기독교 윤리 — V. 결론

13. 식물 신경 생물학과 기독교 녹색 윤리   355
    들어가는 말 — 1. 식물 신경 생물학 — 2. 식물의 인지기능 — 3. 식물의 사회적 소통체계 — 4. 식물의 주체성 — 5. 식물과 기독교: '나무 십자가'의 상징성을 중심으로 — 결론: 식물과 기독교 윤리의 과제

14. '포스트-휴먼(post-human)'과 과학 기술   392
    : 4차 산업과 기독교 윤리학의 과제
    I. 들어가는 말 — II. '포스트-휴먼(post-human)'인가 '탈-휴먼(de-human)'인가? — III. '포스트-휴먼'과 과학 기술 — IV. '포스트-휴먼' 과학 기술과 인간의 위기 — V. '포스트-휴먼'과 윤리학적 쟁점 — VI. 결론: '포스트-휴먼'과 기독교 윤리학의 과제

책을 출판하며

현대 사회에서 기독교 윤리학의 주제는 다양하며 아울러 각 주제에 대한 심도 있는 연구 또한 매우 중요하다고 할 수 있습니다. 필자는 최근 한국 기독교학계와 일반 학계에 기독교 윤리학의 주제와 연관하여 다양한 학술적 논문을 게재하였습니다. 본 서적에 실린 내용은 현대 기독교 윤리학이 응답하여야 하는 다양한 질문에 대한 일부 대답이며 그 내용은 '뇌 과학', '생명 윤리', '한국 개신교의 종교법과 생명에 관한 사회 교리', '무신론', '공동체윤리', '기독교적 꿈의 해석', '배아의 생명권', '종교의 생명 이해', '남북 평화 통일', '목회자 세금납부', '대한민국 헌법과 종교', 그리고 '기독교의 완전 개념'에 대한 것입니다. 부족한 글이지만 기독교 윤리학의 발전에 조금이라도 도움이 되었으면 합니다.

참고로 본 서적에 실린 논문의 출처는 아래와 같습니다.

1. "뇌 과학의 관점에서 본 배아의 생명권," 생명 윤리정책연구 8권 2호, 이화여대 생명의료법 연구소, (2014.12), 177-201.
2. "뇌 기능과 뇌 의식의 문제를 극복하는 윤리적 공동체 연구," 한국기독교 신학논총 96집(2015.4), 39-66.
3. "생명 개념과 생명 윤리에 관한 법과 기독교의 입장 비교 연구," 장신논단, Vol. 47 No. 1(2015.3), 177-201.

4. "신무신론 시대의 기독교 신학의 역할에 대한 연구," 서울신학대학교 신학과 선교, 46(2015), 299-331.

5. "법과 종교를 위한 공동체 윤리: 종교/폭력과 기독교 평화주의 연구," 기독교사회윤리 32집(2015.8), 247-275.

6. "법과 종교를 위한 공동체 윤리: 종교적 관점에서 본 배아의 생명권," 생명 윤리정책 제9권 제2호(2015.12), 생명의료법연구소, 175-199.

7. "에른스트 블로흐(Ernst Bloch)의 낮꿈과 유토피아를 넘어: 베드로의 낮꿈과 하나님의 나라," 장로회신학대학교, 선교와 신학 37, (2015.10), 205-232.

8. "남북한 평화 통일과 기독교 윤리의 과제: 제3의 대안은 있는가?" 신학과 세계, 감리교신학대학교, (2013.12), 241-264.

9. "기독교의 완전(perfection)개념과 기독교 윤리," 신학과 세계, 감리교신학대학교, (2015.12), 411-433.

10. "목회자 세금납부와 기독교 윤리," 신학과 세계, 감리교신학대학교, (2012.12), 288-310.

11. "대한민국 헌법의 기본권에 나타나는 생명 개념과 종교적 양심에 대한 고찰," 신학과 세계, 감리교신학대학교, (2014.12), 157-177.

이 책의 출판을 맡아주신 킹덤북스(Kingdom Books) 대표 윤상문 목사님께 깊은 감사를 드립니다. 목사님의 문서 선교가 발전하기를 기도합니다.

2016년 9월
유경동 교수

개정 증보판을 내며

이번 개정 증보판을 통하여 필자가 등재지에 게재한 논문 세 편을 추가하였습니다. 그 주제는 '집합 기억'과 '녹색 윤리', 그리고 '4차 산업 과학 기술'에 관한 내용입니다. 개정 증보판에 실린 논문들은 각 학술지의 편집규정이 다르기 때문에 일관되게 통일하지는 못하였습니다. 그리고 일부 논문들의 각주에 독자들의 연구에 도움이 되고자 필자의 선행 연구들을 좀 더 자세히 소개하였으며, 필요한 경우 인용을 좀 더 상세하게 소개하여 후속 연구에 도움이 되도록 하였습니다. 아울러 오타와 경미한 인용의 실수들도 바로잡았습니다. 현대 기독교 윤리의 다양한 주제들을 연구하는데 도움이 되었으면 합니다.

참고로 이번 개정 증보판에 추가된 논문은 아래와 같습니다.

12. "집합 기억과 기독교 윤리," 한국기독교신학논총 106(2017.10), 205-230.
13. "식물 신경생물학과 기독교 녹색 윤리," 한국기독교신학논총 111(2019.1), 179-209.
14. "'포스트-휴먼(post-human)'과 과학기술-4차 산업과 기독교 윤리학의 과제," 신학사상 183호(2018.12), 111-135.

2019년 4월
냉천동 연구실에서

일러두기

- 본문에서 각주와 인용의 형식은 논문을 제출한 다수의 학술 기관의 편집 형식을 그대로 살렸으며, 본문의 내용을 이해하는데 큰 문제가 없으므로 이 서적에서는 각주와 인용의 형식을 통일하지 않았음을 밝힙니다. 아울러 참고서적도 형식이 통일되지 않았음을 알립니다.
- 학술 기관에 제출한 원본과 이 책의 내용에는 일부 차이가 있음을 밝힙니다. 일부 각주의 인용을 좀 더 자세히 추가하였고 누락한 인용도 추가하였습니다. 필요한 경우 내용도 일부 보충하였음을 밝힙니다.
- 각 연구 논문에서 필자의 선행 연구를 재인용하는 경우에 별도의 재인용 부호 없이 출처를 밝히고 인용하였음을 밝힙니다. 참고로 일부 내용은 기독교 윤리학의 개념에서 필수적이기에 필자의 선행 연구 서적에 그 내용이 복수 이상으로 재인용되어 있으며 그러한 경우에는 일일이 이 서적에서 출처를 다 밝히지 않았으며, 대신 선행 연구에서 대표적인 글들을 인용하고 출처를 밝혔음을 알립니다.
- 이 책에서 소개된 필자의 논문들 중에서 많은 내용은 영어권의 사상가들이나 이론들과 연관이 되어 있습니다. 필자는 꼭 필요한 직접 인용이 아닌 경우 대부분 간접 인용의 방식으로 영어를 패러프레이즈 하여 문단의 끝에 각주를 달아 인용의 출처를 밝혔는데, 번역의 내용이 여러 문단들로 구성된 경우 맨 끝에 있는 각주 출처 표기만으로는 앞 문단들의 출처에 대하여 독자들에게 혼란을 줄 수 있다고 생각합니다. 때로는 시작하면서 출처를 밝히고 번역하는 경우도 많은데, 이런 경우 후속 문장이나 문단들에 대한 별도의 정확한 출처 인용부호가 없으면 앞의 경우와 마찬가지로 어디까지 원저자의 사상이나 이론인지 모호하여 독자들에게 혼란을 줄 수 있다고 생각합니다.
- 번역의 내용 대부분 어떤 특정한 이론이나 사상과 연관이 되어 있으며, 그리고 연속성이 있어서 필자는 원저자의 사상을 구분할 수 있으나, 독자의 입장에서는 그러한 구분에 어려움이 생길 수 있다는 점에 대하여 좀 더 주의하도록 하겠습니다. 필자의 글에서 발견되는 위와 같은 문제점들에 대하여 독자들의 양해를 구하며, 앞으로 영어권 또는 일반 사상과 연관된 글들을 소개할 때 가급적 문단의 서두에 원저자의 이름을 명기하고 각 문장이나 문단의 인용출처를 보다 정확하고 꼼꼼하게 기술하도록 하겠습니다.
- 필자가 이 논문들을 연구할 때 적용한 연구윤리기준은 "2008년 서울대 연구윤리 지침"을 참고하였습니다. 타인의 글에서 두 문장까지는 인용하지 않아도 되고, 과거에 발표된 필자의 논문에서 한 단락(5개 문장 정도)까지는 인용표시가 없어도 되며, 그리고 자신의 연구 성과가 교과서나 공개적으로 출간된 데이터 파일에 게재되어 있는 경우 인용하지 않아도 되는 지침을 참고하였습니다.

뇌 과학의 관점에서 본 배아의 생명권[1]

I. 들어가는 말

생명이란 유기체가 태어나서 죽을 때까지의 살아있는 상태나 이 기간 동안 나타나는 모든 현상들을 통칭하는 개념이다. 생명은 이런 생물학적인 의미 외에도 추상적 의미로서 어떤 사물이 존재하는 데에 있어서 본질적인 것을 비유하거나 그것이 유지되는 기간을 비유적으로 표현할 때 쓰이기도 한다. 예를 들어, "작품의 생명력은 작가의 혼에서 비롯된다"라는 표현이나 "그의 정치적 생명은 이제 끝났다"라는 비유처럼, 생명은 사회적 관점이나 정신적 관점에서의 인간 존재의 지속성을 의미하기도 한다. 한편, 종교에서의 생명 개념은 위의 일반적 의미보다도 더욱 더 심오하다. 왜냐하면 여기에서 생명은 단지 유기적이나 사회적 의미가 아닌, 인간의 출생 전이나 사후를 포함하는 영적 의미를 내포하기 때문

---

[1] 본 글의 출처는 다음과 같다. "뇌 과학의 관점에서 본 배아의 생명권," 생명 윤리정책연구 8권 2호, 이화여대 생명의료법 연구소, 2014, 12, 177-201.

이다. 더군다나 현대의 생명과학에서 제시하는 생명의 영역은 전통적인 인권의 영역을 배아나 유전적 요소까지 적용하고 있는 실정이다.

이와 같이 현대 사회에서 생명의 개념이 광의적임에도 불구하고 한국의 헌법에 근거한 생명권과 같은 절대적 기본권의 해석은 배아에 대하여서는 매우 제한적이라고 할 수 있다. 헌법재판소는 "구 생명 윤리 및 안전에 관한 법률 제13조 1항"인 "누구든지 임신 외의 목적으로 배아를 생성하여서는 아니 된다"라는 법률과 연관된 초기 배아의 기본권과 배아 연구와 연관된 위헌소송에서 배아에 대한 생명권을 소극적으로만 인정하고 기본권은 부인하였다.[2] 필자는 이 글에서 헌법재판소의 판시가 문제가 있음을 지적하고, 뇌 과학의 관점에서 배아의 생명권과 기본권에 대한 강조, 그리고 생명 윤리 정책에서 고려되어야 할 요소들을 살펴보도록 하겠다.

뇌에 관한 연구는 전통적으로 심리학에서 인간의 정신현상을 통하여 추론하였지만, 현대에서는 일반적으로 신경과학과 인지과학을 통하여 인간의 정신현상에 대하여 새로운 지평을 개척하고 있다. 특히 뇌 과학에서 다루는 인간의 정신과 배아와 연관하여 추론할 수 있는 뇌 과학과 뇌 윤리학의 이론들을 검토하여 봄으로써 배아를 둘러싼 생명권의 논쟁이 앞으로 어떻게 발전되어야 할지 살펴보도록 하겠다.

---

2 헌재 2010.5.27. 2005헌마346, 판례집 22-1하, 275, 헌법재판소 인터넷 재판정보 참조.
   http://search.ccourt.go.kr/ths/pr/selectThsPr0101List.do

II. 헌법재판소의 배아의 생명권에 대한 판시

2005년 배아의 생명권과 기본권에 대한 청구인들의 주장은 인간의 배아도 인간과 동등한 기본권과 생명권이 있다는 점에 있다.[3] 배아나 태아, 그리고 인간을 생명의 연속성에서 동일한 유전자를 가진 생명체로 인식하였다. 따라서 착상 전 배아, 인공 수정 후 체외에 보관중인 배아, 그리고 체세포 이식에 의한 복제배아도 출생 후의 인간과 동일한 생명체라고 청구인들은 강조하였다. 따라서 생명의 시작은 수정 시이며, 체세포핵 이식은 핵 이식 시가 생명의 출발점이기 때문에 인간 배아는 생명권의 주체로서 인간이 가지는 존엄성과 가치를 인정해야 한다는 주장이 제기된 것이다.

당시 헌재의 판결요지는 출생 전에 형성되는 배아의 생명권을 소극적으로 인정하지만 기본권의 주체성과 시점에 대하여서는 생물학적 관점과 규범적 해석이 조화되어야 한다고 보았다. 특히 생명의 출발점을 모태에 착상되어 원시선이 나타나는 14일 이후로 보기 때문에, 현재의 과학 기술로는 이 기준 이전에는 독립적인 인간으로서 성장가능하지 않기 때문에 기본권을 인정할 수 없다고 보았다. 다만 배아는 형성 중에 있는 생명이기 때문에 국가의 보호가 필요하며, 사회 윤리적 관점에서 배아생성자의 자기결정권은 중요하다고 보았다. 그러나 배아의 보존을 5년 기간으로 제한하고, 그 이후 폐기의무를 규정한 것에 대하여서는 입법목적의 정당성과 공익적 필요성의 비례 원칙에 따라서 배아생성자

---

[3] 이하 헌재의 내용은 다음의 내용을 참조하였음을 밝힌다. 헌재 2010.5.27. 2005헌마346, 판례집 22-1하, 275, 헌법재판소 인터넷 재판정보 참조.

의 자기결정권을 침해하는 것이 아니라고 판시하였다.

이와 같은 판시의 근거로 헌재는 "배아의 지위는 모체에 착상되어야지만 인정할 수 있다"고 본 보건복지부의 의견과, 그리고 같은 맥락에서 "인간의 존엄과 가치와 같은 기본권은 착상 이후의 배아에게 인정된다"는 교육과학 기술부의 의견을 수렴하였다. 국가생명 윤리위원회도 다수의 의견에 따라서 배아는 단순한 세포군이 아니라 잠재적인 인간존재의 지위를 가지며, 생명권의 가능성은 있지만 그 주체성은 인정할 수 없다고 보았다. 다만 배아제공자의 신체와 정신적 위험성을 고려한 도덕적 배려가 중요하다고 강조하였다. 한편 법무부장관은 배아는 인간과 동등한 존재가 아니기 때문에, 헌법상의 기본권과 생명권을 인정할 수 없다고 못 박았다.

지금까지 살펴본 바와 같이, 헌재는 배아의 생명권에 대하여 다양한 기관의 입장을 청취하였지만, 궁극적으로는 출생 전 형성 중의 생명의 주체성을 부정하였다. 초기 배아는 수정이 된 배아지만 모체에 착상되어 원시선이 나타나지 않은 이상 현재의 자연 과학적 인식 수준에서 독립된 인간과 배아 간의 개체적 연속성을 확정하기 어렵다고 본 것이 헌재의 판시 핵심이다. 그리고 배아의 경우는 모태 속에서 수용될 때 비로소 독립적인 인간으로의 성장가능성을 기대할 수 있다는 점을 강조함으로써 수정 후 착상 전의 배아는 인간으로 인식되기 어려우며, 사회적 존재로 승인하기 어렵다고 보았다. 그렇다면 뇌 과학을 통하여 추론할 수 있는 인간의 생명권은 무엇인지 살펴보도록 하자.

III. 뇌 과학의 관점에서 본 배아[4]

뇌 과학의 관점에서 생명의 시작은 '사유하는 뇌'의 시작과 연결되며 배아의 유전적 요소와 능력은 이 사유의 생명 현상을 절대적으로 좌우한다. 따라서 인간의 존엄성과 주체성의 형성을 통한 생명권은 배아 전후 단계의 생물학적 요소와 연관된 뇌의 유기적 구조를 통하여 시작되는 것이다.

생명의 시작은 뇌가 만들어지는 순간 즉 수정부터 시작되며 임신 3-4 주부터는 배아가 본격적으로 두뇌를 생성하기 시작하며 배아의 능력이 뇌를 좌우한다. 그러나 배아의 능력이란 배아 이전의 유전적 요인과 연관이 되기 때문에 배아 이전의 여러 생물학적 발생 단계를 고려하여야 하며 특히 난자와 정자의 역할과 수정, 그리고 태아와 성체 전 과정을 유기적으로 살펴보아야 한다.

인간 개체의 생명은 뇌를 통하여 항상성을 유지하기 때문에 뇌가 없는 인간은 상상할 수 없다. 이 항상성을 지키기 위한 뇌의 목적은 바로 생명의 보호에 있으며 우리가 법에서 말하는 자유나 평등과 같은 개념 또한 인간의 뇌에서 작동하는 정신 작용이며 또한 생명의 특징이기도 하다. 물론 인간의 생명은 유전 인자와 같은 일차적인 요소와 신체의 외부적인 사회 환경의 상호 작용에 의하여 지속되기 때문에 생명을 뇌의 기능적인 관점에서 보는 뇌결정론의 한계는 있지만 뇌를 구성하는 배아

---

4 필자는 선행 연구를 통하여 일반 '뇌 과학'과 '신학'의 통섭을 시도한 바 있다. 앞의 선행 연구에서 필자는 별도의 '배아'에 대한 연구는 일부 있었으나, 이 글에서는 앞의 선행 연구를 기반으로 '배아의 생명권'에 대하여 관심을 가지고 논지를 심화하여 전개하였음을 밝힌다. 참고로 앞의 선행 연구의 인용 자료를 재인용 하는 경우 별도의 재인용 부호는 생략하였으며, 본 글의 목적에 맞게 적절하게 내용을 참고하였음을 밝힌다. 더 자세한 내용은 아래의 책을 참고하시오. 유경동, 뇌 신학과 윤리(개정판, 킹덤북스), 2016. 선행 연구에서 배아에 대한 내용은 아래의 내용을 참고하시오, 유경동, 뇌 신학과 윤리, 77면, 119면.

단계부터 인간의 기본권과 생명권을 인정해야 한다는 입장에서 뇌를 강조하는 것은 의미가 있다고 본다.

이런 맥락에서 뇌 윤리학(신경윤리, neuroethics)은 비록 생명 윤리의 하위 범주에 속하지만, 뇌신경은 각기 담당하는 물리적 역할의 차원을 넘어서서 인간의 책임과 윤리적 의식, 그리고 법과도 연관이 될 수 있다는 주장은 중시할 필요가 있다. 왜냐하면 인간의 의식 작용이 뇌신경의 역할과 인지 작용과 관계하기 때문에, 도덕적 주체가 되어야 할 인간의 사유와 행동을 이해하기 위하여 뇌와는 분리할 수 없기 때문이다. 즉 우리의 행위 이면의 사유 체계는 배아 단계부터 형성되는 뇌의 뉴런과 시냅스를 통한 뇌 작용의 결과라고 할 수 있는 것이다.

인간의 두뇌는 생명을 유지하는 동안 끊임없는 변화와 적응을 반복하는데, 뇌의 탄생은 마치 우주의 빅뱅에 비견되기도 한다.[5] 인간의 도덕적 능력이 만들어지는 최초의 시간이 언제인지는 뇌 과학의 관점에서도 다양하다. 인간 생명의 출발점을 수정 순간으로 볼 수도 있고 배아가 만들어지는 순간이라는 입장도 가능하다. 일반적으로 인간의 도덕적 지위는 헌재의 판단과 같이 수정 14일 이후 뇌의 형태가 형성되는 원시선의 출현을 기점으로 볼 수도 있고, 그리고 인간 의식의 능력과 연관하면 신경 세포가 발달하는 이후로도 잡을 수 있다. 그러나 뇌의 유전적 정보는 난자와 정자의 수정이 결정적인데 난자는 소기관과 핵소체, 염색질과 핵형질을 가지고, 정자는 핵 속에 염색체를 가지고 만남으로 뇌가 만들어진다고 할 때, 정자와 난자는 배아의 필수 조건이다.[6]

---

5 Daniel Tammet/ 김민경 외 역, 뇌의 선물(홍익출판사), 2009, 17면 이하.
6 John E. Upledger/ 김선애 역, 뇌의 탄생-중추 신경계의 탄생과 성장에 대한 탐구(지문사), 2007, 41면 이하.

장차 인간이 될 유전적 요소를 가지고 있는 난자와 정자는 단순한 세포 덩어리로 인지하고 도덕적 지위를 부여할 수 없다는 것이 의학계의 통상적인 입장이지만, 정자의 핵 속에 있는 응축된 DNA와 난자의 핵은 각기 23개의 염색체를 가지고 수정이 되기 때문에, 인간의 뇌가 만들어지는 필수 조건은 바로 각 난자와 정자의 존재에 있다. 발생학적인 관점에서 정자와 난자의 수정은 23쌍의 염색체를 가진 단세포 수정란이지만, 이 수정을 거쳐 형성된 접합체(zygote)는 2·4·8 세포 분열을 통하여 불과 14일 만에 인간으로 성장할 수 있는 전능세포가 된다. 따라서 이 과정 중에도 수정과 배아는 분리하여 볼 수 없으며, 배아는 단순한 세포가 아니라 인간이 되는 전 과정의 연속성에서 파악되어야 할 생명체인 것이다.

물론 난자와 정자에 인간의 생명권을 넘어 존재권과 같은 것을 인정할 수 있는지의 여부를 떠나 뇌의 관점에서 보면, 뇌가 만들어질 가능성이 있는 난자와 정자의 핵이 언제 만들어지는가는 중요할 수 있다. 인간의 생명이 뇌를 형성할 수 있는 정자와 난자의 존재까지 소급한다면, 여성의 경우는 태어날 때부터 이미 난자를 가지고 태어나며, 남성의 경우 일반적으로 사춘기에 정자가 생성되기 시작한다고 할 때, 생명의 가능성은 배아가 만들어진 시점보다 훨씬 더 앞선다는 결론이 나온다.

헌재는 수정이 된 초기 배아라 할지라도 모체에 착상되어 원시선이 나타나지 않으면 배아와 인간 간의 개체적인 연속성이 없다고 보았다. 모태에 착상될 때만 독립적인 인간으로의 성장가능성이 있다고 본 것이다. 그러나 인간 개체의 보호를 위한 개입 한계선이 과거 낙태죄를 통하여 태아를 보호하였던 것처럼 이제는 배아 단계까지 포함되어야 한다고 본다. 배아를 둘러싼 인간 개체의 생명권은 체내 수정이나 체외 수정을 포함하여 잉여 배아, 그리고 줄기세포 연구까지 포함되어야 할 것이다.

필자가 중시하는 점은 인간의 생명 현상을 좌우하는 배아와 연관하여 다양한 생물학적 관점이 있다는 것과, 뇌와 연관된 배아의 도덕적 지위와 생명권에 대한 해석도 판단자의 인식에 의하여 좌우될 수 있다는 것이다. 따라서 배아에 도덕이나 생명의 기준을 적용할 때는 훨씬 더 엄격하고 철저한 윤리적 개념이 적용되어야 하며 이를 위하여 과학적 인식과 도덕적 의식의 확장이 필요하다. 이 논의의 발전을 위하여 '해방생물학'적 관점에 대하여 살펴보자.

IV. 해방생물학

헌재가 판시한 배아의 경우처럼, 인간의 생명 현상을 생물학적 기능으로 제한하여 해석하면 자칫 '제거적 환원주의'의 문제를 야기할 수 있다. 객관적이라고 주장하는 어떤 한 과학 지식으로 다른 개념들을 제거하게 되면, 한 이론을 절대화하는 위험성이 있다.[7] 이렇게 되면 과학적 가설은 권력과 같은 힘으로 변질되며, 실험은 기본 가설을 위한 반복적인 형식으로 전락될 위험성이 있다.

따라서 인간의 생명과 연관된 윤리적인 질문은 "우리는 무엇을 해야만 하는가?(should)" 뿐만이 아니라, "무엇을 해서는 안 되는가(should

---

[7] Paul M. Churchland, *Matter and Consciousness: a Contemporary Introduction to the Philosophy of Mind* (Cambridge, MA: The MIT Press), 1988, 26면 이하. 처칠랜드는 제거적 유물론(eliminative materialism)과 환원적 유물론(reductive materialism)을 말하고 있는데 필자는 이 글에서 제거적 유물론의 한계를 지적한다.

not)"의 질문도 함께 하여야 한다. 요지는 과학이 도덕과 윤리와 연결이 되려면, 과학적 해석은 배아의 경우, 생물학적 상태나 그 역할을 해석하는 데에 그치지 말고, 실제 배아를 둘러싼 생명 현상이 도덕적으로 암시하고 있는 것이 무엇인지 보여주어야 한다는 것이다.

이는 인간 생명의 법적 이해에 있어서도 생물학적 보수주의를 넘어서서 과감하게 미래의 인간 사회에 미칠 윤리적 영향을 고려하여야 함을 전제한다. 즉 생명 윤리는 '해방생물학(liberation biology)'과 같은 견해를 수용하여야 한다고 본다. 이는 인간 존엄성과 자유를 표방하는 인권과 생명권의 문제에 있어서는 적극적인 생물학적 관점의 변화가 필요하다는 입장이다.[8] 해방생물학의 일반적인 입장은 생명 개념을 과도하게 기능주의적 관점에서 제한하는 정치적 보수주의를 극복하는 것이다. 진정한 의미의 생물학적 혁명은 인간의 생명과 연관하여 공공 정책에 제한하지 말고 사람들의 관점과 방법론에 따라서 좋은 것(the good)과 진실 된 것(the true)을 선택하도록 그 기회를 넓히는 것이다. 예를 들어, 현재의 배아에 대한 보수적인 법적 판단을 넘어서서 배아 전후에 형성되는 뇌의 사유 능력에 해방생물학적 관점을 적용하면 우리는 배아의 생명권과 기본권을 인정하는 데 훨씬 가깝게 다가갈 수 있다.

뇌는 수정 순간부터 세포분열을 따라 배아 발달과정 초기에는 상피 세포로부터 발생한 몇 개의 배아 선조 세포들로부터 시작하여 자연스럽게 성장한다. 이때 뉴런은 신체와 뇌를 그물처럼 연결하여 인간의 생명을 유지하는 데에 필수적인 역할을 한다. 신경 세포는 감각 뉴런, 연

---

8 Ronald Bailey, *Liberation Biology: the Scientific and Moral Case for the Biotech Revolution* (NY; Prometheus Books), 2005, 12면 이하. 로널드 베일리는 생명공학과 같은 공공 정책에 억제보다는 다양한 방법론을 과감하게 수용할 것을 강조하고 있다. 참고로 필자는 베일리의 관점을 선행 연구에서 소개한 바 있다. 재인용 부호는 생략한다. 유경동, 뇌 신학과 윤리(개정판, 킹덤북스), 2016. 108-110.

합 뉴런, 운동 뉴런 등으로 나눠지는데, 이 중에서 각 뉴런의 정보를 통합하는 데에 가장 중요한 역할을 하는 부분이 바로 뇌이다. 뇌는 감각과 행동, 그리고 감정에 관련된 기능을 수행하는 수많은 시스템을 가지고 있으며 이 각각의 시스템은 수십억 개의 뉴런이 형성하는 거대한 수의 상호 연결된 네트워크로 구성이 된다.

뉴런의 핵 안에는 유전물질인 DNA를 포함하고 있으며 유전 정보를 전달한다. 뉴런과 뉴런 사이의 정보를 전달하는 시냅스의 화학적 과정은 신경과 계통에 결정적인 역할을 한다.[9] 뇌가 매우 정교한 뉴런과 시냅스의 화학 작용에 의하여 작동되지만, 수많은 시냅스 신호들을 뇌가 출력신호로 바꾸는 데에 있어서 뇌는 매 초마다 수십억 개의 신경적 계산을 수행한다. 철학자 칸트도 이런 맥락에서 인간 인식론(epistemology)의 한계에 대하여 지적한 바 있다. 즉 '세계에 대한 우리의 접근은 언제나 신경계를 통하여 중재된 접근'으로서 우리가 인정해야 할 한계라고 칸트(Kant)는 본 것이다.[10]

이와 같이 뇌의 신경망 생성은 배아 초기부터 이루어지고, 뇌의 신경 경로는 배아 단계에서부터 기능적으로 재조직되고 변화되는 가소성(可塑性)을 지니며, 태아 이후 평생 인간은 학습된 정보나 지식을 보유한 기억에 의하여 사고와 행위를 하게 된다. 특히 인간의 사고를 담당하는 주름이 많은 대뇌피질은 신경 세포가 가장 많이 자리하고 있으며, 인간의 경험과 재능을 포함하는 유전적인 요소를 저장하게 된다.

---

9 Mark F. Bear/ Barry W. Connors/ Michael A. Paradiso/ 강봉균 외 역, 신경과학: 뇌의 탐구 (바이오메디북), 2009, 122면 이하.
10 Patricia S. Churchland/ 박제윤 역, 뇌 과학과 철학 (철학과 현실사), 2006, 72면 이하. 칸트의 해석은 처칠랜드의 관점을 따랐다.

인간의 행위를 지속하게 하는 뇌의 기억 체계는 신비가 아니라 두뇌 속에 있는 다양한 정보를 모으는 과정과 깊게 연관이 된다. 배아 시기부터 뇌가 형성되는 과정을 이해하기 위해서는 뇌의 생물학적인 기능을 넘어서 공시성과 통시성의 관점에서 뇌를 이해하여야 한다.[11] 여기서 강조하고자 하는 점은 대뇌피질로부터 자율신경계 전반에 이르는 뇌의 복잡한 시스템은 이미 배아의 유전적 정보에 의하여 결정된다는 공시적인 관점과, 따라서 우리는 배아에 대한 우리의 전통적인 법과 인식론적 관점을 달리하여야 한다는 통시적인 입장이 조화를 이루어야 한다는 주장이다.

앞에서 헌재의 판시에 나타난 것처럼, 헌재는 당시의 자연 과학적 인식 수준에서 배아의 생명권을 이해하였다. 이는 법의 해석에 있어서 생명과학을 위시한 사회 규범적 요소들을 고찰할 수밖에 없다는 반증이기도하다. 그러나 이 '자연 과학적 인식의 정도'라는 그 기준이 의미하는 것은 매우 모호하다. 생명의 출발점을 원시선의 출현으로 본 인식 수준이 과학의 합의에 의한 것이라면, 뇌 과학에서 배아뿐만 아니라 배아 이전 단계의 유전적 정보가 인간의 생명을 좌우하는 뇌의 사유 체계를 구성하는 데에 필수적이며, 특히 정자와 난자의 DNA도 그 역할을 담당한다면 이러한 해석은 어떻게 하여야 하는가? 이와 같은 질문이 가지는 목적은 배아의 역할은 유전적 요인에 근거한 생물학적 기능을 수행할 뿐 아니라 인간의 도덕적 행위 능력에 결정적인 역할을 한다는 점을 강조하기 위함이다.

---

11 기억은 크게 감각 기억, 단기 기억, 장기 기억, 서술 기억, 절차 기억, 재인 기억, 그리고 작업 기억 등으로 분류할 수 있다. 김훈석·신현주, 기억력의 비밀-EBS 다큐프라임(북폴리오), 2011, 41면 이하.

필자는 배아에 대한 생명권은 배아의 법적 지위뿐만 아니라 이 배아가 인간의 행위를 유발하는 '자유 의지'와 연관된다는 점에서 또 다른 중요성을 가진다고 강조하고 싶다. "뇌는 정신을 낳고 정신은 뇌를 낳는다"는 표현처럼, 뇌는 근원적으로 규범적이며 사회적 특성을 가지기 때문이다.[12] 뇌는 책임을 지는 것이 아니라 창발하는 정신 작용이기 때문에, 뇌의 상호 작용은 사람들 사이의 상호 규칙에 의하여 규정된다는 관점도 매우 중요하다.

특히 인간 의식의 기준은 배아가 '정신 활동을 지탱할 수 있는 능력을 가지는지의 여부'에 달려 있다는 지적은 우리의 주의를 끈다.[13] 왜냐하면 뇌는 "자아와 개성, 타인에 대한 감각, 그리고 우리의 인간임에 대한 감각을 지탱하고 관리하고 만들어 내는 역할"을 감당하는데, 이 능력이 배아부터 결정되기 때문이다.[14]

필자의 관점에서 헌재는 일반적인 신경과학의 관점을 수용하여, 배아의 능력은 도덕적 사고를 가능케 하는 뉴런에 의하여 결정되기 때문에, 배아가 수정 후 14일이 되었을 때 뇌가 형성된다고 전제하고, 도덕적 지위의 가능성을 이 이후에 부여하였다고 본다.[15] 그러나 이는 인간이 의식을 가진다는 것이 무엇인지 의학계에도 합의된 기준이 없기 때문에 이러한 헌재의 관점은 여전히 모호하다. 앞에서 강조하였듯이, 인간의 정신적 능력이 유전적 소질에 기인한다면, 인간의 생명권은 배아에게

---

12 Michael S. Gazzaniga/ 박인균 역, 뇌로부터의 자유(추수밭), 2012, 267면 이하.
13 Michael S. Gazzaniga, 위의 글(주 12), 26면 이하.
14 Michael S. Gazzaniga, 위의 글(주 12), 58면 이하. 가자니가는 '마음 이론(theory of mind)'을 통하여 인간의 바램이나 의도와 같은 마음상태가 정신 작용의 핵심이라고 보고 있다.
15 Michael S. Gazzaniga/ 김효은 역, 윤리적 뇌(바다출판사), 2009, 40면-42면 참고.

도 적용되어야 할 것이다.[16] 왜냐하면 뇌의 94퍼센트 정도가 배아의 유전적 요인과 연관이 되며, 특히 지능과 인지에 매우 밀접하게 연관이 된다. 인간의 두뇌는 "유전자의 역할, 환경을 체감하게 하는 신경 체계의 역할, 그리고 미래 행위를 이끄는 경험의 역할"과 매우 깊은 관계가 있으며, 따라서 뇌의 변화는 인간의 도덕적 행위를 유발하는 정신 세계를 구성하는 데 필요충분조건이 되는 것이다.[17]

지금까지 필자는 인간의 사유 능력은 배아 또는 그 이전의 유전적 요소에 의하여 결정된다는 점을 부각함으로써 착상된 배아의 원시선을 기준으로 하는 현재의 생명권에 대한 해석이 언젠가는 바뀔 것이라는 점을 암시하였다. 특히 신경과학의 관점에서 DNA와 뉴런, 그리고 배아는 다 인간의 사유 체계를 구성하는 뇌의 형성에 필수적이기 때문에 배아의 법적 지위를 인정하는 것이 생물학에 대한 해방적 요소임을 부각시켰다.

언뜻 이와 같은 해석은 인간의 생명권과 기본권에 뇌의 요소를 지나치게 강조하는 뇌결정론이라는 비판이 부각되지만, 뇌의 판단은 주변 환경과 상호 작용하는 가운데 형성된 의사 결정이기 때문에, 다음 장에서 살펴볼 인간의 도덕적 능력에 중요한 인간의 자유 의지에 대한 해석은 매우 중요하다. 뇌는 배아 초기부터 '도덕 감정'과 인간의 바람을 지향하는 '마음 이론', 그리고 '추상적인 도덕적 추론'이 다 가능한 상태임을 유추할 수 있다.[18] 이와 같은 해석이 주는 유용성은 뇌 과학의 신경 윤리가 의학적 관점에서 머물지 않고 뇌가 작동하는 방식을 이해함으

---

16 Michael S. Gazzaniga, 위의 글(주 15), 116면 이하.
17 Michael S. Gazzaniga, 위의 글(주 15), 124면 이하.
18 Michael S. Gazzaniga, 위의 글(주 15), 220-228면 참조.

로써 배아와 연관된 생명 현상을 보다 깊이 이해하는 데 도움이 된다. 또한 뇌의 현상을 통하여 인간이 사회적으로 어떻게 상호 작용할 수 있는지 학습함으로써 뇌의 생물학적 조건을 넘어서 윤리적 책임과 도덕적 주체성에 대한 해방생물학적 질문을 가능하게 한다.

V. 뇌 과학의 관점에서 본 배아의 생명권

뇌와 연관된 생명 윤리는 배아 이전부터 형성되는 유전적 요인을 이해하여야 한다는 앞 장의 논리는 자연적으로 배아를 통하여 구성되는 뇌의 도덕적 능력과 주체성에 관한 질문으로 옮겨간다. 물론 뇌와 배아의 인과 관계를 고려하여 배아만 따로 구별하여 '사고하는 배아'라든지 또는 '배아의 주체성'이란 식의 표현은 한계가 있지만 배아가 초기부터 뇌 속에 분포되어 있는 유전적 지도에 결정적 영향을 주며 우리에게 '자아'라는 의식을 심어주는 데 중요한 역할을 한다면 이는 배아와 뇌의 도덕적 능력을 분리하여 생각할 수 없다.

필자는 배아 단계부터 형성되는 정신의 세계, 즉 인간의 자아 의식과 주체성, 나아가 자유와 같은 개념이 어떻게 구성되는지 뇌 과학을 통하여 간략하게 살펴봄으로써 배아의 역할과 지위를 기본권의 입장에서 보고자 한다. 필자가 주장하려고 하는 점은, 인간에게 윤리 의식, 즉 자아 개념과 도덕적 사고는 유전자와 수정, 배아, 태아, 그리고 인간화의 전 과정에 걸쳐 형성되는 것이지 각 개체군을 구별하여 우리 스스로 우리의 몸을 기능별로 분할하여 능력별로 별도의 지위를 부여하는 '생물학적 차별'이 이루어져서는 안 된다는 것이다.

이제 소개하려는 뇌 과학의 이론들은 당장은 배아와 인과 관계를 구성하기에는 한계가 있다. 필자는 뇌를 구성하는 배아 세포의 물리적 요소와 화학적 작용 과정에서 그 역할과 독립적 지위를 묻는 것이 아니다. 아울러 배아 단계부터 형성되는 뇌의 사유 능력을 배아의 뉴런 형성으로 제한하거나 뇌 세포 존재 자체를 사유와 등치하는 것도 아니다.[19]

필자가 강조하고자 하는 것은 배아와 연관된 사유의 '기능'과 '의식'을 구분하지 않고, 배아는 이미 인간의 존엄성과 생명권, 자유와 양심의 정신적 기제를 담지하는 뇌의 형성에 관여하고 있기에 수정 전후를 막론하고 배아에 기본권이 인정되어야 한다는 입장이다. 인간의 사유 능력을 뇌 세포의 기능적 관점에서만 보면 배아의 능력은 지극히 제한된다. 그러나 신경과학적인 관점에서 배아가 수정 전후부터 의식을 구성하는 능력을 가지고 있으며 자아와 주체성, 그리고 자유와 같은 개념을 형성하는 중요한 역할을 한다면 배아의 존재적 위치는 매우 중요하다. 예를 들어, 일란성 쌍둥이의 두뇌인 경우 개체에 따라 동일한 신경조직이라 할지라도 다양한 신경 또는 정신적 물질을 구성하게 된다. 특히 배아를 수정 전 유전적 요인과 수정, 태아, 그리고 성체를 연결하여 주는 전 유기적 과정의 관점에서 보았을 때, 배아를 구성하는 생물학적 요소와 유기적 역할은 뇌의 심적인 성질과 특질을 창발시킴으로써 장차 인간에게 주체성을 부여해주며 배아의 지위를 더욱더 높은 차원으로 격상시

---

19 엄밀하게 따지면 뇌와 연관된 '의식'과 '기능'은 구분되어야 한다고 본다. 의식은 인간이 감각적 존재로서 자신과 주변 환경의 관계를 자각하는 것이라고 할 수 있으며 기능은 이 과정을 수행하는 것이다. 뇌 세포나 뉴런의 감소에 따른 기능의 상실은 의식의 상실로 이어진다. 그러나 기능과 연관하여 의식을 상실한다는 정의는 아직도 그 관점의 차이에 따라서 해석이 모호하다. 왜냐하면 의식과 기능 사이의 구분과 기준이 모호하기 때문이다. 예를 들어, 심폐정지로 사망한 사람의 경우 잠시 동안은 뇌 세포가 살아있을 수 있다. 이때 뇌의 상태를 기능의 상실 과정으로 볼지, 아니면 의식의 상실 과정으로 볼 지는 입장의 차이가 생길 수 있다. 만일 자아 의식이 있다면 사유 기능이 있는 것이며 사유 기능의 존재는 의지와 주체성이 있다고 볼 여지가 있기 때문이다. 필자는 이 글에서 뇌의 기능과 의식의 역할에 관한 상관관계에 대한 해석은 생략한다.

키는 것이다.[20]

도덕적 주체성과 연관되는 '자아'는 우리가 가진 신체와 외부 세계를 자각하는 개념이 아니라 신체에 반응하는 정신 현상이며 이 과정은 배아 초기까지 거슬러 올라가는 것이다. 뇌의 관점에서 신체는 편의상 일시적으로 구성된 것이며, 자아는 그 구조를 인식한 개념이라는 것이 일반적인 정설이다.[21] 인간의 신체와 연관된 자아의 개념은 허구가 아니라 오히려 인간은 마음과 물질, 그리고 영혼이라는 유기적인 관점에서 형성된 것이라는 관점도 중시하여야 한다. 인간의 신체를 구성하는 유전적 요소들과 배아와 같은 세포는 감각질과 정신 작용, 자아감과 주체 의식을 형성하며, 그리고 자유 의지를 구성한다.[22] 자아의 개념에 영혼과 같은 비물질적 관점이 개입될 여지가 없다는 것이 다수의 의견이지만, 자아 개념에 무의식의 영역이나 초월적 개념도 전제하기 때문에 자아 개념이 단지 뇌의 물리적 현상이라고 속단할 수는 없다.

중요한 점은 인간의 자아나 영혼, 그리고 종교적인 신에 대한 질문은 인간의 유익을 위한 공리주의적 맥락을 넘어선다는 점이다. 일반적으로 철학에서 인간의 도덕적 문제는 자연법이나 공리주의, 또는 의무론을 통하여 인간의 책임을 물어왔다. 그러나 만일 도덕과 법의 문제가 단지 배아를 통한 유전적 소질과 그 능력에 의하여서만 좌우된다면, 인간은

---

20 Patricia S. Churchland, 위의 글(주 10), 472, 484면. 이 관점은 처칠랜드의 '속성이원론'과 '잭슨 논증(Jackson's Argument)'을 설명하는 내용을 참고하였다.

21 Vilayanur Ramachandran/ Sandra Blakeslee/ 신상규 역, 라마찬드란 박사의 두뇌 실험실(바다출판사), 2007, 176면 이하. 라마찬드란은 사지가 잘려나갔음에도 불구하고 고통을 호소하는 '환상사지'나 시력의 상실 후에 생겨난 시각적 경험을 하는 '찰스 보넷 증후군(Charles Bonnett syndrome)'의 환자들을 통하여 신체는 뇌가 구성하는 껍질임을 강조하였다.

22 Vilayanur Ramachandran/ Sandra Blakeslee, 위의 글(주 21), 454면 이하. 라마찬드란은 자아의 개념을 여섯 가지로 설명하는데, 그것은 각각, '신체화된 자아', '정열적 자아', '실행하는 자아', '기억하는 자아', '통일된 자아', '경계하는 자아', 그리고 '개념적 자아'이다.

진화론적인 결정론에서 헤어 나오지 못할 것이다.

이제 살펴볼 이론들은 배아와 같은 세포 단계부터 구성되는 감각과 정신, 자아와 주체감과 같은 뇌의 도덕적 이론이다. 필자는 이러한 이론들을 제시함으로써 뇌와 연관된 사유의 기능을 살펴보고 이러한 뇌의 생명 현상과 배아의 유전적 요소가 인간의 생명과 사유 능력, 그리고 자아의 개념 형성에 매우 긴밀하다는 점을 강조하도록 하겠다.

뇌의 도덕적 가능성에 대한 과학적 추론은 인간의 도덕 개념과 같은 것을 뇌의 생리화학적 운동에 따른 '부수적 현상론(epiphenomenalism)'으로 보기도 한다. 부수적 현상론은 유물론적 해석으로서 인간의 의식을 증기 기관에서 발생하는 '기적(汽笛)'에 비유하여 이 기적은 기관이 작동하는 동안 계속 발생하지만 기관의 메커니즘에는 관여하지 않는다는 관점이다.[23] 이렇게 되면 인간 의식의 발전에 대한 해석은 모호하여진다. 왜냐하면 인간의 신념이나 감정과 같은 것은 뇌의 작용 과정에 의하여 기인되는 부수적 현상이기 때문이다. 이러한 입장은 인간의 정신 현상이 자칫 환원불가능이나 인과적 의존이라는 한계에 갇히게 된다.

인간의 역사를 볼 때, 인간의 정신 현상은 결과론적인 측면에서 전쟁과 폭력과 같은 오류와 치명적인 실수를 저지른 것이 분명하다. 그러나 다른 한편, 자유와 민주, 이성과 계몽, 그리고 과학이나 영성과 같은 방식을 통하여 인간 사회가 지속적으로 발전되어 왔기 때문에, 뇌의 정신 현상을 우연적 산물로 보기보다는 육체와 정신의 밀접한 상호 관계로 보아야 할 것이다.[24]

23　Marina Ravoka, *Philosophy of Mind A-Z* (Edinburgh: Edinburgh University Press, 2006), 58-59면.

24　C. Judson Herrick, *Brains of Rats and Men: A Survey of the Origin and Biological Significance of the Cerebral Cortex* (Chicago, IL: The University of Chicago Press), 2012, 294면 이하.

인간의 '자아' 개념과 연관된 도덕적 주체성을 이해하기 위하여 '정신신경학적 해석'과 같은 비유물론적 해석이 가능하다는 점도 고려하여야 한다. 예를 들어, 감각질과 자아는 마치 동면의 양면과 같기 때문에 "누군가에게 경험되지 않은 채 공중에 떠다니는 감각질은 없으며, 모든 감각질을 결여한 자아도 상상하기 어렵다."[25] 일반적으로 자아는 1인칭의 주체 의식과 물질 세계인 3인칭의 상보성에 의하여 결정된다고 볼 수 있다. 특히 1인칭은 자아의 의식적인 인식과 자기 자신에 대한 연속감과 일체감, 자신의 신체와 결부된 자아감과 주체 의식, 그리고 자신의 행위와 운명을 스스로 통제할 수 있는 자유 의지로 구성이 된다. 정신신경학적 관점은 정신 세계를 지칭하는 1인칭과 물질 세계를 대변하는 3인칭인 뇌 사이의 상보적 측면은 단순한 신경학적 과정으로 환원될 수 없으며, 그리고 양자 간의 상보적 결과 또한 동일하지 않다는 점을 강조한다.[26]

그렇다면 뇌와 사유 체계와 연관된 도덕적 주체성을 강조하기 위하여서는 정신적 상태와 물리적 상태의 인과 관계에 대한 설명이 가능하여야 한다. 여기서 '이원적 상호론(dualistic interactionalism)'을 그 예로 들 수 있다.[27] 이 이론은 물리 법칙의 양립성을 강조하기 위하여 양자역학적 개념을 도입하는데, 일반적 물리 법칙이 선형으로 그릴 때, 양자적 가능성을 비선형으로 표현하는 것이다. 따라서 뇌에서 작동하는 인간의 정신현상은 예측 가능한 물리 법칙이 아니다. 그런데 이 이론의 약

---

25 Vilayanur Ramachandran/ Sandra Blakeslee, 위의 글 (주 21), 451면 이하.

26 Mario Beauregard/ 김영희 역, 신은 뇌 속에 갇히지 않는다(21세기 북스), 2010, 255면 이하.

27 David J. Chalmers, *The Character of Consciousness* (NY: Oxford University Press), 2010, 126면 이하.

점은 정신적 의도성 자체가 비선형이 될 때, 그 예측이 불가능하여 결국 인간의 도덕적 행위 결정에 문제가 생길 수 있다.[28]

따라서 이러한 한계를 극복하기 위하여 정신과 물질이 전적으로 다르다는 관점에서 출발하는 '실체이원론(substance dualism)'이 인간의 도덕적 사유에 대한 설명이 될 수 있다. 예를 들어, 인간의 정신은 뇌의 생화학적 작용과 구별되는 현상으로서 정신은 인간의 사고가 아니라 사고를 통합적으로 사고하는 실체로 보는 것이다.[29] 이렇게 되면 정신과 뇌는 상호 작용의 차원을 넘어서서 정신은 별도의 실체로서 자리매김을 하게 된다. 그러나 이러한 해석이 가지는 문제는 물질적 세계와 분리된 정신적 영역이 물리적 공간 밖에서 어떻게 물리적 세계에 영향을 미칠 수 있는지에 대한 설명이 한계에 부딪치게 된다. 정신을 실체적으로 봄으로써 인간의 주체성을 부각시키지만 뇌의 물리적 작용에 대한 인과 관계를 설명하는 데 한계가 있다.

따라서 인간의 도덕적 행위와 뇌와 연관한 질문은 정신 현상과 물질 현상을 일원론의 관점에서 보는 '심신일원론(mind/brain identity theory)'이나 '유심론(mentalism)'의 영역까지 들어가게 된다. 심신일원론은 인간이 가지는 정신적 현상은 각각의 물질적 현상에 개별적으로 대응하며 물리적 속성과 일치한다는 관점이다. 이는 철학에서의 선험론처럼 선험적으로(a priori) 물리적 사건에 대한 정신적 사건의 존재가 앞선다는 가

---

28 David J. Chalmers, 위의 글(주 27), 126-130면 참고.

29 William Bechtel, *Philosophy of Mind: An Overview for Cognitive Science* (Hillsdale, NJ: Lawrewnce Erlbaum Associates, Publishers), 1988, 81면 이하. 실체이원론은 실체와 실체의 이원론으로 설명될 수 있다. 실체는 일반적으로 실체가 포함하는 속성으로 특징지어지지만, 실체의 이원론은 실체의 속성을 파악하는 통합적 실체로서 이해된다.

정을 필요로 하게 된다.³⁰

선험적 도그마를 주장하는 이 이론의 장점은 신경학적인 주체와 물질적 객체의 동일성을 강조함으로써 존재론적인 동일성으로 나아간다는 점이다. 인간의 정신을 과연 '정신적 물체(mental object)'와 같은 개념으로 설명할 수 있는지 의문이 가지만, 다양한 특정 피질 영역의 셀 수 없는 신경 세포들의 집단 또는 '결합 조직(assembly)'에서 발생하는 전기적이며 화학적인 작용은 물리적 상태와 동일하며, 인간 존재를 구성한다는 관점은 앞의 논리들보다 설득력이 있어 보인다.³¹ 왜냐하면 정신의 물리적 작용과 현상 사이에 인식론적인 차이는 존재하지만, 존재론적인 차이는 부인하기 때문에 인간 존재의 도덕적 주체성에 대한 해석에 가깝기 때문이다.

반면 이와 같은 심신일원론의 약점은 신경적 결정론이라는 비판이 가능하며 정신적 유형을 개별화할 때 이것이 뇌작용의 유형과 일치하는지 검증하는 데에 한계가 있다. 물리적 현상에 대한 다양한 정신적 차이를 어떻게 유형화 할 수 있는지, 그리고 정신과 신경 메커니즘에 어떤 인과 관계가 있는지도 설명하기가 어렵다.

한편, 유심론의 입장은 앞의 부수현상론이 인간을 '생각하는 기계'로 전락시킨다는 점을 비판하고, 이원론은 두뇌 활동을 신비적인 영역으로 몰아서 과학적 설명이 제대로 이루어지지 못한다는 비판을 제기한

---

30 U. T. Place, "Token- versus Type-Identity Physicalism," /Geroge Graham and Elizabeth R. Valentine ed., *Identifying the Mind: Selected Papers of U. T. Place* (NY: Oxford University Press), 2004, 87면 이하.

31 Jean-Pierre Changeux/ Paul Ricoeur/ trans. by M. B. DeBevoise, *What Makes Us Think?: A Neuroscientist and a Philosopher Argue about Ethics, Human Nature, and the Brain* (Princeton, NJ: Princeton University Pres), 2000, 500면 이하.

다. 유심론의 관점에서 정신이란 인간의 중추 신경계에서 형성되며, 이후 인간의 행위에 영향을 주는 인과력이 있다고 본다. 따라서 전통적인 이분법이나 물리적인 환원주의의 중간쯤에 위치하게 된다.[32]

유심론의 장점은 인간의 도덕적 사유가 물리적 작용에 의하여 좌우된다는 환원주의적 한계와, 그리고 뇌와 정신에 비결정적 요소가 개입하게 되는 이원적 상호론의 한계를 다 극복하고, 의사 결정의 주체를 자기 결정적 관점에서 본 점이다. 인간의 사유를 물질 아래나 물질 이외의 것에 두지 아니하고 의식적인 정신력을 물질 위에 둠으로써 자신만의 인과적 법칙과 원리를 가지고 있다는 논리이다. 다만 이러한 관점의 약점은 역시 일원론적인 요소가 강하기 때문에 중추 신경계가 지속적으로 일관적인 도덕적 행위를 유지할 수 있는지에 대한 의문은 여전히 남는다.

필자는 지금까지 인간의 도덕적 주체성에 대한 뇌 과학의 해석을 간략하게 살펴봄으로써 뇌의 정신 활동과 이에 따른 인간의 주체성에 대한 이해에 다양한 해석이 공존하고 있음을 살펴보았다. 뇌의 정신 현상과 연관된 다양한 관점의 공통성은 배아의 유전적 정보로 말미암아 인간은 인간다운 항상성을 유지할 수 있다는 점이다. 인간의 사유와 자기 책임의 도덕성은 위에서 설명한 다양한 메커니즘에 의하여 가능하며 특히 배아의 존재는 결정적인 것이다. 즉 난자와, 정자, 배아, 태아, 그리고 출산 이후의 모든 과정에서 인간은 통시적이며 공시적인 특성을 지니며, 인간됨의 가능성은 유전적 요소로부터 배아를 거쳐 인간이 되기

---

32 Roger W. Sperry, *Science and Moral Priority: Merging Mind, Brain, and Human Values* (NY: Columbia University Press), 1983, 28면 이하.

까지 항시적으로 존재하며, 마지막 죽음에 이르기까지 전 과정이 유기적으로 연결되어 있는 것이다.

따라서 배아는 뇌 과학의 관점에서도 인간 존재의 근원이며, 특히 인간의 도덕적 주체성을 결정하는 데 있어서 배아초기부터 그 역할을 감당하므로 인간의 존엄성과 가치가 인정되어야 한다고 본다. 법적으로 인간의 생명권을 제한할 수 없듯이 배아의 생명권도 제한될 수 없다. 인간의 생명은 법익의 이익 형량으로 함부로 재단될 수 없듯이, 배아도 인간의 생명과 가치, 존엄성을 담지한 개체로서 이익 형량의 대상이 될 수 없다.

VI. 결론

필자는 지금까지 헌재가 판단한 배아의 생명권에 대한 판시를 통하여 인간의 생명권을 뇌 과학적 관점에서 배아를 구성하는 DNA의 유전적 요소까지 확대하여 해석하였다. 인간의 가능성은 뇌의 크기에 있는 것이 아니라 영혼의 깊이에 있다는 주장은 매우 중요하다.[33] 이는 인간됨이란 뇌의 기능에 의지하는 것이 아니라 뇌를 이해하는 인간의 철학에 좌우된다는 관점이다. 이런 맥락에서 필자는 인간의 탄생은 뇌의 탄생과 직결되며, 도덕적 판단의 주체로서의 인간의 생명권을 이해하기 위하여 배아와 뇌와 연관된 생명권과 윤리, 그리고 도덕적 주체성에 대한 관점을 살펴보았다. 이와 같은 검토를 통하여 필자가 제시하고자 하는

---

33 Daniel Tammet/ 김민경 외 역, 뇌의 선물(홍익출판사), 2009, 67면 이하.

생명 윤리에 관한 제안은 다음과 같다.

첫째, 배아에 대한 인간 존엄성과 생명권의 지위를 격상시켜야 하며 이에 대한 책임 윤리가 요청된다. 배아에 대한 헌재의 판시에서도 보았듯이, 과학적 수준에서의 인간 이해를 법적 기준으로 삼기에는 한계가 있다. 현재의 2014년 "생명 윤리 및 안전에 관한 법률"은 크게 볼 때 2005년 구 조문과 큰 차이가 없고, 다만 인간의 배아에 대한 연구 윤리의 강화가 다소 강조되었을 뿐이다. 인간 존엄성에 따른 배아의 생명권에 대한 해석은 크게 발전된 것이 없으며, 여전히 배아를 '분열된 세포군'으로 표현하고 있다. 따라서 배아의 지위는 아직도 발생학적 관점에서 세포 덩어리에 불과하다. 아직도 한국의 법인식은 이익 형량으로 생명권보다도 학문 연구의 자유에 무게를 두고 있는 것이다.

필자의 관점에서 보면, 배아는 세포가 아니라 인간이 펼치는 생명 현상의 연속성에서 존엄성이 지켜져야 할 개체군으로서 전 인간화의 과정에서 한 단계로 볼 때, 인간과 본질적인 차이는 없다고 본다. 특히 인간 정신 현상의 관점에서 볼 때, 배아의 유전적 정보는 인간의 본질 전체를 좌우할 정도로 매우 중요하다. 배아가 세포의 지위에서 최소한 생명권이 보장되는 인간의 지위로 격상되지 아니하면, 배아의 소비는 결국 인간의 소비로 귀결될 것이며, 나아가 인간 정신의 소비를 조장하게 될 것이다.

배아는 인간의 과정에서 수단으로 전락되어서는 안 되고, 목적이 되어야 한다. "생명 윤리 및 안전에 관한 법률"은 "인간의 존엄성과 정체성을 보호해야 한다"고 명시하여 놓고도 배아와 인간의 관계에 대한 해석은 매우 인색하다. 배아에 생명권이 인정되지 않으면, 배아는 단지 실험용 세포로 전락하고, 영화에서 봄직한 동물 인간의 등장이 없으리라고 누가 장담할 수 있단 말인가! 배아의 생명권과 인권의 강조는 단지 배아의 지위에 관한 것이 아니라, 인간의 과정에 있는 배아를 더 엄격하게 보호함으로써 인간의 존엄성을 지키자는 것이다. 우리는 역사 속에서 잔인한 생체 실험의 증거를 가지고 있으며, 인종을 우열로 나누어 스스로 인간의 지위를 무너뜨리지 않았던가! 임신은 수단이 아니라 인간화의 목적이며, 인류 공동체의 숭고한 유산이다. 따라서 인간의 종을 인간답게 보호하기 위하여 배아에 대한 보다 엄격하고 높은 수준의 도덕성이 요청된다. 이렇게 될 때, 인간 배아 연구가 공공의 질서를 따르는 윤리적 의식과 책임이 수반된 도덕적 학문의 영역이 될 것이다.

둘째, 인간에 대한 과학적 인식의 지평은 법률적으로 더욱 강화되어야 한다. 과학은 가설과 검증이라는 반복적인 실험을 통한 합리적 체계이다. 언뜻 이성적인 과학은 인간의 믿음이나 자유 의지와 같은 정신 세계와 구별된 중립적인 지역 같지만, 현대 사회에서 생명 개념에 탈도덕화 현상이 지배적인 것은 의심할 나위가 없다. 생명에 관한 도덕성이 고갈되면, 인간의 몸을 둘러싼 시장 경제의 특성이 개입하게 된다. 물론 생명공학이 위험하다는 개연성만을 가지고 과학의 기술을 부정할 수 없다. 그러나 생명공학에 윤리가 자리 잡을 공론의 장이 형성되어야 하며, 생명의 정보와 지식으로 권력화를 시도하려는 유혹을 막아야 한다.

배아를 세포군으로 보아야만 한다면 역설적으로 우리는 우리 사회도 세포처럼 유기적이며 역동적이라는 점을 잊지 말아야 한다. 세포를 유지하는 것은 세포 자체가 아니라 그 세포를 유지하는 환경이 중요하듯이, 우리는 세포간의 역동성을 사회적으로 학습함으로써 생명과학을 통하여 지혜를 배울 수 있다. 인간은 오랜 투쟁을 통하여 성의 해방과 인종의 해방을 위하여 아직 불완전하지만, 평등이라는 소기의 목적을 달성하였다. 인간은 스스로 자신의 종을 보호하기 위하여 자신에게 필요한 토착 동식물 보호와 폐기물 관리, 수자원, 흙, 무기물, 그리고 공기를 포함한 대기를 보호하려는 환경 윤리의 정착을 위하여 노력하고 있다. 그러나 정작 자신의 신체 안전권이나 배아에 대한 생명권에 관하여서는 매우 인색하며, 여전히 태아의 생명권보다는 모태의 자기결정권에 더 무게가 실려 있다. 따라서 배아의 경우에도 더 강도 높은 법률이 시행되어야 한다고 본다. 이를 위하여서는 배아는 인간 존재의 근원이며, 자신을 스스로 보호할 수 없는 생명체이므로 우리는 법적으로 배아의 존엄과 가치를 위하여 스스로 법을 강화하여야 한다.

우리는 과거 인류 사회가 외부의 사회 정치적 고통으로부터 자신들을 보호하려고 노력하였던 것처럼, 이제 우리는 우리 안에서 인격과 존엄성으로 보호받아야 할 배아의 지위에 관하여 더 법적인 노력을 하여야 한다고 본다. 생명공학 기술에 이러한 분명한 목적과 수단을 구별하는 법이 없이는 우리는 인간 종의 안전을 담보할 수 없다.

셋째, 생명에 대한 경외심과 두려움이 필요하다. 한스 요나스(Hans Honas)는 제1의 생태주의 정언명령은 "인류가 존재하기 위하여 위험을 피하라는 것"임을 강조하였다. 선의를 동반한 합법성을 강조하더라도 현대의 기술은 기술 적용의 양면성과 불가피성, 그리고 그 피해의 광범위성의 특징을 가진다. 체르노빌과 후쿠시마 원전의 사건처럼 우리는 과학 기술을 두려움으로 대하여야 한다.[34] 이와 같은 요청은 인간에 대한 철학의 정립을 통하여 이 시대 과학의 윤리적 위기를 통감하고 생명

34　Hans Jonas, *The Imperative of Responsibility: In search of an Ethic for the Techonological Age* (University of Chicago Press), 1984, 81면 이하.

과 연관된 '경외심과 두려움'을 가지고 책임정신을 강조하는 것이다.

우주 과학의 시대에 인간의 미래에 대한 거시적인 관점도 필요하다. 그러나 우리는 우주만큼 무한한 에너지와 생명력을 보유하고 있는 인간이라는 소우주에 그 어느 때보다도 세심한 배려가 필요하며 도덕적 힘을 모아야 한다. 혜성이 지구를 위협하는 것이 두려운 만큼 인간의 행위를 좌우하는 배아의 유전적 속성과 개체의 특성이 잘못되면 우리의 생명이 문제가 될 수 있다는 점도 두려워하여야 한다.

배아의 생명권을 인정하기 위하여 우리는 스스로 도덕적 주체성을 강화하고 법 인식의 확장을 위하여 노력하고, 그리고 우리 자신의 생명에 대하여 경외심과 두려움을 가지고 연구하며 살아야 한다. 이렇게 될 때 인간의 생명과 이 생명이 펼치는 미래의 파노라마는 모든 이들에게 희망이 될 것이다.

참고문헌

Ackerman, Sandra J., *Hard Science, Hard Choices* (NY; Dana Press), 2006.

Bailey, Ronald, *Liberation Biology: the Scientific and Moral Case for the Biotech Revolution* (NY; Prometheus Books), 2005.

Bear, Mark F./ Connors, Barry W./ Paradiso, Michael A./ 강봉균 외 역, 신경과학: 뇌의 탐구(바이오메디북), 2009.

Beauregard, Mario/ 김영희 역, 신은 뇌 속에 갇히지 않는다(21세기 북스), 2010

Bechtel, William, *Philosophy of Mind: An Overview for Cognitive Science*

(Hillsdale, NJ: Lawrewncce Erlbaum Associates, Publishers), 1988.

Boyer, Pascal, *Religion Explained: the Human Instincts that Fashion gods, spirits and ancestors* (London; William Heinemann), 2001.

Bunge, Mario, *Matter and Mind: A Philosophical Inquiry* (NY; Springer), 2010.

Burge, Tyler, *Foundations of Mind* (Oxford; Clarendon Press), 2007.

Chalmers, David J., *The Character of Consciousness* (NY: Oxford University Press), 2010.

Changeux, Jean-Pierre/ Ricoeur, Paul/ trans. by M. B. DeBevoise, *What Makes Us Think?: A Neuroscientist and a Philosopher Argue about Ethics, Human Nature, and the Brain* (Princeton, NJ: Princeton University Pres), 2000.

Churchland, Paul M, *Matter and Consciousness: a Contemporary Introduction to the Philosophy of Mind* (Cambridge, MA: The MIT Press), 1988.

Damasio, Antonio R., *The Feeling of What Happens* (NY; A Harvest Book, Harcourt, Inc.), 1999.

Dennett, Daniel C. *Consciousness Explained* (MA, Boston; Little, Brown and Company), 1991.

Gazzaniga, Michael S./ 박인균 역, 뇌로부터의 자유(추수밭), 2012.

Glannon, Walter, *Bioethics and the Brain* (Oxford; Oxford University Press), 2007.

Herrick, C. Judson, *Brains of Rats and Men: A Survey of the Origin and Biological Significance of the Cerebral Cortex* (Chicago, IL: The University of Chicago Press), 2012.

Jonas, Hans, *The Imperative of Responsibility: In search of an Ethic for the Techonological Age* (University of Chicago Press), 1984.

Libet, Benjamin, *Conscious Will and Responsibility* (NY: Oxford University Press), 2011.

Merleau-Ponty, Maurice, *In Praise of Philosophy* (Evanston, Ill.:

Northwestern University Press), 1963.

Newberg, Andrew and Waldman, Mark R., *How God Changes Your Brain: Breakthrough Findings from a Leading Neuroscientist* (NY; Random House), 2010.

Place, U. T., "Token- versus Type-Identity Physicalism," /Geroge Graham and Elizabeth R. Valentine ed., *Identifying the Mind: Selected Papers of U. T. Place* (NY: Oxford University Press), 2004.

Ramachandran, Vilayanur /Blakeslee, Sandra/ 신상규 역, 라마찬드란 박사의 두뇌 실험실(바다출판사), 2007.

Ravoka, Marina, *Philosophy of Mind A-Z* (Edinburgh: Edinburgh University Press), 2006.

Sloan, Richard P., *Blind Faith: The Unholy Alliance of Religion and Medicine* (NY: St. Martin's Press), 2006.

Soltesz, Ivan, *Diversity in the Neuronal Machine: Order and Variability in Interneuronal Microcircuits* (NY: Oxford University Press), 2006.

Sperry, Roger W., *Science and Moral Priority: Merging Mind, Brain, and Human Values* (NY: Columbia University Press), 1983.

Tammet, Daniel/ 김민경 외 역, 뇌의 선물(홍익출판사), 2009.

Trimble, Michael R., *The Soul in the Brain: the Cerebral Basis of Language, Art, and Belief* (Baltimore, Md; The Johns Hopkins University Press), 2007.

Upledger, John E./ 김선애 역, 뇌의 탄생-중추 신경계의 탄생과 성장에 대한 탐구(지문사), 2007.

Vahid, Hamid, *The Epistemology of Belief* (UK; Palgrave MacMillan), 2009.

인터넷 사이트 자료

헌법재판소 재판정보

http://search.ccourt.go.kr/ths/pr/selectThsPr0101List.do

뇌 기능과 뇌 의식의 문제를 극복하는 윤리적 공동체 연구[35]

I. 서론

인간이 윤리적 행위를 한다는 의미에는 여러 가지 요소가 내포되어 있다. 먼저 윤리적 행위를 위해서는 이성적 사고 체계가 필요하다. 이성적 사고 체계는 윤리적 행위의 기준이 되는 보편성에 근거한 사회적 규범을 이해하고, 이를 분석할 수 있는 능력을 의미한다. 아울러 윤리적 행위에 반하는 비윤리적 요인들이 무엇인지 객관적이고 냉철하게 분석할 수 있어야 한다. 또한 윤리적 행위자에게는 소위 정의 원리에 근거하여 인권의 측면에서 평등을 추구함으로써 사회적으로 잘못된 문제를 해결하고자 하는 의지가 있어야 한다.

인간의 행위를 윤리적으로 판단할 공정한 기준이 무엇인지에 대해서

---

35 본 글의 출처는 아래와 같다. "뇌 기능과 뇌 의식의 문제를 극복하는 윤리적 공동체 연구," 한국기독교 신학논총 96집(2015년 4월), 39-66.

는 시대와 역사적 상황에 따라서 다양한 입장이 존재한다. 현대에는 전반적으로 사법적 기능이 그 역할을 하고 있지만, 과거에는 도덕적 권위의 형태에 따라서 철학자, 군주, 왕, 또는 종교 제도가 윤리적 판단 기준을 담당했다. 19세기 이후에는, 서구의 경우뿐만 아니라 우리나라의 경우도 계몽주의의 영향으로 인간의 자유를 신장하고자 하는 인권 차원에서의 윤리적 기준을 세우고자 하는 다양한 시도가 이루어지고 있다. 특히 최근에는 전통적인 공리주의나 의무론, 그리고 자유주의의 한계를 극복하고자 공동체주의에 입각하여 인간이 어떤 이야기를 통하여 가치를 구성하고 있는지 고려하는 '서사성'에 관심을 가지고 있다.[36]

사실 윤리적 행위를 추구하는 기저에는 궁극적으로 우리가 역사 속에서 경험하는 개인이나 공동체, 심지어 국가의 자기중심적 사고와 가치를 넘어서서 보다 평화로운 세상을 구현하려는 목표가 있다. 이는 인류 사회와 구성원이 역사에 책임을 지고 과거의 잘못을 시정하려는 노력이기도 한다. 그런데 이러한 대부분의 시도가 대부분 거시적인 관점에 제한되어 있다고 할 수 있다. 예를 들어, 정치 제도나 사회 구조, 또는 경제 개혁을 통한 보편적 인권 확립을 통해 개인의 자유를 신장하고자 하는 노력이 거시적인 관점에서의 윤리적 목표라고 할 수 있다. 그러나 미시적으로, 이러한 거시적 목표는 이를 사고하고 계획하는 인간의 냉철한 이성과 지성의 훈련, 그리고 공동체를 위한 건설적인 교육 없이는 실현할 수 없다. 인간의 이성적 사고란 어떤 상황에서도 흔들리지 않으며, 보편적인 윤리적 기준을 따라 판단하고 행위하는 데에 필수불가결

---

36 참고로 현대의 마이클 샌델은 알래스데어 매킨타이어(Alasdair MacIntyre)의 '서사'라는 개념 안에 나타나는 도덕적 행위자에게 중요한 요소인 공동체와 자아의 특성을 강조한다. 마이클 샌델/이창신 옮김, 『정의란 무엇인가』 (서울: 김영사, 2010), 309-312.

한 요소이다. 만약 상황에 따라 정의의 기준이 바뀌고 사람마다 윤리적 행위의 원천이 다르다면, 인간 공동체의 조화란 불가능하게 된다. 따라서 인간의 사고 행위에 있어서 최소한 인간이 공유하는 의식 체계가 서로 소통이 가능하고 인간의 판단에 있어서 개인의 사고 체계가 정확하게 작용해야 한다는 미시적 이해가 윤리학에 요청된다.

필자는 이 글에서 인간의 사유적인 의식 체계에 대하여 근본적인 의문을 던짐으로써 논지를 전개하고자 한다. 인간의 사유적인 의식 체계는 어떻게 시작되고 작용하는가? 인간의 사고 체계는 실제로 뇌의 기능에 의지하기 때문에 사유는 사실 뇌로부터 시작된다고 할 수 있는 것이다. 그러나 이런 사유란 인간 개체 내부의 전기화학적인 메커니즘에만 의존하지 않고, 인간이 세계 속에서 경험과 학습을 통하여 만들어가는 과정에 작동하는 뇌의 인지적 기능이라고 할 수 있다. "의식이란 일종의 가능성이다. 나의 의식은 내가 그것의 특정한 질(quality)을 느끼고 있음에도 불구하고, 지금 내 뇌 속에서 일어나고 있는 것뿐만 아니라, 나의 이력, 더 넓은 세계 속에서 내가 차지하고 있는 현재 위치, 그리고 그 세계와의 상호 작용에도 의존한다."[37] 문제는 인간의 의식 작용에 뇌 기능이 정상적으로 작동하지 않으면, 인간은 바른 판단을 할 수 없으며, 심한 경우에는 공동체를 파괴하는 심각한 문제를 야기하기도 한다. 특히 현대에 인간의 수명이 연장되면서 나이가 들어 뇌 기능의 저하로 정상적인 활동에 문제가 생기는 경우가 많으며, 심지어는 신실한 종교인조차 뇌 기능의 상실로 종교적 심성마저 잊어버리는 경우도 발생한다. 다

---

37 알바 노에/김미선 옮김, 『뇌 과학의 함정: 인간에 관한 가장 위험한 착각에 대하여』 (서울: 갤리온, 2009), 33.

행이 근래에 인간의 행위 문제를 심리학적 차원을 넘어서 뇌 과학적 관점에서 다양하게 해석하고자 하는 시도들이 소개되고 있으며, 특히 뇌의 기능과 의식의 역할에 대한 다양한 연구들은 인간의 행위와 그 도덕적 책임, 그리고 한계에 대한 이해에 있어서 새로운 지평을 열어주고 있다.

이런 맥락에서 필자가 이 글에서 뇌 과학의 관점에서 윤리의 한계를 살펴보고 이를 극복하는 공동체의 역할을 강조하고자 하는 내용은 크게 세 가지로 구성된다.[38] 첫째, 뇌 과학에서 정의하는 인간 의식에 대하여 살펴보고, 특히 '뇌의 기능과 의식'의 문제에 대하여 탐구하고자 한다. 뇌 기능은 뇌의 특정 부위에 있는 신경 세포의 역할이고, 의식은 이 기능을 통하여 수행되는 인지적 능력이다. 그러나 현대 뇌 과학의 발견에 따르면, 뇌 기능과 의식 사이에 수행되는 인간의 사고와 판단이 정상적이지 않을 때가 많다. 기능과 의식이 과연 일치하는지, 또는 기능의 상실과 의식의 상실로 말미암아 윤리적으로 어떤 문제가 제기되는지 살펴봄으로써 인간이 윤리적 행위에 대한 책임과 그 한계를 살펴보는 것은 매우 의미가 있다고 본다. 둘째, 인간의 의식과 기능에 문제가 생길 때, 이를 극복할 수 있는 공동체성과 뇌의 사회성에 대하여 논지를 전개하겠다. 셋째, 뇌 과학의 관점에서 의식과 기능의 문제에 대한 기독교 윤리학적 과제가 무엇인지 대안을 제시하고, '집합 의식'의 역할과 교회 공동체의 책임에 대하여 살펴보도록 하겠다.

---

38 참고로 필자는 선행 연구를 통하여 뇌 과학과 연관하여 신학적 방법론의 대안과 과제를 살펴본 바 있다. 본 글은 필자의 선행 연구를 근거로 뇌의 의식과 기능이라는 관점에서 논지를 심화하였음을 밝힌다. 필자의 선행 연구에서 일부 필요한 내용은 별도의 재인용 부호 없이 패러프레이즈 하여 인용하였음을 밝히며, 뇌 과학에 대한 일반 이해 및 신학적 방법론에 대한 좀 더 자세한 내용은 필자의 책을 참고하시오. 유경동, 『뇌 신학과 윤리』(개정판, 킹덤북스, 2016).

뇌 기능과 의식의 연구가 학제에서도 한계가 있는 상황에서 필자의 관심은 뇌 기능과 의식을 도덕적 범주에서 살펴보는 것이 목적이다. 즉 뇌의 기능에 따른 의식의 역할을 검토하고, 그리고 의식에 따른 인간의 행위를 이해함으로써 기능과 의식 사이의 일치 또는 불일치의 문제를 분석하여 보는 것이다. 이와 같은 방법을 통하여 우리는 최소한 인간의 행위를 자신의 주관적인 의식적 차원에서 상대방의 행위를 도덕적으로 판단하지 않고, 행위를 유발하는 뇌 기능의 문제까지 접근함으로써 인간의 도덕적 행위와 윤리적 원리를 보다 통전적으로 이해할 수 있게 된다고 본다.

그동안 국내에서는 뇌와 연관된 신학적 연구는 상담학적 차원에서 간혹 있었지만, 뇌의 의식과 뇌 기능의 문제를 나누어서 기독교 윤리학적으로 분석한 시도는 없었다. 이 논문은 인간의 의식과 뇌 기능의 문제를 윤리적으로 범주화하려는 데에 주목적을 두었기 때문에, 뇌 기능과 의식 메커니즘 사이의 신이나 종교 체험과 같은 주제는 깊이 다루지 않는다. 다만 후반부에서 뇌와 연관된 종교성과 집합 기억을 다룰 때에 신학과 기독교 공동체의 역할을 제시하며 간략하게 서술하도록 하겠다. 바라기는 이 논문이 의식과 뇌 기능의 구별을 통한 인간의 사고 체계를 분석하고 범주화함으로써, 인간의 행위와 책임, 그리고 그 한계를 이해하고 극복하는 기독교 공동체를 형성하는 데에 공헌하기를 기대하여 본다.

II. 뇌 과학에서의 뇌 기능과 의식의 역할

윤리적 관점에서 인간의 도덕적 행위에 필요한 두 가지 요소는 '의식

(consciousness)'과 '자아(self)' 개념이다. 윤리적 행위에 있어서 인간의 의식은 매우 중요하다. 인간의 의식이란 기억을 통하여 과거 경험을 현재화하여 외적 세계를 감지하고, 그에 대하여 대응하기 위한 대뇌피질의 정신 작용이라고 할 수 있다. 한편, 자아는 책임과 의무감을 가지고 행위를 수행하는 도덕적 주체성을 대변한다. 인간의 의식과 자아를 형성하는 데에 있어서 뇌는 인간의 의식과 의지를 통합하고 기억을 통하여 삶의 균형과 활성화를 위한 항상성을 유지하면서 인간의 사고 체계를 세우고, 도덕적이고 합리적인 행위를 유도한다.

인간 의식과 자아에 대한 그 핵심적인 내용을 뇌 과학적 관점에서 살펴보면 다음과 같다.

첫째, 인간의 의식 작용은 주로 대뇌와 소뇌가 담당하고 있으며, 간뇌와 중뇌, 그리고 뇌간이 주로 무의식을 담당하는 것으로 알려져 있다. 특히 인간의 의식에 있어서 대뇌피질이 담당하는 기억의 역할은 매우 중요하다. 그 이유는 기억을 통해, 인간이 자신의 행위와 사고의 일관성을 유지하기 때문이다. 기억은 특정 사건과 연관된 정보를 불러오는 '서술적 기억'과 습관이나 행동과 연관되어 감정이나 무의식인 반사 작용과 연관된 '비서술적 기억'으로 나뉜다.[39] 또한 하측 두피질은 특정 종류의 기억을 담당하며, 측두엽의 신피질은 장기 기억을 담당하는 시간과 긴밀한 관계가 있다고 알려져 있다. 측두엽 하반부에 있는 해마는 서술 기억을 담당하고 간뇌는 인식 기억의 처리를 맡고 있다. 이와 같이 인간의 기억 작용은 뇌의 작용을 통하여 의식과 행위를 연결하는 중요한 역

---

39 마크 베어 외/강봉균 외 옮김, 『신경과학: 뇌의 탐구』 (서울: 바이오메디북, 2009), 727-729. 기억은 학자에 따라서 더 분류하기도 하는데, 감각 기억, 단기 기억, 장기 기억, 서술 기억, 절차 기억, 재인 기억, 그리고 작업 기억 등으로 나누기도 한다. 참고) 김훈석·신현주, 『기억력의 비밀-EBS 다큐프라임』 (서울: 북폴리오, 2011), 207-219.

할을 하는 것이다.

한편 두뇌가 의식 작용을 통하여 윤리적인 행위를 판단할 때는 크게 기능적인 차원에서 신경 작용과 의식과 연관된 인지 작용으로 구분하여 생각할 수 있다. 신경 작용은 의식과 같은 작용이 뇌 안에서 발생할 때, 뇌의 각 부위에서 일어나는 신경 세포의 역할에 관한 것이며, 인지 작용은 뇌의 작용에 있어서 사회 문화적인 외부적 요인과 연관이 된다고 할 수 있다. 신경과 인지의 관계는 기능과 의식의 관계로서 상호 복합적으로 연관이 되어 있으며, 신경의 화학적 변화가 인간의 인지적 능력을 통하여 사회적 행위를 결정하기도 하고, 반대로 사회적 영향이 신경의 호르몬이나 면역 체계에 변화를 주기도 한다. 따라서 인간의 의식을 이해하기 위하여서는 신경과 인지 작용에 대한 양자의 통합적 연구가 요구된다.

둘째, 인간의 도덕적 행위는 뇌의 신경 세포와 사회적 조건에 의하여 창발되는 정신 작용에 따라서 '자아감'을 형성하고, 이를 통하여 인간은 규범을 이해하고 사회성을 촉진하는 것으로 해석하는 경향이 지배적이다. 자아란 수용된 감각적 이미지들로부터 형성된 심상(心想)을 통한 주체로서 의식을 가지고 자기를 인식하는 것이다. 자아는 뇌 과학에서 뇌간과 몸, 그리고 대뇌피질 사이에서 형성되며 감각을 수동적으로 수용하지 않으면서도 시시각각 변하는 외부의 환경에 대한 안정적인 자기 존재감을 형성하는 것이라고 할 수 있다.[40]

---

[40] 이 내용은 안토니오 다마지오의 TED 강연 "The Quest to Understand Consciousness"를 참고하였다. http://www.youtube.com/watch?v=LMrzdk_YnYY. 한편, 라마찬드란은 인간의 자아 의식은 감각질과 연관하여 세 가지로 설명하는데, 그것은 각각 반응이 한쪽 방향으로만 일어나는 '입력의 비가역성', 감각질이 결부된 감각의 경우 입력된 정보로 대체하는 '출력의 유연성', 그리고 지각적 표상에 근거하여 시간의 흐름을 타고 작용하는 '단기 기억장치'이다. 빌라야누르 라마찬드란/신상규 옮김, 『라마찬드란 박사의 두뇌 실험실』(서울: 바다출판사, 2007), 436-438. 한편 라마찬드란은 자아 개념을 광범위하게 정의하고 있

인간의 '자아' 개념은 특히 인간의 도덕적 능력과 주체성에 대한 해석에서 매우 중요하다. 뇌의 신경 세포가 구성하는 감각질이 3인칭으로서 자기를 감지한다면, 이러한 뇌의 감각질을 통해 형성된 자아는 감각된 자기가 곧 자아라는 1인칭적 인식으로 변환된다. 이렇게 형성된 자아는 주체 의식을 형성함과 동시에, 자신과 신체, 그리고 자신의 행위를 통제할 수 있는 자유 의지를 구성한다고 볼 수 있는데, 자아를 구성하는 데에 있어서 정신과 물질적 관계에 대한 해석은 서로 상보적이기 때문에 정신이나 물질 어느 한편만 강조할 수는 없다.[41] 왜냐하면 경험되지 않은 채 홀로 존재하는 감각질은 없으며, 또 감각질을 결여한 자아라는 개념도 상상할 수 없기 때문이다.[42]

셋째, 뇌의 물리적 기능과 연관하여 의식이나 자아와 같은 정신 작용이 어떻게 생기는지에 대하여 다양한 이론이 공존하는 것을 볼 수 있다. 뇌 과학에서는 인간의 의식이나 자아와 같은 개념은 대부분 뇌의 물리적 속성에서 기인한다는 유물론적 입장을 취하고 있는데, 그 핵심 내용을 간단히 살펴보면, 인간의 정신은 뇌의 활동에 따라 부수적으로 발생한다는 '부수적 현상론', 뇌의 물리적 상태와 정신적 상태의 양립성을 양자역학적 입장에서 강조하는 '이원적 상호 작용론', 정신과 물질의 독립성을 강조하여 정신을 뇌의 사고가 아니라 사고를 통합하는 실체로 보는 '실체이원론', 철학의 선험적 도그마와 같이 인간이 가지는 정신 현상은 뇌의 물리적 현상에 선험하여(a priori) 물리적 속성보다 정신적

데, 그것은 각각, '신체화된 자아(The embodied self)', '정열적 자아(The passionate self)', '실행하는 자아(The executive self)', '기억하는 자아(The mnemonic self)', '통일된 자아(The unified self)', '경계하는 자아(The vigilant self)', 그리고 '사회적 자아(The social self)'이다. 같은 책, 452-464.

41 마리오 뷰리가드/김영희 옮김, 『신은 뇌 속에 갇히지 않는다』 (21세기 북스, 2010), 255.
42 빌라야누르 라마찬드란/신상규 옮김, 『라마찬드란 박사의 두뇌 실험실』, 451.

속성이 앞선다는 '심신 일원론', 그리고 의사 결정의 주체를 중추 신경으로 해석하여 의식과 물리적 속성을 통합한 '유심론'적인 관점이 있다.[43]

그러나 필자의 관점에서 뇌의 물리적 속성과 자아라는 개념을 유물론적으로 접근하는 것은 나름대로 뇌와 정신 사이의 관계를 규명하는 데에 어느 정도 도움이 되지만, 규범을 요구하는 윤리적인 관점에서는 한계가 있어 보인다. 예를 들어, '부수적 현상론'의 경우, 인간의 의식이 뇌에 전적으로 의존하는 인과적인 의존 관계에 놓이기 때문에 환원불가능의 문제가 야기된다. 즉 진화의 우발성으로 현재와 같은 뇌의 구조를 통한 인간의 사유 체계가 일방적으로 형성되었다는 설명은 철저하게 뇌결정론에 빠지게 되기 때문이다. '이원적 상호 작용론'은 인간의 의식이 뇌의 인과적 관계에 종속되는 문제를 극복할 수 있는 설명은 되지만, 자칫 의식의 비선형성으로 인하여 인간의 도덕적 행위 자체에 예측 불가능의 문제가 야기될 수 있다. '실체이원론'은 인간의 사고 행위가 뇌의 물리적 작용과 구별되어 사고를 통합하는 실제적인 실체라는 주장으로 설득력이 있는 관점이지만, 실제 뇌의 화학적 현상 밖에서 정신 작용이 어떻게 연관이 되는지 설명하는 데에 난제가 생긴다. 그리고 '심신 일원론', 또한 뇌의 물리적 작용에 선험적으로 상응하는 정신을 전제함으로써 사고하는 인간 행위의 존재론적인 위상을 유지하지만, 뇌의 복

---

43 참고로 '부수적 현상론'은 인간의 의식을 증기 기관의 '기적(汽笛)'에 비유하여 인간의 의식은 뇌의 메카니즘이 작동하는 동안 부수적으로 일어나는 현상으로 보았으며, 뇌에는 영향을 미치지 않는다고 해석하는 입장이다. Marina Ravoka, *Philosophy of Mind A-Z* (Edinburgh: Edinburgh University Press, 2006), 58-59. '이원적 상호론'은 뇌의 물리적 역할에 양자역학 개념을 도입하여 일반적 물리 법칙이 예측 가능한 선형 곡선인 것에 비하여 양자역학을 적용하여 인간의 의식이 예측이 불가능한 비선형임을 강조한다. David J. Chalmers, *The Character of Consciousness* (New York: Oxford University Press, 2010), 126. '실체이원론'은 뇌의 물리적 속성에 의하여 정신이 구성되는 것이 아니라, 정신은 사고를 통합하는 또 다른 사고 체계로서 실체로 인정하는 관점이다. William Bechtel, *Philosophy of Mind: An Overview for Cognitive Science* (Hillsdale, NJ: Lawrewnce Erlbaum Associates, Publishers, 1988), 81.

잡한 작용과 정신 작용의 상호 메커니즘을 밝히는 데에 있어서 유형화의 한계가 발생한다. 아울러 '유심론'의 경우에도 일원론적인 관점에서 인간의 정신을 중추 신경계의 현상으로 설명함으로써 의사 결정의 주체성을 강조하지만, 과연 인간에게 이와 같이 도덕적으로 지속적인 사고가 가능한지에 대하여서는 여전히 의문이 남는다.

신경과학에서 강조하는 뇌 세포의 역할과 인지과학적 요소들을 고려하여 보면, 결국 인간의 도덕적 사고의 가능성은 뇌의 신경 기능과 의식, 그리고 이 양자의 인지 작용에 영향을 주는 사회적 환경이라는 삼자의 함수 관계에 놓이게 된다. 뇌 과학에서는 도덕률에 대한 질문에 대하여 크게 유물론적 결정론이나, 창발론 정도로 나뉘어 설명하는 경향이 있는데, 여기서 제기할 수 있는 중요한 질문은 "인간이 과연 뇌신경의 기능과 이와 상호 작용하는 인지적 관계를 넘어 자유 의지나 신에 대한 물음과 같은 정신 작용을 지속할 수 있는 가능성을 가질 수 있는가?"이다.[44] 종교적 사랑과 정의, 평등과 같은 정신 세계의 문제를 신경세포의 물리 화학적 작용에 근거한 인지적 프로세스에서 발생한 것으로 보는 경향이 지배적이지만, 그렇다고 사랑이나 자유 의지와 같은 도덕적 직관을 뇌의 기능에 의한 우연으로 보게 된다면, 사회의 통합과 발전에 필요한 도덕률이나 법률적인 체계는 불완전하며, 인간의 윤리적 행위나 그 결과에 대한 윤리적 책임을 물을 수 없게 된다. 따라서 인간의 도덕이나 규범, 그리고 신앙심과 같은 문제는 뇌의 기능에 따른 의식

---

44 마이클 가자니가(Michael Gazzaniga)는 뇌 과학적 결정론을 극복하면서, 인간은 생득적으로 다섯 가지 도덕률을 가지고 있다고 주장하였는데, 그것은 각각 남을 해치지 않고 도와주려는 '고통의 나눔', 공정함으로 나아가는 '상호 호혜의 정신', 노인을 공경하고 정당한 권위를 존중하는 '위계질서의 존중', 집단에 충성하는 '공동체 의식', 그리고 병의 전염과 부도덕한 성적 행위를 부끄럽게 여기는 '순수성'으로 보았다. 그에 의하면 이것은 도덕적 직관으로서 사회적 특성이라고 보았다. 마이클 가자니가/박인균 옮김, 『뇌로부터의 자유』 (서울: 추수밭, 2012), 260.

의 문제를 넘어서는 또 다른 영역의 문제와 연관이 되어야 한다고 본다. 이와 같은 과제는 뇌 과학에서도 유물론적인 관점을 넘어서, 인간 유기체를 자율적이며 도덕적 주체로 이해하여야 한다는 당위성을 요청이 된다. 이는 뇌 기능과 뇌 의식에 대한 뇌 과학에 유물론적 결정론을 극복할 수 있는 신학과 철학적 요소를 요청하는 것이다.

그러나 뇌의 기능에 이러한 의식과 인식 작용에 한계와 긍정적인 요소를 기대함에도 불구하고 현실적으로는 부정적인 측면도 간과할 수 없다. 인간의 윤리적 행위라는 것은 미시적 관점으로부터 출발하여 뇌의 정상적인 기능, 기능의 활성화에 따른 의식의 작용, 나아가 정상적인 사고를 촉진하는 사회 환경의 요소들이 적절하게 조화되지 않고는 불가능하기 때문이다. 뇌 과학의 관점에서는 대뇌피질 없이 떠다니는 의식도 가능하지 않으며, 의식이 없는 규범이나 또는 규범이 없는 의식도 혼란스럽기 때문이다. 물론 뇌 과학에서조차 뇌의 기능과 의식, 그리고 이를 형성하는 사회적 범주와의 엄밀한 구별은 아직 모호하지만, 그럼에도 불구하고 이 세 가지 요소의 독립적 기능에 대한 이해가 인간의 주체성과 나아가 공동체성을 이해하기 위하여 필수적이라고 할 수 있다. 이제 뇌의 기능과 이와 연관된 의식 작용, 그리고 도덕적 범주화에 관한 내용을 살펴보자.

III. 뇌 기능과 의식, 그리고 범주화의 문제

뇌의 기능과 도덕적 행위와 연관되는 의식의 문제를 밝히는 데에 다양한 이론이 공존하지만, 윤리적인 관점에서 가장 큰 의미가 있는 것은 인간이 환경과 지속적으로 상호 작용하는 의사 결정 과정에 뇌가 개입한다는 사실이다. 즉 두뇌의 사회적 메커니즘으로서 뇌와 사회적 교류의 맥락에서 윤리를 해석해야 한다는 점이다. 인간의 유전자가 뇌를 구성하는 것은 사실이지만, 인간의 의식은 초당 수백만 번의 결정을 통하여 인지와 행위를 구성한다.[45] 이때 인간은 두뇌 메커니즘으로 자신의 환경을 모델링하는 능력을 통하여 자의식을 형성하는데, 이것은 자기 자신의 행위와 타인의 행위를 연관시켜 변화를 유도하는 것이다. 이때 언어와 공감을 통하여 자신의 행위와 타인의 행위를 위한 모델을 구축하는 것이다.[46]

그러나 뇌의 기능과 의식의 관계 사이의 다양한 메커니즘을 뇌 과학이 밝히는 한편, 인간이 도덕적 규범을 형성하는 데에 있어서 기능과 의식의 역할, 그리고 의식을 범주화 하는 데에 있어서 영향을 주는 잘못된 사회적 요인들을 분석하는 것 또한 매우 중요하다. 손상된 뇌 기능을 치료하거나 잘못된 의식을 교정하는 것도 중요하지만, 뇌의 기능과 의식 형성에 문제가 되는 요인들을 바로잡기 위한 또 다른 노력도 필요하다. 예를 들어, 경제적 박탈로 우울증에 걸려서 자살의 충동을 느끼는 사람의 경우, 경제적 박탈은 사회적 요인이며 우울증은 뇌 기능의 저하, 그리고 자살의 충동은 앞의 요인들에 의한 혼란으로부터 야기된 잘못된 의식이다. 이 경우, 자살 충동이라는 잘못된 의식을 치유하는 과정에 경제적 박탈과 같은 사회적 요인에 대한 교정이 근본적인 뇌 기능과 의식의 교정에 중요한 역할을 할 수 있다. 또한 뇌 기능의 문제로 불

---

45 마이클 가자니가/박인균 옮김, 『뇌로부터의 자유』(서울: 추수밭, 2012), 128.
46 Mario Bunge, *Matter and Mind: A Philosophical Inquiry* (New York: Springer, 2010), 185-186.

합리한 경제적 행위를 유발할 수도 있고, 의식의 순간적인 잘못된 판단으로 심각한 경제적 박탈이 야기됨으로써 우울증에 걸릴 수 있다. 결국 기능과 의식, 그리고 사회적 범주의 영향력은 상호 유기적이며, 따라서 윤리적인 맥락에서는 각각에 대한 도덕적 범주화가 요청이 된다.

그러나 뇌 기능의 도덕적 범주화를 의미하는 것이 무엇인지 아직도 생소하며, 의식의 윤리화에 대한 요청도 자칫 그 기준이 무엇이 되어야 할지, 그리고 도덕적 규범에 대한 요구 또한 다원화된 사회 속에서 구체적으로 그 기준이 무엇인지 제시하는 데에 미흡한 것이 현실이다. 그럼에도 불구하고 이제 살펴 볼 뇌 기능과 의식의 문제를 통하여 우리는 최소한 인간의 인지적 능력의 한계를 인식하고, 이를 극복할 수 있는 윤리적 과제에 대한 공동체의 책임에 대하여 논할 수 있다. 이를 위하여 먼저 기능의 문제와 의식의 문제, 그리고 도덕적 범주화의 과제에 대하여 뇌 과학의 연구에 근거한 몇 가지 사례를 통하여 차례로 살펴보자.

첫째, 뇌 기능의 관점에서, 변연계에 정보를 전달하고, 특정 얼굴에 대한 감정적 반응을 일으키는 뇌의 얼굴인식 능력에 문제가 생기는 경우 어떤 일이 발생하는지 살펴보자. 만일 외상성 두뇌손상으로 측두엽의 얼굴인식 영역이 손상을 입어 애정 신호가 제거되면, '카그라스 증후군(Capgras' syndrome)'이 나타나는데, 이는 친지나 사랑하는 사람들을 눈 앞에서 보고도 가짜라고 생각하게 된다.[47] 누군가를 인지하는 시각과 감정 사이의 지각에 문제가 생기는 경우, 그러한 잘못된 지각을 자연스럽게 생각하는 그릇된 해석이 나타나는 것이다. 인간의 시각 관련 영역

---

[47] '카그라스 증후군'은 아래 내용을 참고하였다. 카그라스 증후군은 자신의 어머니와 전화로 대화하는 데에 아무 문제가 없으나, 실제 어머니를 보게 되면, 어머니를 인지하지 못하는 증상이 나타난다.
참고) http://www.ted.com/talks/vilayanur_ramachandran_on_your_mind.html

은 뇌의 뒤쪽에 30여 곳이 있는데, 이곳에서 종합된 이미지는 일반 사물인식이 아닌 눈, 코, 입 등의 얼굴 정보만을 받아들여 처리하는 방추이랑(fusiform gyrus)이라는 뇌의 작은 구조로 가게 된다. 이곳은 뇌의 얼굴 정보 담당 영역이라고 할 수 있다. 그리고 감정의 중추라 불리는 변연계의 한 구조인 편도체는 인간이 바라보는 대상의 감정적인 의미를 측정하게 되고, 이 정보를 자율신경계로 보내게 된다. 카그라스 증후군은 바로 시각에서 감정 영역으로 가는 신경계가 끊어진 상태에서 방추이랑이 오작동하면서 생긴 문제라고 할 수 있다. 이렇게 되면 시각적 기능과 감정의 인지적 기능이 차단되어 눈앞에 있는 가족을 실제로 못 알아보게 되는 것이다.

한편, '코타르 증후군(Cotard's syndrome)' 또는 '걷는 시체 증후군(Walking Corpse syndrome)'은 환자 자신이 죽었다고 착각하면서 자신의 살이 썩어서 냄새를 풍기며 심지어는 구더기가 자기 몸을 기어 다닌다고 호소한다. 위의 카그라스의 경우에는 얼굴인식 영역이 편도체와 절단되어 나타나는 경우이고, 코타르 증후군은 변연계와 모든 감각 영역이 단절되어서 자신과 외부 세계와의 감정적 접촉이 완전히 상실된 경우이다.[48] 이것은 마치 외부적 자극에 반응하여야 할 내부의 체계가 완전히 닫혀 있는 상태이기 때문에, 마치 격리된 섬에 있는 갇혀 있는 감정에 지배되어 죽음을 경험하는 착각에 빠지는 것이다. 이와 같이 전두엽, 측두엽, 편도, 그리고 변연계에 문제가 생기면, 위와 같은 심각한 문제가 발생한다.

둘째, 기능의 문제는 의식의 문제로 연결이 된다. 위와 같이 신경학적

---

[48] 빌라야누르 라마찬드란/신상규 옮김, 『라마찬드란 박사의 두뇌 실험실』 (2007), 313.

인 차원에서 전두엽의 억제 메커니즘에 문제가 있거나 전전두 부위의 피질이 정상적이지 못한 사람들은 뇌 기능의 상실로 말미암은 의식의 혼란으로 반사회적 인격 장애를 드러내는 것으로 알려져 있다.[49] 카그라스 증후군처럼 자신의 눈앞에 있는 부모를 얼굴로는 인식하지 못하고, 벽 뒤에서 전화 목소리로는 인식하는 환자를 목격하는 경우, 제3자가 이러한 뇌 기능의 상실로 야기된 의식의 혼란에 대하여 제대로 이해하지 못하게 되면, 어떻게 되겠는가? 코타르 증후군의 예처럼 멀쩡하게 살아있는데, 자신은 죽었다고 호소하면 어떻게 하여야 하는가? 위 경우에서 나타나는 것처럼, 뇌 기능의 상실과 뇌 의식의 상실을 구분하지 못하면, 오히려 환자를 배려하고 돌보아주어야 할 가족과 공동체는 심각한 편견으로 저들을 격리하고, 역차별을 가하게 될 것이다.

뿐만 아니라 인종주의와 같은 경우, 변연계에 문제가 생기면 시각 분류와 감정의 오작동으로 말미암아 피부색에 대한 편견이 생길 수 있으며, 이로 말미암아 고위두뇌중추에 잘못 저장된 정보가 지성적인 교정을 받지 않으면, 배타적인 인종주의가 심화, 또는 고착되며, 폭력이 심화될 수 있다.[50] 뇌 기능의 상실로 인지적 병리 현상들이 나타나면, 인간의 의식은 자신과 타인과의 관계에서 혼돈을 일으키며, 윤리적인 범주화에 문제를 일으킬 수 있다. 따라서 이런 경우, 우리는 뇌 기능과 의식을 구별하고, 각 역할에 대한 보다 깊은 이해가 요구되는 것이다. 인간의 도덕적 범주화란 뇌 과학적인 관점에서 보면, 인간의 의식을 형성하는 특

---

49 마이클 가자니가/박인균 옮김, 『뇌로부터의 자유』 (서울: 추수밭, 2012), 133.
50 변연계는 대뇌피질과 뇌간 사이에 있는 신경 세포로서 전전두엽과의 상호 작용에 의하여 인간의 믿음이나 감정, 그리고 의사 결정에 관여하는 것으로 알려져 있다. 빌라야누르 라마찬드란/신상규 옮김, 『라마찬드란 박사의 두뇌 실험실』, 319-320.

수한 기능을 주목하며, 특히 편도와 시상하부, 전두엽, 변연계의 기능에 보다 관심을 갖는 것이라고 할 수 있다.

셋째, 기능의 문제는 의식의 문제이며, 결국은 사회적 범주화의 문제와도 연관이 된다. 특히 앞에서도 살펴보았듯이, 변연계의 경우 이 부위 내의 타인의 감정과 행위를 모방하는 '거울 뉴런(mirror neuron)'의 역할은 사회적 범주화의 관점에서 매우 중요하다.[51] 거울 뉴런을 통하여 상대방의 마음을 감지하는 '마음 이론'이란 타인의 생각을 읽는 인지적 능력을 말한다. 사람들은 타인의 얼굴 표정에 의식이 개입하지 않은 채, 타인의 느낌과 감정을 알아내는 능력을 가지게 되는데, 어릴 때는 이 능력이 부족하지만 경험과 교육을 통하여 타자를 공감하는 능력을 구비하게 된다. 거울 뉴런이 밝혀주는 사실은 인간에게 독립적인 자아란 것은 불가능하며, 자신의 의식과 타인의 의식은 서로 공유되어 있는 사회적 거울과 같은 역할을 한다는 사실이다.[52]

거울 뉴런의 모방 능력을 통하여 인간 상호간 감정을 파악하고, 서로 공감하는 능력을 가진다는 것은 도덕적 행위에 있어서 없어서는 안 된다. 이러한 신경 메커니즘을 통하여 인간은 상호 인지나 감정에 있어서 서로 자신을 투영할 수 있는 능력을 이해하는 다층적인 요소들을 고려하여야 하는 과제가 주어진다.[53] 그러나 거울 뉴런이 손상되면 일종의

---

51 '거울 뉴런'은 파르마 대학교의 신경생리학자인 지아코모 리조라티(Giacomo Rizzolatti)가 발견하였으며, 원래 거울 뉴런은 처음에는 운동 뉴런으로 분류되었지만, 이 뉴런 중 약 20% 정도가 다른 사람의 행동을 모방하는 것으로 밝혀졌다. 이 내용은 가자니가의 소개를 재인용한다. 마이클 가자니가/김효은 역, 『윤리적 뇌』 (바다출판사, 2009), 142.

52 http://www.ted.com/talks/vilayanur_ramachandran_on_your_mind.html

53 Charlene P. E. Burns, "Hardwired for Drama? Theological Speculations on Cognitive Science, Empathy, and Moral Exemplarity," ed. by James A. Van Slyke, Gregory R. Peterson, Kevin S. Reimer, Michael L. Spezio, and Warren S. Brown, *Theology and the Science of Moral Action: Virtue Ethics, Exemplarity, and Cognitive Neuroscience* (New York: Routledge, 2013), 53, 149.

직관적 본능으로서 타인을 판단하는 뇌가 타인의 움직임을 인지적으로 재현하지 못하게 된다. 만일 자신의 신체를 자신의 것으로 인지하지 못하는 '거울 인식 불능증(mirror agnosia)'에 걸리게 되면, 자신과 타인의 도덕적 판단이 불가능해지는 것이다.

물론 뇌 과학에서는 인간의 자아 의식과 자율, 그리고 주체성을 형성하는 과정에 뇌 기능의 작동에 긍정적인 측면도 부각시킨다.[54] 예를 들어, 뇌 기능이 정상적인 경우 타인을 존중하고 배려하는 '감성 지능'을 기대하여 볼 수도 있다.[55] 인간에게 있어서 외부를 수용하고 감각적인 사고를 할 수 있는 능력은 자신의 몸에만 국한하지 않고, 다른 사람이나 사물에 대한 느낌으로 확대할 수 있다. 이는 뇌가 작동하는 몸을 통하여 인간은 외부와 자신을 일체화하려는 경향을 가지는 것이다.[56]

그러나 현대 사회의 분주하고 복잡한 메커니즘 속에서 인간은 감정적, 인지적 우선순위를 결정하는 데에 실패하는 경우가 많다. 과연 인간이 객관적인 인식을 지속적으로 할 수 있는가? 뇌의 착시 현상의 경우, 인간의 자연적인 감각-인지 능력의 한계를 지적하여 주는 예가 될 수 있다. 인간이 객관화한 인식을 통하여 어떤 결정을 내린다고 할지라도

---

54 타일러 부르게는 인간은 개별주체로서의 자아와 타자를 통전적으로 이해하는 의식을 구성한다고 보고 있다. Tyler Burge, *Foundations of Mind* (Oxford: Clarendon Press, 2007), 395. 한편, 로버트 맥컬리는 인간의 뇌는 자기감과 자아의 범주화를 통하여 미래 세계를 예측하는 인과적 도식의 기능이 있다고 보고 있다. Robert N. McCauley, *Why Religion is Natural and Science is Not* (Oxford: Oxford University Press, 2011), 3.

55 다니엘 골먼(Daniel Goleman)은 미국 프린스톤(Princeton) 신학대학교 학생들을 대상으로 한 임상실험을 통하여 분주하고 복잡한 현대 인간의 생활 패턴을 교정해야 할 것을 강조한다. 이 실험의 경우, 신학생들은 '선한 사마리아인'이라는 설교 과제를 주어진 시간 안에 수행하는 과정에서 길거리에서 고통당하는 사람을 그냥 모른 척 지나치게 된다. 그의 논리의 핵심은 인간의 사회적 뉴런은 무선 신경처럼 다른 사람의 뇌를 복사하며, 신경과학이 증명하는 것은 동정심에 의하여 인간은 남을 돕게 되어 있다고 강조하고 있다. Daniel Goleman, "Why arent we all Good Samaritans?" http://www.youtube.com/watch?v=r3wyCxHtGd0

56 로버트 루트번스타인 · 미셸 루트번스타인/박종성 옮김, 『생각의 탄생』 (에코의 서재, 2007), 229.

그것은 착시의 경우처럼 눈으로 사물을 보면서도 실제의 모습과는 다르게 지각하는 착각에 근거한 판단일 수 있다.[57] 또한 인간의 행동에 있어서 기능과 의식의 부조화의 문제는 기억과 현재 경험 사이의 불일치로 도덕적 판단에 지속적으로 문제를 야기할 수 있다고 보고 있다. 현재 인간이 실제적인 경험을 통하여 냉철한 결정에 이룬다고 할지라도 인간의 뇌는 과거의 기억에 의지하여 현재와 미래를 판단하기 때문에, 현재적 판단이라는 것은 실제 현재의 사실에 근거하지 않은 과거에 의지하는 잘못된 판단이 될 수 있는 것이다.[58]

뇌의 범주화의 문제에서 사실 더 심각한 것은 뇌 기능의 상실과 의식의 혼란에 따른 도덕적 지각 능력의 실패뿐만이 아니라 거울 뉴런에 작용하는 외부적 환경에 대한 문제이다. 인간이 거울 인식을 통하여 환경을 모델링(modeling)하는 과정에 있어서 만일 그 사회적 환경이 인간에게 필요한 도덕적 규범을 제공하기 못한다면, 어떻게 하여야 하는가? 현대에 만연하는 인간 경시 풍조와 가부장적 성차별, 배타적 인종주의, 무규범적인 가치관, 과도한 미디어의 폭력물 등 매일 겪는 사회 문제에 대한 리모델링(remodeling)이 가능하지 못한다면, 뇌 기능과 의식의 문제는 또 다른 차원에서 더 심각하게 될 것이다. 따라서 뇌와 연관된 도

---

57 댄 애리얼리(Dan Ariely)는 인간이 시각을 통하여 받아들이는 정보가 다른 기관에 비하여 압도적으로 큼에도 불구하고 착시 현상을 피하기 어려운 것처럼, 인간이 인지 과정을 통하여 객관화한 정보의 많은 수는 착각인 경우가 많다고 보았다. Dan Ariely, "Are we in control of our decisions?,"
http://www.youtube.com/watch?v=9X68dm92HVI

58 다니엘 카네만(Daniel Kahneman)은 행동경제학적 관점에서 인간을 '경험하는 주체'와 '기억하는 주체'로 정의하면서, 경제적 문제의 경우, 이 양자가 대립한다고 주장하였다. 경험하는 주체는 현재를 살아가는 심리적인 자아 의식으로서 수량화할 경우, 약 3초 정도밖에 안 된다고 보았다. 실제 인간이 판단할 경우, 경험하는 주체는 기억하는 주체에 의하여 특정한 인식으로 유도하여 특정한 선택을 유도한다고 보았다. 그가 강조하는 것은 기억하는 주체는 과거의 기억을 통하여 미래의 의사 결정을 내리기 때문에, 경험하는 주체는 현재라는 순간의 경험에 그치며, 현재의 경험에 대한 모든 정보는 기억하는 주체로 이동한다고 보았다. Daniel Kahneman, "The Riddle of Experience vs. Memory,"
http://www.youtube.com/watch?v=XgRlrBl-7Yg

덕적 범주화의 문제는 기능의 문제를 넘어서 의식을 구성하는 사회적 규범의 문제까지 통시적으로 다루어야 할 사명이 있는 것이다.

지금까지 필자는 몇 가지 사례를 통하여 뇌의 기능의 문제와 의식의 문제, 그리고 환경의 도덕적 범주화 능력의 한계에 대하여 살펴보았다. 기능의 상실은 의식의 상실을 초래하고, 의식의 상실은 도덕적 범주화에 실패하게 된다. 기능과 의식, 그리고 도덕적 행위의 관계는 유기적이기 때문에 각 영역을 구분하는 것은 한계가 있다. 그럼에도 불구하고 각 영역의 역할을 구분하여 살펴보는 것은 인간의 행위를 이해하는 데에 매우 유용하다. 이 점에서 신학, 또한 인간의 행위를 기능과 의식, 그리고 사회적 범주화의 영역으로 나누어서 해석하는 것은 중요하다고 본다. 왜냐하면 앞의 사례에서도 보았듯이, 인간 행위에 나타나는 뇌 기능과 의식의 구조와 인식의 프로세스를 이해함으로써 인간을 더 통전적으로 볼 수 있기 때문이다. 이는 인간의 책임을 뇌결정론으로 돌리고자 하는 것이 아니라, 유한한 인간의 한계를 공동체적인 관점에서 함께 극복할 수 있는 도덕적 범주화를 강조하기 위함이다. 이제 공동체의 과제를 다음 장에서 살펴보자.

IV. 뇌 기능과 의식, 그리고 도덕적 범주화에 대한 윤리적 과제

지금까지 필자는 뇌의 기능과 의식의 문제, 기능과 의식의 불일치, 그리고 이에 따른 윤리적 범주화의 한계가 제기될 수밖에 없는 문제를 살펴보았다. 여기서 필자가 제시하려는 도덕적 범주화에 관한 세 가지 과제는 다음과 같다. 첫째, 뇌의 기능에서 모델링, 거울 뉴런, 그리고 감성 지능과 같은 기본적 능력은 윤리적 행위를 수행하는 데에 있어서 규범적으로 중요한 기능을 하지만, 뇌 기능에 문제가 생길 때에는 이를 일반적인 의식적 관점에서 판단해서는 안 된다는 점이다. 왜냐하면 엄밀하게 정의하여 뇌 기능의 상실과 의식의 상실은 그 내용이나 판단의 기준점이 다르기 때문이다. 뇌 기능의 상실로 바른 판단을 할 수 없는 환자의 경우에 제3자의 도덕적 의식 수준으로 환자를 평가할 수 없다. 오히려 환자들의 바른 판단에 못 미치는 요소들을 배려하고 돌봐주어야 한다. 둘째, 만일 뇌 기능의 상실로 바른 판단을 할 수 없는 환자의 경우, 제3자가 그 환자를 이해할 수 있는 의식적 수준의 조정이 필요하다. 왜냐하면 환자의 행위에 도덕적 규범의 잣대를 적용하여야 하는 윤리적 의식의 교정이 필요하기 때문이다. 따라서 이를 이해할 수 있는 제3자의 지성적 교정이 없으면, 환자는 편견 속에서 방치되거나 사회에서 유리될 수밖에 없다. 셋째, 만일 제3자의 인식의 교정이 필요하다면 이는 제3자를 둘러싸고 있는 사회 환경의 공동체 의식의 조정을 전제하게 된다. 왜냐하면 개인의 도덕적 규범이라는 것은 뇌 과학의 관점에서도 당연히 사회적이기 때문에, 사회적 인식과 이에 상응하는 도덕적 인식의 변화가 요청되는 것이다. 따라서 위의 과제를 좀 더 해소하기 위하여 다음과 같은 노력이 필요하다고 본다.

첫째, 뇌 과학에서 밝히는 새로운 뇌 기능의 다양한 역할이 밝혀질수록 뇌 기능의 상실과 의식의 상실을 구별하는 윤리적 규범이 요청된다. 무엇보다도 뇌 과학의 발견에 근거한 인간이해에 따라 법제화에 필요한 제도의 보충으로 공동체를 구성하여 나가야 한다는 당위성을 요구한다. 현재 형법에서는 정신 기능이 쇠약한 심신 미약의 경우, 시비(是非)나 변별(辨別)력이 부족하여 도덕적 행위에 한계가 있다고 보며, 민법에서는 심신 박약이 이 경우에 해당한다. 심신 미약을 유발하는 원인으로는 신경 쇠약이나 술 중독, 그리고 노인성 질환 등이 있다. 한편, 심신 상실의 경우는 정신병이나 정신 지체, 그리고 중증의 의식·심신 장애를 말하며, 형법에서는 책임무능력자로 여겨 행위를 처벌하지 않고, 형을 감경하고 있다. 그러나 법에서도 이러한 개념들은 정신의학의 기준이 아니라 사회적 정의에 입각한 일반 법률적인 기준이 적용되어 법관이 그 형량을 정한다. 따라서 법에 있어서도 뇌 기능에 대한 개인적 차이를 인정하고, 의식과 인간의 행위에 있어서 뇌 과학의 관점을 충분히 고려하여야 한다고 본다. 특히 '기능적 자기공명영상(functional magnetic resonance imaging, fMRI)'과 같은 기술을 통하여 윤리와 법의 영역에서 문제가 되는 인간의 의지와 행위, 그리고 책임의 문제를 좀 더 규범적으로 살펴보아야 할 것이다.

한편 신학적 과제로서 뇌 과학의 연구에 대하여 적극적인 의식의 전환과 기독교적 규범에 적용하여야 한다고 본다. 전통적으로 개신교에서는 크리스천에게 요구되는 도덕적 판단의 최종 근거를 믿음에 두었다. 믿음이란 자신의 행위와 가치 기준에 대한 최종적인 권위를 하나님과의 관계에서 찾는 종교적 확신이다. 그러나 만일 믿음이라는 개인의 신앙적 가치가 뇌의 기능과 의식의 차원에서 문제가 발생하면 어떻게 되는가? 예를 들어, 평생 믿음을 가지고 모범적인 신앙생활을 하던 사람이 치매증상이 생기면, 종교성을 상실하게 된다. 심지어 정도에 따라서는 하나님이라는 신 개념도 잊어버리게 된다. 이것은 환자의 기억 회로에 문제가 생긴 것이며, 따라서 의식 속에도 자신의 가치 개념에 혼란이

온 것이라고 할 수 있다.⁵⁹ 이것을 제3자의 일상적인 종교적 규범의 수준에서 환자를 바라보면, 윤리적 판단에 문제가 생길 수도 있다. 실제 환자가 치매에 걸려서 하나님을 부인한다고 하여도 그것은 환자의 뇌 기능의 문제이지, 그가 뇌 기능이 활성화 되어 있을 때 종교적 심성을 통하여 형성하였던 근본적인 신앙의 문제는 아니기 때문이다. 따라서 이 경우에는 기능과 의식의 문제를 구분하여 보는 것이 보다 통전적인 신앙적인 규범을 형성하는 데에 매우 중요하다고 판단된다.

신경 신학(neurotheology)적 관점에서 종교의 믿음과 관련하여 활성화되는 뇌의 영역은 기도나 명상을 할 때 활성화되는 '전두엽'을 중심으로 '측두엽'과 때때로 '체외 이탈' 느낌과 연관된 '우측 모이랑(right angular gyrus)' 등이 있다고 알려져 있다.⁶⁰ 한편 전두엽의 발작과 변연계 사이에 문제를 가진 환자들의 증상은 황홀경과 죽음의 임사 체험을 겪게 되는데, 이를 통하여 종교적 신앙이란 이성이 아니라 변연계가 지시하는 감정이라고 강조하는 뇌 과학적 학설도 있다.⁶¹ 이와 같은 관점은 유물론적 차원에서 신-인간 메커니즘을 밝히려는 입장이라고 할 수 있다. 이러한 예는 뇌 기능에 의하여 신인식이 강화되든지, 아니면 오히

---

59 뇌화 과정 동안에 뇌는 많은 변화를 겪게 되는데, 회백질의 위축과 시냅스의 퇴화, 혈류의 감소, 그리고 신경화학 물질의 변화가 나타난다. 성영신·강은주·김성일 옮김, 『마음을 움직이는 뇌, 뇌를 움직이는 마음』 (해나무, 2004), 195.

60 마이클 가자니가/김효은 옮김, 『윤리적 뇌』 (서울: 바다출판사, 2009), 210. '거쉬윈드 증후군(Geschwind Syndrome)'은 '측두엽 간질(TLE)' 증세를 나타내는 환자들에게 나타나는 질환인데, 측두엽 손상을 입은 사람들에게 '과저술증(hyper-graphia)', '과종교증(hyper-religiosity)', '공격성(aggression)', '집착(stickiness)', 그리고 '변형된 성적 관심' 등이 나타난다고 알려져 있다. 특히 거쉬윈드 증후군을 가진 사람들은 발작 사이에 신앙심이 깊어지는 느낌을 가진다고 알려져 있는데 신앙과 같은 감정과 신경기능 사이의 관계를 설명하여 주는 고리가 된다고 뇌 과학은 보고 있다. 참고) 같은 책 205-206. 한편, 뇌의 측두엽에 종교적 메커니즘이 있다고 하는 관점에 전면 배치되는 이론도 있다. 자기공명영상을 통하여 나타난 결과는 감정의 상태와 신비 체험의 상태에서 활성화된 뇌의 부위가 다르다는 입장이다. 마리오 뷰리가드, 데니스 오리어리/김영희 옮김, 『신은 뇌 속에 갇히지 않는다』 (21세기북스, 2010), 459-60.

61 빌라야누르 라마찬드란/신상규 옮김, 『라마찬드란 박사의 두뇌 실험실』 (2007), 333.

려 상실될 수 있다는 관점을 보여준다. 즉 뇌의 물리적 변화가 신경 체계와 감정에 개입한다는 것이다. 중요한 것은 인지 기능을 통하여 신 개념이나 종교적 체험을 설명할 수 있지만, 그것이 신 존재 증명을 시도하거나 반대로 신을 부정하는 관점으로 발전될 수는 없다는 것이다. 다만 이와 같은 뇌 과학의 연구 결과는 종교 현상을 이해하는 데에 있어서 신학적 관점을 보다 풍성하게 할 수 있는 중립적인 이론적 구조를 제공할 수 있다고 본다.

아울러 신앙의 문제를 뇌 과학의 관점에서 이해할 때, 인간성에 대한 해석을 깊게 하여 줄 수 있다고 본다. 즉 뇌 과학의 발견으로 신앙이 위축되는 것이 아니라 신앙이 형성되는 기능과 의식, 그리고 종교적 환경의 문제를 깊게 이해함으로써 인간의 유한성을 인정하고, 영혼과 같은 영적 본질이나 신앙의 정체성을 보다 깊게 이해할 수 있는 것이다. 대뇌 피질이나 변연계의 역할에 따라 의식이 좌우된다고 보는 뇌 과학적 해석은 믿음과 같은 종교성을 신경 메커니즘에 환원하려는 경향이 있다고 무조건 반대하지 말고, 뇌 과학이 제시하는 종교성의 문제를 신학적으로 재구성하는 노력을 통하여 과학의 시대에 부응할 수 있는 신학적 통찰력이 필요하다고 본다.

둘째, 만일 뇌 기능의 상실로 말미암은 행동의 변화로 의식에도 문제가 생길 때, 우리는 이 현상을 이해할 수 있는 지속적인 지성적 교정을 필요로 한다. 예를 들어, 평생 목회를 성실하게 수행하던 목회자에게 노인성 질환으로 뇌 기능의 약화나 아니면 상실로 자신이 고백하던 '하나님을 부정'하는 일이 일어났다고 가정하여보자. 이는 앞에서도 지적한 바 뇌 기능의 문제로 야기된 의식의 혼란이다. 그러나 도덕적 범주에서 문제는 이와 같은 사건이 공동체의 구성원에 영향을 미치게 된다는 것이다. '하나님 부정'을 환자의 의식 세계의 혼란으로 이해하고 받아들이는 공동체의 경우는 오히려 구성원 간 건강한 유대감을 유지할 수 있다. 그러나 이 '하나님의 부정'을 제3자가 자신의 의식적 수준에서 받아들이게 되면 그 자신도 신앙의 정체성에 혼돈을 가질 수 있다. 따라서 뇌 기능과 의식의 차원에서 중요한 점은 기능과 의식의 관계를 지성적 차원에서 이해하고 이를 도덕적 규범으로 승화할 수 있는 인식이 준비되어 있어야 한다는 것이다.

뇌 과학이 밝힌 '환상 사지(phantom limb)'의 원인에 대한 연구 결과를 살펴보면, 뇌의 감각피질, 특히 두정엽 부위가 신체의 상(像)을 구성하고 있는데, 이 부분의 상해로 말미암아 팔이나 다리가 절단되어 없음에도 불구하고 통증을 느끼게 된다. 이를 통하여 알 수 있는 것은 신체라는 감각적 의식은 뇌가 구성하고 있는 일종의 '신체상(身體像)'으로서 뇌 활동에 의하여 형성된다는 것이다. 물론 유전적으로 주어지는 신체가 있지만, 환상사지의 경우는 뇌가 구성하는 일종의 '환상'으로서 신체라는 것은 영속적인 개념이 아니라 뇌가 형성한 정신적 구조물인 셈이다.[62] 따라서 환상사지의 경우, 환자의 뇌가 인식하는 자신의 잘못된 의식에 대하여 우리의 지성적 교정에 의한 의식의 재구성이 없이는 그러한 고통을 호소하는 환자를 결코 이해할 수 없을 것이다.

'찰스 보넷 증후근(Charles Bonnet syndrome)'의 경우는 환자가 눈이나 두뇌의 시각 정보를 조정하는 부위를 일부 다치거나 아니면 완전히 시력을 상실하였는데도 환자가 스스로 생생한 시각적 경험을 하는 것

---

62 앞의 책, 131.

이다.[63] 눈이 없는 사람이 무엇을 보았다고 주장한다면, 그것은 환자 뇌 세포의 시각적 정보를 환자가 시각적 표상에 나타난 것을 경험한 것이다. 이것을 거짓이라고 주장한다면, 이 또한 시각 기능의 역할을 이해하지 못하는 지성의 혼란과 결부된다. 마찬가지로, 알츠하이머 증상을 가진 환자들에게 시각적 기능의 마비로 제3자는 보지 못하는 것을 보았다고 호소하는 경우가 많다. 이 또한 뇌 기능과 의식의 표상에 대한 지성적 교정과 이해가 없이는 제3자의 의식의 차원에서 설명할 수 없다.

위의 예를 통하여 도전받는 지성적 교정의 과제는 인간의 한계를 이해하고 인간이 중시하는 가치관이 뇌 기능과 의식적 수준에서 얼마나 제한적인가를 깨닫는 데에 도움을 준다고 본다. 특히 신학적으로 인간에 대한 이해는 결국 "인간은 흙에서 왔다가 흙으로 돌아가는 존재"임을 드러낸다. 인간의 구성은 흙이며 영원하지 않으며 변화를 겪고 또한 변화에 의지하여 살 수밖에 없는 존재임을 나타내는 것이다. 기능의 관점에서 갓 태어난 어린아이나 냉철한 이성적 분석을 시도하는 신학자나, 그리고 치매증상을 앓고 있는 환자의 차이는 있을 수 있다. 그러나 기능에 의지하는 의식이란 환경에 지배당하며 임시적이며 가변적이고, 그리고 완전하게 상실될 수도 있다는 관점에서 인간은 유한하다. 따라서 뇌 과학이 밝히는 이러한 인간의 한계는 우리가 이해하는 믿음과 신앙에 대하여 겸손한 관점을 형성하여 준다고 본다. 이는 우리가 전통적으로 이해하던 신앙의 규범과 가치에 대한 지성적인 교정도 함께 이루어져야 하는 것이다.

셋째, 만일 뇌 기능의 마비와 상실을 이해하고, 인간의 가치관이 가변

---

63 앞의 책, 176.

적일 수 있다는 앞의 관점은 인간 공동체의 역할에 관심을 돌리게 한다. 역사 속에서 인간은 전통과 관습을 통하여 문명을 형성하고 문화적 유산을 전래하여 왔다. 현대 포스트모던 사회에서는 인간이 구성한 과거의 역사성 이면에는 제국주의의 폭거, 성차별, 인종주의, 인간 중심주의의 생태관 등 반성의 요소들에 대한 계몽과 반성이 요구되고 있다. 이러한 모든 시도는 그나마 인간이 미래를 기대할 수 있는 '문화적 유전'이라고 할 수 있다.[64]

필자가 이해하는 뇌 과학의 관점에서는 '집합 기억'이 과거와 현재, 그리고 미래를 연결하는 공동체의 정신적 유산이 될 수 있다고 본다. 기억은 의식과 무의식을 모두 포함하는데, 자아 개념과 연관하여 보면 항상성을 유지하는 '일차적 자아(proto self)' 개념은 시상하부와 뇌간에서 형성되며, 현재-지금의 상태를 유지하는 '핵심적인 자아(core self)'개념은 대상회와 시상이 포함된다고 알려져 있다. 자아 개념의 상위인 '자서전적 자아(autobiographical self)'는 추리력과 상상력, 그리고 언어와 같은 능력을 통하여 문화와 예술을 발전시키며, 이 가치를 미래에 전수하고 변화를 시도하는 역할을 감당한다고 알려졌다. 이러한 자아 의식은 기억을 통하여 유지되며 인간 유기체에게 없어서는 안 되는 특성이며, 또한 인간 공동체를 위한 필수적인 요소이기도 하다.[65]

인간이 자아감과 공동체를 유지하는 비결은 기억에 있으며 이 기억을 통하여 인간은 인격적 동일성을 유지하게 된다.[66] 만일 인간이 서로

---

64 리차드 도킨스는 '문화적 유전'이라는 표현을 쓴다. 리차드 도킨스/홍명남 옮김, 『이기적 유전자』 (을유문화사, 1989), 289.

65 Antonio R. Damasio, *The Feeling of What Happens* (New York: A Harvest Book, Harcourt, Inc., 1999), 121-125.

66 빌라야누르 라마찬드란/신상규 옮김, 『라마찬드란 박사의 두뇌 실험실』 (2007), 458.

상반되는 기억을 가지고 있다면, 혼란을 피할 수 없을 것이다. 이는 공동체에 있어서도 마찬가지다. 만일 어떤 공동체가 양립할 수 없는 공동의 기억을 가지고 있다면 그 공동체는 파괴될 것이다. 인간의 두뇌는 신경 체계에 저장된 정보를 중심으로 새로운 정보를 받아들이는 데에 있어서 '가소성(plasticity)'을 유지하여야 한다. 이는 신체가 외부의 변화가능성에 대하여 적응하도록 신경 체계가 기존의 정보를 바탕으로 외부에 대응하는 신경 체계의 효율성을 보여주는 것이다. 마찬가지로 문명과 문화적 차원에서 외부의 환경에 대응하는 인간과 공동체의 인지적 능력을 구성하는 가소성은 필수적이다. 이런 관점에서 '유전적 기억'은 오랜 세월에 걸쳐 인간의 유전자 부호 안에 새겨진 경험과 상관이 없는 생득적인 기억으로서 경험 안에 구성되는 단기 기억이나 장기 기억과 함께 매우 중요한 역할을 한다.[67]

필자가 뇌 기능과 의식의 윤리적 문제에 대한 대안으로서 공동체를 중시하여야 한다는 것은 바로 뇌 과학에서 말하는 '유전적 기억'과 같은 역할을 하는 '집합 기억'에 관한 것이다. 인간의 의식은 물론 자의식으로부터 출발하지만, 사회적 소통을 통하여 집단의 인식 체계를 통한 집단 기억으로 발전하면, 인간의 개별적 의식은 사회 전체의 의식으로 확장될 수 있다. 따라서 공동체 속에서 종교적 의례와 공동체의 친교를 통한 구성원의 집합 기억은 매우 중요하다고 할 수 있다.[68] 즉 인간은 자아감과 의식을 통하여 경험을 범주화하고 구조화하여 기억하며, 이 이 기억을 전달함으로써 사회적 행동규범을 유형화하여 나갈 수 있는 것

---

67 로돌포 이나스/김미선 옮김, 『꿈꾸는 기계의 진화』 (북센스: 2007), 271-272.
68 Mario Bunge, *Matter and Mind: A Philosophical Inquiry* (New York: Springer, 2010), 187.

이다.

특히 신학의 역할은 기독교의 가치 체계 속에 형성된 믿음을 공유하며, 공동체에 전달하는 의미를 강화하고 확장하여야 한다고 본다. 뇌 과학은 기억에 관한 인과 관계를 주로 미시적인 관점에서 설명하려고 하지만, 집합 기억은 단순히 미시적으로 설명할 수 없는 공동체의 경험을 통시적인 관점에서 보유하여 집단의 보존을 위하여 의사 결정 구조를 가진다.[69] 집합 기억은 집단 내의 특정한 개인들에 의하여 구성되고 개인들은 그 집단의 기억을 동일하게 공유함으로써 마치 뉴런으로 연결된 시냅스의 상호 작용에 의하여 기억 체계를 유지하듯이, 공동체의 성원들은 집합 기억을 나누고 다시 회상함으로써 공동체를 건강하게 유지할 수 있는 것이다.[70]

앞에서도 살펴보았듯이, 뇌의 기능과 의식의 문제로 공동체의 성원들의 소통에 문제가 생길 때, 이들의 정체성과 자존감을 회복하여 주고 공동체의 성원으로 인정하여 주는 역할을 할 수 있는 것이 바로 집합 기억이다. 뇌 기능의 문제로 의식의 혼란을 겪는 이들을 위하여 공동체는 집합 기억을 통하여 그들의 정신과 가치를 지속적으로 공유할 수 있다. 기억과 자아감을 상실하고 주체성의 혼란을 겪는 이들을 위하여 공동체는 집합 기억을 통하여 개인을 방치하지 않고, 공동체의 성원으로 인정하여주며, 소속감을 줄 수 있다.

성경을 구성하는 수많은 이야기는 역사 속에서 집합 기억에 의하여

---

69 Pascal Boyer, "What Are Memories For? Functions of Recall in Cognition and Culture," Pascal Boyer et al., *Memory in Mind and Culture* (New York: Cambridge University Press, 2009), 11.

70 Thomas J. Anatasio et al., *Individual and Collective Memory Consolidation: Analogous Processes on Different Levels* (Cambridge, MA: The MIT Press, 2012), 49-50.

특정한 신앙적 체계와 가치관을 구성하며, 공동체의 기억 구조를 통하여 전달되어 왔다. 마찬가지로 개인의 기억과 집단의 기억이 상호 전달을 통하여 미래를 위한 정신적 유산을 지속할 수 있는 것이다. 개인의 기억은 개인적이지만, 소중한 경험을 기억으로 상기하여 연대하고, 공동체를 위한 유용한 기억을 전달할 수 있다. 과거의 기억을 현재화하고, 그 과정을 통하여 공동체 속에서 도덕적 규범을 만들어나간다. 이때 규범은 개인의 의식에서 머무는 것이 아니라, 상호 사회적 관계 속에서 의무를 발전시켜 나가게 되는 것이다.

이와 같이 집합 기억은 윤리적인 공시성과 통시성을 다 갖춘 가치 체계와 연관이 되어 있다. 즉 인간의 기억은 역사적인 상황과 긴밀하게 연결되어 있기 때문에 그 맥락을 중시하는 '공시적인 관점'과 이 관점들의 변화를 통합적으로 해석하는 '통시적인 입장'이 다 연관이 되어 있다. 교회의 성경을 중심으로 한 서사적 이야기와 공동체의 경험은 역사 속에서 사회로부터 소외된 이들에 대한 특별한 관심을 가지고 있었다. 사회로부터 소외된 이들, 병자, 여인들, 그리고 어린이들을 돌보고 치유하셨던 예수 그리스도에 대한 기억은 과거의 역사적 기억을 현재화하며 그리고 윤리적 규범으로 현실화의 과정을 겪게 된다. 제자들의 집합 기억은 기독교 역사 속에서 신앙의 가치를 재구성하면서 원래의 집합 기억을 현재의 당위로 받아들이고 이를 통하여 예수 그리스도의 제자됨을 구체화하여 나가는 것이다. 뇌 기능과 의식의 문제로 고통을 당하는 이들 또한 이 기억의 연대를 통하여 천국 시민의 일원으로서 하나님의 나라를 형성하여 나가는 것이다.

V. 결론

지금까지 필자는 뇌 과학을 통하여 윤리의 문제를 뇌의 기능과 의식, 그리고 사회적 규범의 차원에서 살펴보았다. 뇌 기능을 통한 인간의 의식은 자신의 행위를 범주화할 때 사회적 영향에 좌우되지만, 그 도덕적 규범이 비윤리적이라면 의식과 심지어 기능에도 영향을 주게 된다. 아울러 뇌 기능에 문제가 생기면 의식과 규범화에 제약을 받게 되며, 뇌 기능이 정상적으로 작동할지라고 의식의 오류와 착각은 얼마든지 일어날 수 있다. 범주화의 사회적 대상과 정상적인 뇌 기능, 그리고 투명한 의식이 갖추어지지 않으면 인간의 윤리적 행위를 기대할 수 없게 된다.

그동안 눈부신 뇌 과학의 발전으로 뇌의 기능과 의식의 차원에서 자아와 같은 메커니즘을 밝힐 수 있지만, 자아와 의식 등에 관련되는 신경 메커니즘을 구체적으로 윤리화 한다는 것이 무엇인지에 대하여서는 더 많은 연구가 필요하다고 볼 수 있다. 신학적인 관점에서도 '크리스천의 완전'이란 개념에 부득이한 수정이 뒤따르게 된다고 본다. 신앙의 도덕률에 대한 기준과 평가가 개인적 신앙 의식의 차원이 아니라 그 개인의 인생 전체를 통하여, 그리고 공동체의 연대 의식에 의하여 평가되어야 한다. 뇌 기능이 제대로 형성되지 않은 어린이나, 뇌 기능이 가장 활성화되어 기억력과 판단기능이 최고도에 있는 청년 시절이나, 그리고 기억도 지워져서 종교성도 상실한 노년에 이르는 전체 과정을 인간화와 신앙화의 과정으로 받아들여야 할 것이다.

신앙의 완전은 하나님의 거룩한 자녀로서 믿음과 행위의 온전한 일치를 추구하지만, 믿음 자체도 의식의 일부이며, 뇌 기능과 의식의 부조화에 따른 병리적 현상으로부터 인간을 자유로울 수 없기 때문에 완전이란 개념은 '흠결이 없는 완전(perfection)'이 아니라, 개인과 공동체를 하나 되게 하는 '전체(wholeness)', 연약하고 부족한 것을 보충하여 나가는 '채움(completeness)', 또는 연대의 맥락에서 공동체를 유기적으로 형성하는 '하나(oneness)'와 같은 개념으로 해석되어야 할 것이다. 필자는 신앙의 완전이란 사랑의 개념처럼 인간으로서는 불가능하며, 오히려 인간 전체의 삶이 공동체의 연대와 유기적 관계 속에서 형성되는 것이라고 본다. 이런 맥락에서 '신앙의 완전'이란 개인에게 적용하기보다는 공동체적인 관점에서 기독교 역사가 유지하여 온 공동체적인 덕목과 가치라는 개념으로 확장하여야 할 것이다.

이러한 맥락에서 '집합 기억'에 대한 강화는 현대의 개신교의 경우, 개인주의화 되어가는 추세에서 관심을 가져야 할 특성이라고 본다. 점점 공동체적 유산과 가치가 소홀하여지는 경향 속에서 후대에게 전하여 줄 신앙의 덕목을 지속하고, 사랑과 정의 평등과 같은 정신 유산을 전달하여야 할 사명을 기독교 공동체는 소중하게 여겨야 한다. 인간의 의식에 대한 뇌 과학의 유물론적 관점이나 뇌의 기능과 의식의 책임에 대한 법률적 처분의 한계를 넘어서 한 생명의 가치를 뇌의 기능과 인지, 그리고 그 한계까지 통찰하고, 후손에게 건강한 '집합 기억'을 유산으로 전달하여 주기 위하여 지속적인 사회적 규범의 변화를 도모하는 기독교 공동체의 성숙한 '뇌 문화'를 기대하여 본다.

참고문헌

가자니가, 마이클/ 김효은 옮김,『윤리적 뇌』. 서울: 바다출판사, 2009.

가자니가, 마이클/ 박인균 옮김,『뇌로부터의 자유』. 서울: 추수밭, 2012.

김훈석 · 신현주.『기억력의 비밀-EBS 다큐프라임』. 서울: 북폴리오, 2011.

노에, 알바/ 김미선 옮김,『뇌 과학의 함정: 인간에 관한 가장 위험한 착각에 대하여』. 서울: 갤리온, 2009.

도킨스, 리차드/ 홍명남 옮김,『이기적 유전자』. 을유문화사, 1989.

라마찬드란, 빌라야누르/ 신상규 옮김,『라마찬드란 박사의 두뇌 실험실』. 서울: 바다출판사, 2007.

루트번스타인, 로버트 · 루트번스타인, 미셀/ 박종성 옮김,『생각의 탄생』. 에코의 서재, 2007.

뷰리가드, 마리오/ 김영희 옮김,『신은 뇌 속에 갇히지 않는다』. 21세기 북스, 2010.

성영신 · 강은주 · 김성일 옮김,『마음을 움직이는 뇌, 뇌를 움직이는 마음』. 해나무, 2004.

샌델, 마이클/ 이창신 옮김,『정의란 무엇인가』. 서울: 김영사, 2010.

이나스, 로돌포/김미선 옮김,『꿈꾸는 기계의 진화』. 북센스, 2007.

Anatasio, Thomas J. et al. Individual and Collective Memory Consolidation: Analogous Processes on Different Levels, Cambrigde, MA: The MIT Press, 2012.

Ariely, Dan. "Are we in control of our decisions?," TED lecture,

http://www.youtube.com/watch?v=9X68dm92HVI

Bechtel, William. Philosophy of Mind: An Overview for Cognitive Science, Hillsdale, NJ: Lawrewnce Erlbaum Associates, 1988.

Boyer, Pascal. "What Are Memories For? Functions of Recall in Cognition and Culture," Pascal Boyer et al., Memory in Mind and Culture, New York: Cambridge University Press, 2009.

Bunge, Mario. Matter and Mind: A Philosophical Inquiry, New York: Springer, 2010.

Burge, Tyler. Foundations of Mind, Oxford: Clarendon Press, 2007.

Burns, Charlene P. E. "Hardwired for Drama? Theological Speculations on Cognitive Science, Empathy, and Moral Exemplarity," ed. by Van Slyke, James A. et al. Theology and the Science of Moral Action: Virtue Ethics, Exemplarity, and Cognitive Neuroscience, New York: Routledge, 2013.

Chalmers, David J. The Character of Consciousness, New York: Oxford University Press, 2010.

Damasio, Antonio R. The Feeling of What Happens, New York: A Harvest Book, Harcourt, Inc., 1999.

Damasio, Antonio R. "The Quest to Understand Consciousness," TED lecture,

http://www.youtube.com/watch?v=LMrzdk_YnYY

Goleman, Daniel. "Why arent we all Good Samaritans?" TED lecture,

http://www.youtube.com/watch?v=r3wyCxHtGd0

Kahneman, Daniel. "The Riddle of Experience vs. Memory," TED lecture, http://www.youtube.com/watch?v=XgRlrBl-7Yg

McCauley, Robert N. Why Religion is Natural and Science is Not, Oxford: Oxford University Press, 2011.

Ravoka, Marina. Philosophy of Mind A-Z, Edinburgh: Edinburgh University Press, 2006.

03

생명 개념과 생명 윤리에 관한 법과 기독교의 입장 비교 연구[71]

I. 서론

인간의 생명 현상을 생물학적 관점이나 법적인 관점으로 제한하여 해석하면 '제거적 환원주의'의 문제가 생긴다. 이는 한 과학 지식이나 법의 해석을 절대화하여 다른 개념들을 제거하는 것이다.[72] 이렇게 되면 법이나 과학적 가설은 일종의 정치적 권력과 같이 되어 과학적 실험은 한 이론을 위한 반복적인 실험이 되며, 법 또한 권력의 이익을 대변하기 위한 하위 체계로 변질되게 된다.

따라서 과학이나 법은 생명을 해석하는 데에 있어서 윤리적인 공시성과 통시성을 가져야 한다. 즉 법이나 과학은 각각의 시스템을 구축하기까지 역사적인 상황과 긴밀하게 연결되어 있기 때문에 그 맥락을 중

---

71 본 글의 출처는 아래와 같다. "생명 개념과 생명 윤리에 관한 법과 기독교의 입장 비교 연구," 장신논단, Vol. 47 No. 1(2015.3), 177-201.

72 Paul M. Churchland, *Matter and Consciousness: a Contemporary Introduction to the Philosophy of Mind* (Cambridge, MA: The MIT Press), 1988, 26.

시하는 '공시적인 관점'과 또한 이러한 전통적인 관점도 변화할 수밖에 없다는 '통시적인 입장'이 조화를 이루어야 한다. 따라서 법도 안정성을 추구하지만, 때때로 시대적 상황에 맞추어 변천이 필요하였듯이 생명 이해에 있어서도 '해방생물학(liberation biology)'이 요청되고 있다. 이는 생명과 연관된 인간 존엄성과 인권에 있어서 보다 적극적인 인식론적 변화를 요구하는 것이다.73

이와 같은 시대적 요청은 기독교에도 필요하다고 본다. 기독교적 생명 이해도 역사 속에서 형성되어온 종교적 가치 체계이다. 교리나 신조, 또는 신경을 통하여 살펴볼 수 있는 생명관은 사회의 규범 속에서 법과 과학의 정신에 영향을 주거나 받기도 하였다. 법과 과학, 그리고 기독교는 기층 사회 정치적 상황에 따라 생명 개념에 있어서 때로 배타적으로 또는 통합적인 개념을 구성하여 왔다. 따라서 헌법을 통하여 명시하는 생명에 대한 개념과 기독교적 생명이 도덕의 규범 속에서 어떻게 상호 소통하고 있는지 살펴보는 것은 매우 의미가 있다고 본다.

필자는 이 글에서 한국 사회의 법의 판결을 통하여 본 생명 개념과 기독교의 생명 개념을 비교하도록 하겠다. 우리나라 헌법에는 생명권이 명문화 되어있지 않지만 헌법 제10조의 인간의 존엄과 가치에서 그 근거를 찾거나, 12조의 신체의 자유를 통하여 생명권이 보장된다는 다수설의 입장이 있다. 그동안 법원의 판례에 나타나는 생명 개념은 '배아줄기 세포', '사형 제도', '안락사', '여호와의 증인 수혈거부', '존엄사와 연명의료 결정', 그리고 '낙태'에 관한 판시들을 통하여 살펴볼 수 있으며 아

---

73 Ronald Bailey, *Liberation Biology: the Scientific and Moral Case for the Biotech Revolution* (NY: Prometheus Books), 2005, 12. 로널드 베일리는 생명공학과 같은 공공 정책에 억제보다는 다양한 방법론을 과감하게 수용할 것을 강조하고 있다.

울러 '생명 윤리 안전에 관한 법률'에서 그 핵심 내용을 파악할 수 있다. 필자는 위의 판례에 나타나는 생명 개념을 정리한 후 현 한국의 기독교 관점에서 생명 개념이 어떻게 구성되어 있는지 살펴보고 생명 윤리와 생명법의 정책에 대한 기독교 윤리의 대안을 제시하도록 하겠다.

아울러 이 글에서 소개하는 기독교의 생명 윤리에 관한 입장은 개신교 6개 교단의 헌법과 신조 및 교리, 그리고 가톨릭의 사회 교리를 참고하였다. 대부분의 개신교 교단의 교리에 나타나는 생명 개념은 신앙 고백과 사회적 선포의 형식으로 되어 있기 때문에 각 교단의 생명 윤리에 관한 분명한 입장은 사회 정책이나 연구보고서들을 좀 더 세밀하게 분석하여야 할 것이나 이 글에서는 각 교단의 교리적 수준에 제한한다. 한편 가톨릭의 사회 교리에는 생명 윤리에 관한 그 입장이 분명하게 나타나 있다.

이 글을 통하여 필자가 제시하려는 생명 윤리 개념에 대한 이론은 다음과 같은 세 가지 관점에서 구성된다. 첫째, 인간의 생명은 신체나 신체를 구성하는 각 단위의 조합으로 이해하는 기능적 관점으로부터 인간 생명의 전 과정의 변화를 이해하는 통시성과 생명의 발달 과정의 각 시기를 이해하는 공시성이 함께 고찰되어야 한다. 둘째, 인간의 생명이나 윤리적 행위를 정치나 경제 사회적인 가치 기준을 가지고 판단하기보다는 기독교에서 이해하는 보다 통전적인 생명 개념이 중시되어야 한다고 본다. 그리고 셋째, 인간 생명의 특징은 법-종교와의 대화를 통하여 법의 해석에서 전통적인 생물학적, 또는 물리화학적 관점을 넘어서 기독교의 정신과 영혼의 영역을 수용하며 이를 위하여 기독교는 공공의 장을 통한 담론을 구성하여야 한다.

II. 판례를 통하여 본 법의 생명 개념

필자가 법의 생명 개념에서 살펴보는 판례는 총 6개이며, 그 내용은 각각 '배아', '사형제도', '안락사', '존엄사', '여호와의 증인 수혈거부', 그리고 '낙태'에 대한 사건이다.

첫째, '인간 배아'에 대한 5년의 보존 기간과 이 기간 후 배아의 폐기 의무가 인간의 기본권 침해라는 관점에서 "생명 윤리 및 안전에 관한 법률 제13조 제1항 등에 관한 위헌 확인"에서, 헌법재판소(헌재)는 현대 의학계의 생물학적인 입장에서 위헌이 아님을 판시하였다.[74] 당시 청구인들은 배아나 태아, 출생한 인간은 생명의 연속성에 있는 동일한 생명체임으로 '인공수정 후 체외에 보관 중인 배아'나 '인간의 체세포 핵이식에 의한 체세포 복제 배아', 그리고 '태아'와 '출생한 인간'은 다 동등하다고 주장하였다. 특히 인간의 생명이 시작되는 시기는 수정 시이고, 체세포 핵이식의 경우는 핵 이식 시이므로 인간의 배아는 헌법의 보호를 받아야 하며 인간으로서의 생명권과 존엄성과 가치를 가진다고 강조하였다.[75]

---

[74] "생명 윤리 및 안전에 관한 법률 제13조 제1항 등 위헌확인," 판례는 전원재판부 2005헌마346, 2010.5.27를 참고하였다. http://law.go.kr/, 이하 '종합법률정보판례'로 한다.

[75] 청구인들은 잔여 배아의 보존 기간을 한정하고 그 기간이 경과된 후, 폐기를 규정한 "생명 윤리법 제16조 제1항, 제2항" 및 잔여 배아를 연구 목적으로 이용하는 것을 허용하는 "생명 윤리법 제17조 제1호" 등은 인간의 존엄성과 가치, 그리고 생명권과 신체의 자유를 침해하는 것임을 주장하였다. 왜냐하면 잔여 배아를 불임치료법 및 피임기술의 개발을 위한 연구(제1호), 근이영양증 그 밖의 대통령령이 정하는 희귀 난치병의 치료를 위한 연구(제2호), 그 밖에 심의위원회의 심의를 거쳐 대통령령이 정하는 연구(제3호)의 목적으로 이용할 수 있도록 규정하고 있으며, 특히 구 생명 윤리법의 2008.2.29. 개정으로 생명 윤리심의위원회의 심의까지도 생략하여 잔여 배아 연구범위를 백지위임함으로써, 사실상 제한 없이 잔여 배아 연구를 허용하고 있는 실정이 현실이다. 한편, 생명 윤리법 제22조 등은 희귀 난치병의 치료를 위한 연구 목적으로 체세포핵이식행위를 할 수 있도록 하고, 체세포 핵이식 행위를 통하여 생성된 체세포 복제 배아에 대하여 연구·폐기를 허용하고 있는데, 이는 무성생식에 의한 배아 복제를 허용한 것으로 현실적으로 인간 개체의 복제로 악용될 우려가 있으며, 체세포 복제 배아 역시 생성된 이상 '인간'이라고 할 수 있는데, 이를 다른 배아와 달리 봄으로써 청구인들은 인간의 존엄과 가치, 사생활의 비밀과 자유, 양심의 자유, 평등권 등을 침해한다고 주장한 것이다. 종합법률정보판례.

이에 대하여 헌재는 관계 기관의 의견을 참고하였는데, 보건복지부는 배아의 지위는 모체에 착상되는 시기 이후임을 전제하였고, 교육과학 기술부는 배아는 인간으로서의 성장할 가능성은 있지만, 인간의 지위는 인정될 수 없다고 보았다. 국가생명 윤리위원회의 다수 의견은 인간 배아가 '잠재적 인간 존재'로서의 지위를 가진다고 보면서, 원시선이 출현하기 이전의 배아도 생명권의 존중 대상인 인간의 잠재성을 부인할 수 없다고 주장하였다. 그러나 배아를 인간과 동등한 존재 내지 생명권의 주체로서 인격을 가지는 존재로 볼 수는 없다고 전제하면서, 원시선이 생기기 전의 배아는 '세포군'에 불과하다고 의견을 내었다. 한편, 법무부장관은 배아는 인간과 완전히 동등한 존재가 아니므로 헌법상의 생명권과 같은 기본권을 인정할 수 없다고 보았다.

둘째, '사형 제도'의 위헌 여부에서 다룬 생명의 문제를 보면, 그 주된 요지는 우리나라의 실정과 국민들이 가지고 있는 도덕 감정에 기초한 국가의 형사 정책은 헌법 제12조 제1항에 근거한다. 질서 유지와 공공의 복리를 위한 사형은 헌법에 위반되지 않는다는 입장이다. '사형 제도에 의한 생명권의 침해' 여부와 '사형 재판제도' 위헌에 관한 결정문을 참고하여 보면 다음과 같다.[76]

먼저 '사형 제도에 의한 생명권의 침해'에 관한 헌법소원에서는 청구인은 '생명권'에 대하여 헌법 제10조의 "인간의 존엄과 가치," 그리고 헌법 제37조 제1항의 "헌법상 열거되지 아니하는 권리"를 근거로 하여 생명권의 박탈이 위헌이라고 주장하고 있다. 특히 헌법 제12조의 신체의 자유를 중시하며, 재판의 오류 가능성, 그리고 국가의 예방 범죄에 대한

---

76 "형법 제41조 등 위헌제청," 전원재판부 2008헌가23, 2010.2.25., 종합법률정보판례.

책임과 범죄인을 위한 복지 차원이 고려되어야 함을 강조하고 있다. 아울러 형사 소송법 제463조, 제465조 제1항, 제466조, 형법 제66조 및 기타 행형법 조항에 근거한 법무부 장관의 사형집행명령은 공권력의 침해가능성이 있음을 제시하였다.

이에 대한 법무부 장관의 의견은 현행 헌법 제12조, 헌법 제37조 제2항, 형법 제338조, 행형법 제57조 제1항에 근거하여 국민의 신체 자유의 제한이나 기본권의 법률 유보라고 볼 수 없으며, 질서 유지 및 공공 복리를 위한 국가의 형사 정책임을 강조하였다. 또한 반사회적 범죄에 대한 응보는 인간의 존엄과 가치를 보호하는 효과가 있음을 주장하였다.

셋째, 일명 '보라매 병원 사건'으로 알려진 '안락사' 문제는 의사의 충고에 의한 퇴원으로 기인한 연명치료중단(산소호흡장치 제거조치)이 살인방조죄에 해당된다고 본 사안이다.[77] 당시 양형의 요지를 살펴보면, 치료 방법의 선택이나 치료 행위의 계속 여부를 결정해야 하는 의료인 개인의 양심적인 판단과 이를 위한 제도적 장치가 미비한 상태를 감안하여 의료인 개인에게만 책임을 전적으로 돌릴 수 없음을 강조하였다. 그럼에도 불구하고 인간의 생명이 법익 중에 최고의 가치이며 국가나 사회가 개인의 생명에 대한 평가와 상관없이 보호되어야 하며, 인간의 생명은 개인이 임의로 처분할 수 없기에 인간의 생명과 연관된 의료 행위에 있어서도 원칙은 지켜져야 한다고 보았다.

다만 죽음을 피할 수 없는 말기환자의 경우에 있어서 환자의 자기결정권에 근거한 치료 중지 요구가 있을 때, 의사의 양심적 결단이 제한적으로 필요하지만, "치료 행위의 중지의 허용 여부 및 그 범위, 절차와 방

---

77 "살인(인정된 죄명: 살인방조)," 대법원 2004.6.24. 선고 2002도995 판결, 종합법률정보판례.

법에 대해서 사회적으로 진지한 논의와 합의가 있어야 할 것"임을 명시하였다. 따라서 생존가능성이 있는 환자를 퇴원시켜서 사망에 이르게 한 이 사건은 환자 자신의 의사를 담당의사가 신중하게 고려하였다고 볼 수 없고, 경제적 고려에 의한 치료 행위 중지는 살인죄이지만 이 결과를 의사가 의욕 또는 용인할 의사가 없어서 살인방조죄로 법원은 판단하였다.

넷째, '존엄사와 연명의료 결정권'에 따른 생명권을 살펴보면, 의학적 관점에서 환자의 의식 회복가능성이 없으며 생명과 연관된 환자의 생체 기능이 더 이상 복구될 수 없는 '회복 불가능한 사망의 단계'에 이르게 된 경우에 연명의료 결정에 관한 판결 또한 생명의 개념을 파악하는 데에 도움이 된다. 회복 불가능이란 인격체로서의 활동을 기대할 수 없고 자연적인 죽음이 시작되었다고 판명되었을, 때 환자의 존엄과 행복추구를 위하여 연명의료 중지를 결정할 수 있다고 보았다.[78]

이러한 연명치료의 중지는 환자가 사망의 단계에 이르기 전 미리 의료인에게 자신의 연명치료 거부나 중단에 대한 의사를 밝혀야 하며(사전 의료지시), 이를 자기결정권으로 인정하고 있다. 한편, 환자가 사전 의료지시가 없이 사망의 단계에 이르러 연명치료 여부가 문제가 될 경우, 평소 환자의 가치관에 따른 자기결정권을 추정하여(환자의 의사추정) 의료지시를 내릴 수 있다고 법원은 판단하였다. 법원은 환자의 자기결정권은 일반인의 관점에서 비합리적으로 보이더라도 의료인은 환자의 결정에 따라야 함을 강조하였으며, 생명 유지 장치가 삽입 또는 장착되어

---

78 "무의미한 연명치료 장치 제거 등(존엄사 사건)," 대법원 2009.5.21. 선고 2009다17417, 전원합의체 판결, 종합법률정보판례.

있는 경우, 환자의 요구에 의한 치료 중단은 '자살'에 해당되기 때문에 허용되지 않는다고 보았다.

한편 인공호흡기를 제거하는 치료의 중단 경우에 법원은 헌법 제10조의 "모든 국민은 인간으로서의 존엄과 가치를 가지며, 행복을 추구할 권리를 가진다. 국가는 개인이 가지는 불가침의 기본적 인권을 확인하고 이를 보장할 의무를 진다"는 규정에 근거하여 개인의 인격권과 행복권 추구를 강조하고 있다.[79] 이에 따른 자기운명결정권의 경우, 환자가 자신의 생명과 신체의 치료에 대한 결정권이 우선시 된다고 보고 있다. 다만 치료 행위의 중단에 따른 환자의 사망이 불가피할 경우, 의사는 선험적이고 자연법적인 권리인 생존과 존재에 대하여 개입할 수 없는 것이 원칙이지만, 회복가능성이 없는 환자에게 생명 연장이 무의미한 경우에는 인간의 존엄에 있어서 죽음을 맞이할 이익이 생명 유지의 이익보다 더 크다고 판단 될 때 인공호흡기의 제거가 정당하다고 보았다.

생명의 회복가능성에 판단 기준은 병원과 제3의 중립적 의료 기관의 의학적 판단에 따른 의식 회복의 가능성에 대한 의학적 규범에 따르게 되어 있다. 참고로 의학 문헌에 의하면, 식물 상태가 3개월 내지 6개월이 경과한 경우 의식이 돌아올 확률이 0% 내지 8%이다. '서울서부지법 2008.11.28. 선고 2008가합6977 판결'의 경우, 인공호흡기의 도움이 없이는 호흡이 불가능하고, 대뇌의 인지 기능의 상실로 의사소통의 불가능, 그리고 그 외 신체의 반응 소견이 뇌사 상태는 아니지만, 식물인간 상태보다 더 심각한 경우로 법원은 판단하여 연명치료 장치 제거를 판결하였다.

---

79 서울서부지방법원 2008.11.28. 선고 2008가합6977 판결, 종합법률정보판례.

다섯째, '여호와의 증인 수혈거부'에 따라서 환자의 생명에 위험이 발생할 수 있는 상황이 발생하였을 경우, 환자의 자기결정권에 따른 의사의 진료 행위 기준을 알 수 있다.[80] 여기에서 종교적 또는 양심적 신념에 관한 부분의 판결 요지는 다음과 같다. 당시 망인은 '여호와의 증인' 신도로서 피를 받지 말아야 한다는 종교적 신념에 확고하였으며, 수술 전에 그 어떤 상황에도 타가수혈을 받지 않겠다는 각서까지 작성하였다는 것이다.

법원은 타가수혈 여부를 결정하기 위하여 '여호와의 증인 교섭위원회'에 의견을 요청하였지만, 답신이 없는 상태에서 망인의 무수혈 방식에 대한 자기결정권을 인정하여 집도한 의사에게 위법성이 없다고 판단하였다. 법원은 환자의 자기결정권보다는 국가의 생명권 보호 의무가 더 중시되어야 하지만, 수혈거부에 대한 환자의 자기결정권은 의사의 진료 의무의 법리와 상응하다고 보았으며, 특히 수혈거부에 대한 종교적 신념과 망인의 의사결정에 더 비중을 두었다.

마지막으로 여섯째, '낙태의 권리와 생명권'을 살펴보면, 현행 형법에서는 사람의 생명과 신체의 안전이라는 관점에서 태아가 사람으로 인정되는 시기를 규칙적인 진통을 동반할 때, 분만의 개시로 보는 진통설과 분만 개시설에 근거하고 있다.[81] 한편 제왕절개 수술의 경우에는 분만 개시의 시점이 임산부나 의사의 판단이 상황에 따라 달라질 수 있어서 사람의 시기는 불명확하게 되어 태아가 사망에 이르게 되어도 업무상과실치사로 보지 않았다.[82]

---

80 "업무상 과실 치사," 대법원 2014.6.26. 선고 2009도14407 판결, 종합법률정보판례.
81 "낙태 교사," 대법원 1982.10.12. 선고 81도2621 판결, 대법원 1998.10.9. 선고 98도949 판결 등 참조.
82 "업무상 과실 치사," 이 내용의 환송 판결은 '대법원 2004.3.26. 선고 2003도6570'로 판결되었고, 원심 판결

낙태죄는 자연분만기 전에 태아를 인위적으로 모체 밖으로 적출하거나 모체 안에서 살해할 때 성립된다. 낙태의 경우 우선 태아가 사망하였을 때 임산부의 상해와 연관이 되는지 여부에 대한 판결을 보면 현행 형법은 태아를 독립된 행위 객체로 인정하는 낙태죄, 부동의 낙태죄, 낙태치상 및 낙태치사죄를 규정을 두고 있으며 임신한 부녀의 자기 낙태나 제3자의 부동의 낙태 행위, 낙태로 기인한 부녀의 사망과 상해에 대한 처벌 규정을 두고 있다. 그러나 대법원 판례에 따르면 태아를 사망에 이르게 한 행위는 임산부에 대한 상해로 규정하지 않고 있다.[83] 그 이유는 태아의 사망으로 임산부 신체의 일부가 훼손되는 것으로 보지 않기 때문이다. 한편, 낙태 시술을 통하여 태아가 미숙아로 출생하였을 시 미숙아에게 염화칼륨을 주사하여 사망하게 하였을 경우에는 비록 미숙아가 정상적으로 생존할 가능성이 낮더라도 미숙아 살해가 인정된다.[84]

지금까지 살펴본 판례를 통한 법의 생명권을 정리하여 보면 아래와 같다.

첫째, 인간의 생명은 모체와 연관하여 태아가 착상되었을 때 생명의 시작으로 정의하고 있다. 비록 모태에 착상되기 전의 배아에 대한 인간으로서의 잠재성은 있지만, 수정된 후 14일이 지나야 생명권이 있다고 보고 있다. 이는 배아에 원시선이 나타나는 시점을 기준으로 하는데, 이 원시선 윤곽은 뇌와 척수의 분리를 알리는 원시 신경관을 말한다. 한편, 인간의 생명과 신체의 안전이라는 관점에서는 진통설 또는 분만개시설로 해석될 여지가 있다. 즉 형법은 진통에서, 그리고 민법은 완전노출설

은 서울중앙지법 2005.5.12. 선고 2004노1677 판결로 이루어졌다. 종합법률정보판례.
83 "업무상 과실 치상," 대법원 2007.6.29. 선고 2005도3832 판결, 종합법률정보판례.
84 "살인 · 업무상 촉탁낙태 · 의료법위반," 대법원 2005.4.15. 선고 2003도2780 판결, 종합법률정보판례.

이 인권의 기준이 된다.

둘째, 인간의 생명이 정지되었다는 것은 환자의 의식이 회복 불가능하며 생명과 연관된 생체 기능이 복구될 수 없는 시점에 다다름을 의미한다. 이를 자연적인 죽음이라고 할 수 있다. 그러나 판례에 나타난 사형이나 안락사, 낙태, 그리고 연명치료와 연관된 쟁점에서의 생명 개념은 국가의 공권이나 의학적 결정론, 또는 의료 행위의 경제적 요인 등과 연관이 되어 그 생명의 존엄성이 개인의 인권보다는 공익의 차원에서 결정된다. 그리고 생명의 주체로서 인간은 도덕적 행위에 근거한 자기결정권을 통하여 인권을 주장하지만 실제로는 민형사상의 제한을 받는다. 자살과 같은 경우도 국가적 차원에서 국민의 생명권을 보호하려는 예방정책에 머물러 있으며, 자살의 주요 원인인 되는 경제적 빈곤에 따른 사회적 절망에 대한 근본적인 대안은 없다.[85]

위의 판례에 나타나는 법적인 생명 개념은 생명을 아직도 '육체의 현상'에 제한하고 있음을 알 수 있다. 즉 정자와 난자의 수정체나 배아, 그리고 태아, 낙태, 자연사, 자살과 같은 기능적 유형으로 생명의 개념을 제한하고 있다. 이와 같은 관점에 대한 비판적 입장으로서 생명의 기원을 신의 뜻에 두는 종교적 관점은 소수설에 간간히 등장한다.

셋째, 따라서 기독교적 관점에서 생명 개념을 살펴보는 것은 매우 의미가 있다고 본다. 일반적으로 기독교 신학은 하나님이 인간을 하나님의 형상으로 만들고 생명을 제공했다고 하는 창조 신앙을 전제한다.[86]

---

85 보건복지부에서 예방 정책은 마련하고 있다. "자살 예방 및 생명 존중 문화 조성을 위한 법률," 제정 2011.03.30 [법률 제10516호, 시행 2012.03.31.] 보건복지부, 종합법률정보판례.

86 James F. Childress, "Christian ethics, medicine and genetics," Robin Gill ed., *The Cambridge Companion to Christian Ethics* (Cambridge, UK; NY: Cambridge University Press, 2012), 287.

물론 오늘날 특별히 인간을 포함하는 생명공학 및 의료 과학의 발달로 인해 기독교의 생명 윤리적 원리가 현실에 그대로 적용되기 어려운 점이 많아졌으며, 이는 기독교 문화가 더 이상 인간의 사회적 측면에 절대적인 기준이 되지 못함을 반영한다. 생명 윤리적 문제에 대한 기독교 윤리의 간학문적 대화는 성경과 전통에 근거하여 더 적극적으로 생명 문제에 접근하여야 한다.

    필자는 위에서 살펴본 판례의 생명 개념과 연관하여 기독교의 교리에 나타나는 신학적 관점에서 그 입장을 살펴보려고 한다. 그것은 기독교의 생명 개념이 한국의 기독교 교리에 어떻게 나타나는지 정리하여 보는 것이다. 기독교의 생명 개념은 인간의 존재를 하나님의 뜻에 두며, 그 어떤 상황에도 그 생명의 연원을 하나님에게 둔다. 따라서 생명과 연관된 인권 또한 하나님의 뜻을 통하여 형성되는 천부적인 권리이며, 기독교 공동체는 이 인간의 존엄성과 가치를 지켜야 한다. 그러나 실제로 판례에 나타나는 다양한 생명 개념에 기준이 될 수 있는 기독교적 가치 개념이나 교리는 그 입지가 매우 작아 보인다. 이제 필자가 살펴보려는 한국 내 기독교 교단은 대한예수교장로회통합, 대한예수교장로회합동, 기독교대한하나님의성회, 기독교대한성결교회, 기독교대한감리교회, 한국기독교장로회총회, 그리고 가톨릭 등 총 7개 교단의 입장이다. 이제 각 교단의 신조나 교리에 나타나는 생명의 개념을 살펴보도록 하겠다.

III. 한국 기독교의 교리에 나타나는 생명 개념

현재 한국의 기독교계에서는 다양한 사회적 문제에 대한 기본적인 입장을 가지고 있지만, 분명한 관점과 대안에 대하여 표명하고 있는 교단은 가톨릭이다.[87] 가톨릭은 '사회 교리'를 통하여 현대 사회에서 기독교인이 겪는 많은 문제들에 대하여 구체적으로 윤리적으로 행동할 내용을 예시하고 있다. 반면 다른 대부분의 개신교 교단들은 교단 헌법이나 신조, 또는 교리의 내용에 생명과 연관된 사회·정치·과학적인 문제들을 해소할 만한 구체적인 내용이 적시되어 있지 않으며, 다만 일부 교단은 인권의 맥락에서 자유와 민주주의 이념, 그리고 생명공학에 대한 기본적인 입장만 표명하고 있다.

역사 속에서 기독교가 취하고 있는 사회 신조나 신경은 격렬한 논쟁, 심지어 순교자가 나오기까지 형성된 신앙의 가치 체계이다. 주로 기독론을 중심으로 한 삼위일체 신론과 인간의 죄론, 그리고 교회 공동체주의와 부활의 교리를 포함한 신조나 신경은 대사회적인 사안들에 대하여 변혁의 영성을 제공하면서 복음의 해석을 통하여 세상에 윤리적 규범을 제시하여 왔다. 그러나 현대 사회에서 생명 윤리 문제와 같은 다양한 쟁점에 대하여 가톨릭 외에 대부분의 개신교 교리로 응답하는 것은 매우 한계가 있음을 알 수 있다.

비록 현대 개신교의 교리가 전체적으로 종교의 양심을 형성하는 내심의 자유에 제한되어 있는 것이 사실이지만, 교리나 신경이 현대 사회의 다양한 문제들과 연관하여 성경의 어떤 말씀과 연관이 되는지 지속적으로 연구하는 것은 매우 중요하다.[88] 이제 살펴보겠지만, 기독교의 교

---

87 필자는 제목에서 '기독교의 교리'라 표기하였는데, 이는 교리, 신경, 사회 원리, 사회 신경을 통칭하는 개념으로서 '교리'라는 단어를 사용했음을 밝힌다.

88 Jaslov Pelican, "The Need for Creeds," *Speaking of Faith,* American Public Media, http://speakingoffaith.publicradio.org/programs/pelikan/index.shtml

리나 사회 원리는 성경에 기초한 신앙과 신학적인 고백들로 구성되어 있다. 각 교단의 총회나 연회에서 결정한 각 원리들은 비록 제한적이지만 기독교인들의 헌신을 요구하며 신앙과 실천 사이의 교량 역할을 하고 있는데, 각 교리의 내용 중에서 제한적으로 생명 개념과 연관되는 내용을 중심으로 간략하면 다음과 같다.

'대한예수교장로회 통합의 총회헌법'은 제1편 교리의 2부 신조와 3부 요리문답, 4부 웨스터민스터신앙고백, 그리고 5부 신앙고백서를 통하여 생명의 개념을 밝히고 있다.[89] 생명은 하나님이 인간을 창조하심으로 완전한 순종을 조건으로 축복하신 언약이다(교리편: 문 12).[90] 생명의 은총은 하나님이 제정하신 가정을 통하여 그 뜻이 드러나는데, 십계명의 다섯 번째 계명인 "네 부모를 공경하라, 그리하면 너의 하나님 나 여호와가 네게 준 땅에서 네 생명이 길리라"는 언약과 연관이 된다(문 63, 출 20:12). 아울러 여섯 번째 계명은 자신과 이웃의 생명을 보존하는 일을 하나님은 명령하셨다. 따라서 인간은 자신의 생명이나 이웃의 생명을 부당하게 끊는 일을 중지하여야 한다(문 68-69, 왕상 21:9-10; 행 1:8; 엡 5:29; 마 5:21).

인간의 죄악 때문에 하나님의 진노와 저주를 피할 수 있는 가능성은 예수 그리스도의 구속을 통하여 생명에 이르는 회개가 있어야만 한다(문 85, 요 3:1618; 막 1:15; 눅 13:34; 마 28:20). 이 생명의 회개는 인간이 죄를 올바르게 자각하고 하나님의 자비를 통하여 죄를 미워하며 죄에서

---

89 "대한예수교장로회통합 교리편," http://www.pck.or.kr/ 이하 "대한예수교장로회통합 교리편"을 참조하였다.

90 하나님은 선악과를 먹지 말도록 금하셨고, 이를 순종하지 않고 먹으면 죽음의 고통이 따른다(창 2:1617; 롬 5:1214, 10:5; 눅 10:2528).

돌이켜 오로지 주님만을 복종하는 것이다(문 87, 딤전 2:15; 행 2:37; 11:18, 26:18; 눅 18:13; 렘 14:7; 삼상 7:2).

그리고 '웨스트민스터신앙고백'을 통하여 본 생명 개념은 다음과 같다. 인간의 생명을 주장하시는 분은 오로지 하나님 한 분으로서(제2장:2, 요 5:26) "생명으로 예정된 사람들은 하나님이 벌써 이 세상의 기초를 놓으시기 전에 영원하고, 변함이 없는 목적과 자기의 뜻에 의한 비밀의 계획과 선한 기쁨에 따라서 그리스도 안에서 택하셨다."[91] 또한 이 약속은 아담을 통하여 생명이 약속되었으며 아담의 후손에게도 유효하다(제7장:2, 창 2:17; 갈 3:10; 롬 5:1220, 10:5).

인간의 타락으로 인간 스스로는 계약에 의하여 생명을 얻을 수 없지만, 주님은 둘째 언약을 통하여 인간에게 생명과 구원을 허락하셨다(제7장:3, 갈 3:21; 롬 3:2021, 8:3; 창 3:15; 사 42:6; 막 16:1516; 요 3:16; 롬 10:6, 9; 갈 3:11). 이 생명으로 예정된 사람들은 말씀과 성령을 통하여 부르시며 은총과 구원의 자리에 들어가며(제10장:1, 살후 2:1314; 고후 3:3, 6; 롬 8:30, 11:7; 엡 1:1011), 인간에게 영적 구속을 계몽하신다(행 26:18; 고전 2:10, 12; 엡 1:1718). 생명을 통한 구속의 기쁨은 회개를 통하여 시작되며(제15장:1, 슥 12:10; 행 11:18), 구약에서는 율법을 통하여 생명을 허락하셨고 아담에게도 지킬 수 있는 능력을 부여하셨다(제19장:1, 창 1:2627, 2:17; 롬 2:14-15, 10:5, 5:12, 19; 갈 3:10, 12; 전 7:29; 욥 28:28). 아울러 신약에서는 예수 그리스도를 통한 구속의 은총과 교회의 세례를 통하여 자신을 하나님께 새 생명으로 봉헌하게 된다(제28장:1, 롬 4:11; 골 2:11-12). 그리고 성령은 생

---

91 참고, "웨스트민스터신앙고백 제3장 5," (엡 1:4, 9, 11; 롬 8:30; 딤후 1:9; 살전 5:9; 롬 9:11, 13, 16; 엡 1:4, 6, 9, 12 참조).

명의 부여자로서 모든 선한 생각과 순결로 우리를 인도하신다(제34장:2). 한편, 신앙인의 삶에 있어서 하나님이 부여하신 생명권은 절대 권리이다(제23장:4, 살후 2:4; 계13:15-17).

한편 '신앙고백서'에는 복음 전도와 선교를 통하여 모든 사람들과 화해하며, 다른 사람들에게 이 진리를 전할 사명이 있음을 천명하며(제5부:03:6, 고후 5:18, 제5부:09:3), 생명의 완성은 그리스도의 재림 때 부활을 통하여 성취되고, 이것이 영원한 생명으로 이어지는 최후의 소망이 된다(제5부:06:4). 그리고 21세기 '신앙고백서'에서는 생명의 근원이신 하나님 앞에서 생명의 교제를 강조하고 있다.

'대한예수교장로회합동총회헌법'의 '대요리문답'에는 생명에 관하여 성경의 창조관을 표준으로 제시하고 있다. 하나님은 인간을 만드시고 "생적, 이성적, 불사의 영혼을 주셨으며, 하나님의 형상대로 지식과 의와 거룩함으로 지으시고 그들의 마음속에 하나님의 법을 기록하시고 피조물 통제권과 함께 하나님의 법을 지킬 수 있는 능력을 주셨으나 타락할 수도 있게 지으셨다."[92]

인간은 본성에 따라서 진정한 생명을 구할 수 없으며, 오로지 그리스도 안에 있는 구원을 통하여만 생명에 이를 수 있다(대요리문답60). 온전한 생명에 이르기 위하여서는 회개를 통하여 하나님께로 돌이켜 범사에 순종하며 하나님과 동행하는 삶을 살아야 한다(대요리문답76). 이러한 일이 가능하기 위하여서 하나님은 인류에게 도덕법을 선포하셨으며, 인간은 영혼과 몸을 가지고 하나님이 위탁하신 의무를 순종하고 하나

---

[92] "대한예수교장로회합동총회헌법/대요리문답:17," (창 1:27; 2:7; 2:22; 2:7; 욥 35:11; 전 12:7; 마 10:28; 눅 23:43; 창 1:27; 골 3:10; 엡 4:24; 롬 2:14-15; 전 7:29; 창 1:28; 3:6 참조) http://www.gapck.org/

님은 생명을 약속하신다(신 5:1-3, 31, 33; 눅 10:26-27; 갈 3:10; 살전 5:23; 눅 1:75; 행 24:16; 롬 10:5; 갈 3:10, 12). 아울러 이 도덕법은 중생하지 못한 이들에게도 필요하며, 양심을 일깨워서 하나님의 진노를 피하고 그리스도로 돌아오도록 인도한다. 따라서 죄의 상태에 있는 인간에게 평계할 수 있는 여지는 없다(딤전 1:9-10; 갈 3:24; 롬 1:20; 2:15; 갈 3:10).

'기독교대한하나님의성회'의 '교리'에는 생명에 관한 내용은 별도로 없지만, 성경을 절대적인 계시로 삼으며 신앙과 생활에 대한 영원한 근본법칙이 된다고 강조하고 있다.[93] 인간은 하나님의 형상대로 지음을 받았으며 만물을 다스리는 권세를 가졌지만(창 1:16-17), 인간은 자유 의지를 남용하여 타락하였고, 오로지 예수 그리스도를 통하여 구속될 수 있다. 구원의 조건으로 회개와 중생, 그리고 성령의 능력을 덧입어 새롭게 하심이 있어야 하며, 구원의 내적 증거로는 성령의 인치심이고, 외적 증거로는 진리를 통한 성결한 생활(롬 8:16)이 요청된다. 한편, 성별된 생활을 통하여 주님을 볼 수 있으며, 침례는 예수를 주로 모셔들이는 거룩한 의식이 되고, 주님과의 온전한 연합을 세상에 알리는 것이 된다(마 28:19; 히 10:22; 행 10:47; 20:21; 롬 6:4).

'기독교대한성결교회'는 '사중복음'과 '교리'와 '신조'를 통하여 생명의 가치를 설명하고 있다.[94] 사중복음은 중생과 성결, 그리고 신유와 재림에 관한 것으로서, 중생은 영적인 현상으로 예수 그리스도의 십자가 대속을 통하여 회개가 이루어질 때 드러나는 신비이며, "성령의 역사로 새 생명을 얻어 그 사람의 심령과 인격 전체에 근본적 일대 변혁을 일으키

---

93 "기독교대한하나님의성회/교리," http://www.kihasung.org/
94 "기독교대한성결교회," http://www.kehc.org/

는 것이니, 이는 진실로 천국 복음이다."95

헌법 제2장의 교리에서 인간은 원죄, 즉 아담의 범죄로 유전된 부패성을 드러내는 육의 속성(롬 7:14-21; 8:6-8)을 드러낸다고 정의되고 있다. 독생자 예수 그리스도를 통하여 중생의 체험과 하나님의 백성이 되지만, 인간은 의지의 자유를 통하여 타락할 수 있기 때문에 오로지 성령의 도우심으로 영원한 은총을 누릴 수 있다(롬 3:23; 요 3:16; 딛 2:14; 약 4:8; 딤후 2:12 하; 눅 22:31, 32; 마 24:13; 히 3:14; 벧후 1:10; 딤후 1:14; 빌 2:12).

'기독교대한감리회 사회신경'은 만물을 새롭게 하시는 삼위일체 하나님의 뜻을 이 땅에 실현하는 것을 목적으로 삼고 있다.96 사회신경은 총 11조로 되어 있으며, 생명에 관한 별도의 조항은 없지만 우주 만물에 대한 보존과 생태계에 대한 다스림의 책임, 개인의 인권과 민주주의의 강조, 그리고 자유와 평등이 이루어지는 사회를 구현하기 위한 차별금지를 강조하고 있다. 아울러 생명공학과 같은 급속한 과학의 발전이 창조 질서와 인간의 존엄성을 파괴할 수 있음을 중시하여 의료 윤리의 확립이 시급함을 촉구하고 있다.

'한국기독교장로회총회'는 헌법과 규칙집을 통하여 신조와 신앙고백서, 그리고 신앙요리문답을 구성하여 종교적 가치와 신앙인의 삶을 강조하고 있다.97 특히 장로교 12개 신조에는 삼위일체 하나님에 대한 고백과 하나님이 "모든 유형물과 무형물을 그 권능의 말씀으로 창조하셔서 보존하시고 주장하십니다"라고 강조하고 있다. 예수 그리스도 독생자를 통한 영생과 세례와 성찬을 통한 갱생을 확인하고 교회 공동체의

---

95 "기독교대한성결교회/사중복음," http://www.kehc.org/

96 "기독교대한감리회/사회신경," http://kmcweb.or.kr/

97 · "한국기독교장로회총회/헌법/신조," http://www.prok.org/

법규를 준수할 것을 강조하고 있다.

마지막으로 가톨릭은 '간추린 사회 교리(Compendium of the Social Doctrine of the Church)'를 통하여 3부 12장, 583 조항에 걸쳐 사회 원리를 소개하고 있다.[98] 가톨릭은 생태중심적인 사상과 정책은 찬성하지만 생명체들 사이의 가치론적 차이는 유지하면서 인간의 책임에 대하여 강조하고 있다.[99] 아울러 과학 기술의 근본 목적은 '인간과 생명에 대한 존중이며, 생물학적 연구에 있어서 각 사물의 본성과 질서를 고려하지 않는 유전자 조작과 같은 생물학적 혼란에 대하여 경고하고 있다.[100]

가톨릭 사회 교리의 특징은 인간의 생명을 공동체의 틀 속에서 이해하는 점이다. 특히 개인과 사회를 위한 '인간화의 첫 자리'가 가정이며, '생명과 사랑의 요람'이라고 강조하고 있다.[101] 가정은 인간 존엄성의 장소로서 생명의 탄생을 통하여 새 인간을 선물로 받는다. 생태계를 위한 제일의 기본 구조인 가정은 진리와 선에 대한 최초의 결정적 개념을 제공한다.[102] 따라서 가정에 대한 법적 보호의 필요성이 대두되며 태아의 생명으로 시작되는 가정의 가치를 지키기 위하여 국가에 대한 가정의 기본적인 권리 충족이 요구되는 것이다.[103]

---

98 한국 천주교에서 번역하여 출판한 『간추린 사회 교리(Compendium of the Social Doctrine of the Church)』는 역사 속에서 형성된 다양한 사회 문제에 관하여 가톨릭에서 출판한 문서 형식의 사회 교리이다. 한국천주교중앙협의회, 『간추린 사회 교리』 (2005), 이하 '가톨릭 사회 교리'라 함. 참고로 필자는 선행 연구를 통하여 가톨릭의 사회 교리를 전반적으로 분석한 바 있다(가톨릭 외 미국연합감리교, 웨슬리, 기독교대한감리회의 교리를 분석하였다). 본 글에서는 선행 연구의 일부 내용을 별도의 재인용 부호 없이 일부 내용을 원전의 출처를 밝히고 패러프레이즈하여 옮겼다. 좀 더 자세한 내용은 필자의 저서를 참고하시오. 유경동, 『기독교, 사회와 소통하기』 (KMC, 2007).

99 가톨릭 사회 교리, 462, 463항.

100 가톨릭 사회 교리, 457, 459항.

101 가톨릭 사회 교리, 209항.

102 가톨릭 사회 교리, 212항.

103 가톨릭 사회 교리, 252항.

성의 존엄과 동등한 가치는 생명과 연관이 된다. 성은 하나님의 형상을 닮은 인간의 존재와 본질을 드러낸다.[104] 임신으로부터 자연사에 이르기까지 가정은 생명 문화의 중심에서 파괴적인 반문화에 대한 대항 주체로 자리매김을 한다. 특히 낙태나 불임 시술에 대하여 반대하며, 인간과 민족들의 참된 발전을 수호하기 위하여 피임을 반대하며 금욕을 권장한다.[105] 다른 여성의 자궁이나 부부 이외의 다른 사람의 생식체를 이용하여 출산을 시도하거나 하나님이 주신 가정의 한 아버지와 한 어머니에게서 태어나야 할 아이의 권리를 침해하는 정자나 난자의 기증, 대리모, 비배우자 사이의 인공수정과 같은 생식 기술은 비윤리적인 것으로 여기고 가톨릭은 반대한다.

또한 배우자의 성적 결합 행위와 출산 행위를 분리시키는 인공 수정이나 출산보조기법과 같은 방법들도 반대한다.[106] 한편, 연명치료와 같은 경우 생명을 위하여 의학적으로 도움은 되지만, 인간은 궁극적으로 유한한 생명임을 잊지 말아야 하며, 죽음까지 포함하는 생명권과 인권을 더 중시한다.[107] 아울러 생명권과 반하여 의도된 낙태와 안락사는 또한 불법으로 여긴다.[108] 이와 같은 생명에 관한 보수적인 입장을 가지고 있으면서도 현대의 생명공학의 눈부신 발전에 대하여 가톨릭은 자연법에 근거한 인간 이성의 역할에 긍정하며, 생명공학이 공동의 선을 지향하고, 생명 공학자들이 다루는 생물이나 무생물이나 미래 세대를 위한

---

104 가톨릭 사회 교리, 109항.
105 가톨릭 사회 교리, 233항, 234항.
106 가톨릭 사회 교리, 235항.
107 가톨릭 사회 교리, 154항.
108 가톨릭 사회 교리, 155항.

책임을 중시하며 생명공학 기업의 연구와 입법자들의 윤리관을 강조하고 있다.[109]

지금까지 살펴본 한국 내 기독교의 주요 교단이 가지고 있는 생명에 관한 내용을 법의 판례와 비교하면 크게 두 가지로 정리할 수 있다.

첫째, 생명에 관한 기독교의 교리나 신조는 생명의 창조주가 되시는 하나님에게 절대 권위를 부여하여 인간의 생명은 죄의 타락으로 말미암아 예수 그리스도의 구속을 통하여 회복된다. 법의 판례는 인간의 생명을 인권의 차원에서 해석하지만, 기독교는 하나님의 창조와 인간의 타락, 십자가를 통한 구속과 그리고 부활로 이어지는 영생의 맥락에서 생명 개념을 파악하며 죽음 또한 개인 존재의 종말이 아니라 삶이 완성되며, 영생과 연관되는 전환점이다. 가톨릭의 경우는 모든 생명체들 사이의 존재론적 또는 가치론적인 차이를 없애려는 자연절대주의에 반대하면서 특히 인간의 책임에 대하여 강조하고 있다는 점에서 신앙 고백의 신앙적 양심에 머무르고 있는 개신교의 윤리보다 더 구체적이다.

둘째, 생명 윤리와 관련된 쟁점에서 법은 생명을 배아나 태아와 모체와의 관계에서 파악하거나(배아의 생명권) 국민들의 도덕 감정에 기초한 법익 형량의 공익적 개념(사형제)을 더 고려하는 것을 알 수 있다. 생명에 관한 환자의 자기결정권(보라매 사건)을 중시하며, 환자 스스로가 행복권(연명치료 중지)의 수행을 위하여 생명을 중지할 수 있다고 보았으며, 종교적 신념에 근거한 생명의 자기결정권(여호와증인 수혈거부)도 가능하다고 판시하였고, 낙태와 연관된 임산부의 상해 여부에 있어서 모태결정권(낙태)을 더 중요하게 보았음을 알 수 있다. 이와 같은 법원의 판시가 암

---

109 가톨릭 사회 교리, 473-479항.

시하는 것은 인간이 도덕적 주체로서 생명에 대한 자기결정권이 있음을 강조하는 것이다.

한국의 기독교 교리에는 가톨릭이 구체적으로 생명 윤리를 자연법의 전통에서 확립하고 교리화하였으며 다른 개신교 교단에서는 인간의 도덕적 주체성에 대하여 일반적으로 부정하고 있다. 이는 원죄의 교리와 연관되며, 타락으로 기인한 인간의 자유 의지의 왜곡과도 관계가 있다. 참고로 '대한예수교장로회 합동'의 경우 하나님이 부여하신 도덕법의 가능성은 제시하고 있으며, '기독교대한감리회'도 개인의 인권과 생명 윤리의 확립을 강조하지만, 생명권에 대하여 구체적으로 제시하는 내용은 없다. 한편 '기독교대한하나님의성회'는 중생의 외적 증거로서 성결한 생활을 주장하지만, 생명과 연관된 구체적인 윤리 문제에 대하여서는 언급이 없다.

IV. 기독교 윤리적 관점에서의 생명 개념에 대한 제안

지금까지 필자는 법의 판례에서 나타나는 생명 개념과 기독교의 생명 개념을 살펴보았다. 기독교의 생명 개념은 신앙의 척도가 실제 사회생활의 규범을 형성함에도 불구하고 생명과 연관된 구체적인 실정법 테두리 안에서는 그 적용이 가톨릭 외에는 개신교는 매우 모호하다. 이와 같은 관점에서 필자가 법의 생명 개념과 기독교의 생명 개념을 통하여 기독교 윤리적 관점에서 제시하고자 하는 내용은 크게 두 가지다. 그것은 각각 '법과 기독교 사이의 생명 개념의 보충적 협력'과 개신교 윤리의 '공공화(公共化)'이다.

첫째, 법과 기독교 사이의 보충적 협력에 관하여 필자는 양자의 소통을 강조하고 싶다. 법과 기독교 사이의 생명 개념의 경우, 그 차이가 매우 크다. 앞에서도 살펴보았듯이, 대부분의 판례에서는 생명의 문제와 연관하여 기본권과 인권을 둘러싼 법익 이익에 관한 내용이었다. '여호와의 증인 수혈거부'와 연관된 종교적 양심의 문제는 당시 '여호와의 증인 교섭위원회'를 통한 종교적 가치 판단이 개입될 여지가 있었지만, 어떤 사유인지 그 중재가 이루어지지 않았다. 그러나 대부분 생명권과 연관한 종교적 양심에 따라 개인의 결정을 어디까지 허용할 수 있는지는 사안에 따라 다르지만, 결론은 실정법에 저촉을 받는다고 할 수 있다.

헌법에서 말하는 종교적 자유는 주관적인 공권이며 절대적인 자유이기 때문에 법률로 제한할 수 없다. 이 종교적 자유는 양심의 자유로서 헌법 제19조에 의하여 보호받는데 헌법재판소는 '양심적 병역거부'에 관한 판시에서 양심의 자유는 '내심적 자유(forum internum)'와 '양심실현의 자유(forum externum)'를 포함한다고 보았다.[110] 전자는 양심 형성과 결정 과정에서 자유를 전제하지만, 후자는 양심적 결정을 외부로 표현하고 실현하는 자유이다. 따라서 헌법 제20조의 종교의 자유는 신앙의 자유, 종교적 행위의 자유, 그리고 종교적 집회와 결사의 자유를 허용하지만, 질서 유지와 공공의 복리를 중시하는 헌재는 종교적 행위의 자유는 제한된다고 보았다.[111] 따라서 대부분의 기독교 교리를 통한 생명권에 있어서 종교적 양심의 경우를 적용한 재량권을 인정하여도 헌

---

110 "병역법 제88조 제1항 제1호 위헌 제청," 헌재 2011. 8. 30. 2008헌가22 등, 공보 제179호, 1205 [합헌]. http://www.ccourt.go.kr/

111 "제42회 사법시험 제1차 시험 시행 일자 위헌 확인," 헌재 2001.09.27., 2000헌마159, 판례집 제13권 2집, 353. 이 사안은 제42회 사법시험 제1차 시험 시행 일자 위헌 확인에 관한 판례이다. http://www.ccourt.go.kr/

실정법의 저촉을 받으며, 법익 교량을 통한 양심의 자유와 공익 양자의 갈등은 피할 수 없으며, 따라서 조화를 필요로 하게 된다.

종교적 신념 체계와 법 체계의 조화를 위하여서는 헌법에 명시된 국민의 기본권이 우선 보장되어야 한다. 헌법이 시민의 전 생활을 인도하는 가치 규범이기 때문에 국가를 구성하는 국민의 신앙적 가치 규범과 유리하여 해석될 수 없다. 종교적 가치는 역사 속에서 인간의 인권을 형성하여 왔기 때문에 공권의 특성도 있으며, 기본권의 제정에도 영향을 준다. 따라서 기독교의 신앙은 내심의 자유라는 주관적 의미의 기본권을 형성하면서 정교의 분리를 강조하는 대한민국의 헌법 안에서도 제도화에 영향을 미치지 않을 수 없다. 그러나 문제는 기독교는 지난 수천 년 간 정교한 교리와 신앙 체계를 형성하여 왔지만, 급변하는 현대의 다양한 윤리적 사안들에 대하여서 응답하기에는 교리에서도 살펴보았듯이, 그 한계를 드러내고 있다. 따라서 개신교는 생명과 연관된 전통적인 해석이 현대 사회에 어떻게 적용되어야 할지 노력하여야 한다고 본다. 이는 당연히 개신교 윤리의 '공공' 개념이 강화되어야 하는 사명과 연관이 된다.

둘째, '개신교 윤리의 공공화'는 생명과 같은 기본권의 경우 종교적 가치 체계와 사회 공동체의 통합을 통한 질서를 모색하는 것에 그 목표가 있다. 리처드 니버(Richard Niebuhr)는 사회 문제와 연관하여 개신교 윤리는 자칫 양심으로 후퇴할 수 있다고 경고하였다.[112] 특히 개신교 윤리에 대한 비판 중 신앙의 '사사화(privatization)'는 윤리의 문제가 책임적인 행동의 지평보다는 개인 구원의 차원으로 제한된다는 점이다.

하나님의 은총과 이에 응답하는 인간 이성 사이의 긴장 관계는 일종

---

112 리차드 니버, 『교회 분열의 사회적 배경』(종로서적, 1983), 4-5, 261.

의 변증법적인 특성을 가진다. 가톨릭의 경우 인간의 행복을 지향하는 공동선은 자연법의 질서에서 피조물이 영원법에 참여하는 특성을 가진다. 세계 안에서 인간의 이성에 의하여 인식될 수 있는 자연법은 실천적 판단 범주로서 양심에 저촉되지 않으며 행복의 원리를 구성한다. 가톨릭은 '가톨릭의 교리'에서 살펴보았듯이, 피조된 사물 속에 신적 이성을 찾는 지혜를 역사 속에서 구현하여 왔다. 이성을 가진 사람은 이 하나님의 보편적인 진리를 알 수 있지만 특정한 문제에 대하여서는 도덕 신학의 전문가 견해를 필요로 하게 되며, 결의론적 방법론을 통하여 교도권이 형성되었고 현대에도 다양한 윤리적 사안들에 대하여 그 답을 제시하고 있다.

한편, 개신교의 경우 민주나 자유, 생명이라는 보편적인 개념을 제시할 뿐 구체적인 해답은 자연법적 이성의 원리보다는 성경에서 그 원리를 찾는다. 도덕적 삶의 근본 원리는 오로지 말씀과 회개, 그리고 그리스도의 은총을 통한 중생과 순결한 신앙의 양심을 강조하지만, 그 양심이 다양한 현실적 조건에서 어떻게 올바르게 작동할지는 그 기준이 매우 모호하다. 따라서 개신교 윤리의 경우 현실적인 법 조건과 각 윤리적 사안과 연관한 보다 세밀하고 깊이 있는 말씀의 해석이 요구된다. 만일 개신교의 윤리가 믿음을 강조하고 그 믿음이 개인의 내심의 자유 영역에서의 판단 기준에 그친다면, 양심 실현의 경우 다양한 현실적 조건에 대한 해답은 양심이 처한 개인적 판단에 따라 그 기준점들이 다르게 된다. 그러므로 개신교 윤리는 종교적 내심의 자유와 양심 실현의 장이 협력할 수 있는 공공의 장을 확장하며 신학과 신앙, 그리고 전문적 지식이 함께 공론이 될 수 있는 영역의 확보가 필요하다. 이를 위하여서는 하나님의 말씀에 대한 보다 깊이 있는 연구와 말씀이 적용되어야 할 부분에 대한 전문 지식, 그리고 공공의 영역에 연관되어야 할 자유와 평등 개념의 발전, 그리고 인권에 대한 연구가 통합적으로 이루어져야 할 것이다.

기독교가 공공성에 참여하려면, 시민의 존엄성과 복지를 강조함으로써 사회의 관심을 불러일으켜야 한다. 공공의 권위는 공공의 봉사를 통하여 그 권위가 확보될 것이며, 정책을 입안하는 공공 기관의 책임자들에게 공동선을 위하여 함께 노력할 수 있는 소통의 연대가 다각적으로 구성되어야 한다. 특히 생명과 연관된 공공 보건에 대한 각성과 계몽을 선도하여 공적 규범과 도덕을 신장하여야 할 것이다. 이를 위하여서 교회와 국가가 헌법의 틀 안에서 함께 생명에 관한 공공 정책을 모색할 수 있도록 노력하여야 한다.

이를 위하여 각 교단별 사회신경과 신조, 그리고 교리에 구체적인 생명 윤리에 관한 신앙관이 명시되어야 할 것이다. 현재 각 병원에는 생명윤리심의위원회가 구성되어 있는데 이와 같이 각 교단 별 생명윤리위원회의 구성을 통하여 기독교적 생명 윤리가 실제 신앙생활과 사회생활에 적용될 수 있는 정책상의 노력이 필요할 것이다. 한편 국가는 '국가 생명윤리심의위원회'를 구성하여 생명 윤리 및 안전에 관한 정책을 자문 받고 있다. 보건복지부는 5개 전문위원회를 구성하여 민간위원 14인과 정부위원 6인으로 구성된 위원회를 현재 4기째 운영하고 있는데 대부분 의과 대학 교수와 법조인으로 구성되어 있어서 기독교적 관점이 얼마나 배려가 되고 있는지 알 수는 없다. 따라서 범 기독교 생명윤리위원회의 구성을 통하여 생명 정책에 영향을 미칠 수 있는 공공의 담론을 위하여 노력하여야 한다고 본다.

V. 결론

필자는 지금까지 법의 판례에 나타나는 생명 개념과 한국의 기독교 교리에 나타나는 생명 개념을 살펴보았다. 가톨릭의 경우 나름대로 자연법을 통한 교도권을 활용하여 생명 윤리와 같은 문제들에 대하여 답하고 있지만 개신교의 경우는 성경에 근거한 인권이나 생명권의 원론만 강조되고 있음을 살펴보았다. 따라서 이에 대한 대안으로 법과 종교 개념의 보충적 협력과 기독교 가치를 공공화 해야 할 책임이 요청된다.

현대 생명 윤리와 연관하여 생명공학이 생명을 중시하는 그 도덕적 규범을 상실하면, 인간 생명을 중상주의적 관점에서 경제주의적 가치로 치부하고, 의학적 관점에서 생명을 통전적으로 보지 않고 기능주의적 관점으로 볼 여지가 많이 있다. 그렇게 되면 생명공학은 자칫 인간의 생명을 목적으로 보지 않고 과감하게 도구화함으로써 5년이 넘은 배아를 폐기하는 것처럼, 인간의 생명을 소비할 경향이 많이 있다.

이런 맥락에서 하나님의 형상으로 지음 받은 인간성의 이미지를 회복하고 영생으로 나아가기 위하여 기독교는 생명에 대한 하나님의 축복을 신앙의 수준에서 고백하는 것이 아니라 사회 구성체 안에서 생명을 다루는 의료 정책과 법의 변화를 촉구하여야 할 것이다. 따라서 기독교의 공적 기구를 통한 생명 윤리의 강화와 소통의 담론을 형성하고 기독교 윤리학자와 생명 정책 입안자, 그리고 기독교 의료인들의 협력을 통하여 인간의 생명권이 지켜지는 공공 담론이 활성화 되어야 할 것이다.

현재 판례에 나타나는 생명에 대한 해석을 보면, 다수설과 소수설로 나누어지며 다양한 자유 민주주의 가치를 가능한 고려하려는 법의 정신이 나타나고 있다. 따라서 인권과 생명을 중시하는 기독교의 가치를 법에 적용하는 것은 사회를 통합하여야 할 법적 안전성을 위하여 매우 중요하다. 아울러 생명에 관한 법적 이해와 기독교적 관점의 차이를 법의 규범 안에서 소통할 수 있는 체계를 확립하는 것 또한 매우 중요하다.

특히 인권은 역사의 정치 문화적 상황과 연관이 되기 때문에 삶의 세계를 구성하는 기독교의 가치를 신장하는 것이 매우 중요하다. 국가의 사명이 국민의 평등과 자유를 헌법으로 보장하는 것이 목적이기 때문에 생명을 중시하는 기독교인의 가치를 공공의 영역에서 책임과 법의 정신을 통하여 구현함으로써 기독교가 법의 안정과 사회적 가치의 통합에 기여하며, 이를 통하여 바람직한 생명 문화를 형성하기를 기대하여 본다.

참고문헌

The Constitutional Court, 전원재판부, "saengmyungyunri mit anjunae gwanhan bupryul je sipsamjo jeilhang deung wehunhwakin" 생명 윤리 및 안전에 관한 법률 제13조 제1항 등 위헌 확인 [Unconstitutionality suit against Bioethics and Safety Act Article 13, 1]. 2005헌마346, 2010.5.27., 종합법률정보판례, http://law.go.kr/ [2014. 11. 21 접속]

The Constitutional Court, 전원재판부, "hyungbup jesasipiljo deung wehunhwapin," 형법 제41조 등 위헌 제청 [Unconstitutionality suit against Criminal Act Article 41]. 2008헌가23, 2010.2.25., 종합법률정보판례, http://law.go.kr/ [2014. 11. 21 접속]

The Supreme Court, 대법원, "salin(injungdoen joemyung: salinbingjo)," 살인(인정된 죄명: 살인 방조) [murder, assisted murder]. 2004.6.24. 선고 2002도995 판결, 종합법률정보판례, http://law.go.kr/

[2014. 11. 21 접속]

The Supreme Court, 대법원, "mueuimihan yunmyungchiryo jangchi jegue deung(jonumsa)," 무의미한 연명치료 장치 제거 등(존엄사 사건) [Suspend life sustaining treatment devices(euthanasia with dignity)]. 2009.5.21. 선고 2009다17417, 종합법률정보판례, http://law.go.kr/ [2014. 11. 21 접속]

The Supreme Court, 대법원, "eupmusanggwasilchisa," 업무상 과실치사 [professional negligence resulting in death]. 2014.6.26. 선고 2009도14407 판결, 종합법률정보판례, http://law.go.kr/ [2014. 11. 21 접속]

The Supreme Court, 대법원, "naktaegyosa," 낙태 교사 [abortion instigator] 1982.10.12. 선고 81도2621 판결, 대법원 1998.10.9. 선고 98도949 판결, 종합법률정보판례, http://law.go.kr/ [2014. 11. 21 접속]

The Supreme Court 대법원, "eupmusanggwasilchisa," 업무상 과실치사 [professional negligence resulting in death]. 2004.3.26. 선고 2003도6570 판결, 종합법률정보판례, http://law.go.kr/ [2014. 11. 21 접속]

The Supreme Court 대법원, "eupmusanggwasilchisang," 업무상 과실치상 [bodily injury due to occupational negligence of crimes]. 2007.6.29. 선고 2005도3832 판결, 종합법률정보판례, http://law.go.kr/ [2014. 11. 21 접속]

법률, "zasalyebang mit saengmyungjonjungmunhwa zosungeul wehan bupyul," 자살 예방 및 생명 존중 문화 조성을 위한 법률 [Act for the Prevention of Suicide and the Creation of Culture of Respect for Life]. 제정 2011.03.30., 종합법률정보판례, http://law.go.kr/ [2014. 11. 21 접속]

The Presbyterian Church of Korea, 대한예수교장로회, "gyoripyun," 교리편 [Doctrines]. http://www.pck.or.kr/ [2014. 12. 20 접속]

The General Assembly of Presbyterian Church in Korea, 대한예수교장로회총회합동, "chunghoehunbup/daeyourimundap," 헌법/대요리문답 [Constitution/Larger Catechism]. http://www.gapck.org/ [2014. 12. 20 접속]

The Assembly of God of Korea, 기독교대한하나님의성회, "gyori," 교리 [Doctrines]. http://www.kihasung.org [2014. 12. 20 접속]

Korea Evangelical Holiness Church, 기독교대한성결교회, "sajungbokeum/gyori," 사중복음 [Fourfold Gospel]. http://www.kehc.org/ [2014. 12. 20 접속]

The Korean Methodist Church, 기독교대한감리회, "sahoesinkyung," 사회신경[Social Creed]. http://kmcweb.or.kr/ [2014. 12. 20 접속]

The Presbyterian Church in the Republic of Korea, 한국기독교장로회 총회, "humbup/sinjo," 헌법/신조[Constitution/Creed]. http://www.prok.org/ [2014. 12. 20 접속]

한국천주교중앙협의회, 『간추린 사회 교리』(한국천주교주교협의회, 2005)

Bailey, Ronald, *Liberation Biology: the Scientific and Moral Case for the Biotech Revolution* (NY; Prometheus Books, 2005)

Childress, James F., "Christian ethics, medicine and genetics," Robin Gill ed., *The Cambridge Companion to Christian Ethics* (Cambridge, UK; NY: Cambridge University Press, 2012)

Churchland, Paul M., *Matter and Consciousness: a Contemporary Introduction to the Philosophy of Mind* (Cambridge, MA: The MIT Press)

Pelican, Jaslov, "The Need for Creeds," *Speaking of Faith, American Public Media*, http://speakingoffaith.publicradio.org/programs/pelikan/index.shtml [2012. 6. 20 접속]

신무신론 시대의
기독교 신학의 역할에 대한 연구[113]

I. 들어가는 말

기독교에 대한 무신론의 도전이 점점 거세지고 있다. 특히 최근 이슬람 국가(IS, Islam State)에 의한 무차별 폭력으로 종교가 폭력의 원인이라는 공격이 드센 가운데 기독교의 대응이 필요한 현실이다. 과거 무신론은 성경의 전통적인 창조관과 구원관에 정면 대치하는 입장이었고, 시간이 지나면서 기독교적 세계관도 성찰의 과정을 통하여 일부 부득불 수정을 가하게 되었다.

그러나 최근 신무신론(New Atheism)은 전통적 무신론보다 더 정교한 이론을 내세워 기독교의 세계관을 공격하고 있다. 전통적 무신론은 대부분 이성주의를 앞세운 과학적 세계관이나 정신 분석학, 유물론과 같은 관점들을 강조함으로써 기독교인의 신앙 체계에 혼란을 야기시켰다.

---

113 본 글의 출처는 다음과 같다. "신무신론 시대의 기독교 신학의 역할에 대한 연구," 서울신학대학교 신학과 선교, 46(2015), 299-331.

그러나 신무신론자들은 종교를 표방하거나 종교로부터 기인하는 다양한 윤리적·철학적 문제, 또는 논쟁들에 대하여 형이상학과 인식론, 그리고 윤리적 접근을 통해 전통적인 유신론적 관점을 비판하고 있다.

필자는 이 글에서 이러한 신무신론의 기독교 신학에 대한 도전을 검토하고, 기독교 신학의 역할을 강조하기 위하여 크게 세 가지 요소들을 살펴보고자 한다. 첫째, 전통적 무신론과 신무신론의 이론을 검토하고, 그 핵심 사상을 정리하고자 한다. 둘째, 전통적 무신론과 신무신론의 차이점을 분석하고, 신무신론의 방향에 대하여 살펴보도록 하겠다. 그리고 셋째, 기독교 윤리학적 관점에서 신학의 공공성을 강조하면서, 신무신론에 대항하여 어떤 신학적 관점과 책임이 요청되는지 그 대안을 제시하도록 하겠다.

그동안 한국의 기독교 학계에서는 무신론에 대하여 조직신학적인 관점에서, 주로 신론의 관점에서 접근한 예가 있지만, 윤리학적인 관점에서는 거의 없었다. 특히 최근의 신무신론의 동향에 대하여서는 아직 뚜렷한 대안이 없는 실정이다. 이 글을 통하여 21세기 신무신론의 등장에 대한 기독교 윤리학적인 분석을 통하여 기독교 신학 전반에 어떤 신학적 논의와 노력이 필요한지 방향을 제시하는 데에 도움이 될 수 있다고 본다.

II. 전통적 무신론

필자가 전통적 무신론의 범주에서 살펴보려는 유형과 사상가들은 근대과학적 무신론으로서 코페르니쿠스(Nicholas Copernicus)와 진화론적 무신론으로서 다윈(Charles Darwin), 정신 분석학적 무신론으로서 프로이드(Sigmund Freud), 형이상학적 무신론으로서 니체(Friedrich Wilhelm Nietzsche), 그리고 유물론적 무신론으로서 마르크스(Karl Marx)이다. 이들의 핵심 사상을 검토하고, 후반부에 신무신론의 이론과 비교 검토하면서, 기독교 신학의 과제에 대하여 제시하도록 하겠다.[114]

1. 근대 과학적 무신론

현대 과학과 같이 정교한 이론 체계는 아니지만, 근대 과학의 이론을 근간으로 무신론적 영향을 끼친 대표적인 경우는 코페르니쿠스(Nicholas Copernicus)의 지동설이라고 할 수 있다.[115] 지동설은 다른 말로 태양중심설(heliocentricism)이라고도 하는데, 이는 근대 이전에 태양과 우주 전체에 대한 구분이 명확하지 않았기 때문이다. 그러나 코페르니쿠스 자신은 태양이 우주의 중심이라고 생각하지는 않았다.

코페르니쿠스는 천동설의 이론적 틀을 제공한 프톨레미(Ptolemy)의 관찰 결과에 대한 그의 수학적 계산과 해설을 바탕으로, 천동설의 오류를 지적했다. 그는 태양을 기준으로 토성과 목성, 화성과 수성의 주기를 계산하고, 각 행성의 주기 차이를 바탕으로 태양 중심의 하나의 통합적

---

[114] 참고로 필자는 선행 연구에서 무신론을 연구하였음을 밝힌다. 선행 연구에서는 '과학', '진화론', '정신 분석', '유물론', 그리고 '유전공학'의 무신론적 성향을 소개하였으며 이 글에서는 위 다섯 가지 내용을 좀 더 분석하고 보충하였으며, '신무신론'의 내용을 추가로 연구하여 '기독교 신학의 역할'에 대하여 강조하였음을 밝힌다. 본문 중에서 일부 내용은 선행 연구를 패러프레이즈하여 옮겼으며 인용에 있어서도 별도의 재인용 부호를 생략하였음을 밝힌다. 선행 연구에 관한 부분은 아래의 내용을 참고하시오. 유경동, 『기독교 윤리학』 (개정판, 킹덤북스, 2016), 70-85.

[115] 아래의 내용을 참고 하여 요약하였음을 밝힌다, Nicholas Copernicus, *De revolutionibus orbium coelestium, On the Revolutions of the Heavenly Spheres*, trans. by Edward Rosen (Baltimore: the Johns Hopkins University Press, 1992),
URL=http://www.geo.utexas.edu/courses/302d/Fall_2011/, pdf, 2015.2.20.

체계로서 태양계를 구성한다고 보았다. 일단 코페르니쿠스는 모든 행성의 움직임은 회전하며 동일해야 한다고 본 것이다.[116] 코페르니쿠스의 이와 같은 주장은 근대 과학의 기틀을 마련하였으며, 따라서 당시 지배적이었던 가톨릭의 우주관에 대한 이해에 수정이 불가피하게 뒤따르게 되었다. 특히 갈릴레이(Galileo Galilei)와 케플러(Johannes Kepler)와 같은 이들에 의한 보다 정교한 이론들에 의하여 가톨릭의 전통적인 창조관에 대한 이해에 변화가 요청된 것이다.

코페르니쿠스는 신앙이 있었기 때문에 무신론자로 구분할 수 없으며, 단지 그의 관점은 과학적 입장에서 해석이 되어야 할 것이다. 그럼에도 불구하고 당시에 성경 문자주의의 경향이 강했던 전통적인 창조관에 비추어 볼 때, 코페르니쿠스의 주장은 성경과 교권에 도전하는 무신론으로 비쳐질 수밖에 없었다.

2. 진화론적 무신론

진화론적 무신론의 예로서는 다윈(Charles Darwin)의 진화론을 들 수 있으며, 그 핵심 내용은 자연 선택과 돌연변이에 관한 것이다.[117] 생물들은 처한 환경에서 경쟁을 통하여 여기서 생존한 종만 살아남게 된다는 '자연 선택'이란 개념은 바로 생존과 번식의 변수를 극복한 종들에게만 주어진 특권과 같은 의미에서 사용되었다. 한편 '돌연변이'는 유전자에

---

116 코페르니쿠스의 지동설의 이론적 핵심과 프톨레미의 이론의 수학적 오류에 대하여서는 다음을 참고하였다. Nicolaus Copernicus, *On the Revolutions of Heavenly Spheres*, trans. by Edward Rosen, 10-11, 21-22. Sheila Rabin, "Nicolaus Copernicus," *The Stanford Encyclopedia of Philosophy* (Fall 2010 Edition), Edward N. Zalta (ed.).
URL=http://plato.stanford.edu/archives/fall2010/entries/copernicus/, 2015.2.26.

117 Charles Darwin, *On the origin of species by means of natural selection, or the preservation of favoured races in the struggle for life* (Los Angeles, CA: Mundus Publishing, 2006).

돌발적인 요인으로 변화가 일어나는데, 이때 생존 경쟁에서 뒤처지기도 하고, 또는 변이에 의하여 생존 경쟁에 유리할 수도 있다.

생물학적 종은 여러 개체들로 구성되며, 각 개체는 여러 특성을 고려할 때, 크게 차이가 나지 않는다. 종은 세대를 넘어가며 그 크기가 증가하는 경향이 있다. 이러한 경향은 제한된 자원이나 식량, 질병이나 포식 등에 의해, 종에 속한 개체 간의 생존을 위한 경쟁의 환경을 제공한다. 일부 개체는 다른 개체에 비해 어떤 이점을 획득하게 되고, 이러한 종을 바탕으로 이루어진 변이는 특정한 상황에 대한 저항력을 강화시켜 생존 가능성을 증가시킨다. 생존한 개체는 더 잘 생존하고 더 많은 후손을 낳게 되고, 이 후손은 그 부모 세대의 변이를 유전으로 이어받고 전하게 된다. 따라서 환경에 더 특화된 변이는 다른 변이에 비해 더 유전으로 전달될 수 있으며, 이를 '자연 선택'이라 한다. 충분히 오랜 시간이 지나면서, 후손 종들이 충분히 증가하고, 종 내의 다양성이 증가되면, 이렇게 다양화된 종들을 분리하고 구분할 기준이 생기게 되는데, 이를 분기(divergence)라 한다.[118]

결국 종의 분화 및 발생은 자연 상태에서의 우연성의 원리에 따라, 특별한 목적이 없이 자연 선택에 의한 결과로 설정함으로써, 자연에 관한 신의 섭리와 계획이라는 필연성에 대한 개념이 필요 없게 된다. 일반적으로 신의 계획과 목적에 따른 자연 선택이 존재한다면, 이렇게 선택된 종의 특징은 계속 유지되거나 항상 종에 유리한 방향으로 진화가 이루어져야 한다. 다윈은 만약 이러한 신의 섭리와 계획이 존재한다면, 자연

---

118 James Lennox, "Darwinism," *The Stanford Encyclopedia of Philosophy* (Fall 2010 Edition), Edward N. Zalta (ed.), URL = 〈http://plato.stanford.edu/archives/fall2010/entries/darwinism/〉, 2015.3.1. 이 단락의 내용과 이하 내용은 이 사이트의 소개글을 정리하였다.

선택은 불필요했을 것이라고 본다. 가축이나 자연 상태의 여러 동물들을 조사한 결과, 다윈은 신이 필연적으로 모든 또는 대다수의 생물 변이를 통제하고 있다고 볼 수 없는 증거들을 찾아내었다. 다윈의 자연 선택 이론은 두 단계로 이루어지는데, 먼저 환경과 관련하여 유기체가 적응하기에 필수적인 요소와 관련 없는 변이가 형성되며, 적응에 도움이 되는 변이들이 각각 독립적으로 유지가 된다.

현대에서도 다윈이 무신론자였는지 많은 논란이 있지만, 그의 진화론은 성경의 관점인 창조설과 배치되는 개념으로 비쳐졌다. 다윈의 유물론적 진화론에 대하여 종교계는 과학적 관점을 수용하여 신의 개입을 전제로 한 창발론적인 관점으로 보려는 입장도 생겼지만, 여전히 그의 입장을 무신론이라는 틀에서 보는 경향이 강하다. 특히 환경에 적응하여야 하는 개체의 선택적 진화와 우연으로 비쳐지는 돌연변이에 대한 해석은 전통적인 성경의 창조관과 반대되는 입장으로 남아 있다고 할 수 있다.

3. 정신 분석학적 무신론

프로이드(Sigmund Freud)는 그의 정신 분석학 이론과 꿈의 해석을 통하여 종교를 인간의 집단 신경증에서 유발된 것으로 이해함으로써 전통적인 기독교의 신관과 인간관에 부정적인 영향을 끼쳤다. 그는 『토템과 타부』에서 신의 개념은 유아기에 아버지와의 관계에서 형성된 정신적 흔적이며 이를 입증하기 위하여 원시 종족의 종교적 심성과 프로이드 당시의 신경증 환자의 유사성을 비교 연구하였다.[119]

---

119 Sigmund Freud, *Totem and Taboo*, trans. by James Strachey (New York: Routledge, 1913,

프로이드는 그의 무신론적 관점을 뒷받침 할 수 있는 이론적 틀로서 그리스 신화에 나타나는 '오디프스'의 이미지를 이용한다. 오디프스는 테베의 왕 라이오스와 이오카스테의 아들로서 그는 아버지를 살해하고 스핑크스의 수수께끼를 풀어서 왕이 되었지만, 결혼한 여인이 자신의 어머니였다는 사실을 깨닫고 스스로 이오카스테의 브로치를 빼어서 자신의 눈을 찔러 소경이 되고, 이오카스테는 자살함으로써 비극적 결말의 주인공이 된다. 프로이드는 이 그리스 신화를 통하여 오디푸스 콤플렉스(Oedipus Complex)라는 이론을 만들어 아들이 아버지를 적대시하고 어머니에 대한 성적 지향성이 신경증이며, 이것이 종교와 연관이 된다고 보았다. 남자아이는 어머니에 소유욕에 의하여 아버지를 대상으로 무의식적인 증오감을 형성하고, 아버지와 라이벌 관계에 놓이게 되며, 이러한 불합리한 욕구는 한편 아버지에 의하여 거세당할 두려움에 싸이게 되고, 이로 인하여 인간은 유아기에 무의식적인 공포심에 시달리게 된다고 프로이드는 본 것이다.[120]

프로이드는 무신론적인 관점에서 이와 같은 오디푸스 콤플렉스를 원시 종족을 통하여 증명하려고 하였다. 프로이드의 가설을 보면, 인류는 원시 종족의 경우 집단적으로 거주하였으며, 당시의 문화적인 환경은 '최초의 아버지'가 많은 여인들을 독점하고 그의 아들들은 배제되었다고 전제하였다. 이 때 아들들은 독재자인 아버지에 대하여 불만을 품게 되고, 결국 아들들은 연합하여 자신들의 아버지를 살해하게 되지만, 이들은 '부친 살해'에 대한 죄책감과 아버지가 다시 살아나 보복할 수 있

1950), 20. 이하 각 단락의 내용은 이 책을 정리하였다. 인용 부호는 단락 끝에 붙인다.
120 위의 책, 149-150.

다는 두려움과 공포심에 짓눌리게 되었다고 프로이드는 해석하였다. 따라서 원시 종족에게 나타나는 토템 동물은 부친 살해의 공포심을 극복하려는 대안적 상징이며, 토템 숭배가 인간의 종교성과 연관된다고 본 것이다. 아울러 원시 종족에서 나타나는 토템 숭배는 자연히 토템 살해를 금지하고 동족간의 살상을 억제하는 문화적 요소로 발전하게 되었으며, 부친의 아내들에 대한 성적 욕망을 포기하며 동족간의 결혼도 금지하는 습속을 형성하게 되었다고 프로이드는 분석하였다. 즉 종교의 기원을 부친 살해와 토템 숭배와 연관하여 이해한 것이다.

토템 숭배의 형식은 집단적인 무의식과 연관이 되어 매년 절기 의식을 통하여 토템의 고기를 나누어 먹음으로써 원시 부족원들은 살해한 부친의 절대적인 힘을 얻게 된다. 이를 통하여 원시 공동체 내 토템의 희생은 허용되었으며, 오디프스적인 콤플렉스도 극복하게 되는 것이라고 프로이드는 분석하였다. 아울러 부친 살해의 공포심을 토템 숭배를 통한 연대감으로 극복하게 되는데, 이와 같은 종족의 종교적 특징은 기독교의 경우 희생양 제도와 성만찬과 같은 공동 식사와 연관이 있다고 프로이드는 해석하였으며, 유일신론의 등장도 이와 무관하지 않다고 분석하였다.[121] 프로이드는 또한 꿈과 신경증 사이의 연관성을 분석함으로써 종교의 기원을 살펴보기도 하였는데, 자연의 공포와 죽음, 그리고 인간이 직면하는 고통으로부터 벗어나고자 하는 희망이 무의식적인 꿈의 내용이고 고통을 극복하기 위한 노력으로 종교가 출현한다고 해석하였다.[122] 프로이드의 이와 같은 무신론적인 해석은 자연히 기독교의 삼위

---

121 위의 책, 179-180. 지금까지 '오디프스 콤플렉스'에 대한 프로이드의 관점을 인용하였다.

122 Sigmund Freud, "The Future of an Illusion," *The Standard Edition of the Complete Psychological Works of Sigmund Freud*, Vol. 21, London, 1968. URL= http://www.adolphus.nl/xcrpts/

일체와 십자가의 고난, 그리고 인간의 죄에 대한 종교적 세계관에 심각한 도전이 되었다.

4. 형이상학적 무신론

니체(Friedrich Wilhelm Nietzsche)의 무신론은 그의 반종교적, 반철학적 선언인 "신은 죽었다"로부터 시작한다.[123] 신의 죽음에 대한 선언은 곧 서구의 전통적 자명성으로서의 형이상학의 초월 관념을 파괴하는 것을 의미하고, 다른 한편으로 기독교적 신의 죽음을 의미한다. 니체는 기독교의 신의 죽음, 다시 말해 기독교적으로 형성된 종교적, 철학적 세계관의 종말에 대한 이유를 다음과 같이 네 가지 관점에서 지적한다.

첫째, 니체는 인간에 대한 신의 연민으로부터 신의 죽음이 필연적이라고 보았다. "그러므로 악마가 한번은 내게 말했다. '신 또한 자신의 지옥을 가진다, 그 지옥이란 곧 인간에 대한 신의 사랑이다.' 그리고 가장 최근에 악마가 이렇게 내게 말했다. '신은 죽었다. 신은 인간에 대한 자신의 연민으로 인해 죽었다.'"[124] 결국 연민이란 삶의 부정적 측면을 배제한 채 긍정적 희망만을 제공함으로써, 인간의 독립적 실존 의지를 약화시킴으로써 생명력 자체를 약화시킨다. 신의 죽음이란 연민 이외의 것, 삶의 부정적 측면을 인식할 줄 아는, 동정과 연민의 신을 부정하는 사

---

xcfreudill.html, 2015.3.2. 원문에 따르면, "우리는 이제 방대한 종교적 개념들에는 소망-충족뿐만 아니라, 중요한 역사적 기억도 포함되어 있음을 알게 되었다"로 되어 있다.

123 Friedrich Wilhelm Nietzsche, *Thus Spoke Zarathustra*, trans. by Walter Arnold Kaufmann (New York: Penguin Books, 1978), 12. 머리말에서 짜라투스트라는 기독교의 성인과의 대화를 통해, 기독교적 신의 죽음을 지적하는 동시에, 이를 입증하기 위해 기독교 신 관념의 토대에 대해 추적한다. 니체의 관점에서, 기독교의 신관념은 인간을 불완전한 존재로, 사랑과 긍정의 대상이 아님을 선포함으로써 만들어지는, 인간의 상대적 개념을 의미한다.

124 위의 책, 90.

람에 의해 부정되고 죽임을 당한다. 연민의 정으로 가득한 신은 인간을 계속 지켜보고 있는데, 이러한 절대적 목격자로서 신은 경배의 대상이 아니라, 경멸과 부정의 대상이 된다. 즉 인식론적으로 연민의 정에 사로잡힌 신은 죽임을 당하는 실패한 신이 된다.[125]

둘째, 기독교적 신의 죽음의 두 번째 이유는 기독교 성직자들에 의해, 원래의 역사적 예수와 다르게 이상화된 구세주 교리 때문이라고 프로이드는 비판한다. 기독교에서 형상화된 그리스도는 거짓 가치와 황당한 언설로 왜곡된 존재이며, 인간의 실존을 방해하는 존재로 그는 본 것이다.[126] 인간 실존에 있어서, 자유와 해방, 평등과 사랑의 복음을 선포하고 실천하는 존재로서의 인간 그리스도는 기독교 전통과 역사 속에서 자유를 방해하고, 사랑과 평등이 아닌 다른 가치를 전하는 대상으로 변종되었다는 것이다.

셋째, 니체는 계시 사상과 창조주 신 사이에 모순에 있다고 주장하였다. 짜라투스트라와 대화하는 교황은 짜라투스트라의 관점을 이용하여 스스로 신을 부정하였다고 보았다. 교황은 신이 자신을 보여주지 않고, 사랑을 실천하는 자보다는 판단자로 남고자 했으며, 인간에 대한 연민을 가진 존재라는 허구로 채워져 있는 존재라고 그는 비판한다. 특히 교황은 한 쪽 눈이 먼 존재로, 신 자체와 신의 죽음의 본질을 제대로 보지 못하는 인간으로 설정된다.[127] 교회의 계시 사상의 핵심은 인간을 유한하고 죄인으로 간주함으로써, 신의 뜻을 알 수 없는 존재로 전락시키고, 기독교인들은 교리와 성경을 통해 신의 뜻을 드러낼 수 있다는 모순

---

125 위의 책, 266-267.
126 위의 책, 91-92.
127 위의 책, 260-261.

에 빠져 있다고 본다. 니체는 특히 기독교의 신이 자신이 만든 창조 세계가 자신의 실수로 죄에 빠졌을 때, 그 창조 세계를 이용해 화풀이하는 존재라면, 차라리 인간이 스스로 자신의 운명을 개척하는 신이 되는 것이 더 낫다고 본 것이다.[128]

넷째, 니체는 기독교의 신이 유일신 사상을 주장한다는 점에서 신의 죽음이 필연적이라고 본다. 자기 자신 이외의 다른 신을 거부하는 것은 신성이 아니라, 시기와 질투의 산물이라는 점에서, 유일신 개념은 스스로 자기 모순적이라고 본 것이다.[129] 니체가 강조하는 신의 죽음은 기독교 자체에 대한 비판이라기보다는, 현대성과 철학적 자명성, 서구 세계의 형이상학적 초월성 신봉에 대한 비판이라고 볼 수 있다. 신의 죽음을 선언하는 것은, 예수에 의해 최초로 형성된 기독교 공동체가 아니라, 기독교가 기독교 이전의 철학적 전통을 결합한 플라톤주의적 기독교의 신을 대상으로 한다. 따라서 서구 기독교 역사는 최초의 이스라엘의 종교성에서 퇴보함으로써, 무에의 의지를 보여주고 부패된 신 개념을 발전시켰다고 할 수 있다. 특히 바울은 이러한 공정의 최전방에 서서 기독교의 신을 왜곡했으며, 그를 이어 어거스틴, 신비주의, 금욕주의 등의 혼합된 형태가 기독교를 지배했다고 니체는 비판한다. 따라서 니체는 예수가 원했던 것과 완전히 다른 종교가 되어, 인간의 삶의 의지에 반하는 부패에의 의지만을 설파함으로써, 인간성을 상실하게 만들었다고 주장

---

[128] 위의 책, 261-262.

[129] 위의 책, 182. 신의 죽음은 『안티크리스트』에서 보다 세밀하게 논의되는데, 이는 기독교 자체에 대한 비판이라기보다는 예수가 원했던 것과 완전히 다른 종교가 되어, 인간의 삶의 의지에 반하는 부패에의 의지만을 설파함으로써, 인간성을 상실하게 만들었다고 주장한다. 백승영, 『니체, 차라투스트라는 이렇게 말했다』 철학사상 별책 제2권 제10호 (서울: 서울대학교 철학사상연구소, 2003), 77.

한다.[130]

이러한 관점에서 볼 때, 니체의 무신론적 어조는 기독교의 도덕성과 신앙 체계 자체의 비판을 넘어서서, 이를 기초하는 서구 문화 체계를 향하고 있으며, 신앙인들의 관점을 신이 아니라, 인간으로 다시 되돌리려는 인간주의적 목적을 가지고 있다고 볼 수 있다.[131]

5. 유물론적 무신론

칼 마르크스(Karl Marx)나 레닌(Lenin)이 주장한 유물론적 무신론의 핵심은 정신 이전에 물질이 일차적이라는 것이다. 따라서 세상은 신의 창조물이 아니라 물질에 의한 세계관만이 영원한 관점이라고 이들은 보았다. 이 세계 안에서 인간의 의식은 오로지 물질적 생산에 의하여 구성되기 때문에, 정신을 넘어 영혼을 강조하는 종교적 관점은 부정되고 물질적 토대를 구성하는 생산 수단의 공평한 분배를 더 중시하였다. 따라서 물질이 일차적으로 강조되고 정신적 활동은 이차적이 되는 것이다. 또한 세계관을 형성하는 인간의 의식이 물질적인 생산에 의하여 좌우되기 때문에, 이상적인 세계관의 형성은 물질을 공유하려는 사회적 실천만이 최후의 목표가 되며 정신적 영역의 신의 개입은 아예 부정된다. 오히려 존재하는 것은 물질이며, 또한 객관적 실재로서 오로지 물질적 조건만이 선험적인 법칙으로 자리 잡게 되는 것이다.[132]

---

130 백승영, 『니체, 차라투스트라는 이렇게 말했다』 철학사상 별책 제2권 제10호 (서울: 서울대학교 철학사상연구소, 2003), 77.

131 위의 책, 93.

132 Karl Marx, "Critique of Hegel's Philosophy of Right(1843)," trans. by Joseph O'Malley, "종교적 고통은…실제 고통의 표현이며 실제 고통에 대한 저항이다. 종교는 억압당하는 존재가 내는 한숨이며, 비정한 세계의 마음이며, 삭막한 조건의 영혼이다. 종교는 사람들의 아편이다. 사람들의 허망한 행복으로서의 종교를 폐지하는 것은 진정한 행복에 이르기 위한 필수 조건이다."

이와 같은 마르크스의 유물론은 역사적 유물론을 의미한다. 이는 인간의 생산력이 역사의 발전을 강화시키지만, 이 생산력이 방해받게 되면 사회적 발전에 문제가 생기게 된다. 마르크스는 역사 과정을 일종의 필연적인 생산 과정의 변화로 보았으며, 결국은 계급 투쟁을 통해 공산주의가 성취되어야 하는 필연적 결과로 이어진다. 마르크스의 자본주의 경제 분석은 주로 그의 노동 이론으로 설명되며, 자본주의는 결정적으로 프롤레타리아 계급을 착취함으로써 과잉적인 재화의 추출로 자본력을 형성한다고 강력하게 비판했다.[133]

마르크스의 유물론은 그의 『자본론』을 통하여 잘 분석되어 있다. 예를 들어, 인간은 원래 그 자체로서 그 어떠한 수단의 도구로 전락되지 아니하는 고유한 목적을 가진 개체이다. 그러나 생산 수단이 전근대적인 원시 공동체의 경우에도 인간의 가치는 개인이 소유하고 있는 물질적 상품의 크기에 좌우되는 경향에 지배된다. 인간과 인간의 관계는 그 자체가 고유한 목적이 되어야 함에도 불구하고 이 사이에 상품이 개입하게 되면 인간과 인간의 관계는 자신이 소유하고 상품의 크기와 그 가치에 의하여 인격마저 평가되는 것이다. 상품의 물질적 가치가 인격을 대체하게 되면 부자가 소유한 물질이 인격과 같은 힘을 가져서 적게 소

URL=https://www.marxists.org/archive/marx/works/download/Marx_Critique_of_Hegels_Philosophy_of_Right.pdf, 2015.3.5.

133 Jonathan Wolff, "Karl Marx," *The Stanford Encyclopedia of Philosophy* (Summer 2011 Edition), Edward N. Zalta (ed.),
URL = 〈http://plato.stanford.edu/archives/sum2011/entries/marx/〉. 2015.3.12.
마르크스의 유물론적 역사관에 따르면, "물질적 생산 활동은 사회생활 전반을 규정하는 물질적 토대로 작용하면서 사회 제도뿐만 아니라 사회적 의식에도 결정적인 영향을 미친다. 생산력과 생산 관계의 총체로서 생산 양식이 물질적 토대를 구성하고, 그 위에 국가와 같은 사회 조직이나 종교나 철학과 같은 사회적 의식이 들어선다. 따라서 한 사회를 올바르게 인식하기 위해서는 이러한 물질적 생산 활동, 즉 경제적 토대를 제대로 분석해야 한다는 것이다" 손철성, 『마르크스, 자본론』 (서울대학교 철학사상 연구소, 2004), 9.

유한 가난한 사람들을 억압하는 문제가 발생되며 가난한 이들의 인격은 말살되는 것이다.[134] 인간의 가치는 그 어떤 물질의 소유에 의하여 침해될 수 없으며, 물건의 가치는 오로지 사회적으로 필요한 노동량과 생산에 필요한 노동 시간에 의하여 평가된다. 그리고 상품의 가치 또한 이 기준에 의하여 형성되어야 하는 것인데, 상품이 인격과 같은 주체가 되어 소유의 수단인 상품의 크기가 인간의 인격을 좌우하는 것이다.[135]

전근대적인 원시 공동체에서 현대에 이르기까지 시장 경제가 발전하면서 '상품 화폐 제도'에서 '대표 상품 화폐 제도'로, 그리고 '관리 통화 제도'와 같은 정교한 경제 개념들이 등장하게 된다. 상품이 원시 시장 경제에서는 오늘날의 화폐와 같은 역할을 하였지만, 합리적인 중앙통제식의 화폐 제도가 등장함으로써 상품의 크기는 화폐의 크기로 대치된다. 마르크스는 이 부분에서 종교의 허위의식 개념을 비판하는데 유물론적 무신론의 핵심 부분이기도 한다. 즉 상품 화폐 제도의 경우 인간이 소유할 수 있는 상품의 크기는 제한적이라고 할 수 있다. 토지나 건물, 그리고 생산물에 의한 물질적 생산 수단은 유형적으로 한계가 있다고 할 수 있다. 토지를 경작하여 소출할 수 있는 생산의 결과물은 수확량에 비례하며, 노동의 시간과 수고에 의하여 결정된다.

그러나 근대적 시장을 통하여 도입된 화폐 경제에서 인간의 소유 의식은 혼란에 빠지게 된다. 대표 상품 화폐 제도는 생산된 상품의 가치를 등가로 하여 화폐로 환산하고, 그리고 이 화폐의 상호 교환을 통하여 경제 질서를 구축하는 것이 목적이다. 이때 중앙정부나 국가의 개입

---

134 Karl Marx, *(Das)Kapital : Kritik der politischen Oekonomie*, 주승민 역, 『자본론』 (비봉출판사, 2005), 1권, 43-49, 51-55.
135 위의 책, 1권, 49-54.

은 필수적이 되어서 화폐의 유통 질서를 통하여 시장 경제의 활성화를 이끌게 된다. 그런데 여기서 문제가 되는 것은 위의 상품 화폐 제도에서 상품의 크기가 인간의 가치를 대체한 것처럼 인간의 관계가 화폐 대 화폐의 관계로 바뀌면서, 인간의 고유한 인격이 화폐 가치의 크기에 의하여 좌우되는 인식론적 문제가 또 발생하는 것이다.

위의 대표 상품 화폐 제도의 경우, 인간이 소유할 수 있는 상품은 유한하다고 생각하는데, 대표 상품 화폐 제도의 화폐의 경우, 인간의 소유는 무한하다고 착각하게 된다. 여기서 무한한 소유라는 허위의식이 개입하는데, 이것이 바로 물신(物神)인 것이다. 노동을 통한 상품의 소유는 유한한데 화폐의 소유는 무한하다고 착각하는 이면에는 무한을 상징하는 신(神) 의식이 작동하였다는 것이다. 상품의 등가(等價)인 화폐에 대한 무한한 소유의 욕망은 유한한 인간이 무한한 신이 되려는 허위의식과 다름이 아니며, 이 이면에 타락한 자본주의가 있으며, 기독교의 신 의식이 이 무한한 소유를 부추긴다고 마르크스는 비판한 것이다. 따라서 마르크스에 의하면 기독교는 아편과 같은 것이며, 공산주의 혁명에서 우선 제거되어야 할 대상이 되었던 것이다.

지금까지 살펴본 전통적 무신론은 계몽주의의 영향에 의한 과학과 합리성에 의한 기독교 세계관에 대한 도전으로 비쳐졌다. 이와 같은 전통적 무신론의 특징은 주로 과학적인 이론을 중심으로 근대적 합리성을 강조하여 전근대적 교권에 도전하며, 성경 문자주의의 한계를 지적하여 하나님의 창조 주권에 대한 도전으로 비쳐지기도 하였다. 또한 정신 분석학적 차원에서 종교를 병리적으로 해석하여 종교성 자체를 부정하려는 관점도 부각되었다. 아울러 자본주의의 발전과 종교와의 공모를 공격하여 사회 체계 안에서 종교의 역할을 사적 영역에 국한시켜 분석하는 주장도 어느 정도 설득력을 얻게 되었다.

이와 같은 전통적인 무신론에 맞서서 기독교는 창조의 교리나 삼위일체, 인간론, 그리고 교회론의 틀은 유지하면서 부분적으로 무신론적인 이론들의 도전에 대하여 성찰한 흔적이 있다. 예를 들어, 천동설에서 지동설을 기독교가 수용하게 되었고, 다윈(Darwin)의 진화론에 맞서 창발론(創發, emergence)적 입장에서 진화론적 우연성도 하나님의 창조적 은총으로 수정하는 관점도 있다. 그리고 물질주의적 사관을 앞세운 마르크스(Marx)적 사회과학적 유물론이 비판하는 자본주의적 소유의 문제에 대하여 맘몬(물신, Mammonism)을 극복하려는 무소유와 나눔의 기독교적 영성을 강조하거나, 그리고 정신 분석학적 무신론을 내세운 프로이드(Freud)와 니체(Nieche)의 형이상학적 무신론에 맞서서 근대적 세계관의 허무와 절망을 극복할 보다 강한 윤리적 유신론을 강조하였다. 그러나 이제 다음에서 살펴볼 신무신론은 보다 정교한 이론적 틀을 앞세워 기독교의 신관과 세계관을 거세게 몰아치고 있다. 그 내용을 다음에서 살펴보자.

III. 신무신론

신무신론의 전제는 신의 비존재라는 개념으로부터 시작하며, 그 어떤 초자연적 실체로서의 신을 부정하기 때문에, 신무신론자들에게 종교는 순전히 자연적 현상으로 이해되고 있다. 이들은 종교적 신앙이라는 것은 사회학적·심리학적 현상이며 다분히 생물학에 기초한다고 평가 절하고 있다. 특히 윤리적 측면에서, 신무신론은 종교가 인간을 선하게 만든다는 주장을 반박한다. 오히려 현실에서는 종교가 인간을 도덕적으로 악하게 만드는 예도 많이 있다고 강조한다. 신무신론의 경우, 유신론적 신앙이 무신론적 신앙보다 일반적으로 더 나쁜 도덕적 태도와 행위를 야기한다고 보며, 세속적 도덕성이 오히려 종교적 도덕성보다 더 객관적이고 보편적인 도덕적 틀을 마련할 수 있다고 강조한다.[136]

필자는 이와 같은 신무신론의 범주에 반유신론적 논증을 펼치는 샘 해리스(Sam Harris), 같은 맥락에서 과학주의적 무신론을 주장하는 다니엘 데닛(Daniel Dennett), 신계몽주의적 무신론을 강조하는 크리스토퍼 히친스(Christopher Hitchens), 그리고 현대에서 유전공학적 관점에서 가장 강력한 무신론을 주장하며 종교 무용론의 선두주자인 리처드 도킨스(Richard Dawkins)를 꼽았다. 이들의 핵심 이론을 검토하고, 이어 기독교 신학의 과제에 대하여 살펴보도록 하겠다.[137]

1. 반 유신론적 무신론

일반적으로 신무신론은 샘 해리스(Sam Harris)에 의하여 시작되었다고 보며, 그는 종교적 신앙의 본질은 궁극적 실재, 또는 관심에 대한 정당화되지 않은 믿음이라고 보았다. 즉 종교적 신앙은 그 종교를 가진 사람들이 어떠한 강력한 증거 없이도 어떤 것을 믿도록 허락하는 행위라고 본 것이다. 그는 사람의 신앙은 세계에 대해 그가 가진 믿음의 일부분일 뿐이며 하나의 문화적 유산으로 보았다. 따라서 종교적 가치는 현세

136　James E. Taylor, "The New Atheists," *Internet Encyclopedia of Philosophy*, URL = http://www.iep.utm.edu/n-atheis/, 2015.3.15.

137　신무신론자들에 대한 학문적 카테고리는 위의 영문판 인터넷 자료를 참조하였다. James E. Taylor, "The New Atheist," http://www.iep.utm.edu/n-atheis/, 2015.3.15.

에서는 정당화할 필요가 없고 단지 어떤 궁극적 관심사일 뿐이라고 보았다.[138] 이러한 관점에서 해리스는 종교적 신앙은 궁극적으로 자발적인 믿음의 행위가 아니라, 다른 사람들이 그렇게 믿으라고 강요한 믿음이며, 근본적으로 신앙은 이성적인 증거와 논거가 결여되어 있는 편협한 주장이라고 강조하였다.[139]

따라서 해리스의 신무신론의 핵심은 유신론적 종교 전통들이 본질적으로 서로 적대적일 뿐만 아니라 종교 폭력의 가능성을 유발한다고 보았다. 그는 종교의 적대성이 명시적으로 관찰되지 않는 이유는 종교적 지식과 세속적 지식이 서로 섞여서 그 실체를 파악하지 못하도록 방해하고 있기 때문이라고 해석하였으며, 기독교, 이슬람교, 그리고 유대교에 나타나는 믿음에는 그 어떤 종교적 관용과 다양성을 포용하는 여지가 없다고 주장하였다.[140]

해리스는 경건한 소망으로 가장한 믿음은 건전한 지식이 아니라 일종의 악이라고 비판하면서, 정당화에 반비례하여 믿음의 확신이 증가할 때마다 인간들은 서로 협력할 수 있는 근거를 상실하게 된다고 비판한다. 그는 소위 믿음이라는 것은 실제에 기반을 두고 있지 않기 때문에 세상과의 관계와 타인과의 관계를 모두 잃어버리게 된다고 꼬집었다. 이와 같은 구체적 증거 없이 강한 믿음을 지니고 있는 사람들은 대부분 사회의 변두리에 위치한 사람들로서 사회를 변혁할 수 없고, 오히려 사

138　Sam Harris, *The End of Faith*, 김원옥 역, 『종교의 종말: 이성과 종교의 충돌, 이제 그 대안을 말한다』 (한언, 2005), 80.
139　위의 책, 244-264.
140　위의 책, 267-268.

회 통합과 개혁에 방해가 된다고 본 것이다.[141]

해리스는 기독교와 이슬람교와 같이, 강력한 교리적 틀과 경전을 통해 믿음을 강요하는 종교에 대해서는 비판하지만, 신비주의적, 영성적 종교에 대해서는 긍정한다. 그는 신비주의 전통을 이성적인 모험으로 정의한다. 즉 교리에 대한 강요된 믿음이 아닌 경험에 근거한 믿음은 과학적 측면을 가져서 개념화할 수 있으며, 그리고 어떤 고정된 개념에 얽매이지 않는 경험의 강조는 신비주의의 장점이라고 해리스는 본 것이다. 그는 이성과 영성, 윤리를 공존시키는 통전적인 종교성을 강조한다는 점에서, 일반적인 신무신론자들과는 구별되기도 한다.

2. 과학주의적 무신론

다니엘 데닛(Daniel Dennett)은 과학적 사고를 진리의 기준으로 삼는 과학주의적 무신론을 주장한다. 그는 신에 대한 신앙은 절대 합리적으로 설명될 수 없으며, 신이 존재한다는 주장은 근거가 없는 것이라고 비판한다. 그는 신을 믿는다고 하는 사람들은 실제로 신을 믿는 것이 아니라, 신에 대한 믿음을 말하거나 신에 대한 믿음을 믿는 것을 강조하고 있을 뿐이라고 주장한다. 이러한 입장에서 종교는 지극히 개인적인 것이기 제도화된 종교의 신앙과 의례, 종교적 상징물이나 계급 제도 등과 같은 것은 형식적인 종교를 표현하는 수단에 불과하기 때문에 종교가 바르게 정의되려면 더 큰 사회 조직이나 공동체의 관점에서 해석되어야 한다고 보았다.[142]

---

141 위의 책, 268.
142 Daniel Dennett, *Breaking the Spell*, 김현영 역, 『주문을 깨다: 우리는 어떻게 해서 종교라는 주문에 사로잡혔는가』(동녘사이언스, 2010), 32, 34-35.

데닛은 이러한 입장에서 종교를 하나의 '주문(spell)'이며 '환상(illusion)'과 같은 것으로 현실에 대한 보다 사실적이고 분명한 인식을 위해서는 그 주문을 깨야한다고 주장한다. 주문을 깬다는 것은 종교 자체가 무용하다는 것이 아니라, 극단적으로 편중된 종교적 사고방식을 해체한다는 말로 데닛은 보고 있다. 데닛도 종교의 중요성을 강조하는데 단 종교를 보다 체계적으로 학제적 연구의 대상으로 삼을 때이다. 그 이유는 종교는 우리가 구성하는 사회적·정치적·경제적 요소의 일부분으로서 인간 공동체에 갈등의 요인이 되기도 하지만 때로는 인간이 추구하는 의미가 될 수 있기 때문이다. 따라서 데닛은 대부분의 사람들에게 여전히 종교는 중요한 역할을 하기 때문에 사회 구성체의 관점에서 종교의 내용을 보다 정확하게 알 필요가 있다고 주장하는 것이다.[143]

결국 데닛이 종교에 있어서 문제 삼고 있는 부분은 종교가 제시하는 삶의 의미에 대한 부분이라기보다는, 종교를 자연적이고 과학적인 탐구의 대상에서 제외하고 금기시하는 태도에 관한 것이다.[144] 따라서 그는 종교를 자연 현상으로 설명하는 데에 개방적인 태도를 취하는 것이 급선무임을 강조한다. 이러한 측면에서, 데닛은 종교가 주장하는 초자연성을 거부하며, 종교는 자연적 현상으로서, "전적으로 물리학이나 생물학의 법칙을 따르는 사건, 유기체, 객체, 구조, 패턴 등으로 이루어져 있고, 그래서 기적의 가능성을 포함하지 않는 인간적 현상"임을 주장하는 것이다.[145] 즉 이러한 관점에서 종교 자체는 여러 현상들의 복잡한 집합

---

143 위의 책, 39-40.

144 위의 책, 43.

145 위의 책, 53. 대니얼 데닛은 자연 세계와 생물학적 진화에 대한 과학적 설명의 타당성을 알면서도 자신의 종교적 교리에만 집착하는 종교인들의 주장에 대하여 "오만과 비겁함의 복합체"라고 비판한다. John Brockman (ed.), Thinking, 강주헌 역, 『생각의 해부: 위대한 석학 22인이 말하는 심리, 의사 결정, 문제

체로서 완전히 자연적 현상일 수밖에 없다는 식으로 그의 입장은 귀결되는 것이다.

3. 신계몽주의적 무신론

크리스토퍼 히친스(Christopher Hitchens)는 종교적 신앙은 궁극적으로 무언가 불가능한 것을 바라는 마음으로부터 기인한다고 본다. 그는 "신 존재가 있다"는 가정이 궁극적으로는 불필요하다고 보았는데, 이는 과학이 과거 유신론적인 관점으로 대답할 수밖에 없는 문제라고 간주했던 여러 현상들에 대하여 이제는 설명할 수 있게 되었기 때문이라고 주장한다. 따라서 그는 전통적인 무신론적 계몽주의가 신개념을 허구로 본 것에 비하여 과학의 이론을 통하여 종교관을 보다 분석적으로 비판하려는 신계몽주의적 입장을 피력하고 있다.

히친스는 유신론적 종교의 문제점은 종교가 인간과 우주의 기원을 완전히 잘못 설명하고 있다고 주장하면서, 이러한 잘못 때문에 인간에게는 노예근성과 아울러 자신만 강조하는 이기적 속성만 부각되는 결과를 낳았다고 강조한다. 그는 종교는 위험스러운 성적 억압의 결과이자 원인이며, 나아가 궁극적으로는 사람들의 희망사항만을 기반으로 하고 있을 뿐이라고 주장하였다.[146]

히친스는 그 자신이 도킨스와 데닛과 같은 신무신론자로 범주화되기를 거부하지만, 그 자신도 과학에 어긋나거나 이성에 반하는 것을 거부하고 불신한다는 측면에서 신무신론자들과 궤를 같이 한다고 할 수 있

해결, 예측의 신 과학』(와이즈베리, 2013), 285-286.
146 Christopher Hitchens, *God is not Great*, 김승욱 역,『신은 위대하지 않다』(알마, 2008), 16.

다. 신무신론자들 대부분이 주장하듯, 히친스도 종교는 인간이 만들어 낸 자연적 결과물로 보고 있기 때문이다.

히친스는 다음과 같이 주장한다. "종교는 인간이 만든 것이다. 그런데 종교를 만들어 낸 인간들조차 자기네 예언자나 구세주나 구루가 실제로 무슨 말을 하고 어떤 행동을 했는지에 관해 일치된 의견을 내놓지 못한다. 나중에 발견되거나 발달한 주장들의 '의미'를 우리에게 알려주지 못하는 것은 말할 필요도 없다. 사실 그들은 새로운 주장들이 나왔을 때 종교의 이름으로 훼방을 놓거나, 아니면 직접 비난을 퍼부었다."[147] 이와 같은 종교에 대한 비판은 종교관이 인간의 이념적 틀 안에서 형성된 허위의식이라고 히친스는 보는 것이다.

히친스는 또한 유신론적 경전 종교의 논리를 반박한다. 그는 만약 신적인 존재가 없었다면, 신적인 계시도 없었을 것이라고 본다. 그리고 만약 신적 계시가 없다면, 모든 경전 또한 단순히 인간이 기록한 책에 불과할 것이라고 주장한다. 그가 비판하는 것은 유신론적 경전의 내용이 기록된 신적 계시는 경전에 대한 충성을 강요하는 것에 이용되는데, 이렇게 되면 신적 계시는 윤리적, 정치적, 문화적 체계를 정당화는 이데올로기에 불과하며, 도덕적 결함을 노출하게 되는 것이다.[148]

히친스는 위와 같은 문제점들을 해결하기 위하여 세속 세계와 과학, 문화가 이미 종교적인 문제들을 충분히 해결하고 설명할 수 있다고 본다. 그는 새로운 계몽주의는 인류 자체를 목적으로 보며, 과학적 연구를 제한하지 않고, 새로운 인도적 문명을 선도함으로써 과거의 유신론적인

147　위의 책, 25.
148　위의 책, 147-184. 성경의 도덕적 결함에 대하여는 다음을 참고하시오. 참고, Richard Dawkins, *The Great Delusion*, 이찬음 역, 『만들어진 신』(김영사, 2007), 358-383.

종교의 자리를 대체할 것이라고 확신하고 있다.[149]

4. 유전공학적 무신론

유전공학적 무신론의 관점에서 리처드 도킨스(Richard Dawkins)는 인간의 가치를 결정하는 것은 이기적인 유전자적 요소라고 주장하고 있다.[150] 이기적 유전자는 유성 생식으로 23개의 염색체의 쌍으로 구성된 DNA이며, 이 분자의 수명은 수십 개월이지만 이론적으로는 사본의 형태로 1억년을 유지할 수 있다. 따라서 유전자는 불사신에 가까우며 유성 생식을 하는 개체로서 허황된 유전자라고 할 수 있는데, 문제는 이 유전자의 특징이 윤리가 없는 무정한 자기복제라는 것이다.

도킨스는 과학적 검증 방식으로서 '신(神) 가설'을 제안하고 이를 비판하는데, 그 요점은 "우주와 우리를 포함하여 그 안의 모든 것을 의도를 갖고 설계하고 창조한 초인적, 초자연적인 지성이 있다"라는 가설에 대하여 "무언가를 설계할 정도로 충분한 복잡성을 지닌 창조적 지성은 오직 확장되는 점진적 진화 과정의 최종 산물로 출현한 것"이라고 그는 주장한다.[151] 그는 세계를 창조한 존재는 없으며, 신존재 자체는 망상이라고 강조하였다.[152]

도킨스는 진화론적인 해석을 통하여 종교를 해석하며, 생존 경쟁의

---

149 Christopher Hitchens, 『신은 위대하지 않다』 (김승욱 역, 알마, 2008), 410-412.

150 Richard Dawkins, *The Selfish Gene*, 홍명남 역, 『이기적 유전자』 (을유문화사, 2010), 67. 참고로 필자는 선행 연구를 통하여 도킨스의 '이기적 유전자' 이론을 소개한 바 있다. 필자의 선행 연구에서는 여러 서적에서 필요한 경우 인용하였는데, 그 중 일부 인용을 소개하면 다음과 같으며 더 자세한 내용은 아래의 책들을 참고하시오. 유경동, 『한국 사회와 기독교 정치윤리』 (개정판, 한국기독교연구소, 2005), 225-229. 유경동, 『한국 감리교 사상과 기독교 윤리』 (감리교신학대학교출판부, 2011), 198-201. 유경동, 『뇌신학과 윤리』 (개정판, 킹덤북스, 2016), 232-235.

151 Richard Dawkins, *The God Delusion*, 이찬음 역, 『만들어진 신』 (김영사, 2007), 51.

152 위의 책, 174-177.

환경 속에서 살아남기 위하여 인간은 문화적 유전자(meme)를 획득하는 것으로 해석하였는데, 이는 일종의 목적론적 무신론이라고 할 수 있다. 신이 우주와 인간을 창조하였다는 논리보다는 빅뱅을 통하여 우주가 형성되었으며, 생명은 46억년이라는 장구한 시간을 통하여 진화의 과정을 밟게 되었다는 이론이 더 합리적이라고 보았다.[153] 도킨스는 인간을 비롯한 다양한 생명체는 다윈(Darwin)이 그랬던 것처럼, 자연 선택의 필연적 결과라고 주장하며 기독교 세계관의 창조론은 허구라고 비판한다. 또한 뇌 과학적 이론을 통하여 기독교적 종교 체험은 뇌의 작동에서 나타나는 환청과 환각이라고 주장하며, 기독교의 대속론에서 진리로 받아들이는 예수의 존재와 말씀을 고대 근동 지역의 민속 종교와 연관이 된다고 해석하였다.[154]

도킨스는 결국 모든 생명체는 자기복제라는 생존 수단을 통하여 개체의 생존률을 높이며, 이때 윤리나 신의 개념은 개입할 여지가 없고, 오로지 유전자의 자연 선택에 좌우되는 무정한 유전자적 속성만이 남아있을 뿐이라고 보는 것이다. 다만 문화적 유전자를 통하여 후천적으로 계몽된 문화적 유전자의 역할을 통한 개체의 각성만이 그나마 인류 문명의 가능성으로 남아 있다고 보는 것이다.

지금까지 살펴본 신무신론자들의 이론을 정리하면, 크게 형이상학적 관점, 인식론적 관점, 그리고 도덕적 관점들이 중첩되어 나타난다고 할 수 있다. 형이상학적 관점에서 신무신론자들은 공통적으로 그 어떤 초자연적인, 또는 신적인 실체는 존재하지 않는다고 단언한다. 인식론적

---

153 위의 책, 210-220.
154 위의 책, 148-154.

인 관점에서 이들은 종교적 신앙은 비합리적이고 비이성적이라고 주장하고 있다. 특히 필자가 중시하는 도덕적 측면에서는 신무신론자들은 종교가 윤리의 궁극적인 근거가 될 수 없으며, 자연 선택적인 문화적 특성 안에서 보편적이고 객관적인 세속적 도덕 기준이 종교적 가치보다 더 중요하다고 강조한다.

IV. 나가는 말

신무신론자들은 기본적으로 현대의 자연 과학을 이용하여, 유신론적 신앙을 비판하고, 종교의 기원과 진화에 대한 설명을 보다 체계 있게 분석하고 있음을 알 수 있다. 이들은 전통적인 무신론자들보다도 한걸음 더 나아가 기본적으로 과학이 종교의 대안이 될 수 있다고 본다. 특히 데닛이나 히친스의 비판에도 나타났듯이, 경험 과학(empirical science)은 세계에 대한 순수한 지식을 얻기 위한 유일한, 또는 최고의 근거이며, 종교적 신앙도 과학의 렌즈를 통한 인식론적 관점에서 해석될 수 있다고 그들은 주장한다. 도킨스의 경우처럼, 과학이 신존재를 증명할 수 없는 이유는 신이라고 하는 초자연적인 존재가 실재하지 않기 때문이라고 보며, 종교적 신앙은 단지 생물학적 진화의 산물로서 설명될 수 있다는 점을 부각시키고 있다. 따라서 신무신론자들은 종교적 윤리성을 주장하지 않고도, 세속적 도덕 원리와 과학적 발견을 바탕으로 비종교적 삶이 가능할 것이라고 본다.[155] 특히 최근 신무신론이 주목받는 이유는

---

155 James E. Taylor, "The New Atheists," Internet Encyclopedia of Philosophy, URL = http://www.

종교가 폭력을 유발하는 원인으로 강조하는 점에 있다. 즉 기독교와 자본주의, 그리고 미국을 비롯한 서방 국가들의 '세계화'에 대한 비서구권의 저항 이면에는 기독교의 유일신론적 가치관이 폭력을 강화한다고 보는 관점이다.

신무신론자들은 종교적 폭력과 연관하여 전통적인 무신론의 비판보다 훨씬 거세게 종교를 '악'으로 규정하고 있다. 그들은 종교적 신앙에 대한 이성의 우위성을 강조하며, 이들에게 신앙은 필연적으로 비합리적이며, 신앙 그 자체가 다른 주장을 관용할 수 없다는 점에서 악이라고 보는 것이다. 신무신론자들의 입장에서, 유신론적 신앙을 지지하는 논변보다 유신론적 신앙이 없다는 주장이 더 합리적이고 이성적이기 때문에, 아예 종교를 없애야 한다고 보는 논변은 매우 파괴적이다. 전통적인 무신론이 종교의 기원에 대한 전과학적 세계관의 비판과 정신 분석학적 차원에서 종교가 생기게 된 가설을 내세웠다면, 현대의 신무신론자들은 이성적 과학주의를 절대화 하고, 경험 과학이 세계를 아는 유일한 지식, 또는 최선의 지식으로 간주한다. 따라서 이와 같은 맥락에서 이들은 증거주의자들(evidentialist)이라고 할 수 있다. 과학주의와 경험주의의 종합으로서 신무신론은 과학적 증거가 있을 때에만 객관적이며 신빙성 있는 지식으로 인정하기 때문에 종교의 상징과 가치, 그리고 유신론적 이론들은 완전히 부정되고 있다.[156]

필자는 이와 같은 신무신론의 주장에 대하여 기독교 신학은 다음과 같은 요소들을 검토하고, 신학의 내용을 강화하여야 한다고 본다.

---

iep.utm.edu/n-atheis/

156 Richard Dawkins, 『만들어진 신』, 이한음 역, 51-52. 도킨스는 신을 유해한 망상으로 이해하며, 이는 그것이 "증거보다는 사적인 계시를 통해 지역별로 다양한 전통들이 수립"된 것으로 간주한다.

첫째, 유신론의 책임성에 대한 강조이다. 현대 무신론이 종교를 공격하는 이유는 공공 영역에서의 종교의 통합적인 책임의 요구와 연관되어 있다. 특히 개신교가 지탄받는 이유는 믿음과 행위의 이분법적 경향과 십자가가 없는 값싼 은총이 지적되고 있는 현실을 주목하여야 한다고 본다. 개신교의 경우, 민주주의를 이끄는 자유와 생명이라는 보편적인 개념이 있지만, 사회 속에서 경험적이며 실천적으로 구현되어야 할 도덕적 삶의 근본 원리가 약하며, 행위보다는 하나님의 은총과 회개, 그리고 중생과 순결한 신앙의 양심만이 강조되는 경향이 있다.

기독교의 윤리가 이와 같이 신앙과 연관하여 내심의 자유 영역에 머무른다면, 공공 영역에서의 양심 실현은 모호하게 생략되고 만다. 따라서 개신교 윤리는 종교적 가치가 실현될 수 있는 공공의 장을 확장하며, 신학과 신앙, 이성과 경험, 그리고 인문 사회 과학의 전문적 지식이 함께 공론이 될 수 있는 영역의 확보가 필요하다. 특히 신무신론자들이 공격하는 종교 무용론이나 종교를 악으로 규정하는 비판에 대응하기 위하여 기독교 신학은 현대 과학의 경험주의적 연구들에 대한 개방성과 전문성을 신장하고, 이러한 요소들이 교회 공동체의 구조 안에서도 통합적으로 연구될 수 있도록 노력하여야 할 것이다.

기독교가 현대 무신론의 공격에 맞서서 사회 통합의 공공성에 참여하려면, 종교적 폭력이라는 누명을 벗기 위하여 공공의 권위를 회복하고, 공공의 선이 무엇이지 연구하고 공공의 봉사를 통하여 최선을 다하여야 할 것이다. 이것은 신학과 신앙이 교리나 개인적 가치에 제한되지 않고 공적 규범과 도덕률 안에서 그 대안을 구체적으로 모색하여야 한다는 당위성이 요청되는 것이다.

신무신론자들이 경험 과학적 차원에서 강조하는 유물론적인 해석은 근본적으로 창조론을 비판하고 인간성에 신이 개입할 여지가 없다는 관점이 부각되지만, 이 모든 사안은 결국 인간의 책임을 강조하는 것임을 주목하여야 할 것이다. 필자는 역설적으로 바로 이점 때문에 우리는 하나님을 믿는 것이라고 본다. 마르크스의 종교 비판처럼 유한한 인간이 무한을 소유를 꿈꾸는 것은 '죄'이다. 성경은 유한한 인간이 신과 같이 되고자 반역하였다고 강조한다. 하나님의 말씀이 중심이 되어야 하는 창조 세계가 파괴된 이유는 바로 유한한 인간이 말씀을 어기고 선악과의 열매를 따먹었고, 심지어 생명나무에 손을 대어 영생을 도모하였기(창 3:22) 때문이다. 타락한 인간은 바로 창조 세계의 중심이신 하나님에 대한 도전을 통하여 스스로 신이 되고자 하였다. 이러한 맥락에서 무신론에서 펼치는 유신론에 대한 비판은 기독교로 하여금 종교성에서 윤리성으로, 개인의 영역에서 사회적 책임의 영역으로, 종교적 권력에서 섬김의 권위로, 그리고 무엇보다도 교회가 교회다워질 수 있는 길을 성찰할 수 있도록 도움을 준다는 측면에서 해석하여야 할 것이다.

둘째, 현대 무신론이 주장하는 종교의 책임성과 연관하여 사회 통합의 공동체성이 강조되어야 할 것이다. 특히 공동체에서 도덕적 주체로서의 자아의 개념이 강조되어야 한다고 본다. 이는 외적으로 부여된 고정된 목적이나 목표가 있다고 설정하는 '나는 무엇을 해야 하는가?'라는 물음 이전에, '나는 어떤 이야기의 일부인가?'에 관심을 가져야 한다고 본다. 이러한 이야기를 강조하는 서사 공동체의 특징은 신무신론에서 강조하는 반종교적 경험이 아니라 개인의 경험을 보다 큰 틀의 덕성 공동체의 경험과 연관하여 해석한다는 점에서 매우 중요하다.

이렇게 되면 다수의 선택을 중시하는 공리주의나 개인의 선택을 중시하는 자유주의, 그리고 형식적 의무론의 한계를 넘어서서 공동체의 유산과 전통 속에서 개인의 가치를 재해석하는 장점이 있으며, 개인의 자유나 자율이 공동체의 틀 안에서 고려가 될 수 있다고 본다. '경험하는 개인'을 단지 종교적 체험의 일부로 보는 것이 아닌 통합적인 사회의 일부로 이해함으로써 개인을 파편화된 개체로 보지 않고, 역사를 공유하는 존재로 인정하고 개인의 도덕도 연대라는 맥락에서 공동체적으로 이해할 수 있게 되는 것이다. 이와 같이 개인의 선과 공동체의 선을 함께 중시하는 서사적 공동체는 종교적 경험의 배타성만을 비판하는 신무신론의 한계를 극복하는 대안이 될 수 있다고 본다.

성경에는 "하나님이 없다"라고 말하는 사람들을 '교만하며 어리석고 마음이 부패한 이들'이라고 경고하고 있다(시 10:4, 14:1, 53:1). 이제 이러한 무신론적 발언은 오히려 기독교에 대한 경고로 비쳐지고 있는 실정이다. 세상에 만연한 폭력과 종교적 갈등, 생태 파괴, 인권 유린, 그리고 이념적 대립이 증폭되는 현실에서 기독교의 책임적인 행위가 요구되는 상황이다. 따라서 공공성의 회복과 자아의 책임, 나아가 세상을 진심으로 섬기는 교회의 모습을 통하여 신무신론의 공격을 지혜롭게 대처하는 신학의 역할이 이 시대 더욱더 중요한 것이다.

참고문헌

백승영, 『니체, 차라투스트라는 이렇게 말했다』 철학사상 별책 제2권 제10호 (서울: 서울대학교 철학사상연구소, 2003)

Brockman John, (ed.), *Thinking*, 강주헌 역, 『생각의 해부: 위대한 석학 22인이 말하는 심리, 의사결정, 문제해결, 예측의 신과학』(와이즈베리,

2013).

Dawkins, Richard, *The Great Delusion*, 이찬음 역, 『만들어진 신』 (김영사, 2007)

Dawkins, Richard, *The Selfish Gene*, 홍명남 역, 『이기적 유전자』 (을유문화사, 2010)

Dennett, Daniel, *Breaking the Spell*, 김현영 역,『주문을 깨다: 우리는 어떻게 해서 종교라는 주문에 사로잡혔는가』(동녘사이언스, 2010)

Harris, Sam, *The End of Faith*, 김원옥 역,『종교의 종말: 이성과 종교의 충돌, 이제 그 대안을 말한다』(한언, 2005)

Hitchens, Christopher, *God is not Great*, 김승욱 역,『신은 위대하지 않다』(알마, 2008)

Marx, Karl, *(Das)Kapital : Kritik der politischen Oekonomie*, 주승민 역, 『자본론』(비봉출판사, 2005)

Copernicus, Nicholas, *De revolutionibus orbium coelestium, On the Revolutions of the Heavenly Spheres*, trans. by Edward Rosen (Baltimore: the Johns Hopkins University Press, 1992)

Copernicus, Nicholas, *On the Revolutions of Heavenly Spheres*, trans. by Edward Rosen (Baltimore: the Johns Hopkins University Press, 1992), URL=http://www.geo.utexas.edu/courses/302d/Fall_2011/. pdf, 2015.2.20.

Darwin, Charles, *On the origin of species by means of natural selection, or the preservation of favoured races in the struggle for life* (Los Angeles, CA: Mundus Publishing, 2006)

Freud, Sigmund, "The Future of an Illusion," *The Standard Edition of the Complete Psychological Works of Sigmund Freud*, Vol. 21, London, 1968.

Freud, Sigmund, *Totem and Taboo*, trans. by James Strachey (New York: Routledge, 1913, 1950)

Lennox, James, "Darwinism," *The Stanford Encyclopedia of*

Philosophy (Fall 2010 Edition), Edward N. Zalta (ed.), URL = 〈http://plato.stanford.edu/archives/fall2010/entries/darwinism/〉, 2015.3.1.

Marx, Karl, "Critique of Hegel's Philosophy of Right(1843)," trans. by Joseph O'Malley, URL=https://www.marxists.org/archive/marx/works/download/Marx_Critique_of_Hegels_Philosophy_of_Right.pdf, 2015.3.5.

Nietzsche, Friedrich Wilhelm, *Thus Spoke Zarathustra*, trans. by Walter Arnold Kaufmann (New York: Penguin Books, 1978)

Rabin, Sheila, "Nicolaus Copernicus," *The Stanford Encyclopedia of Philosophy* (Fall 2010 Edition), Edward N. Zalta (ed.). URL=http://plato.stanford.edu/archives/fall2010/entries/copernicus/, 2015.2.26.

Taylor, James E., "The New Atheists," *Internet Encyclopedia of Philosophy*, URL = http://www.iep.utm.edu/n-atheis/, 2015.3.15.

Wolff, Jonathan, "Karl Marx," *The Stanford Encyclopedia of Philosophy* (Summer 2011 Edition), Edward N. Zalta (ed.), URL = 〈http://plato.stanford.edu/archives/sum2011/entries/marx/〉, 2015.3.12.

법과 종교를 위한 공동체 윤리: 종교/폭력과 기독교 평화주의 연구[157]

I. 서론

2015년 1월 초 이슬람 원리주의자들이 프랑스 풍자 주간지 '샤를리 에브도(Charlie Hebdo)'에 습격하여 많은 이들이 생명을 잃었다. 그리고 이슬람 국가(IS, Islamic State)에 의하여 억류되어 있었던 일본인 인질 두 명이 최근 참수됨으로써 전 세계를 테러의 공포로 몰아넣고 있으며 참수 장면이 인터넷상에 유포되어 그 충격을 더하고 있다. 테러리스트들이 인질을 살해할 때마다 쿠란(Qur'an)을 인용함으로써 세계에서 벌어지는 잔인하고 폭력적인 테러의 원인이 종교에 있다고 보는 시각과 비판이 점점 거세지고 있다.

---

[157] 이 논문은 2012년도 정부(교육과학 기술부)의 재원으로 한국연구재단의 지원을 받아 수행된 연구(NRF-2012S1A5A2A01018962)이다. 본 글의 원래 출처는 다음과 같다. "법과 종교를 위한 공동체 윤리: 종교/폭력과 기독교 평화주의 연구," 기독교 사회 윤리 32집(2015.8), 247-275. 필자는 기독교 사회 윤리부터 허락을 받고 이 논문과 다른 학술논문들을 묶어서 단행본의 교과서를 출간한 바 있다. 유경동,『현대 기독교 윤리의 쟁점과 과제』(킹덤북스, 2016.9 초판, 2018.9 개정 2쇄), 131-158. 이 책들과 이번 개정 증보판을 통하여 필자의 선행 연구를 좀 더 자세히 소개하였으며, 영어 번역본 인용 및 재인용의 경우 출처를 좀 더 자세하게 설명하고, 오타를 바로 잡고, 그리고 일부 자구는 수정하였음을 밝힌다.

이와 같은 상황에서 종교와 폭력 간의 문제에 관하여는 다양한 입장이 공존한다. 종교적 맹신이 폭력을 유발하는 비윤리적 규범의 문제를 지적하면서, '종교 무용론'을 주장하는 이들도 있다.[158] 또한 IS와 같은 과격한 무장 단체의 폭력성은 이슬람교의 종교적 입장과는 근본적으로 무관하다는 '종교/폭력 무관설' 견해도 존재한다.[159] 한편, 서구 사회에서는 자유 국가가 형성되면서 종교와 정치의 분리를 강조하지만, 중동에서는 여전히 신정 통치를 표방하기 때문에, 종교-정치간 바람직한 관계에 대하여서는 아직도 그 모델이 없는 '종교/폭력 무규범'적 상황을 강조하는 입장도 있다.[160]

한편, 유대-기독교와 이슬람교와 같은 유일신 종교와 폭력 사이의 관계를 '종교/폭력 주관주의적 관점'에서 살펴보아야 한다는 입장도 있다.[161] 특정한 종교 공동체 내의 기본적인 태도나 상황이 전체 종교를 대표할 수 없으며, 단지 각 종교 공동체의 상황으로부터 형성되는 행동 양식이라는 점에서 종교의 폭력성은 객관적이 아니라 주관적인 것이라고

---

158 샘 해리스(Sam Harris), 리차드 도킨스(Richard Dawkins), 대니얼 데닛(Daniel Dennett), 크리스토퍼 히친스(Christopher Hitchens) 등을 신무신론자(New Atheists)로 분류할 수 있다. 이들은 종교와 종교적 신념에 대해 비판적이다. 특히 종교로부터 자행되는 다양한 무도덕적, 비도덕적 행태에 대해 비판적이다. 신무신론은 형이상학적 요소, 인식론적 요소, 윤리적 요소 등 세 요소들로 구성된다고 설명되는데, 형이상학적으로 신무신론은 어떠한 초자연적인 실체를 거부하는 관점이며, 인식론적으로 종교적 신앙은 비합리적이라고 비판한다. 그리고 윤리적 요소에 대하여 신무신론은 굳이 종교나 신적 존재를 참고하지 않고서라도, 객관적이며 보편적인 도덕적 기준이 존재한다고 본다. 이들은 니체나 사르트르와 같은 역사적 무신론자들과 달리, 종교 자체는 결국 여러 면에서 나쁜 것으로 이해한다. 이 내용은 다음의 관점을 번역하여 핵심을 요약하였다. James E. Taylor, "The New Atheists," URL = http://www.iep.utm.edu/n-atheis/.

159 필자는 종교와 폭력간의 복합적인 상관관계를 설명하기 위하여 이하 '종교/폭력'으로 특정하여 사용한다. '종교/폭력'에 관한 다양한 관점은 필자의 관점에서 유형화한 것임을 밝힌다.

160 Karen Armstrong, "The Myth of religious violence," the Guardian (Sep.25, 2014), URL = http://www.theguardian.com/world/2014/sep/25/-sp-karen-armstrong-religious-violence-myth-secular.

161 (참고) Robert K. Merton, The Thomas Theorem and Matthew Effect, Social Forces, December 1995, 74(2), 409. 토마스 정리의 기본 명제는 다음과 같다: "만약 인간이 어떤 상황을 실제로 정의한다면, 그 상황은 그 결과에 있어서 실제가 된다."

보아야 하며, 예를 들어, 유일신 종교의 기본 전제가 배타적 진리를 추구함에 있다 하더라도 종교 자체가 필연적으로 폭력성을 일으키지는 않는다고 보는 관점도 고려하여야 한다. 과격한 이슬람주의나 유대의 시오니즘, 기독교 근본주의 등은 각 집단의 특정한 상황에 대한 정의에 근거하기 때문에, 종교 폭력이 단순히 개인적인 행동 동기로부터 유발되는 것이 아니라, 종교 집단이 폭력의 행위를 유발하는 원인을 이해하기 위하여 그 종교적 행동 배경을 살펴보아야 한다는 관점도 고려하여야 한다.[162]

한편 다소 급진적인 관점에서는 종교 교리 자체가 집단 간 갈등을 촉발하는 것은 아니라고 보며, 대신 사회적 격변과 새로운 형태의 구조적 억압, 즉 경제-정치적 불평등 구조, 또는 박해와 같은 것들이 집단 갈등으로 연결된다는 '종교/폭력 정치설' 입장이 있는데, 이때 종교는 일반적으로 평화적 공존을 추구하며, 폭력에 대한 종교적 개입에 대하여 비판하기 위해서는 먼저 모든 형태의 폭력이나 갈등이 전적으로 기층 사회의 정치 경제적 상황과 연관하여 발생한다는 관점이다.[163]

필자가 이 글에서 중시하는 관점은 '종교/폭력 세계화'와 기독교의 평화주의에 대한 연관이다. 현대의 종교/폭력은 서구와 비서구의 대립과 저항으로 보는 관점이 지배적이다. 평등과 같은 유대/기독교의 종교성과 민주주의 이념, 그리고 자본주의의 세계화가 섞여 있는 혼성적 가치관에 대한 저항으로 종교/폭력이 발생한다는 관점이다. 특히 세계화의

---

[162] Hans G. Kippenberg, *Searching for the Link between Religion and Violence by means of the Thomas-Theorem*, Method and Theory in Study of Religion, 22, 2010, 97-115. 이 문단의 종교의 특성을 고려하여야 한다는 관점에 대한 설명이다.

[163] 참고) Karen Armstrong, *Field of Blood: Religion and History of Violence* (New York: Alfred A. Knopf, 2014). 이 책에 대한 소개는 앞에 있다.

이면에 있는 급속한 산업화로 말미암은 중동의 에너지 자원을 둘러싼 서구/비서구의 갈등과 에너지 전쟁, 그리고 서구의 개인주의적 가치관이 지배적인 문화적 영향에 의하여 가족주의가 붕괴되고, 전통 부계사회의 위기에 대한 반발에 종교/폭력의 요소가 개입된다는 의혹도 받고 있다. 따라서 중동을 비롯한 비서구 국가에는 서구의 가치관 유입에 의한 자민족을 지키기 위하여 민족주의와 이슬람 종교의 연합이 불가피하다고 보는 관점 또한 매우 설득력이 있다고 본다.

필자는 이와 같은 종교와 폭력의 상관관계에 있어서 다양한 관점들이 공존하지만, 이 글에서는 (1) 현대의 종교/폭력의 세계화 문제를 살펴보고, (2) 서구 기독교 전통의 비폭력 무저항주의에 나타나는 '폭력에 대한 개념'과 '평화주의 원리'를 검토하며, 그리고 (3) 현대의 종교/폭력에 대한 기독교 윤리학적 평화주의 대안을 제시하고자 한다. 역사 속에서 기독교는 다양한 정치 경제적 상황에서 폭력에 직간접적으로 연루되었었다. 그럴 때마다 비폭력 무저항주의 입장도 있었고 정당 전쟁론에서 폭력을 허용하는 관점과 비슷한 유형에서 폭력을 허용하는 현실주의적 관점도 있었다. 필자는 이 글에서 비폭력 무저항주의의 관점에서 현대에 부상하는 종교/폭력의 문제를 고찰하고 따라서 이를 극복할 수 있는 종교/평화의 공공성에 대한 대안을 제시하도록 하겠다. 참고로 국제 사회에서는 종교와 성 불평등과 연관된 종교/폭력의 관심도 매우 높다. 특히 남성 중심적 국가 종교와 폭력을 방치하는 종교와 정치적 정당 간의 연관 관계에 대한 고찰이 필요하며, 그리고 다층적 사회 수준에서의 성 불평등에 의하여 야기되는 폭력의 문제도 간과할 수 없다고 본다.[164] 다만 이 글에서 이 논의는 제외하고 세계화의 정치 경제적 요인에 국한함을 미리 밝힌다.

그동안 기독교 기독교 평화주의에 나타나는 비폭력 무저항주의와 현실주의적 관점은 기독교 윤리학적 관점에서 연구가 있었지만 각각의 관점이 현대의 종교/폭력의 문제에 대하여 어떤 대안이 될 수 있는지에 대한 연구는 아직 없는 실정이다. 이 연구를 통하여 국제 사회에서 종교의 역할에 대한 물음과 함께 공공 영역에서의 바람직한 기독교 평화주의 전략을 살펴봄으로써 이 글이 기여할 수 있는 부분이 있으리라고 기대한다.

II. 현대의 종교/폭력의 세계화 문제

종교 폭력은 전 세계 역사에 만연한 현상임에도 불구하고 일반적으로 서구 사회에서는 관심이 적었다. 그러나 2001년 9·11 테러 이후, 서구 사회는 종교 폭력으로부터 안전한 곳이 없음을 깨닫게 되고, 종교와 폭력의 연관성에 대한 연구가 활발하게 진행되기 시작했다. 한편 한국 사회에서는 현재 다양한 종교가 비교적 평화롭게 공존하지만, 최근 늘어나는 이슬람교도의 증가로 향후 한국의 종교 지도에 어떤 변화가 일어날지 기독교계 내에서는 긴장하는 입장이다.

현상적으로 보면 종교/폭력은 종교를 가진 모든 사람들이 모두 잠재

---

164 UNRISD(United Nations Research Institute for Social Development), "Religion, Politics and Gender Equality (2007-2009)," URL = http://www.unrisd.org/research/gd/religionandgender.

적 폭력자가 될 가능성을 보여준다. 종교/폭력은 각 종교 전통과 정치, 사회, 경제적 영역에 있어서 외부적 요인의 상호 관계로부터 형성되는 것으로 본다. 일반적으로 종교는 단순히 평화를 추구한다고 일반화하기 어려운데, 그것은 종교 경전이나 전통, 역사 등을 통해 보면, 종교는 평화와 폭력에 대해 상당히 애매한 태도를 보이기 때문이다. 각 종교마다 자체의 역사와 역동성을 가지며, 폭력이나 평화에 대한 각 종교의 태도는 종교마다의 독특한 방식을 통해 이루어진다. 따라서 각 종교에 나타나는 폭력에 대한 종교 윤리의 애매모호성을 먼저 이해함으로써 각 종교가 평화적 대안을 선택하는 데에 도움을 줄 수 있다.[165]

현대 국제 사회에서 문제가 되고 있는 종교/폭력에는 '시오니즘(Zionism)'과 '지하디즘(Jihadism)'이 연관되어 있다고 보는 입장이 크다. 일반적으로 시오니즘(Zionism)이라는 단어는 1890년 네이선 번바움(Nathan Birnbaum)에 의해 처음 만들어진 것으로 알려져 있으며, 그 목적은 유대인들이 전통적으로 약속의 땅이라고 믿는 팔레스타인 지역에 유대인의 주권 국가를 재건하는 것으로 설명된다. 시오니즘은 1948년 이스라엘이 독립한 이후 이스라엘의 안보와 발전을 포함하는 개념으로 확장되었으며, 시오니즘의 목적을 실현하는 방법론에 따라 우파 시오니즘, 좌파 시오니즘, 종교적 시오니즘, 세속적 시오니즘 등이 있으며, 일반적으로 볼 때, 종교적인 목적뿐만 아니라 정치 사회적 특성을 가진다고 설명된다.[166]

---

165 Robert Eisen, *The Peace and Violence of Judaism: From the Bible to Modern Zionism* (New York: Oxford University Press, 2011), 3-4.

166 URL = http://www.jewishvirtuallibrary.org/jsource/Zionism/zionism.html. 이 단락의 '시오니즘'에 대한 일반적인 해석은 같은 사이트의 내용을 요약하여 옮겼음을 밝힌다

지하디즘(Jihadism)은 노력이나 투쟁을 의미하는 아랍어 지하드(jihad)에 유래하며, 보다 이상적인 이슬람 사회를 구축하기 위한 투쟁적인 특성을 띠고, 극단적인 경우, 비이슬람교도에 대한 전쟁의 의미로 사용된다고 설명된다. 지하디스트(jihadist)라는 용어는 1990년대부터 서구 학제에 사용되기 시작했다고 알려져 있으며, 2001년 9·11 테러 이후 더 빈번하게 사용되고 있는 추세라고 설명된다. 일반적으로 지하디스트는 폭력적인 수니파 이슬람 집단을 지칭하는 용어로 사용되고 있으며, 이슬람법인 샤리아(Shari'ah)에 근거한 정부를 세우기 위해 폭력적 수단이 필요하다고 보는 세력을 지칭한다고 설명된다.[167]

결국 시오니즘이나 지하디즘이 과격한 양상을 보이는 이유는 민족의 생존에 필요한 자원인 거주지, 에너지, 그리고 안보와 같은 문제와 직결된다. 물론 종교는 영적 목적을 가지고 있기 때문에 테러리즘이나 전쟁과는 배치되지만 미국을 비롯한 서방 세계에서 이슬람 교도들에 의한 폭력이 증가되는 이유 이면에는 문화의 정치 경제적 이데올로기가 깊은 작용을 하고 있다고 본다. 아울러 신의 이름으로 자행되는 현대의 종교/폭력이 전지구적으로 확산되는 현실은 종교가 폭력적 행위를 자행하는 사람들과 단체에 조직적 구조와 동기를 제공한다는 의심이 증폭되기에 바람직한 정치 윤리적인 규범이 절실하다.

필자의 주된 관심은 현대의 종교/폭력은 위의 주관주의적 관점들과 더불어 세계 정치적 관점들이 섞여있다는 입장인데, 특히 '종교/폭력의 세계화' 문제와 깊게 연관이 되어 있다고 본다. 후쿠야마(Francis

---

[167] URL = http://www.bbc.com/news/world-middle-east-30411519. 이 단락의 '지하디즘'에 대한 일반적인 해석은 같은 사이트의 내용을 요약하여 옮겼음을 밝힌다.

Fukuyama)는 9·11 테러와 같은 사태가 일어난 이유는 자본주의의 종착점, 즉 일종의 '인류 역사의 종말'과 연관이 되어 있다고 강조하였다.[168] 그에 따르면, '역사의 종말'이란 인류의 멸망이 아니라 현대 자유민주주의와 시장 중심 자본주의를 그 근간으로 하는 역사가 최종 단계에 이르렀다는 것이며, 테러는 서구 사회의 세 가지 가치, 즉 민주주의와 유대·기독교, 그리고 자본주의에 대한 저항이라고 보았다.

후쿠야마에 따르면, 민주주의는 자유와 평등이라는 이념에 근거하지만, 그 형식적인 내용은 기독교 교리에서 종교성을 분리한 것이며, 이러한 서구적 가치는 자본주의의 세계화와 연합하여 브레이크 없이 달리는 열차와 같다고 보았다. 따라서 국제 사회에서 발생하였던 9·11과 같은 테러는 자본주의에 대한 필사적인 저항이라고 본 것이다. 후쿠야마의 설명에 따르면, 자본주의의 발달 과정에서 경제와 정치적 통합은 결국 문화적 통합으로 치닫기 때문에 이에 대한 반발로 폭력을 동반한 종교적 민족주의가 부상하게 되었다고 분석한다. 특히 1960년대 이후, 미국을 중심으로 산업화와 정보화 시대를 주도하는 서구의 선진 국가들에게서는 전통적인 질서의 붕괴와 범죄율이 치솟았고, 급속한 가족 제도의 파괴로 말미암은 문화의 붕괴 이면에 성혁명과 여성의 권리가 신장되었는데, 이 또한 비서구적 국가들의 전통적인 가족 제도를 위협하기 때문에 배타적 민족주의가 등장하였다고 그는 보고 있다.[169]

---

168 참고) Francis Fukuyama, *The End of History and the Last Man* (New York: Free Press, 1992). 참고로 필자는 선행 연구를 통하여 후쿠야마의 이론을 소개한 바 있다. 그에 대한 소개는 패러프레이즈 하였으며 인용한 내용의 재인용 부호는 생략하였음을 밝힌다. 자세한 내용은 다음을 참고하시오. 유경동, 『한국 사회와 기독교 정치 윤리』 (한국기독교연구소), 35-37. 참고로 같은 내용은 필자의 『한국 기독교 사회 윤리의 쟁점과 과제』 (감리교신학대학교 출판부, 2006), 125-128; 『평화와 미래』 (이부키, 2010)에도 소개되어 있다. 162-164.

169 참고) Francis Fukuyama, *The Great Disruption: Human Nature and the Reconstitution of Social*

필자는 이와 같은 해석에 근거하여 결국 서구 민주주의와 유대·기독교적 가치관, 그리고 미국을 중심으로 한 세계화의 대격변이 이에 저항하는 배타적인 민족주의와 이슬람주의와의 연합과 깊은 연관이 있다고 본다. 따라서 현대 종교/폭력의 문제는 최소한 다음과 같은 관점에서 접근되어야 한다고 본다. 첫째, 무엇보다도 현대 국제 사회에서 벌어지고 있는 종교/폭력에 종교와 민족주의적 관점이 객관적으로 얼마나 연관이 있는지 살펴보아야 할 것이다. 둘째, 현대 세계화를 주도하는 선진국형 자본주의와 이에 대한 비서방 국가의 경제 체제에 대한 분석이 이루어져야 한다. 셋째, 비서방 국가의 특정 종교적 가치 개념과 종교/폭력이 나타나는 정치 경제적 요소들과 연관하여 폭력에 참여하는 사람들의 종교적 인성과 폭력에 대한 합리성이 무엇이지 살펴보아야 한다. 넷째, 폭력을 정당화하는 폭력의 상징성과 폭력에 대한 종교적 보상 관계를 분석하여 보아야 한다. 그리고 다섯째, 기대한 종교/폭력의 결과가 실패로 끝났을 경우, 그 이후 종교/폭력이 다시 재생산되는 원리가 무엇인지도 제시되어야 할 것이다.

결국 위의 분석은 적어도 기독교 평화주의의 관점에서 현대의 종교/폭력에 대하여 다음과 같은 대안적 논리가 제시되어야 한다. 그것은 비서구적 종교와 민족주의에 대한 입장, 에너지 전쟁과 같은 현대의 정치·경제적 갈등과 세계화와 같은 자본주의에 대한 이론적 대안, 종교/폭력의 상징성과 정당성을 극복하는 대안적 상징 세계에 관한 것이다. 이제 이러한 내용들이 비폭력 무저항주의와 같은 기독교 평화주의에서 어떻

Order (New York: Free Press, 1999). 후쿠야마는 아시아의 일본과 한국의 경우 경제적인 성장에도 불구하고 서구와 같은 대 붕괴가 없는 이유는 역설적으로 아시아적인 유교적 가치관에 있다고 보았는데, 남성 중심적인 가부장적 결혼 생활과 여성의 제한적인 노동의 기회가 그 예가 된다고 지적하고 있다.

게 나타나는지 살펴보자.

III. 비폭력 무저항주의에서의 폭력과 평화

기독교 평화주의 전통에는 크게 '현실주의'와 '비폭력 무저항주의'의 관점이 있다.[170] 기독교 역사 속에서 비폭력 무저항주의는 현실주의의 정당전쟁론을 능가하는 관점으로 필자는 이해한다. 기독교 현실주의에서는 어거스틴(Augustine)과 아퀴나스(Thomas Aquinas), 그리고 마틴 루터(Martin Luther)를 거치면서, 죄에 의한 인간의 도덕성에 근본적 한계를 직시하여 국가의 힘을 올바로 사용하는 것을 전제로 평화를 지키기 위한 평화 전쟁으로서의 정당 전쟁론이 그 전통을 이어오고 있다.[171] 그

---

170 논자에 따라서는 기독교 평화운동 전통을 '정당 전쟁론', '정의로운 평화운동(비폭력 저항 또는 핵 평화주의)', 그리고 '절대적 평화주의(비폭력 무저항주의)'로 보는 관점이 있다. 필자는 이 글에서 '정의로운 평화운동'과 '절대적 평화주의'를 하나로 묶어서 평화주의 관점에서 해석하고 있음을 밝힌다.

171 어거스틴은 전쟁의 궁극적인 목적은 평화를 위한 것이지만 지상의 평화는 늘 깨어질 수 있기 때문에 천상의 평화를 더 강조하였다. 따라서 지상의 무질서가 해결된다고 하더라도 이것은 상대적인 정의에 불과하다. 그는 진정한 평화란 하늘의 평화가 전제되어야 하며 개인의 신앙을 통하여 시작되는 것으로 이해하였다. 다만 전쟁이 불가피한 경우 합법적인 지도자에 의한 수행, 국가에 꼭 전쟁이 필요한 원칙과 군인의 평화관, 그리고 전쟁 후의 포로에 대한 배려 등이 필요하다고 그는 강조한다. Augustine of Hippo, "Against Faustus the Manichaean XXII," *Augustine: Political Writings* (Micahael W. Tkacz and Douglas Kries, trans, Ernest L. Fortin and Douglas Kries, eds., 1994), 73-79, 221-222. 아퀴나스는 국가가 올바른 기능을 수행한다면 교회와 공존할 수 있다고 보았다. 국가는 지상적 과제를 그리고 교회는 영혼을 돌보는 초현세적인 목적을 가진다. 그는 전쟁이 필요한 경우 전쟁을 수행하는 주체의 정당한 권위와 전쟁 발발의 정당한 사유, 그리고 전쟁을 통한 선의 증진을 중요하게 보았다. Thomas Aquinas, "First Part, Question. 66 - ON THE ORDER OF CREATION TOWARDS DISTINCTION (FOUR ARTICLES)," *Summa Theologica*, Christian Classics Ethereal Library, http://www.ccel.org/ccel/aquinas/summa.FP.html. 한편, 루터는 '농민 전쟁'을 통하여 하나님의 법과 세속 정부의 법 사이의 조화를 고민하였다. 인간의 죄악을 정의로 다스리기 위한 세속정부의 필요성과 교회를 통한 영적인 왕국의 건설은 하나님에 대한 순종과 왕에 대한 순종 사이의 현실적인 조건들을 고려하게 한다. Martin Luther, *Luther's Works* (Philadelphia: Fortress Press, 1971), 50, 172-173. 참고로 필자는 선행 연구를 통하여 위의 어거스틴과 아퀴나스, 마틴 루터의 정치 사상에 대하여 연구한 바 있다. 자세한 내용은 다음의 내용을 참고하시오. 유경동, 『평화와 미래』 (이부키, 2010), 173-195. 참고) 유경동, 『기독교와 세계』 (에듀컨텐츠, 2009), 77-86. 보충 설명으로 칼빈의 정치 사상에 대하여는 필자의 『한국 기독교 사회 윤리의 쟁점과 과제』 (감리교신학대학교 출판부, 2006),

러나 현대에서 기독교 문명국인 미국이 9·11 테러 이후 자국을 공격할 가능성이 있는 적의 무기를 사전에 제거하는 '의지의 전쟁(war of will)'으로 군사 전략을 전환함으로써 전통적인 방어전이 먼저 타격하는 공격형으로 바뀌게 되었다. 따라서 기독교 현실주의에서 용인하는 평화를 수호하기 위하여, 방어전에 불가피한 최소한의 폭력 사용이 현대의 선제공격형 전쟁에서는 적극적인 폭력으로 바뀜으로써 그 비판이 더하여지고 있다.

이제 살펴보겠지만, 비폭력 무저항주의는 폭력을 자신의 몸으로 수용하여 폭력을 중지하는 개인적 관점으로부터 이를 초국가적 차원까지 연결하는 공동체적 관점이 있다. 폭력의 이면에 폭력을 유발하는 정신적 세계관을 겨냥하여 폭력을 휘두르는 인간이나 집단을 미워하지 않고 하나님의 구원을 선포한다. 예수 그리스도의 십자가 처형과 같이 순교자의 피는 부활을 통하여 보상되고, '하나님의 나라'에서 새 몸을 입기 때문에 현실적인 폭력은 장차 임할 거룩한 평화에 굴복하게 된다.

비폭력 무저항주의 원리는 신약 성경과 수도원주의, 그리고 재세례파에서도 그 내용이 있지만, 근대 국가의 권력에 대항한 퀘이커(Quaker) 교도와 메노나이트(Mennonite) 전통에서 그 관점이 구체적으로 자리잡기 시작하였으며, 현대의 하워드 요더(Howard Yoder)와 스탠리 하우어워즈(Stanley Hauerwas)의 사상에 잘 나타나 있다. 비폭력 무저항의 원리는 폭력에 무방비로 노출되어 저항할 수 없는 허약한 정신 상태를 말하는 것이 아니다. 비폭력 무저항주의는 일반적으로 평화적인 수단으로 악에 대해 저항하며, 평화를 가장한 합법화된 폭력을 간파하고 저

118-120을 참고하시오.

항한다. 비폭력 무저항주의는 '비폭력'과 '무저항'의 합성어로서 비폭력이 폭력을 반대하는 입장이라면, 무저항은 비폭력 저항조차 처음부터 차단시키려는 의도를 가진다.[172]

퀘이커 교도에게 '무기 소유'는 폭력이다. 따라서 외형적인 무기를 가지고 하는 그 어떤 전쟁이나 분쟁, 싸움을 폭력으로 규정하고 이를 거부하였다. 예수 그리스도는 절대적으로 평화이시며 폭력이나 전쟁과 같은 것은 악이기 때문에 현실 속에서 그리스도의 영은 당신의 자녀들을 절대 무기를 들어 세상의 왕국을 위하여 싸움이나 전쟁으로 인도하시지 않는다.[173] 퀘이커 교도들은 그 어떤 형태의 전쟁이나 폭력은 모두 하나님의 뜻에 반한다고 믿었기 때문에, 이 전통에서 양심적 병역 거부자들이 많이 나왔다.

그러나 퀘이커의 평화주의는 분쟁의 원인을 제거함으로써 적극적으로 평화를 실현하고 수호하는 관점에서 '무저항주의'에 가깝다. 예를 들어, 전쟁을 반대하는 정도에 그치는 것이 아니라, 모든 형태의 폭력을 근본적으로 거부하는 것이다. 폭력적인 공격자들을 진정시키기 이전에 모든 형태의 비폭력적 저항이 훨씬 효과적으로 이해한다. 왜냐하면 공격자들을 진정시키려는 노력은 자칫 다른 사람들의 고통을 기정사실화함으로써 부정의에 굴복하는 여지가 생기기 때문이다.[174] 따라서 개인적

---

172 William Robert Miller, *Nonviolence* (New York: Schocken,1972), 28.

173 퀘이커 평화 선언 (The Quaker Peace Testimony), "A Declaration from the Harmless and Innocent People of God, Called Quakers, Against All Sedition, Plotters, and Fighters in the World: For Removing the Ground of Jealousy and Suspicion from Magistrates and People Concerning Wars and Fightings," North Pacific Yearly Meeting Faith and Practice 35 (1993). Diana Lee Hirschi, *The Quaker Peace Testimony, Dialogue*, 37 no 2 Sum 2004, 132에서 재인용.

174 URL = http://www.bbc.co.uk/religion/religions/christianity/subdivisions/quakers_1.shtml#h6 에서 재인용. "Kathleen Lonsdale, 1953"으로 소개되어 있다.

인 차원에서도 폭력을 사용하는 것 자체를 거부함으로써 자신이 폭력의 희생물이 되었을 때에도 공격자들에게 폭력으로 대항하지 않고, 폭력자의 폭력이 그쳤을 때 공격자들에 대한 친절한 행위와 말로 악을 극복한다.

재세례파 전통의 메노나이트 평화주의에서도 '무기 소유'는 폭력이며 '무기 없는 삶'을 강조한다. 16세기 이후부터 성경적, 신학적, 윤리적, 그리고 실제적 측면에서 메노나이트 기독교인들의 평화를 정체성으로 확립하였다. 초기 메노나이트 운동에서 비폭력 평화주의 원리는 교리적 차원에서 이루어지지 아니하였다. 왜냐하면 초기 메노나이트 문헌 어디에서도 교리적 차원에서의 사회적 평화나 비폭력에 대한 언급이 없기 때문이었다. 메노나이트 평화 윤리는 '무기 없는 삶'을 이루기 위한 덕의 원리를 평화주의에 적용하였다. 평화는 성령의 열매와 같은 영적인 차원으로 이해되었고, 그리스도의 평화가 기독교인의 영적 삶과 연합이 된 개념으로 보았다.[175]

이와 같은 메노나이트의 평화주의 입장은 인간 본성에 대해 자유주의적이며 낙관주의적 인식을 부정하며, 평화는 살아있는 하나님이 인간의 편에 서실 때 이루어지기 때문에, 오로지 하나님의 은총과 예수 그리스도에 대한 믿음, 회개와 성령의 거듭남, 그리스도와 같은 새로운 삶을 통하여서만 평화는 가능하다. 다만 평화를 이루기 위한 인간의 의지가 있어야 하고, 평화에 대한 노력이 따라야 하며, 그리스도 안에서 다시 태어난 믿음의 확증을 통하여 평화는 하나님과 그리스도인 사이의

---

175 C. Arnold Snyder, *Anabaptist Origins of Mennonite Commitment to Peace*, Vision, Winnipeg, Man, 14 no 2 Fall 2013, 17-18.

언약의 증표가 된다. 이때 교회는 그리스도의 몸으로서 평화는 상징적 의미를 넘어 실제적이다(substantive). 무기 없는 삶이 그리스도의 영적인 실재를 바탕으로 한 책임이 된다.[176]

알베르트 슈바이처(Albert Schweitzer)에게 있어서 폭력은 불가피하지만, 철저한 개인의 영적 혁명에 의한 비폭력으로 폭력을 막을 수 있다고 보았다.[177] 평화의 실현은 국가적 차원의 조직체의 결성 이전에 개인들의 평화 정신에 의한 '형제애'가 먼저 선행될 때 이루어질 수 있다고 보았다. 근대적 세계에서는 각국 간의 분쟁을 해결하기 위한 초국가적 권위체의 필요성이 대두되었지만, 슈바이처는 칸트의 의무론에 근거한 '평화'에 주목하였다.[178] 그는 예언서의 아모스 선지자에게 나타난 '하나님의 나라'와 같은 신앙적인 소망이 국민의 주권의식으로 발전되어 자발적인 정치 참여로 이루어져야 한다고 본 것이다.[179]

흑인 인권 운동가 마틴 루터 킹 2세(Martin Luther King Jr.)에게 폭력은 '육체와 정신을 포함하는 악마적 실체'이다.[180] 그는 평화를 성취하기

---

176 위의 글, 19.

177 참고로 필자는 슈바이처의 평화 사상에 대하여 선행 연구를 한 바 있다. 본 글에서 슈바이처를 인용하는 경우 별도의 재인용 부호는 생략하고 일부는 패러프레이즈 하였음을 밝힌다. 더 자세한 내용은 다음을 참고하시오. 유경동, 『평화와 미래』(이부키, 2010), 200-201. 참고, 유경동, 『기독교와 세계』(에듀 컨텐츠, 2009), 135-136.

178 슈바이처는 에라스무스(Erasmus)와 설리(Sully), 그리고 생피에르(the Abbé Castel de Saint-Pierre)와 같은 이들의 평화 사상이 국가에 의존한 한계가 있음을 지목하면서, 칸트의 에세이 "영원한 평화(Perpetual Peace)"에서 강조된 국민들의 통치와 주권을 통한 평화에 관심을 가졌다. Albert Schweitzer, "Nobel Lecture" 참조, All Nobel Peace Prize Laureates. The Official Web Site of the Nobel Foundation Copyright © Nobel Web AB 2008, Nobel Prize. Org. URL = http://nobelprize.org/nobel_prizes/peace/laureates.

179 Albert Schweitzer, "Nobel Lecture," URL = http://nobelprize.org/nobel_prizes/peace/laureates.

180 참고로 필자는 마틴 루터 킹의 평화 사상에 대하여 선행 연구를 한 바 있다. 본 글에서 마틴 루터 킹을 인용하는 경우 별도의 재인용 부호는 생략하고 일부는 패러프레이즈 하였음을 밝힌다. 더 자세한 내용은 다음을 참고하시오. 유경동, 『평화와 미래』(이부키, 2010), 201-203. 참고, 유경동, 『기독교와 세계』(에듀 컨텐츠, 2009), 136-137. 유경동, 『남북한 통일과 기독교의 평화』(나눔사, 2012), 197-198.

위하여 헤겔의 변증법처럼, '정'(thesis)이나 '반'(antithesis)의 양 극단이 아닌 사랑에 근거한 비폭력 저항의 '합'(synthesis)에서 그 원리를 찾았다. 마틴 루터 킹은 기독교의 '사랑'이 개인적인 수준이 아닌 사회적 변혁의 요소로 다음과 같은 특성을 가지고 평화를 위하여 공헌할 수 있다고 본 것이다.[181] 그에게 있어서 비폭력 운동은 (1) 비겁한 자들의 수법이 아닌 능동적인 저항이며, (2) 비폭력은 적을 파멸로 몰거나 굴욕감을 느끼게 하는 것이 아니라, 오히려 우정과 이해를 얻으려는 투쟁이고, (3) 악을 범한 대상을 향한 것이 아닌 악의 세력 자체에 대한 것이며, (4) 보복 없이 고통을 받아들이고 반격 없이 적의 타격을 받아들이는 기꺼움이며, (5) 육체적 폭력을 포함한 정신적 폭력도 평화로 저항하며, 그리고 (6) 이 세상이 하나님의 정의의 편에 서 있다는 신념 위에 근거한다. 따라서 루터 킹의 평화주의는 현상적 폭력 이면에 있는 악마적 영적 실체에 대항하는 영적 전쟁과 같은 것이라고 할 수 있다.

존 하워드 요더(John Howard Yoder)에게 폭력은 때로 불가피하게 보이지만, 폭력은 철저하게 '하나님의 권세 안에 굴복'한다.[182] 요더에 따르면, 폭력은 하나님의 개입과 전적인 아가페적 순종으로만 중지할 수 있으며, 전쟁을 거부하는 기독교인이 성경의 관점에 서 있을 때 가능하다.

---

181 Martin Luther King, 홍동근 역, 『自由의 鬪爭』 (대한기독교서회, 1967), 112-118. 이하 비폭력에 대한 루터의 여섯 가지 관점을 설명한다.

182 요더는 구약 성경에 나타나는 폭력에 대한 신정론적 관점을 가지고 있다. 예를 들어, 역대하의 모압과 암몬 자손, 그리고 세일산 사람으로 구성된 연합군이 여호사밧과 이스라엘을 침공할 때, 이스라엘은 찬송으로써 연합군을 전멸시킨다. 요더는 피의 전쟁에서도 폭력이 불가피한 것은 아니라고 해석하면서 성경의 서사가 밝히는 하나님의 행동을 전적으로 믿어야 한다고 주장한다. 참고로 이 문단의 내용에 관하여 필자의 선행 연구를 참고하였다. 본 글에서는 별도의 재인용 부호는 생략하고 일부는 패러프레이즈 하여 옮겼음을 밝힌다. 유경동, 『한국 기독교 사회 윤리의 쟁점과 과제』 (감리교신학대학교 출판부, 2006), 157-162. 한편 필자는 최근 요더의 기독교 윤리 사상을 소개한 바 있는데 참고하면 요더의 신학적 배경을 기초적으로 이해하는데 도움이 되리라고 본다. 유경동, 『기독교 윤리사상사 개론』 (개정판, 킹덤북스, 2016), 369-394.

폭력의 행사에는 이면에 폭력을 유발하는 원인이 존재할 수 있지만, 폭력 자체를 정당화해주는 것은 아니다. 요더는 오히려 예수 그리스도의 신학과 정치학이 비폭력의 당위성을 지지한다고 보며, 기독교인은 반드시 비폭력적이어야 함을 강조한다. 요더는 평화를 이룩하는 것은 어려운 일이기에, 몇몇 영웅적인 위인들의 업적으로 평화와 화해를 유지할 수 없다고 보았다. 요더는 평화란 교회 공동체가 수행하는 전체의 덕(virtue)으로서 기독교인은 이를 위하여 부르심을 받았으며, 평화를 지지하고 보호하기 위하여 노력하여야 한다고 주장하며, 평화의 공동체에 하나 됨으로써 기독교인들은 하나님의 평화에 동참하게 되는 것이라고 설명한다.

요더의 평화주의 사상은 성경적 현실주의(Biblical Realism)으로서 누가복음에 나타난 예수 그리스도의 사회 윤리, 그리고 도래하는 하나님의 나라 개념에 잘 드러나 있다.[183] 요더는 예수님이 광야에서의 시험(눅 4:1-13)을 받으신 것은 현실 속에서 경제, 정치, 그리고 종교적 유혹을 이기신 것이며, 궁극적으로는 하나님 나라의 복음을 실현한 것으로 해석하였다.[184] 따라서 하나님의 모습을 닮아 평화를 이루는 제자로 기독교인들도 거듭나서 '하나님의 본성(요일 1:5-7, 3:1-3, 4:17, 벧전 1:15-16, 골 3:9)'을 공유하게 된다고 요더는 주장한다. 용서와 사랑의 현현인 하나

---

[183] Howard Yoder, *The Politics of Jesus*, 신원하 역, 『예수의 정치학』 (한국기독학생회출판부, 2007), 14-27. 'biblical realism'을 '성경적 실재론'으로 또는 '성경적 현실주의'로 번역하느냐의 문제는 이론의 여지가 있다고 본다. 필자는 본 논지에서 처음의 입장은 '성경적 실재론'으로 번역하였다. 그 이유는 요더의 관점이 예수 그리스도와 계시의 절대적 우위를 강조하기 때문이었다. 그러나 요더에게 이성의 역할이 완전히 배제된 것도 아니고 자연신학적 섭리 또한 폭력에 대한 대안이 될 수 있는 여지가 있기 때문에 성경적 현실주의의 관점도 있는 것이 사실이다. 필자는 이 글에서 '성경적 현실주의'로 해석해도 문맥에 큰 차이는 없다고 본다.

[184] 위의 책, 27-34.

님의 본성은 서로 죄를 용서하고 용납하는 삶으로 인도하며(엡 4:32, 골 3:13, 마 6:12,14-15, 18:32-33), 차별하지 않는 사랑(눅 6:32-36, 마 5:43-48)으로 승화되고, 용서받은 자로서 용서를, 그리고 사랑받은 자로서 사랑함으로써 결국 제자도를 이루는 것이다. 이렇게 할 때 '유대인의 왕'으로 처형당하신 예수 그리스도는 제자들의 삶을 통하여 다시 부활하시고 그를 따르는 이들에게 최후 승리를 주실 것이라고 요더는 강조한다.[185]

스탠리 하우어워즈(Stanley Hauerwas)에게 폭력은 이 세상에 더 이상 필요한 것이 아니라는 '폭력 무용론'을 주장한다.[186] 그는 인간이 폭력과 전쟁을 역사에서 피할 수 없는 사건임을 인정한다. 그는 예수의 제자가 된다는 것은 폭력을 부인하는 것이지만, 전통적인 평화주의와 비폭력 개념으로 현대의 폭력을 설명하는 데에 한계가 있다고 보았다. 그는 전쟁의 희생적 특성을 예배의 예전적 관점에서 해석하면서 전쟁이나 폭력의 희생을 그리스도를 통해 완성된 희생에 반대되는 유비적 관점에서 해석하였다. 기독교인들은 십자가에서의 그리스도의 희생으로 말미암아 더 이상 인간의 구원을 위한 희생이 필요하지 않음을 믿기 때문에, 세계라는 제단에서 우리 자신이나 타자의 생명을 희생하여 스스로 인간 실존의 문제를 해결해서는 안 된다는 것이다.[187] 따라서 그는 폭력에 대한 대안은 예배로서 기독교 교회의 일차적 책임은 세상을 더욱 정의

---

185 위의 책, 118-119. 평화를 이루는 하나님의 본성에 대한 설명과 성구 인용은 요더의 해석을 옮겼다.
186 참고로 필자는 선행 연구를 통하여 본 글의 논지와 직접적인 연관은 없지만 스탠리 하우어워즈의 기독교 윤리 개념과 핵심 이론을 소개한 바 있다. 이하 스탠리 하우어워즈에 대한 기초 이해와 핵심 사상은 다음을 참고하시오. 유경동, 『한국 기독교 사회 윤리의 쟁점과 과제』 (감리교신학대학교 출판부, 2006), 162-168. 한편 그의 기독교 윤리학적 개념은 다음을 참고하시오. 유경동, 『기독교 윤리사상사 개론』 (개정판, 킹덤북스, 2016), 395-421.
187 Stanley Hauerwas, "Sacrificing the Sacrifices of War," Linda Hogan, Dylan Lee Lehrke ed., *Religion and the Politics of Peace and Conflict* (Eugene, Oregon: Pickwick Publications, 2009), 86-87. 이 문단의 예전적 관점에 대한 배경이다.

롭게 만드는 것이 아니라, 오히려 교회가 교회다워짐으로써 교회의 사회 윤리화를 주장한다. 교회 자체가 곧 전쟁으로 피폐해진 세상에서 전쟁의 희생에 대한 대안이며, 전쟁의 종말을 알리는 서곡이 되어야 한다는 것이다.

전쟁을 통해 수많은 사람들이 죽어가는 현실에서 예수의 십자가는 용서를 통하여 타자를 죽이는 것이 아니라, 용서함으로써 사람의 생존을 위해 칼을 들기를 거부하도록 우리를 초대한다. 이때 우리는 죽임으로 생존을 추구하기보다 그리스도의 부활의 빛 안에서 살아야 한다.[188] 하나님의 말씀은 교회 공동체의 가장 성스러운 소유로서 하나님과 교회 공동체 관계의 참된 기준이 되는데, 이 말씀은 교회 안에서 친구를 위한 거룩한 용어로 사용되는 것이지 적대자들을 증오하기 위한 언어가 아니며, 우리는 세례를 받음으로써 이러한 교회 공동체의 언어를 배우며 세상을 향한 신앙 고백으로 나아가는 것이다.[189]

월터 윙크(Walter Wink)는 폭력을 '지배 체제의 비인격적 실체로서 권세로부터 기인하는 정치적 개념'으로 본다.[190] 따라서 폭력은 악에 저항하는 의지의 문제라기보다는 '전투적인 비폭력'이라고 할 수 있다. 그는 거룩한 소명을 배신해 버린 세상의 제도와 구조의 실제적 영성을 '악마'라고 정의하고, 이러한 맥락에서 지배 체제란 권세들의 전체 네

---

188 위의 책, 103-104.

189 Dietrich Bonhoeffer, "The Nature of the Church," Geoffrey Kelly and F. Burton Nelson ed. John Bowden trans., *A Testament to Freedom: The Essential Writings of Dietrich Bonhoeffer* (San Francisco: HarperCollins, 1990), 91. Stanley Hauerwas, *Performing the Faith: Bonhoeffer and the Practice of Nonviolence* (Grand Rapids, Michigan: Brazos Press, 2004), 33에서 재인용.

190 참고로 필자는 선행 연구를 통하여 월터 윙크의 이론을 소개한 바 있다. 본 글에서는 재인용 시 별도의 재인용 부호는 생략하고 일부는 패러프레이즈 하여 옮겼음을 밝힌다. 더 자세한 내용은 아래를 참고하시오. 유경동, 『한국 기독교 사회 윤리의 쟁점과 과제』 (감리교신학대학교 출판부, 2006), 168-171.

트워크가 '우상의 가치를 중심으로 통합되었을 때'라고 정의한다.[191] 그는 현실의 폭력은 우리 시대의 시대정신(ethos)이며, 현대 세계의 영성(spirituality)처럼 권세를 떤다고 보았다. 폭력은 심지어 종교의 가면을 쓰고 그 추종자들에게는 죽기까지 절대적 복종을 요구한다.[192]

따라서 폭력적 정치 체제에 대한 비폭력적 저항으로써 예수가 제시한 방법을 제3의 길이라 명명하고, 지배 계층에 대한 저항의 주체로서 기독교인들은 도덕적 주도권을 가지고, 인격과 존엄성을 바탕으로 폭력에 조롱과 유머와 같은 창조적 방식으로 맞설 것을 주장한다.[193] 굴욕과 창피로 인한 자기 비하의 악순환을 끊고, 체제의 불의함을 계속 폭로하며, 억압자가 스스로 회개하도록 폭력적 지배 체제를 수치스럽게 하는 동시에, 부당한 법을 위반하고 기꺼이 처벌을 받음으로써 억압자들이 스스로 변화되도록 유도한다.[194] 월터 윙크는 폭력적 지배 체제 현실에 대한 끊임없이 비폭력적인 저항의 필요성을 주장하며, 기독교 신학이 경제

---

191 Walter Wink, *Engaging the Powers: Discernment and Resistance in a World of Domination*, 한성수 역, 『사탄의 체제와 예수의 비폭력: 지배 체제 속의 악령들에 대한 분별과 저항』(한국기독교연구소, 2004), 35.

192 위의 책, 41.

193 월터 윙크는 다음과 같은 네 가지 예를 들어 '비폭력 저항'을 주장한다. 첫째, 비폭력 투쟁의 성공 사례로서 필리핀 지도자 코라손 아키노가 페르디난드 마르코스의 독재를 비폭력으로 중단시킨 점, 바웬사가 이끌었던 폴란드의 솔리다리티(solidarity) 운동으로 남미의 일곱 개의 정권이 무너졌던 사건, 그리고 1989-90년대에 일어났던 세계 14개국의 혁명을 분석하여 보면, 루마니아를 제외하고 비폭력적인 저항이었다는 예를 들었다. 둘째, 월터 윙크는 예수의 "악한 자를 대적하지 말라"는 뜻은 악을 저항하는 의지를 포기하는 것이 아니라 비전투적 저항으로써 폭력적으로 악에 대응하지 말라는 뜻으로 해석한다. 예를 들어, 오른뺨을 치거든 왼뺨도 돌려대고, 겉옷을 가지려는 사람에게는 속옷도 주고, 억지로 5리를 가자고 하거든 10리를 가서 폭력이란 수단은 결국 정당하지 못하다는 것을 보여주는 것이다. 셋째, 비폭력은 테크닉이 아닌 원수를 올바른 사람으로 이끄는 정의로운 수단이다. 넷째, 비폭력 저항을 통한 혁명이 폭력을 동반한 혁명보다 그 효과에 있어서 훨씬 뛰어나다고 월터 윙크는 강조한다. Walter Wink, *Jesus and Nonviolence*, 김준우 역, 『예수와 비폭력 저항』(한국기독교연구소, 2003), 21-61.

194 Walter Wink, *Engaging the Powers: Discernment and Resistance in a World of Domination*, 한성수 역, 『사탄의 체제와 예수의 비폭력: 지배 체제 속의 악령들에 대한 분별과 저항』(한국기독교연구소, 2004), 295-296.

적, 정치적으로 불의한 지배 체제의 가치와 악순환을 대치할 수 있는 하나님 나라의 올바른 질서와 통치에 대한 비전을 제시하는 것이다.

지금까지 필자는 비폭력 무저항주의의 전통에서 폭력에 대한 해석을 중심으로 살펴보았다. 이제 이 원리를 통하여 현대의 종교/폭력에 대한 대안이 무엇인지 살펴보도록 하자.

IV. 종교/폭력 세계화에 대한 비폭력 무저항주의의 대안적 평화 원리

지금까지 살펴본 비폭력 무저항주의의 원리에서 폭력에 대한 정의는 다양하게 나타난다. 첫째, 폭력은 가시적인 무기의 소유와 연관이 된다. 퀘이커교도나 메노나이트에서 폭력은 무기이며 근본적으로 상대방을 해칠 가능성이 있는 무기의 접촉마저 금함으로써 '무기 없는 삶'을 신앙의 덕의 원리로 적용하였다. 인간이 죄의 본성상 무기를 들어 악을 행할 여지가 있기 때문에 무기와 단절시키는 것이 평화의 수단이 된다. 둘째, 폭력은 제도적 차원에서 막을 수 없으며, 신앙을 통한 영적 혁명이 수반될 때 평화를 이룰 수 있다. 슈바이처와 마틴 루터 킹에게서 폭력은 평화에 대항하는 영적 실체이며, 평화에 대한 믿음으로 실현할 수 있다. 셋째, 폭력은 그것이 아무리 커 보여도 하나님의 주권 안에서 통치 받는다. 요더가 주장한 것처럼, 예수 그리스도는 폭력에 의하여 십자가에 달렸지만, 부활하심으로써 이 땅의 목표는 폭력이 아니라 평화임을 입증하였다. 따라서 성경적 현실주의에 근거한 철저한 제자도의 길만이 평화를 위하여 열려 있다. 넷째, 폭력의 희생은 예수 그리스도의 예전적 희생으로 대치할 수 있는 규범으로서 자리 잡을 수 있다. 스탠리 하우어워즈는 교회의 교회다움, 즉 예배를 통한 그리스도의 현실(reality)로서 평화 언약의 공동체를 세울 때 폭력을 극복할 수 있다고 보았다. 그리고 다섯째, 폭력은 전적으로 정치적 개념으로서 비전투적 폭력으로 세상의 구조적 폭력의 악순환을 중지할 수 있다.

이와 같은 비폭력 무저항주의 장점은 성경적 현실주의적인 관점에서 예수 그리스도의 삶을 제자도의 신앙으로 무장하여 폭력적 현실을 극복하는 것이다. 특히 폭력에 대한 초기의 수동적 저항으로부터 적극적인 저항을 강조하는 현대의 이론은 정치 경제적 지배 체제에 대한 가면을 벗기고 폭력의 악순환을 막으려는 자아의 영적 혁명과 기독교 공동체의 각성을 요청함으로써 현실 세계의 다양한 폭력에 대한 저항 담론이 될 수 있다고 본다.

그러나 비폭력 무저항주의 평화주의가 세계화의 폭거, 특히 종교/폭력을 극복하기 위하여서는 신학적으로 보다 더 적극적인 이론이 요청이 된다. 특히 필자가 이 글에서 중시하는 현대 세계화는 정치와 경제, 그리고 기독교와 자본주의 가치가 통합된 서구적 문화와 이에 저항하는 비서구적 종교/민족주의의 충돌이라는 관점에서 전통적인 비폭력 무저항주의 원리는 다음과 같은 점들에 대한 대안적 평화 원리가 제시되어야 한다고 본다.

첫째, 국제 사회에서의 제국주의적 정치 체제와 경제 구조적 악의 실체에 대한 정치적 평화 윤리가 제시되어야 한다. 종교/폭력에 종교와 민족주의가 개입하는 이면에는 한계가 있는 지구적 자원을 둘러싼 분쟁과 깊은 관계가 있다. 전쟁을 통한 재래식 무기의 소모와 신무기를 개발함으로써 경제 이익을 추구하는 군산복합체와 석유 자원을 둘러싼 세계적 석유 기업의 카르텔, 그리고 지속가능한 에너지보다는 불가능한 석유 자원에 의지하는 현대 문명에 대한 각성과 삶의 변화가 요청된다.

따라서 전통적인 비폭력 무저항주의가 중시한 '무기 없는 삶'과 같은 근본적인 평화 원리를 적용하여 '석유 없는 삶', '핵 없는 삶', '지속가능한 에너지의 삶', '쓰레기 없는 소비 생활'과 같은 삶이 자리 잡아야 한다고 본다. 왜냐하면 결국 석유, 핵, 그리고 자원의 소비와 낭비가 전쟁과 폭력을 유발하는 주된 원인이기 때문이다. 이와 같은 삶의 혁명은 비서구적 민족주의와 종교와의 충돌을 완화하게 될 것이며, 현대 문명이 보다 평화적으로 발전할 수 있는 계기를 기대할 수 있다.

국제 사회는 나름 국가와 국가, 그리고 종교와 종교 간에 갈등과 분쟁을 완화하고 평화를 지키기 위한 많은 단체들의 노력이 있지만 공공의 결과를 도출하는데 많은 한계가 있다. 왜냐하면 강대국의 위세가 약소국의 요구를 묵살하기 일쑤이기 때문이다. 따라서 정치적 평화 윤리는 현재의 이슬람권과 비이슬람권의 갈등으로 비쳐지는 문제들을 해소하기 위하여 특별한 노력이 요구된다. 서구적 민주주의나 자본주의, 그리고 기독교의 공모로 오해되는 '자본과 상품의 세계화'가 아니라 '자유와 평등, 분배, 사랑의 고귀한 정신 문명의 세계화'에 기독교 평화 운동은 앞장서야 할 것이다.

둘째, 비폭력 무저항주의에 교회의 본질을 회복하는 공동체 원리가 보다 적극적으로 수용되어야 한다. 현대 악의 구조는 네트워킹화됨으로써 세계화는 '악의 지배의 세계화'와 다름이 아니다. 파편화 되어 있는 개인이 거대한 세계적 지배 체제에 대항하는 일은 계란으로 바위를 깨뜨리려는 무모한 시도처럼 보인다. 그러나 교회가 교회됨으로써 '성례전적 예전을 사회화'하는 비폭력 무저항의 평화주의 운동은 돈과 권력을 우상화하는 체제를 깨뜨리는 제3의 길이 될 수 있다. 형제자매와의 연대를 통한 비전투적 저항 운동 또한 효과적이라고 생각한다. 이를 위하여 종교적 구조는 철저하게 권력을 탐하지 않고 사회를 위하여 헌신하는 섬김의 구조로 돌아서야 한다. 아울러 교회의 연대를 통하여 사회 안에서 개인의 이익 추구를 넘어서는 형제애에 근거한 성숙한 시민의식을 신장하고, 공공 영역에서의 교회의 책임과 활동이 요구된다.

전쟁은 하나님의 뜻이 아니며, 평화를 위한 신학적 사명이라는 목표가 비폭력 무저항주의의 핵심이라는 점을 필자는 중시한다. 종교/폭력 세계화와 연관하여 수많은 요소들이 고려되어야 하겠지만, 아가페적 사랑이 해답이라는 것은 신학과 신앙의 주체성이다. 물론 현실주의적 관점에서 보면, 현재 당장 수많은 국가와 사람들이 부당하게 위협받고 생명이 경각에 달려 있는 상황에서 당장 희생자와 불의를 행하는 자 중간에 서서 어정쩡한 입장의 평화주의가 구체적으로 할 수 있는 일이 무엇인가 반문할 수 있다. 왜냐하면 세상의 구조적 악이 당장 자신에게 가시적인 폭력으로 다가오지 않는다고 하더라도 이미 자신은 폭력의 예비 피해자이고, 다른 사람들이 당하는 폭력을 방치하게 되는 결과로 이어지기 때문이다.

전쟁과 폭력에 대한 현실주의적 관점은 나름대로 도덕적 문제를 진지하게 다룬다는 점을 인정하지 않을 수 없다. 그러나 폭력을 용인한다는 점에서 그 한계가 있다. 따라서 비폭력 무저항주의가 대안으로서 폭력이 아닌 평화적 방식을 통하여 세상의 구조를 바꾸기 위하여서는 현실적인 폭력을 수동적인 입장에서 보지 말고, 폭력의 현장에 적극적으로 참여하여 그 폭력에 저항하는 실천력이 요구된다. 과거 비폭력 무저항주의는 신앙을 지키기 위하여 국가와 기층 공동체의 억압과 저항으로 억압을 받았지만, 이제는 세계화의 폭거에 대항하기 위하여 제국과 맞서는 신앙의 운동력이 필요하게 되었다. 평화를 빼앗긴 사람들의 삶 속에 직접적으로 참여하여 그들과 함께 고난을 자초하여야 한다. 아울러 평화를 이루기 위하여서는 때로 종교, 이데올로기, 문화, 정치, 그리고 경제적 체제 간 대화와 공공의 합의가 필요하게 된다. 특히 현대의 종교/폭력의 문제를 해결하기 위하여서는 종교간 더 적극적인 소통과 연대가 필요하게 되는 것이다.

따라서 기독교와 이슬람권의 평화를 위한 소통이 필요하며, 서구적 민주주의와 자본주의, 그리고 기독교의 연대로 비쳐지는 세계화의 폭거에 기독교 평화주의는 중도적인 입장에서 보다 평화를 위한 실천적인 운동을 펼치는 방향으로의 전환이 요구된다. 교회와 신자들이 사회의 불의한 정치 경제적 구조에 뛰어 들어가 공공 정책을 바꾸지 않고 교회가 스스로 교회로서의 사회 윤리를 지켜야 한다는 것은 한계가 있다. 국가의 에너지 정책과 군사 및 복지 정책, 국제 사회에서의 핵과 에너지의 사용, 그리고 농수산물의 개방에 대한 FTA(Free Trade Agreement) 협상과 군축 협상 등을 통한 평화 정책의 수립이 없이는 폭력은 지속적으로 반복이 될 것이다. 이런 맥락에서 '폭력의 반대는 평화보다는 권력'에 가깝다고 할 수 있다. 평화주의가 한계가 있다는 말이 아니라, 올바른 권력이 폭력을 만들지 않기 때문에 정의로운 권력을 만드는 정치 참여 의식의 신장이 요구되는 것이다.

셋째, 신앙인의 영적 혁명이 요구된다. 이를 위하여 성경의 본질로 돌아가며, 말씀에 순종하는 제자도의 정신이 자리 잡아야 된다. 공공 영역에서 폭력의 재생산을 중지하기 위한 노력은 또 다른 희생과 헌신이 필요하다. 대부분의 정치적 구조라는 것이 '권력에의 의지'만이 작동하여 권모술수를 가리지 않은 집단과 개인의 이합집산임을 전제할 때, 순수한 평화주의적 운동력으로 기층 정치 체제의 권력에 관한 이익을 넘어서는 일이야 말로 제자도의 정신이 필요하다. 모든 크리스천이 정치인이 될 수는 없지만, 비폭력 무저항과 같은 평화주의 정신을 소유한 그리스도의 제자들이 절실한 사회이다. 이를 위하여 신앙의 영적 혁명을 위한 교회 지도자의 각성과 교회 공동체의 진리를 향한 교회다움, 그리고 말씀으로 세상을 바꿀 수 있는 믿음이 필요한 것이다. 이를 위하여 채울 수 없는 욕망을 부추기는 현대의 소비 문명을 바꾸는 생태중심적인 삶과 고통 받는 이웃을 배려하는 노력이 요청된다.

현대의 종교/폭력에는 자본주의와 민주주의, 그리고 유대·기독교의 복합적인 가치가 섞여 있음을 앞에서 짚어보았다. 이는 종교의 상징 세계가 폭력을 유발하여 테러를 부추기어 전지구적으로 빠르게 확산되는데 일조하고 있다는 비판을 받고 있는 실정이다. 종교적 상징 체계가 폭력을 정당화하여 폭력의 실패는 '순교'가 되고, 폭력의 성공은 '우주 전쟁'의 승리로 귀결된다. 브레이크 없는 기차가 돌진하듯이 생명의 죽임으로 치닫는 종교/폭력을 막을 수 있는 '살림의 해방적 영성'이 절실히 필요하다.[195] 이와 같은 영성적 분별력의 선행 조건은 인간의 의식과 영혼을 새롭게 하는 '정화'라고 할 수 있다. 무한한 지배욕과 진정한 겸손을 구별하고, 폭력적인 권력과 권위의 차이를 분별하고, 묵인과 순종의 차이를 비판할 수 있는 진정한 영성이 필요하다. 따라서 성경적 실재론에 근거한 영성은 정치적 이데올로기와 하나님의 말씀을 구별하고 이 세상 안에서 사랑으로 폭력을 극복하여 나가는 길을 제시하여 줄 것이

---

195 J. B. Libanio, *Spiritual Discernment and Politics*, 박종열 역, 『정치와 영성의 해방』 (문학과 지성사, 1990), 12.

다. 그 어떤 정치 경제적 조건에 의하여 좌우되지 않고 진리에 순종하고 나아가는 평화를 위한 제자도의 길이 해방적 영성과 연관이 된다.

V. 결론

현대의 종교/폭력과 연관하여 신무신론자들의 '종교 무용론'이 거세게 휘몰아치고 있다. 종교, 그리고 종교적 행위나 의식은 철저하게 현대인류에게 부정적인 영향을 준다고 보면서, 신무신론은 국제 사회에서의 테러와 자살 폭탄, 명예 살인과 같은 종교 재판, 종교 전쟁, 그리고 마녀 사냥 등과 같은 것은 종교적 의식과 교리가 사회에 긍정적인 역할을 끼치지 못하는 것이며, 오히려 종교는 가장 폭력적인 상황을 조장하는 '신앙에 기댄 악'이라고 주장하고 있다.[196]

이와 같이 현대 인류 문명이 처한 폭력의 현실에서 필자는 기독교 비폭력 무저항주의의 아가페적 사랑과 이에 근거한 운동이 폭력을 이기고 세상을 바꿀 수 있는 정신이 된다고 해석한다. 말씀 중심의 본질을 회복하고, 권력을 지양하고, 섬김의 공동체 윤리를 위하여 교회가 헌신하며, 세상의 공공 영역에서 책무를 감당하여야 한다.

비폭력 무저항주의의 평화 원리는 우리에게 종교의 본질이 무엇인지 깨우쳐주며 혼탁한 세속의 한 가운데 우리가 진정으로 의지할 것이 무엇인지 깨우쳐 주는 시금석이 될 수 있다. "무리가 그 칼을 쳐서 보습을 만들고 창을 쳐서 낫을 만들 것이며 이 나라와 저 나라가 다시는 칼을

---

196   James E. Taylor, "The New Atheists," URL = http://www.iep.utm.edu/n-atheis/.

들고 서로 치지 아니하며 다시는 전쟁을 연습하지 아니하는(미가 4:3)" 폭력이 없는 평화의 나라를 위하여 부르심을 받은 것을 기억하고 평화주의 공동체를 위하여 헌신하여야 할 것이다.

참고문헌

Lewis, C. S., *The problem of pain*, 이종택 역,『고통의 문제』(홍성사, 2002)

Libanio, J. B., *Spiritual Discernment and Politics*, 박종열 역,『정치와 영성의 해방』(문학과 지성사, 1990)

Wink, Walter, *Engaging the Powers: Discernment and Resistance in a World of Domination*, 한성수 역,『사탄의 체제와 예수의 비폭력: 지배체제 속의 악령들에 대한 분별과 저항』(한국기독교연구소, 2004)

Wink, Walter, *Jesus and Nonviolence*, 김준우 역,『예수와 비폭력 저항』(한국기독교연구소, 2003)

Yoder, Howard, *The Politics of Jesus*, 신원하 역,『예수의 정치학』(한국기독학생회출판부, 2007)

All Nobel Peace Prize Laureates. The Official Web Site of the Nobel Foundation Copyright © Nobel Web AB 2008, Nobel Prize. Org. URL = http://nobelprize.org/nobel_prizes/peace/laureates.

Armstrong, Karen, "The Myth of religious violence," *the Guardian* (Sep.25, 2014), URL = http://www.theguardian.com/world/2014/sep/25/-sp-karen-armstrong-religious-violence-myth-secular.

Armstrong, Karen, *Field of Blood: Religion and History of Violence*

(New York: Alfred A. Knopf, 2014)

Aquinas, Thomas, "First Part, Question. 66 - ON THE ORDER OF CREATION TOWARDS DISTINCTION (FOUR ARTICLES)," *Summa Theologica*, Christian Classics Ethereal Library, http://www.ccel.org/ccel/aquinas/summa.FP.html.

Augustine of Hippo, "Against Faustus the Manichaean XXII," *Augustine: Political Writings* (Micahael W. Tkacz and Douglas Kries, trans, Ernest L. Fortin and Douglas Kries, eds., 1994), 73-79, 221- 222.

Eisen, Robert, *The Peace and Violence of Judaism: From the Bible to Modern Zionism* (New York: Oxford University Press, 2011)

Fukuyama, Francis, *The End of History and the Last Man* (New York: Free Press, 1992)

Fukuyama, Francis, *The Great Disruption: Human Nature and the Reconstitution of Social Order* (New York: Free Press, 1999)

Hauerwas, Stanley, "Sacrificing the Sacrifices of War," Linda Hogan, Dylan Lee Lehrke ed., *Religion and the Politics of Peace and Conflict* (Eugene, Oregon: Pickwick Publications, 2009)

Hauerwas, Stanley, *Performing the Faith: Bonhoeffer and the Practice of Nonviolence* (Grand Rapids, Michigan: Brazos Press, 2004)

Kippenberg, Hans G., *Searching for the Link between Religion and Violence by means of the Thomas-Theorem, Method and Theory in Study of Religion*, 22, 2010.

Luther, Martin, *Luther's Works* (Philadelphia: Fortress Press, 1971)

Merton, Robert K., *The Thomas Theorem and Matthew Effect, Social Forces*, December 1995, 74(2).

Miller, William Robert, *Nonviolence* (New York: Schocken,1972)

Schweitzer, Albert, "Nobel Lecture," URL = http://nobelprize.org/nobel_prizes/peace/laureates.

Snyder, C. Arnold, *Anabaptist Origins of Mennonite Commitment to Peace, Vision, Winnipeg, Man,* 14 no 2 Fall 2013.

Taylor, James E., "The New Atheists," URL = http://www.iep.utm.edu/n-atheis/.

UNRISD(United Nations Research Institute for Social Development), "Religion, Politics and Gender Equality (2007-2009)," URL = http://www.unrisd.org/research/gd/religionandgender.

06

법과 종교를 위한 공동체 윤리:
종교적 관점에서 본 배아의 생명권[197]

I. 들어가는 말

생명은 "살아있는 실체로서, 신진대사 작용을 하고, 성장하며, 죽고, 재생산하고, 체내외의 다양한 상황들에 대응하며, 움직이고, 복잡하게 구성된 기능적 구조를 가지고, 유전적으로 다양하고, 세대 간에 걸쳐 진화할 수 있는 계통을 가지고, 변화하는 환경에 적응함으로써 적합성을

---

[197] 이 논문은 2012년도 정부(교육과학 기술부)의 재원으로 한국연구재단의 지원을 받아 수행된 연구(NRF-2012S1A5A2A01018962)이다. 본 글의 원래 출처는 다음과 같다. "법과 종교를 위한 공동체 윤리: 종교적 관점에서 본 배아의 생명권," 생명 윤리 정책 제9권 제2호(2015년 12월)/생명의료법연구소, 175-199. 필자는 생명 윤리 정책으로부터 허락을 받고 이 논문과 다른 학술 논문들을 묶어서 단행본의 교과서를 출간한 바 있다. 유경동, 『현대 기독교 윤리의 쟁점과 과제』 (킹덤북스, 2016.9 초판, 2018.9 개정2쇄), 159-188. 이 책들과 이번 개정 증보판을 통하여 필자의 선행 연구를 좀 더 자세히 소개하였으며, 영어 번역본 인용 및 재인용의 경우 출처를 좀 더 자세하게 설명하고, 오타를 바로 잡고, 그리고 일부 자구는 수정하였음을 밝힌다.

"종교적 관점에서 본 배아의 생명권"에 대한 본 글은 각 종교에서 배아의 형성과 연관 된 생명 현상에 대하여 연구한 것이며, 필자는 선행 연구를 통하여 '기독교', '불교', 그리고 '유교'의 '생명'과 '인권', 그리고 '공동체'에 대하여 살펴본 바 있다. 본 글에서는 위의 일부 '생명'에 관한 선행 연구를 기초로 6대 종교에 나타나는 '배아의 생명 개념'을 심화하였으며, 일부 선행 연구의 내용은 별도의 재인용 부호 없이 재인용하고 필요한 부분은 패러프레이즈 하였음을 밝힌다. 더 자세한 내용은 다음을 참고하시오. 유경동, 기독교와 세계(에듀컨텐츠), 2009, 151-237면. 보충으로 필자는 2008년 "생명 윤리의 공적 영역과 종교의 역할"에 대하여 논문을 게재한 바 있음을 밝힌다. 그 내용은 아래를 참고하시오. 유경동, "생명 윤리의 공적 영역과 종교의 역할," 생명 윤리 정책 연구 제2권 제3호, 2008.12, 231-256.

더욱 강화하기 위해 새롭고 창발적인 기능적 구조를 만들어 낼 수 있는 존재"라고 정의할 수 있다.[198] 인간 또한 이와 같은 맥락에서 생명 현상과 연관된 복잡한 유기적 기능을 통하여 개인과 공동체 전반에 걸쳐서 그 생명체의 특성을 확립하며 나아가는 매우 특수하고 귀한 존재라고 할 수 있다.

필자는 이 글에서 '인간의 생명' 현상에 있어서 그 시작이 어디인지에 관심을 가진다. 이에 대한 대답은 두 가지 하부 질문으로 구성된다고 할 수 있다. 먼저 정자와 난자의 수정 과정에 있어서, 정자, 난자와 완전히 새로운 세포가 형성되는 시기는 언제인가? 그리고 그렇게 형성된 새로운 세포를 완전히 새로운 인간 유기체로 보아야 하는가? 보편적으로 인정되는 과학적 기준은 새로운 세포, 즉 인간 수정체는 정자와 난자가 결합되는 순간에 존재하게 되며, 이는 1초도 되지 않을 정도로 짧은 시간에 이루어진다. 수정체는 형성되자마자 복잡한 연쇄적 과정에 들어서는데, 이를 통해 배아로 발달하는 데에 필요한 분자적 조건들을 만들어 나간다. 수정체의 구성 과정은 근본적으로 정자나 난자와는 완전히 다르며, 이는 수정체가 새로운 인간 유기체라고 보는 데에 중요한 기준이 된다. 따라서 과학적 증거에 따르면, 수정체는 하나의 인간 유기체이며, 과학적으로 임신의 시작이라고 정의된 과정의 출발점으로 이해할 수 있다.[199]

---

198 아래의 글을 참고하여 인용하였다. Bruce Weber, "Life," in The Stanford Encyclopedia of Philosophy, Spring 2006 edition, ed. Edward N. Zalta; http://plato.stanford.edu/archives/spr2006/entries/life. 이 인용은 Lindsey Disney and Larry Poston, "The Breath of Life: Christian Perspective on Conception and Ensoulment," *Anglican Theological Review*, Spring, 2010, 92(2) 273면에도 소개되어 있다.

199 이를 기준으로 모린 콘딕(Maureen L. Condic)은 생명의 시작에 대한 기존의 관점을 수정해야 한다고 주장한다. Maureen L. Condic, *When Does Human Life Begin: A Scientific Perspective* (Westchester

전통적으로 의학계에서는 인간의 생명이 시작되는 시점을 자웅 전핵 융합(syngamy)으로 간주했다.[200] 자웅 전핵 융합이란 정자로부터 시작된 웅성 전핵과 난자의 자성 전핵이 융합하는 과정을 말하는데, 생식 세포가 완전히 결합되는 과정을 의미하며, 일반적으로 정자와 난자가 결합한 이후 대략 24시간 이내에 정자와 난자의 전핵이 붕괴되어 반수의 염색체들이 하나로 합쳐지기 시작하는 단계를 의미한다. 문제는 인간의 생명 자체가 고정적인 것이 아니라, 계속적인 현상이기 때문에, 언제 새로운 생명이 시작하는 지에 대한 질문에 대답하기가 더 어렵게 된다. 만약 인간의 수정과 배아의 발달 과정이 분절적이며 독립된 과정의 연속이라면, 자웅 전핵 융합이라는 시점이 가능한 생명의 시작 시점으로 정의될 수 있으나, 문제는 자웅 전핵 융합이 구체적으로 어느 시기에 이루어지는지를 확정하기 어렵다는 것이다.

기존의 주된 과학적 입장은 배아의 발달 과정 자체를 하나의 생명이 만들어지는 전체 과정 중에 한 부분 정도로 이해한다는 점이다. 결국 최초의 수정된 수정란은 아직 구체적인 인간 유기체로의 구성을 이루지 못한 상태이기 때문에, 생명의 시작점이라고 말할 수 없다고 보는 입장이 지배적인 것이다. 따라서 최초의 수정란은 자웅 전핵 융합을 통한 염색체 결합이 이루어지기 전까지는 인간이 아니라 새로운 인간 유기체가 되는 과정에 있는 독특한 인간 세포 정도로 이해된다. 그러나 필자는 배아 자체는 정자와 난자 결합 시점에 이미 존재하며, 인간 유기체는

Institute White Paper Series), 1(1) (NY: The Westchester Institute for Ethics and the Human Person, 2008), ix.

200 Maureen L. Condic, 위의 글(주199), 1-2면. 이하 '자웅 전핵 융합'에 관한 관점을 모린 콘딕의 관점을 빌려왔다.

처음부터 완전히 존재하고, 일생동안 일어나는 모든 발달 과정을 통제하고 지시한다고 보아야 한다고 생각한다. 즉 인간 배아는 수정 단계부터 하나의 살아있는 인간 개별 존재로 인정해야 된다고 본다.201

이와 같은 과학적 관점에 대하여 종교는 인간 생명의 시작을 훨씬 그 폭을 넓게 잡고 있는 것을 볼 수 있다. 인류 사회에 있는 대부분의 종교는 현대의 과학적 관점과 같지는 않지만, 인간의 생명과 그 출발점에 관한 독특한 이해를 가지고 있다. 아울러 이를 기점으로 인권과 나아가 공동체를 유지하는 정신적 가치를 제공하여 왔다고 할 수 있다. 필자는 이 글에서 유대교, 기독교, 불교, 힌두교, 이슬람, 그리고 유교의 각 종교에 나타나는 사회 신조나 종교법을 통한 생명에 대한 이해, 특히 배아의 형성에 대한 각 종교의 해석을 '생명권'의 관점에서 살펴보고자 한다. 이 논문의 한계는 현대 의학계의 배아의 생명권에 대한 과학 또는 법적인 관점과 각 종교의 배아의 지위나 생명권에 관한 입장과 어떻게 구체적으로 소통하여야 하는지에 대하여서 구체적인 대안을 제시하지 못함에 있다. 다만 이와 연관하여 생명의 개체성과 공동체성, 그리고 덕의 윤리의 필요성을 제기함으로써 현대 생명 과학에 필요한 정신적 영역의 가치에 대하여 강조하고자 한다. 이와 같은 작업을 통하여 인간의 배아를 중심으로 한 생명 현상에 대한 이해가 더 깊어지기를 바란다.

---

201 Maureen L. Condic, 위의 글(주199), 11-12면. 2005년도 한국의 헌법 재판소에서 판시한 배아의 생명권과 기본권에 대한 경우 예를 보면 "배아의 지위는 모체에 착상되어야지만 인정할 수 있다"고 본 보건복지부의 의견, "인간의 존엄과 가치와 같은 기본권은 착상 이후의 배아에게 인정된다"는 교육과학 기술부의 의견, 그리고 배아는 단순한 세포군이 아니라 잠재적인 인간 존재의 지위를 가지며, 생명권의 가능성은 있지만 그 주체성은 인정할 수 없다고 본 국가 생명 윤리위원회의 입장들이 있다. 헌재 2010.5.27. 2005헌마346, 판례집 22-1하, 275, 헌법재판소 인터넷 재판정보 참조.
http://search.ccourt.go.kr/ths/pr/selectThsPr0101List.do

II. 유대교적 관점에서의 배아의 생명권

유대교는 인간의 생명에 대한 이해를 성경적 율법들에 근거하며, 특히 생명을 구하는 데에 집중한다. 유대교는 생명의 특질 또는 생명의 존엄성을 넘어 생명의 거룩함을 강조한다. 예를 들어, 생명을 구하기 위한 목적은 모든 율법적 또는 랍비적 계명들보다도 우선시 된다. 유대교에서 생명을 살려야 한다는 의무사항은 한 생명을 죽이는 것은 천하를 죽이는 것과 같고, 한 생명을 살리는 것은 전 세계를 살리는 것과 같다는 믿음과 연관된다.[202] 유대교는 토라의 모든 계명을 지키는 것보다 인간의 한 영혼이 하나님께 더 소중하다고 본다. 예를 들어, 할라카(Halakha, 구약 성경의 앞 다섯 권인 모세 오경)의 규정에도, 만약 누군가의 생명을 살리기 위해 안식일을 거룩히 지키지 못했다면, 이는 용서받을 만하다(레 19:16; 신 22:2 참조).

배아의 생명권에 대한 유대교의 관점은 그 발달 과정에서 배아가 인간의 상태를 점진적으로 획득한다는 전제에 근거한다. 생식 세포, 수정체, 배반포(blastocyst), 초기 기관 발생, 전-배아/배아의 생존력의 점진적이며 물리적인 발달 등, 전 과정은 인간의 생명이 현실태, 즉 온전한 인간이 되기 위하여 점진적으로 성장하는 가능성을 포함함을 보여준다. 따라서 생물학적인 발달 과정이 진행됨에 따라서 배아는 도덕적이

---

[202] Avraham Steinberg, "The Beginning of Life: Jewish Perspectives," Blazer S. and Zimmer EZ ed., The Embryo from Conception to Birth, Scientific Discovery, Medical and Ethical Dilemmas(Basel: Karger), 2005, 21-39면에 소개된 스타인버그의 글 내용을 재인용하면서 소개한다. 참고로 스타인버그의 독립적인 논문은 각주 포함 총 24면으로 구성되어 있으며 이 단락의 내용은 그의 글 11-13면에 있는 내용을 요약하여 설명하였음을 밝힌다. 이하 유대교적 관점에서의 배아의 생명권에 관한 내용은 전적으로 스타인버그의 관점에서 요약하였으며 그의 글에서 인용하는 재인용은 별도의 출처를 표기한다. 재인용: Babylonian Talmud, Tractate Sanhedrin 37a. URL=http://www.come-and-hear.com/sanhedrin/sanhedrin_37.html

며 합법적으로 권리와 존엄성을 가지게 된다. 이는 발달 과정에 따라 배아의 도덕적 상태, 또는 지위가 바뀌게 됨을 의미하며, 유대교에 따르면, 인간으로서의 완전한 권리는 유아기를 지나야 보장받을 수 있다고 보고 있다.203

배아의 점진적 발달에 따른 윤리적, 법적 권리 부여 수준이 다르게 되는 유대교의 관점은 기독교와 마찬가지로 인간 생명에 있어서 영혼 부여의 중요성을 강조하기 때문이다. 유대교 내에서도 영혼이 언제 배아에 부여되는지에 대한 다양한 입장과 논란이 존재했다. 탈무드에는 다음과 같은 논쟁이 언급된다. "안토니우스가 랍비 왕자 유다(Rabbi Judah the Prince)에게 말했다. '언제 영혼이 인간의 자리에 위치하게 됩니까? 태아가 남자인지 여자인지 결정되는 때입니까? 아니면 배아가 실제로 생겨나면서 부터입니까?' 그가 대답했다. '배아가 형성되는 시점부터이다.' 그러나 안토니우스는 이렇게 반박했다. '고기 한 조각이 소금에 절이지 않은 채로 3일 동안 썩지 않고 있을 수 있습니까? 영혼이 부여되는 것은 하나님께서 그 영혼의 운명을 점지하시는 그 순간부터임이 분명합니다.' 그러자 랍비 왕자 유다가 말했다. '안토니우스가 이 일을 내게 알려주었구나. 성경 또한 그를 지지한다.'"204

위의 해석은 배아와 영혼의 부여 시기에 대한 유대교 내의 다양한 논쟁을 보여준다. 실제로 대부분의 랍비들은 배아 자체를 생명이 있는 인격(nefesh)으로 보지 않는다. 이들은 초기 배아를 세페크 네페쉬(sefek

---

203　이 단락의 내용은 스타인버그의 관점을 요약하였다.
　　　URL=http://98.131.138.124/articles/misc/embryo-blazer.pdf, 16-17면(이 글은 스타인버그의 별도의 논문 표기에 따른 면(page)에 따른 표기이다. 이하 'Avraham Steinberg'로 통일한다)

204　Avraham Steinberg, 위의 글(주202), 17면. 재인용. Babylonian Talmud, Tractate Sanhedrin 91b.
　　　URL= http://www.come-and-hear.com/sanhedrin/sanhedrin_91.html.

nefesh), 즉 부분적인 또는 잠재적인 인격으로 이해한다.[205] 그리고 유대교 학자들에게 있어서 또 하나 중요한 논쟁은 배아의 법적-도덕적 지위에 대한 것이다. 예를 들어, 배아는 그 어머니에게 귀속된 존재인가, 아니면 독립적인 생명체로 인정할 수 있는가에 대한 질문과 연관이 된다. 따라서 배아의 생명권에 대한 수정 전후 단계별 설명은 유대교의 생명관을 이해하는데 도움이 된다.[206]

배아의 생명권에 대한 유대교의 신학적 논의에 있어서 임신기의 다섯 단계를 아브라함 스타인버그(Avraham Steinberg)는 중요하게 보고 있다. 이는 정자(또는 난자), 전-배아, 즉 아직 자궁에 착상되지 않은 수정체, 그리고 자궁 내에 착상하고 40일까지, 그리고 40일 이후의 배아 단계, 그리고 마지막으로 출산 후의 단계로 보는 입장이다. 먼저 정자(또는 난자)는 생명으로 인정받지는 않지만 잠재적으로 미래의 생명을 가진 인간의 일부로 간주된다. 따라서 유대교 법은 '자위' 등을 통해 인공적으로 정자를 배출하는 것을 금지한다.

착상 전 배아는 정자에 비해서는 훨씬 더 발달한 인간의 일부로서 생명의 잠재성과 존엄성을 가지지만, 여전히 완전한 생명으로는 인정되지 않는다. 착상 전의 배아는 그것이 성체로 자라나기 위해서 아직 더 많은 단계를 거쳐야 하기 때문이다. 체내 수정 및 착상 후 40일까지의 배아의 경우, 배아는 아직 '단순한 유동체'로 이해된다. 따라서 아직은 완전한 인간으로 대우받지는 못한다. 따라서 어느 산모가 40일 이내에 유

---

205 Avraham Steinberg, 위의 글(주202), 17면. 재인용 Babylonian Talmud, Tractate Sanhedrin 72b; Babylonian Talmud, Tractate Arachin 7a.

206 Avraham Steinberg, 위의 글(주202), 18-22면 참고. 이하 배아의 생명권에 관한 임신기의 다섯 단계와 착상 전후의 배아의 생명에 관한 해석은 스타인버그의 관점을 요약하였다.

산을 하게 되면, 어린아이를 출산함에 따른 부정의 법이 그에게 적용되지 않는다. 왜냐하면 이 시기에 유산된 배아는 아직 인간으로 인정되지 않기 때문이다.[207] 그러나 이 단계의 배아는 이미 어머니의 자궁에 착상되었기 때문에 자연스러운 과정을 통해 인간으로서 발달하게 된다.

40일 이후의 배아는 그 생명의 잠재성이 더 확실하게 된다. 따라서 이 시기에 낙태에 대해서 랍비 문헌들은 공통적으로 반대한다. 따라서 배아가 여전히 완전한 생명을 가진 것은 아니지만, 이 시기에 낙태하는 것은 도덕적으로나 신학적으로 일종의 살인으로 인정된다.[208]

지금까지 살펴보았듯이, 유대교에서 배아는 착상 전부터 생명의 잠재성이 인정되며 이후 임신까지의 시기를 나누어 배아로부터 출생까지 인간의 존엄성이 통전적으로 강조되는 것을 알 수 있다. 한편 모태의 생명권도 강조가 되기 때문에 배아의 지위와 연관되어 모태의 책임이 중요하게 해석되는 것을 중시하여야 할 것이다.

III. 기독교적 관점에서의 배아의 생명권

로마 가톨릭 교회의 '교리문답서'에 보면, 2270-2275번 문항은 낙태에 관한 조항이다. 2270번 문항에서는 "인간 생명은 임신의 순간부터 절대적으로 보호되어야 한다. [배아는] 처음부터 인간으로서의 모든 권리를

---

207   Avraham Steinberg, 위의 글(주202), 21면. 재인용 Babylonian Talmud, Tractate Niddah 30a, URL=http://www.come-and-hear.com/niddah/niddah_30.html 또한 이에 대한 주석에 관하여 스타인버그는 다음의 재인용을 참조하였다. Maimonides, Mishneh Torah, Issurei Biyah 10:2; Joseph Karo, Shulchan Aruch, Yororeh Deah 194:2.

208   Avraham Steinberg, 위의 글 21-22(주202), 지금까지 18-22면의 글을 요약하여 설명하였다.

가진 존재로서 인정받아야 한다."고 명시한다. 또한 2274번 문항에서는 배아는 그 자체로 인간 존재로서 보호받아야 함을 지적한다.[209] 일반적으로 기독교는 정자와 난자가 결합되는 수정의 순간 인간의 생명이 시작된다고 본다. 그러나 기독교적으로 진정한 의미의 인간은 단순히 생존하고 있다는 것을 의미하는 것이 아니라, 영혼의 존재를 전제한다. 영혼이란 "일종의 비물질적인 현실태로서 인간에게 지성과 감정, 의지, 그리고 자율적인 자기감" 등을 가능하게 하는 것이다. 따라서 기독교적으로 볼 때, 생명의 시작은 생물학적인 생명의 시작 이외에 영혼을 부여하는 과정이 필수적이라는 점이 매우 중요하다.

기독교의 생명에 관한 신학적 해석에 있어서 토마스 아퀴나스(Thomas Aquinas)는 모든 인간은 인격을 가진 존재이지만, 배아는 인간의 육체가 합리적 이성에 의해 지식을 얻기 이전까지는 아직 인격적 존재가 아니라고 지적한다.[210] 그러나 이러한 관점은 배아의 지위에 있어서 영혼에 대한 것을 강조하기 위함이라고 할 수 있다. 기독교 전통에 있어서 영혼과 생명의 관계는 핵심적이다. 아퀴나스는 "영혼은 육체의 현실태이다. 왜냐하면 영혼을 통해 유기적 육체가 잠재적으로 생명을 가지기 때문이다. 그러나 영혼이라는 첫 번째 현실태는 두 번째 현실태와 관련하여 잠재성을 가지는데, 두 번째 현실태란 [인간 생명의] 작용을 의

---

209 *Catechism of the Catholic Church*, Part III: Life in Christ, Section 2, Ch.2, Article 5, 2258-2330면. URL=http://www.vatican.va/archive/ccc_css/archive/catechism/p3s2c2a5.htm
재인용) Lindsey Disney and Larry Poston, "The Breath of Life: Christian Perspective on Conception and Ensoulment," Anglican Theological Review, Spring, 2010, 92(2), 271면의 서두 내용을 요약하면서 아퀴나스 원전을 확인하였고, 이 단락의 영혼에 대한 정의는 273면을 참고하였다. 참고로 필자의 선행 연구는 유경동, 『기독교와 세계』 (에듀 컨텐츠), 2009, 151-167면에 있다.

210 Thomas Aquinas, *Summa Theologica*, III-III, 16문, 12항.
URL=http://www.basilica.org/pages/ebooks/St.%20Thomas%20Aquinas-Summa%20Theologica.pdf.

미한다. 이러한 잠재성은 … 영혼을 제외하지 않는다."[211]

아퀴나스는 임신 기간 동안 배아가 발달하는 것과 마찬가지로 인간의 배아의 발달 과정에 계속적인 영혼 부여 과정이 함께 이루어진다고 본다. 임신이 되면, 물질적인 육체는 식물 상태의 영혼을 그 핵심적 형태로 가지며, 이는 가장 기본적인 수준에서의 생명을 가진 실체이다. 배아의 발달에 따라 배아의 구조적 복잡성이 증가하면서, 배아의 식물 상태의 영혼이 사라지고, 감각적 영혼에 영향을 받게 된다. 아퀴나스는 영혼의 형식을 중심으로 이전의 배아가 사라지고 새로운 배아가 존재하게 되는 것으로 본다. 배아의 최종 단계에서 영혼은 합리적 작용을 하는 복잡한 구조로 발달한다. 이렇게 되면 감각적 영혼이 사라지고, 합리적 영혼이 남게 된다.[212]

그러나 영혼 부여와 인간 생명의 시작의 관계에 대한 논의는 기독교 전통의 관점이지, 그 자체가 성경적인 것은 아니라고 보는 입장도 있다. 기독교 역사상 영혼 부여와 생명에 관한 관점은 세 가지로 정리 된다고 볼 수 있다.[213] 먼저 '영혼 선재론(pre-existentialism)'이 있다. 이러한 관점에 따르면, 육체는 우연적이며 상대적으로 중요성이 덜하다. 인간 존재는 물리적 육체가 없어도 완성될 수 있다. 다음으로는 '영혼출생설(traducianism)'이 있다. 영혼출생설에 따르면, 영혼은 정자와 난자가 결합할 때, 이미 각각에 존재한다. 정자의 영혼과 난자의 영혼이 결

---

211 Thomas Aquinas, 위의 글(주210), I-I, 76문, 4항.

212 Jason T. Eberl, "Aquinas's Account of Human Embryogenesis and Recent Interpretations", *Journal of Medicine & Philosophy*, August, 2005, 30(4), 382면 이하. 이 단락의 내용은 제이슨의 아퀴나스 관점을 요약한다.

213 기독교 전통의 영혼부여 과정에 대한 세 가지 입장에 관하여 다음의 이론을 참고하였다. Lindsey Disney and Larry Poston, 위의 글(주209), 275-277면.

합함으로써 즉각적으로 새로운 영혼이 생성된다.[214] 세 번째는 '영혼창조설(Creationism)'이다. 영혼창조설이란, 배아가 처음 생겨날 때, 하나님이 그 존재의 탄생을 선택하신 순간에 그 배아에 하나님께서 직접 영혼을 창조하여 그 안에 불어넣어주신다는 입장이다(창 2:7). 이러한 영혼창조설의 입장은 전통적인 어거스틴과 아퀴나스에게서 잘 나타난다. 이 입장에 따르면, 영혼은 배아 발달 과정마다 참여하며, 특정한 영혼은 그 형태가 완성될 때까지는 아직 실존하지 않는다고 본다. 이 세 관점 모두 인간 생명과 관련하여 어느 수준의 발달이 있기 전까지 배아 자체를 생명으로 보지 않는다는 공통점이 있다. 결국 정자와 난자의 생물학적 수정이 인간 생명을 확증하는 것이 아니라, 인간으로서의 비물질적 정신의 기능이 성립됨으로써, 또는 영혼을 부여받음으로써 비로소 인간 존재가 형성된다고 본다.

지금까지 살펴보았듯이, 기독교적 생명 이해는 영혼을 중심으로 형성되는 배아의 발달 과정을 중시하는 것을 볼 수 있다. 앞서 살펴 본 전통적인 유대교의 관점보다는 보다 세분화된 배아의 생명권에 대한 이해가 전개된다. 하나님의 창조와 연관하여 배아의 생명권을 이해한다는 측면에서 과학적 관점보다 선재하는 신적 영역을 강조하는 것을 알 수 있다.

---

214 알렉산드리아의 클레멘트는 다음과 같은 관점을 가지고 있었다. "배아란 살아있는 존재이다. 영혼은 [임신하기에 앞서서] 임신에 준비된 자궁이 깨끗하게 씻긴 후에, 자궁에 들어가며, 수세대 동안 [영혼을 부여하는 일을] 담당하며, 임신하는 정확한 시기를 알고 있는 천사들 중에 한 천사에 의해 자궁에 부여 되면, 이를 통해 여성은 성적인 결합을 하게 된다. 그리고 생명의 씨앗이 뿌려지면, 그 씨앗에 이미 존재하는 영혼은…생명이 형성되는 과정에 [육체와 함께] 들어가게 된다." Clement of Alexandria, "Excerpts of Theodotus," Alexander Roberts and James Donaldson, ed., *Ante-Nicean Fathers: The Writings of the Fathers Down to A.D. 325* (Edinburgh: T&T Clark, 1867-1873), Vol.2, 50면 이하. 재인용, 위의 글(주209). 276면 이하. 참고로 이 내용은 린드세이의 인용을 소개한다.

IV. 이슬람의 관점에서의 배아의 생명권

유대교와 마찬가지로 이슬람교 또한 초기 배아를 일종의 응고된 물방울로 이해하며, 발달 단계를 거침으로써 완전한 인간으로 변화하는 것으로 본다.[215] 따라서 배아는 잠재적으로 인간의 생명을 가진 존재이지만, 아직까지는 생명 그 자체는 아니다. 유대교와 마찬가지로 이슬람교도 수정 후 40일을 중요하게 간주하며 쿠란 23장 11-14절에는 다음과 같은 생명에 관한 관점이 설명된다.

> 우리는 진흙에서 추출하여 인간을 창조했고, 그를 임시로 응고된 물방울로 만든 후에, 그 응고된 물방울로서 거머리 같은 응고체를 만들고, 그 응고체로부터 작은 량의 조직들을 만들어 냈다. 그런 후에 그 조직들로부터 뼈를 만들고, 이 뼈를 육체로 덮었다. 이를 통해서 우리는 또 다른 [살아있는] 생명체를 만들었다.

이와 같은 해석은 이슬람의 두 가지 전통적(hadith) 해석과 연관이 된다고 할 수 있는데, "첫째, 모든 존재는 그 어머니의 자궁에서 40일 동안에 하나의 누프타(nufta, 수정체)로 발달하며, 이후 동일한 40일 기간 동안에 알라카('alaqa, 핏덩이)가 된다. 이후 또 다른 40일 동안 무다가(mudgha, 배아로 발전하는 단계)가 되며, 천사가 보내어 지고, 그가 태아에게 영혼을 불어 넣는다. 둘째, 정자가 여성의 자궁에 들어가고 42일 밤

---

[215] Qur'an 23:11-14; Abdulaziz Sachedina, *Islamic Biomedical Ethics: Principles and Application* (Oxford: Oxford University Press), 2009, 101면에서 재인용 및 번역. 다음 문단에서 쿠란 23장 11-14절의 출처이다.

이 되었을 때, 알라는 천사를 보내고, 천사가 태아의 형태를 만들고 그 귀와 눈, 피부와 육체, 뼈를 만든다. 그리고 말한다. '오, 주님! 이것이 남자입니까, 여자입니까?' 그리고 주님은 자신이 원하는 대로 성을 결정하고, 천사는 이를 기록한다"고 해석하고 있다.[216]

이 뿐만 아니라, 다양한 쿠란 해석에 있어서 알라가 인간을 창조할 때에는 항상 천사를 보내, 영혼을 불어넣어 주는 과정을 포함한다. 이슬람교도들은 이렇게 수정된 태아가 120일이 지난 직후 즉시 영혼이 주입된다고 믿는다. 이슬람교도는 120일 된 태아는 영혼이 주입되었기 때문에, 이 시기부터 완전히 형성된 인류이며, 구체적인 권리를 가진 존재로 간주되어야 한다고 본다. 여기에서도 이슬람교와 유대교는 공통적으로 생명을 성스러운 것으로 간주하기 때문에 임신한 여성이 사형에 해당하는 죄를 지었더라도 처형은 아기가 태어날 때까지 유예된다. 생명은 알라로부터 기인한 선물이기 때문에, 생명을 만끽할 권리가 있는 것이다.[217]

지금까지 간략하게 살펴본 이슬람의 배아의 생명권은 영혼과 연관하여 120일 된 태아를 주목하는 것이 특징이라고 할 수 있다. 배아의 발달과 연관된 인간의 생명에 신적 섭리가 함께 하며 모태와 별도로 태아의 생명권이 강조되는 점은 매우 중요하다고 본다. 영혼이 생명에 주입되기 때문에 배아의 지위는 처음서부터 신적 은혜에 속하게 되며 생명

---

216 Sahih Muslim, *Kitab ul-Qadr*, Sahih Muslim, 이 재인용의 출처는 다음과 같다. Muslim ibn al-Hajja al-Naysaburi, ed., *Sahih Muslim*, vol. 5 (Cairo: Dar al-Sha'b, n.d.), 496, 499-500. Lindsey Disney and Larry Poston, 위의 글(주209), 280-281면. 이 단락의 두 관점은 사이흐 무슬림의 인용을 중심으로 린드세이의 해석을 약간 의역으로 번역하였다. 괄호 안의 설명은 필자가 부연하였다.

217 Lindsey Disney and Larry Poston, 재인용, 위의 글(주209), 282면 이하. 태아가 성스럽다는 관점은 린드세이가 다음을 인용한다. Anthony Kyriakides-Yeldham, "Islamic Medical Ethics and the Straight Path of God," *Islam and Christian – Muslim Relations* (July 2005): 217.

은 축복 속에서 그 의미를 지닌다고 할 수 있다. 이런 맥락에서 아브라함의 종교라고 지칭되는 유대교와 기독교, 그리고 이슬람은 배아의 생명권에 대하여 서로의 이론적 차이는 다소 있지만 궁극적으로는 신의 창조 질서와 긴밀하게 연관된다고 할 수 있다.

V. 불교의 관점에서의 배아의 생명권

존재하는 것들의 다양한 관계성을 전제로 하는 불교는 생명관, 윤리관, 공동체관이 모두 강조된다. 그렇기에 불교의 세계관은 포괄적이며 유동적이고, 그리고 융통성이 있다고 할 수 있다.[218] 불교의 생명 윤리관은 불교의 경전에 대해 무조건적인 복종이 아닌 불경과 사물에 관하여 관계성을 고려하고, 상호 일치를 도모한다는 관점이 핵심이 된다.[219] 따라서 인간의 생명은 배타적인 것이 아니며, 인간은 자연계 안에서 서로 의지하고 발전하여야 할 낮은 수준에 속하는 존재이다. 이런 인간의 모습은 고통에서 벗어나 즐거움과 평정심을 누리는 구원관을 지향한다. 인간이 이런 구원을 받을 수 있는 가능성에 대하여 불교는 인간은 이를 깨달을 수 있는 이성을 가지고 있으며, 그런 것을 감지하는 감각을 가지고 있다고 보고 있다.

불교에서 생명이란 육체와 영혼이 합한 것으로 보며, 그것이 분리된

---

218 고영성, 불교와 생명(불교춘추사), 2008, 13면 이하. 참고로 필자는 선행 연구를 통하여 불교의 일반 생명 개념을 정리한 바 있다. 일부 내용 중 본 글의 전개를 위한 재인용의 경우는 별도의 재인용 부호 없이 패러프레이즈 하였음을 밝힌다. 더 자세한 내용은 아래를 참고하시오. 유경동, 『기독교와 세계』(에듀 컨텐츠), 2009, 168-176면.

219 Damien Keown/ 허남결 역, 불교와 생명 윤리(불교시대사), 1995, 47면 이하.

것을 죽음이라 말한다. 붓다(Buddha)는 호흡 사이(呼吸之間)에 생명이 있으며, 이런 호흡은 의식, 체온, 생명을 지속하게 하고, 셋 중의 하나라도 없을 때를 죽음이라 말한다.[220] 그렇기에 영혼, 혹은 마음은 생명의 본질이 되며, 생명체의 삶 가운데 나오는 모든 것들은 육체와 영혼의 연합 가운데 발생하는 부수적인 현상이라 말할 수 있다.[221]

불교의 경우, 삶과 죽음은 환생이라는 무한한 순환과 연관되어 있다. 불교의 생명 개념과 영혼 주입에 대하여 '선재영혼론'과 '영혼출생설'의 결합으로 보는 관점이 있다. 선재 영혼론적 요소는 힌두교의 아트만(atman, 죽음 이후에도 새로운 생명으로 다시 태어나는 인간 존재론) 개념과 불교의 스칸다스(skandhas, 육체, 감각, 지각, 정신 작용, 인식의 다섯 가지 요소) 개념으로 정의될 수 있는데, 이는 비물질적이며 영원히 존재하는 실체로서 마야(maya, 환상)의 허상에 따라 육체와 육체를 순환한다. 그러나 실제로 이러한 설명은 태아와 관련된 실체에 있어서는 구체적으로 명시하지 않는다. 오히려 태아와 영혼 주입에 대하여는 영혼출생론적인 관점이 적용된다.[222] 그러나 이러한 이해의 궁극적인 목표는 인간 존재가 세계와 생명을 상호 의존적인 관점에서 해석하며, 존재의 실상인 무상성(無常性)을 극복하여 무아성(無我性)으로 나아가는 데에 있다는 점이 중요한다.

불교는 배아와 연관된 생명 현상을 이해하는 데에 있어서 12개의 연쇄적 사슬 개념을 가지고 있다. "[불교가 형성된] 초기 시기

---

220 고영성, 위의 글(주218), 251.

221 현대불교미디어 센터(HBMC), '불교의 생명관: 생명이란 무엇인가?' www.buddhpia.com 참조.

222 Lindsey Disney and Larry Poston, 위의 글(주209), 282면 이하. '선재영혼론'과 '영혼출생설'은 이 학자들의 관점을 요약하였다. 괄호 안의 설명은 필자가 보충하였다.

부터 공통 조건적인 인과론의 원리, 또는 '프라티티야사무트파바 (pratityasamutpada)', 즉 모든 현상이 상호 연관된다는 원리가 발생학적으로 해석되었다. 기준이 되는 형식에 있어서, 생명의 의존적인 기원은 12개의 인과적 요소 또는 연계의 순환으로 표현되며, 이는 동시에 작용하는 것으로 보인다. 한 개인의 배아적 발달에 이를 적용해 보면, 첫 번째 세 가지 연쇄의 사슬은 무지이며, 이는 곧 업(業, karma)의 근간이 되며, 이후 의식, 즉 비즈나나(vijnana)로 격상된다."[223] 비즈나나란 사람의 개성을 구성하는 육체, 감각, 지각, 정신 작용, 그리고 인식과 같은 다섯 개의 스칸다스(skandhas)로 구성되며, 이는 임신의 순간 자궁 안에 있을 때에 부여되고, 환생된 생명을 만들어 낸다. 이는 곧 불교적 관점에서 인간의 생명은 임신의 순간에 시작되는데, 이때 정자와 난자, 그리고 비즈나나가 함께 나타나며 "태어나지 않은 태아와 이미 태어난 개인 사이의 질적인 차이는 존재하지 않는다." 따라서 불교적 관점에서 인간의 상호 호혜적 의무이자 권리라는 개념은 배아 상태에서도 생득적으로 가지는 것으로 보인다.[224]

불교에서는 생명이 태어나기 위한 조건을 세 가지로 설명한다. 즉 생명을 잉태할 어머니의 몸이 잘 갖추어져야 하며, 아버지와 어머니가 사랑의 마음으로 관계를 가져야 하며, 정자(精)와 난자(血)와 이를 재생하려고 하는 어떤 존재의 형식인 간다바(gandhabba, 健達縛)가 그 가운데

---

[223] R. E. Florida, "Buddhist Approaches to Abortion," Asian Philosophy, March, 1991, 3면. 이 내용은 린드세이의 글(주209) 282면에 재인용된 것이다. 이하 비즈나나에 대한 해석은 린드세이가 Vasubandhu를 언급하며 설명하고 린드세이의 글(주209)을 통한 위 플로리다의 글 재인용에서 Taniguchi가 태아와 태어난 인간 개체 사이의 질적인 차이가 없다는 관점에서 언급된다.

[224] Uttamkumar Bagde, "Essential Elements of Human Rights in Buddhism," *Journal of Law and Conflict Resolution*, May, 2014, 6(2), 36면 이하.

존재해야 한다고 말하는 것이다. 이 세 가지는 반드시 필요하며, 모두를 충족해서 생명체가 수정되는 그 순간, 그 생명체는 존재자로 인정되며, 생명체인 태아에 물리적인 힘을 가하는 것은 반드시 그에 상응하는 업보를 얻게 된다.[225]

불전(佛典)의 인간 발달 단계는 태내(胎內)와 태외(胎外)로 나누는데, 배아와 연관된 태내의 발달은 다양한 성장 단계를 상정한다.[226] 출생 후 인간의 일생을 4기(期), 5기, 10기 등으로 구분하는 데에 비하여 상대적으로 모태(母胎) 안에서의 태아를 4기, 또는 8기 등으로 구분하는 것은 그만큼 태내의 성장을 중시하는 것이라고 할 수 있다. 불전에서 초기 배아단계로 볼 수 있는 수태(受胎)의 시기가 되면, 배아는 수(獸, 타락죽: 찹쌀을 믹서나 맷돌에 갈아서 우유를 넣고 끓인 죽과 같은 형태)와 같은 모양을 띠며, 점차 우무버섯 같이 자라서 형상을 이루게 된다. 수태로 부터 1주일 동안의 태아를 칼라람 칼라라(KaIaIam KaIaIa)라고 하며, 불전에서는 지합(知合), 응골(凝滑), 태시막(胎始膜) 등으로 한역(漢譯)된다. 이때의 모습은 양털과 같은 형태로 묘사된다.

제2주째의 태아는 아르부다(Arbunda Arbuda), 또는 아르브담(Arbudam)이라고 하는데, 한자로는 포(胞), 포결(胞結), 또는 포(泡) 등으로 번역되고, 그 모습은 초삼일 달과 같은 형태라고 한다. 제3주째의 태아는 헤이시(pesi)라고 불리며, 모양은 지렁이나 약절구처럼 생겨서 처음 살이 붙어 초육(初肉), 응결(凝結), 또는 연골(軟骨) 등으로 한역된다,

---

225 Damien Keown, 위의 글(주219), 133면 이하. 생명이 태어나기 위한 세 가지 조건은 이 학자의 해석을 요약하였다. 태아에 대한 물리적인 위력 금지에 대한 내용은 다음에 있다. 고영성, 불교와 생명(불교춘추사), 2008, 96면 이하.
226 이하 태아의 형성에 관한 불전의 설명은 백경임의 해석을 빌었다. 백경임, "불전의 태아관", 한국불교학, 한국불교학회 제10집, 1985.12, 113-133면 참조.

제4주의 태아인 캬냐(Chana)는 4기설을 설명하는 불전에서 인용되고, 5기설 또는 8기설에서도 제4주째의 태아를 한역으로 견후(堅厚), 견육(堅肉), 또는 시견(始堅)등으로 설명하는데, 이때 형상은 유연하고 촉감이 있는 조직으로서 형태를 갖춘 '익은 타락'에 비유된다.

위와 같은 생명의 탄생에 대한 불교의 사상은 윤회(samsara) 사상과 연관이 된다. 인간이 죽은 뒤 육체는 사멸하며 영혼은 남게 됨으로 둘이 분리가 되는데, 이런 존재를 중유(中有)라 한다. 중유는 정신적 존재이기 때문에 육안으로 확인이 되지 않으며, 천안(天眼)으로만 볼 수 있다. 이러한 중유(中有)는 살려고 하는 욕망을 갖고 육체를 원하는데, 육체를 갖기 위해 성 행위를 갖는 여자의 생식기 안에 있는 수정란과 합쳐진다. 그러나 이것은 우연한 만남이 아니며, 중유와 업에 따라 부모와 인연을 만들게 된다. 결국 여자의 난자와 남자의 정자뿐 아니라 중유가 합쳐져 생명이 탄생하기에 생명은 삼합의 존재라 말할 수 있으며, 그 시작은 모두가 합쳐지는 수정의 순간이라 본다.[227]

한편, 불교의 생명 이해를 '미학적 질서의 패러다임'과 관련하여 여섯 가지 관점에서 살펴 볼 수 있다.[228] 첫째, 생명이란 결합이나 단일성보다는 분리, 복합성에 우선순위를 두며, 둘째, 모든 관계 가운데 화합과 조화를 위하여서는 구체적인 세부 사항이 가지고 있는 각각의 독특한 관점에 그 초점을 둔다. 셋째, 그러한 구체적인 세부 사항으로 움직이는 과

---

[227] 현대불교미디어 센터(HBMC), '불교의 생명관 : 삼합(三合)에 의해 생명은 시작', www.buddhpia.com 참조. 이 문단의 내용은 이 사이트의 글을 요약하였다.

[228] Roger T. Ames, 'Putting the Te Back into Taoism' in Nature in Asian Traditions of Thought, Essays in Environmental Philosophy, 117. 하버드대 세계종교연구센터 편/ 동국대학교 불교문화연구원 역, 불교와 생태학(동국대학교출판), 2005, 152에서 재인용. 이하 여섯 가지 관점은 이 글의 내용을 요약하였다.

정에서 각각의 운동을 중시하며, 넷째는 자연에서 드러나는 움직임이나 변화를 '드러남'의 행위로 인정하는 구체적이고 질적인 언어로 표현할 수 있어야 한다. 다섯째, 창조성이란 미리 계획되고 짜인 틀에 의하여 정해진 것이 아니라 자연 질서 속에서 이해되며, 그리고 여섯째, '올바름'의 기준이란 미학적 관점에서 아름답고 즐거운 질서로 이해하는 것이다.

지금까지 살펴보았듯이, 배아의 생명권과 연관된 불교의 생명 이해는 관계적이며 자연적 질서 속에서 인(因)-연(緣)과의 상호 의존성에서 살펴볼 수 있다. 배아의 생명권도 독자적으로 존재하는 것이 아니며, 존재와 업(karma), 그리고 연기 개념과 같은 관계적 차원의 생명 이해와 연관됨을 알 수 있다. 이와 같은 관점은 배아의 지위를 기계적이나 기능적 관점에서 보지 않고 인간 전존재의 상호 관계성을 통하여 살핀다는 점에서 공동체적이라고 할 수 있다.

VI. 힌두교적 관점에서의 배아의 생명권

힌두교의 관점에서 인간의 탄생과 배아의 생성은 곧 윤회의 흐름(samsara)을 통해 다른 인격의 물리적 존재로 재탄생하는 것을 의미한다. 이러한 과거의 자아 중심적인 업(karma)의 계속으로 인한 결과로서 본성과 생명 상황이 결정된다고 본다. "이러한 업과 재생의 과정에 있어서 [사실은] 시작이라는 개념이 존재하지 않으며, 영원히 계속될 것이다. 윤회는 각성 또는 해탈을 통해 종식이 되고, 죽음에 이르렀을 때, 해탈한 영혼은 윤회의 바퀴에서 자유롭게 된다."[229]

인간의 생명과 힌두교의 의학 개념에 관련한 가장 중요한 문서는 카루카 삼히타(Caruka saṃhitā)이다.[230] 여기에는 인간 주체의 본성에 관한 담론이 포함되어 있다. 힌두교에서 생명에 연관되는 가장 중요한 요소는 비물질적, 형이상학적 영혼, 즉 아트만(atman)이다. 아트만이란 "움직임이 없고, 자기 의존적이며, 지배적이고 모든 곳에 두루 존재하고, 어디서든 존재"한다. 아트만은 곧 육체를 의식적으로 지배하는 존재(kṣetrajña)이다. 아트만은 인간의 내적 자아(antarātman)를 구성한다. 인간의 내적 자아란 "영원하며, 질병이나 노화로부터 자유롭고, 그리고 죽지도 않으며 썩지 않는다. 어떠한 형태도 취할 수 있고, 처음도 없고 끝도 없으며, 불변한다."

이와 같은 아트만의 관점은 그러나 인간이 추구하여야 할 자유이지만, 실제 인간의 생명 현상은 고통의 연속이다. 인간의 생명과 영혼의 주입과정은 다음과 같이 설명될 수 있다.

한 영혼(*jantu*), 이는 미묘한 육체(*sukumāratanu*)를 가지고 있는데, 이는 그 생명의 모태인 자궁(*garbha*)에 거한다. 그런데 여성의 자궁은 다양한 종류의 불결함(*mala*)으로 물들어 있다. 영혼은 태아(*ulba*)로 둘러싸인 막 안에 접혀 있다 … 영혼은 그곳에서 심각한 고통을 경험하며,

---

229 Julius Lipner, "On Abortion and the Moral Status of the Unborn," Harold G. Coward, Julius Lipner, and Katherine K. Young, et al, *Hindu Ethics: Purity, Abortion, and Euthanasia* (NY: State University of New York Press, 1989), 52-53면. 이 단락은 줄리어스 리프너의 관점을 요약하였다.

230 Julius Lipner, 위의 글(주229), 53면 이하. 이하 줄리어스 리프너의 설명은 다음 문단에서 계속 요약한다. 이 문단에서의 재인용은 다음과 같이 소개되어 있다. Pandeya, Caraka Sa1mhita, ch, 1, silo 5, p. 690. Pandeya, Caraka Samhita, ch, 3, sU. 8, p. 743.

그 어머니가 섭취하는 음식으로 인해 강렬하게 고통을 당한다…태아는 자신의 사지를 확장(prasāraṇa)하거나 수축(ākuñcana)할 수 없고, 대변과 소변으로 가득한 곳에 존재하기 때문에, 태아는 여러모로 불편한 상태이다. 태아는 아직 숨을 쉴 수 없다. 그러나 의식(sacaitanya)이 부여됨으로써, 그리고 기억을 부여받음으로써 수백 가지의 (과거의) 출생들을 불러일으킨다. 태아는 그 산모의 자궁 안에서 엄청난 고통 가운데 존재하며, 자신의 과거의 행적들에 속박되어 있다.[231]

태아의 발달과 출산 과정은 고통의 경험 자체로 기술이 된다.

이제 (태아가) 모든 면에서 완전하게 될 (때), 이는 자신의 과거의 출생의 경험을 기억한다. 태아의 행동은 과거에 한 행동과 하지 않은 행동에 관련되어 있으며, (태아는) 자신의 [과거의] 선한 행위와 악한 행위를 생각한다. 수천 개의 다른 자궁으로부터 (태어났던 과거의 출생들을) 조사한 후, (태아는 생각한다.): 과연 나는 다양한 음식을 맛보았고, 여러 젖꼭지를 빨아보았다. 살아있고 또한 죽은 존재들은 계속하여 재생한다. 아! 나는 이러한 고통의 바다에 잠겨 있고, 그 무엇도 나를 구할 수 없도다! 내가 어떤 선한 일이나 나쁜 일을 했는지, 그것들이 나에 관해서는-나 홀로 그 결과의 고통을 감수해야 한다. 왜냐하면 그것들이 그러한 방식으로 가버렸기 때문이다. 나는 (과거의 나의 행위들의) 열매를 맛본다. 만약 내가 자궁에서 도망칠 수 있다면, 나는 삼키야 요가(Sāmkhya-

---

231 Julius Lipner, 위의 글(주229), 55면에서 재인용 및 번역함. 이 관점은 Viṣṇu Purāṇa의 설명이며 다음에서 인용된 것으로 소개된다. Minoru Hara, "A Note on the Buddha's Birth Story," in *Indianisme et Bouddhisme* (Melanges offerts a Mgr. Etienne Lamotte), Louvain-la-Neuve: Publications de l'institut Orientaliste de Louvain, 23, 1980, pp. 148-9.

Yoga, 세속과 초월과 연관된 자아의 본성에 대한 통찰)를 공부할 것이다. 이는 모든 악을 파괴하고 해탈의 보상을 줄 것이다. 만약 내가 자궁에서 도망칠 수 있다면, 나는 내 자신을 시바(*śiva*, 인도 시바 종교의 최고 신)에게 내어줄 것이다. 그녀는 모든 악을 제거하고 해탈의 보상을 줄 것이다.[232]

위와 같은 해석을 염두에 둘 때, 힌두교적 관점에서 출생의 과정은 윤회를 통해 반복되고, 그 자체가 고통의 경험을 의미한다. 인간의 의식이자 영혼으로서 아트만의 발달에 대하여 살펴보면 다음과 같다.

(임신이 이루어진 후) 첫 달에 배아가 형성되며, 몇 초 지나지 않아 … 하나의 작은 덩어리가 된다. 만약 이것이 공 모양(*pinda*)이라면, 배아는 남자이며, 만약 길쭉하게 생겼다면(*pesi*), 이는 여자다 … 세 달째가 되면, 다섯 개의 돌기가 손과 다리, 머리에 생겨나며, 몸의 다른 사지와 부분들의 분화는 아직은 보이지 않는다. 넷째 달에, 이러한 다른 사지와 부분들의 분화가 확실하게 보이지만, 구별된 범주로서의 인식은 태아의 심장의 형태에 따라 나타난다 … 또한 넷째 달에, 태아는 감각-대상에 관한 욕망을 표현한다 … 다섯 째 달에 결합하는 감각(*manas*)이 더욱 확실해 지고, 여섯 번째 달에는 지능(*buddhi*)이 분명하게 나타난다. 일곱째 달에는 몸의 사지와 부분들의 분화가 더욱 세밀하게 되고, 여덟째 달에는 생명력(*ojas*)이 집중된다 … 그리고 아홉 번째부터 열두 번째 달 동

---

232 Julius Lipner, 위의 글(주229), 55면에서 재인용 및 번역함. 이 관점은 *Garbha Upaniṣad*의 설명이며 출처는 다음에서 인용된 것으로 소개된다. *Garbha Upaniṣad: Anandasrama* pp. 162-3. 괄호 안의 설명은 필자가 보충하였다.

안에 출산이 되고, 다른 (임신은) 폐기된다.²³³

　지금까지 살펴보았듯이, 힌두교적 배아의 생명권은 인간의 업과 연관된 고통과 분리하여 볼 수 없다. 배아로부터 생명을 부여받는 전 과정은 고통이며, 따라서 궁극적으로는 해탈한 영혼을 지향하기 때문에, 힌두교에 있어서 생명의 시작은 업(karma)에 대한 그들의 신앙과 관련되어 있다. 다만 배아와 생명권이나 태아의 지위는 아직 완전한 인간으로 발달된 것은 아니지만, 궁극적으로 해탈로 이어져야 할 예비적 존재이기 때문에, 이미 임신의 순간부터 하나의 인격체로 인정하는 관점이 중시된다는 점은 중요하다고 본다.

VII. 유교적 관점에서의 배아의 생명권

　유교의 기본 원리는 '생의(生意)'와 '인심(仁心)'이다.²³⁴ 이러한 사상의 바탕에는 공자의 가르침이 있으며, 그 핵심은 인(仁) 또는 측은지심(惻隱之心)이라 말한다. 시대에 따라 다양한 모습으로 발전할 가능성이 있는 유교의 생명관은 인간이 이루는 사회를 거대한 하나의 유기체로 본다. 인간과 자연 모두 '살려는 의지'를 가진 존재로 보는 유교의 생명관은 인위

233　Julius Lipner, 위의 글(주229), 55-56면에서 재인용 및 번역함. 이 관점은 Suśruta saṃhitā의 설명이며 출처는 다음에서 인용된 것으로 소개된다. Suśruta saṃhitā, ch. 3, pp. 299 & 301.

234　김세정, 왕양명의 생명 철학(청계), 2006, 508면 이하. 참고로 필자는 선행 연구를 통하여 유교의 일반 생명 개념을 정리한 바 있다. 일부 내용 중 본 글의 전개를 위한 재인용의 경우는 별도의 재인용 부호 없이 패러프레이즈 하였음을 밝힌다. 더 자세한 내용은 아래를 참고하시오. 유경동, 『기독교와 세계』(에듀 컨텐츠), 2009, 176-178면.

적으로 조작하는 것을 거부한다.

유교의 생명관은 근본적으로 혈연을 중시하며, 그것을 통해 생명관을 전개해 나가는 것을 알 수 있다. 이러한 것은 '예기(禮記)'를 통해 알 수 있다. 즉 몸은 부모의 유체이며 인간의 몸은 부모의 유체로부터 시작되었기 때문에 공경스럽게 다루어야하는 것이다.[235] 즉 생명이 아득히 먼 조상들과도 연결되어 있음을 깨닫고 생명을 도덕적 범주뿐만 아니라, 생명 창조의 원리가 되는 생생불식(生生不息, 정지가 없이 부단히 생장)이라는 관점에서 파악하여야 한다는 관점이 형성된다.[236] 이런 사상을 바탕으로 유교에서 성인이란 도덕적인 범주를 넘어서 생명 창조 원리인 '생생불식'을 알고 이를 위해 노력하는 것을 강조하는 사람이라 말한다. 여기서 인간이 가진 생명은 자연 안에서 존재함으로써 의미와 기능을 나타내는 것이다.

'주역'과 '중용'에는 이런 '생생불식'의 생명 창조 원리에 대해 말하고 있다. 이 책들을 살펴보면, 만물은 끊임없이 생명을 창조하며 살리고, 기르는 생명체라 말한다. 음양으로 구성된 천지는 상호 영향을 주며 끊임없이 만물을 만들며 길러 나간다. "음양은 상반되는 성질을 갖고 있는데, '상반(相反)'이라는 관계성 자체가 교감과 조화의 계기가 됨으로써 운행의 원동력이 마련되며, 균형 있게 정립된 음양의 교감에 의해 만물이 화생(化生)한다."[237] 유교에서 인간의 생명은 매우 중요하지만, 다른 생명과의 조화 역시 중요하게 생각하며, 우주 자연의 질서에 따라서 생명

---

235 김세정, 위의 글(주234), 512면에 기록된 김세정의 번역 재인용. '예기(禮記)', 제의(祭義)편, '曾子曰, 身也者, 父母之遺體, 行父母之遺體, 敢不敬乎'

236 김세정, 위의 글(주234), 516면 이하.

237 김세정, 위의 글(주234), 517면에서 정리한 내용을 재인용. 원문은 '주역(周易)', 태괘(泰卦), 상(象), '天地交而萬物通也,' 참조) 이상익, 『儒家, 社會哲學 硏究』 (심산, 2001), 50-51면.

을 낳고 기르는 것이 그 중심이 되기 때문에, 이것을 실행하는 것이 선이며, 그 바탕에는 천도가 있는 것이다.238

유교에서는 부부의 결합을 생명의 탄생의 기본으로 생각하며, 모든 생물의 번식의 기본 모델로 여긴다. 따라서 부부 사이의 관계성과 그 가운데 도덕을 형성하는 것을 중시한다. 따라서 인간 복제와 같은 무성 생식은 유교의 기본 개념을 크게 흔들 뿐 아니라, 그 사상과 반대되는 것이라 볼 수 있다. 착한 본성을 가지고 태어난 인간이 도덕성을 발휘해 남을 돕는다는 관점은 타 종교와 크게 배치되지 않지만, 인간복제의 경우 부부관계의 단절을 나타내며, 인간의 존엄성을 떨어뜨리기에 생물학적 관계에 근거한 인간다움이 가장 기본적인 진리로 받아들여야 한다고 유교에서는 말하고 있다.239

유교적 관점에서 생명의 시작과 끝은 생물학적으로 구성된 가정 공동체와 연관된다. 특히 배아의 생명권은 언제나 그 산모의 생명과 결부되어 정의된다. 태아의 인간됨은 산모-태아의 관계를 통해 형성되기 때문에 유교적 관점에서 인간됨의 과정은 상대적이고 공동체적이라고 할 수 있다.240 아울러 전통적인 유교적 관점은 배아의 생명에 대하여 보수적이다. 따라서 태아 또한 보수적인 유교적 입장에서 도덕적인 근거를 가지게 된다.241 특히 유교 철학의 생명존중 개념은 가족 개념에 근거하여

---

238   김세정, 위의 글(주234), 518면 이하.
239   조남욱 외, 현대인의 유교 읽기(아세아문화사), 2005, 76면 이하.
240   Edwin Hui, "Personhood and Bioethics: A Chinese Perspective," Renzong Qui ed., *Bioethics: Asian Perspective: a Quest for Moral Diversity* (Boston: Kluwer Academic Publishers, 2004), 41면 이하.
241   Jing-Bao Nie, "Chinese Moral Perspectives on Abortion and Foetal Life: an Historical Account," *New Zealand Bioethics Journal*, October, 2002, 3(3), 15면 이하.

있다고 본다. 태아의 생명의 중요성은 그것이 유교의 가족 중심적 덕, 예를 들어, 효(孝), 또는 자애(慈愛) 등과 같은 덕들과의 연관성 속에서 정의된다.

한편, 유교는 생명의 자연적 과정과 자연의 창조적 힘을 중시하며, 따라서 끊임없이 이루어지는 성장과 창조의 생동적인 혼을 중요시한다. 유교의 중요한 자연철학적 개념인 역(易)은 곧 생성하고 생성하는 과정을 의미한다. 일반적으로 낙태가 유교의 관점에서 허용될 수 없는 이유는 낙태가 잠재적 인간 생명을 죽이는 것이고, 따라서 일반적인 유교의 생명존중과 가족의 이상에 반하기 때문이다. 가족의 이상은 곧 아이를 임신하고 출산하며 양육하는 전 과정을 포함한다.[242]

가족적인 관계를 중심으로 개인의 가치와 정체성을 정의하는 유교적 관점에서 인간의 몸은 철저히 그 부모에 연결된 가지와 같은 존재로 본다. 자기 자신의 몸을 제대로 가꾸거나 돌보지 않는 것은 곧 그 부모에게 불명예를 끼치는 것이다. 따라서 생명을 다루는 의료인의 역할에 대해서는, 그들이 환자를 제대로 돌보지 못하는 것 또한 그 환자의 가족 또는 선조들을 욕되게 하는 것이며, 더 크게는 전체 인간 공동체를 욕보이는 행위라고 할 수 있다. 이는 유교가 기본적으로 가족의 우선성을 강조한다는 점과 연관된다.

예를 들어, 자녀는 그 부모의 행복을 보장함과 동시에 그들의 노년에 이르기까지 그들을 보호해야 할 역할-의무가 있다. 유교적 관점에서 각 개별 주체가 가진 역할-의무를 이행하지 않는 것은 중대한 도덕적 죄이

---

242 Philip J. Ivanhoe, "A Confucian Perspective on Abortion" Dao, 2010. 9., 41-42면. 이 단락은 필립 이반호의 입장을 요약하였다.

다. 의료인이라면, 그들이 자신의 부모 또는 다른 가족 구성원에게 해야 하는 역할-의무가 있듯이, 그 환자들을 제대로 돌보지 못하는 것이 심각한 도덕적 죄가 될 수 있다. 이를 근거로 해서 보면, 생명과 연관하여 적극적인 안락사뿐만 아니라, 생명 유지 장치를 제거하는 소극적 안락사 모두 유교적 관점에서는 정당화되기 어렵다고 볼 수 있다.[243]

지금까지 살펴보았듯이, 유교적 관점에서 배아의 생명권은 보편적 인류애라고 할 수 있는 인(仁)의 사상에 근거하여 가족주의적 측면이 강조되는 것을 알 수 있다. 인간의 생명 현상은 천지만물과 하나된 것이며, 인심(仁心)을 통하여 인류를 생명체로 본다는 관점에서 유기적이라고 할 수 있다. 특히 양명학에서 살펴본 배아의 생물학적 관점은 유성생식을 통한 부부 공동체의 덕과 윤리를 중시하기에 미시적 관점에서 배아의 지위나 생명권이 유지되기 위하여서는 보다 근본적으로 부모와 부부로서의 성품과 인덕이 강조된다는 측면에서 매우 교육적이라고 할 수 있다. 결국 배아의 지위는 독자적으로 구성되는 것이 아니라 가족과 나아가 국가적 공동체까지 연관된다는 점에서 현실적이며 보다 구체적인 윤리적 의미를 가진다고 할 수 있다.

VIII. 결론

배아를 중심으로 한 인간의 생명에 관한 각 종교의 관점은 다소 차이

---

243 Cecilia Wee, "Confucianism and Killing versus Letting Die," Wanda Teays, John-Stewart Gordon, and Alison Dundes Renteln, ed., Global Bioethics and Human Rights: Contemporary Issues (NY: Rowman & Littlefield, 2014), 257면 이하. 가족과 가정의 가치 및 의료인의 역할에 대한 이 단락과 앞 단락의 내용은 세실리아 위의 입장을 소개하였다.

가 있는 것은 사실이다. 아브라함의 종교라고 불리는 유대교, 기독교, 그리고 이슬람에서 생명은 생물학적인 발전 과정에 생기는 것이 아닌 하나님이 주신 것이다. 특히 영혼이 배아에게 주입되는 과정을 통하여 인간으로 발전하여 나간다는 관점은 이들 종교의 특징이라고 할 수 있다. 힌두교와 불교의 경우에 배아를 위시한 생명이 형성되는 과정은 업(karma)이며, 순환되는 생명 주기의 한 부분으로 해석되고, 유교적 관점에서 생명의 시작은 우주적 공동체의 일부로 간주된다.

각 종교에서 나타난 배아의 생명권에 대한 해석의 윤리학적 함의는 크게 세 가지로 정리할 수 있다고 본다. 그것은 각각 개체성과 공동체성, 그리고 교육적 관점에서의 성품과 덕의 함양으로 볼 수 있다.

배아의 생명권에 대한 개체성은 인간의 영혼과 연관하여 강조될 수 있다. 생명이 수정 이전에 선재적으로 신으로부터 부여된다는 관점은 각 생명의 고유성과 차별성이 강조된다. 유대교와 기독교, 그리고 이슬람 종교에서 나타나는 이와 같은 해석은 현대 생명 과학에서 배아나 태아의 지위에 대한 기능적 해석을 넘어서는 보다 심오한 인간 이해를 가능하게 한다고 본다. 이와 같은 서구 종교들의 특징은 배아의 잠재성이나 관계성보다는 '구원'이라는 초월적 개념과 연관되어 있다고 볼 수 있다.

배아의 생명권에 대한 공동체성은 불교와 힌두교의 경우처럼 인간의 생명을 유기적으로 해석함으로써 생명의 상호 관계성과 더불어 자연적 질서 안에서 인간의 생명을 고유하게 판단한다. 배아로부터 시작되는 인간의 생명은 업(karma)을 극복하고 해탈의 과정을 통하여 궁극적 존재로 향해 나아가는 특성을 가진다. 이 업은 존재의 인과원리로서 인간은 고통을 극복하고 환생함으로써 생명의 유지를 지속하여 한 존재의 양태로부터 다른 존재로 옮겨가야 하는 의무를 지닌다. 따라서 배아 자체도 이러한 해탈을 바라는 유기적 존재이며, 인간 존재의 사슬에서 벗어나야 할 전체 생명 현상과 연관되어 있다는 점이 강조되고 있다.

배아의 생명권에 대한 성품과 덕의 함양에 대한 강조는 유교적 관점에서 강조되어야 하는 요소라고 본다. 보편적 인류애를 중시하는 유교적 인(仁)의 강조는 부모가 될 부부의 덕과 성품이 전제됨을 알 수 있다. 배아는 인간의 전 생애의 과정 중 극히 작은 일부분에 속하지만, 배아와 수정 전후, 출산, 가족, 그리고 사회라는 전체 틀에서 조화를 중시함을 볼 수 있다.

현대 생명 과학에서 중시하는 배아의 생명권과 지위는 다양한 입장을 취하지만 배아를 둘러싼 위의 종교적인 관점들은 과학적 방법론에 공동체성과 개체성, 그리고 가족과 같은 상호성을 강조하기 때문에 생명과학에 있어서 종교적 차원의 이해도 매우 중요할 수 있다. 과학은 가설과 실험을 통한 합리적 체계 위에 세워진 지식이며 인류 사회의 발전을 위하여 공헌하고 있음은 부정할 수 없다. 그럼에도 불구하고 과학 기술의 발전에 있어서 생명을 중시하는 도덕과 윤리의 필요성은 생명과 연관된 책임과 인간성을 배양하는 기술 공학, 그리고 자연과의 조화가 강조되는 가치가 중시되고 있다. 이런 맥락에서 배아와 연관된 종교적 관점의 생명 이해는 비록 현대의 생명 과학적 관점과 지식에 차이는 있지만 인간을 가치 지향적으로 이해하는데 훨씬 큰 도움이 될 것이다.

참고문헌

고영섭, 불교와 생명(불교춘추사), 2008.

김세정, 왕양명의 생명 철학(청계), 2006.

조남욱 외, 현대인의 유교 읽기(아세아문화사, 2005)

Condic, Maureen L., *When Does Human Life Begin: A Scientific Perspective (Westchester Institute White Paper Series)*, 1(1), (NY: The Westchester Institute for Ethics and the Human Person), 2008.

Coward, Harold G. /Lipner, Julius /Young, Katherine K., et al, *Hindu Ethics: Purity, Abortion, and Euthanasia* (Albany, NY: State University of New York Press), 1989.

Crawford, S. Cromwell, *Hindu Bioethics for the Twenty-First Century* (Albany, NY: State University of New York Press), 2003.

Disney, Lindsey and Poston, Larry, "The Breath of Life: Christian Perspective on Conception and Ensoulment," *Anglican Theological Review*, Spring, 2010, 92(2).

Dorff, Elliot N., *Matters of Life and Death: A Jewish Approach to Modern Medical Ethics* (Philadelphia, PA: The Jewish Publication Society), 1998.

Eberl, Jason T., "Aquinas's Account of Human Embryogenesis and Recent Interpretations," *Journal of Medicine & Philosophy*, August, 2005, 30(4).

Faruqi, Yasmeen Mahnaz., "Islamic View of Nature and Values: Could these be the Answer to Building Bridges between Modern Science and Islamic Science," *International Education Journal*, 2007, 8(2).

Kawada, Yoichi, "The Buddhist Perspective of Life and the Idea of Human Rights," *The Journal of Oriental Studies*, 2011.

Keown, Damien/ 허남결 역, 불교와 생명 윤리(불교시대사), 1995.

Nie, Jing-Bao, "Chinese Moral Perspectives on Abortion and Foetal Life: an Historical Account," *New Zealand Bioethics Journal*, October, 2002, 3(3).

Pellegrino, Edmund D. et al., *Jewish and Catholic Bioethics: An Ecumenical Dialogue* (Washington D,C.: Georgetown University Press), 1999.

Qui, Renzong, *Bioethics: Asian Perspective: a Quest for Moral Diversity* (Boston: Kluwer Academic Publishers), 2004.

Sachedina, Abdulaziz, *Islamic Biomedical Ethics: Principles and Application* (Oxford: Oxford University Press), 2009.

Steinberg, Avraham, "The Beginning of Life: Jewish Perspectives," Blazer S. and Zimmer EZ ed., *The Embryo from Conception to Birth, Scientific Discovery, Medical and Ethical Dilemmas* (Basel: Karger), 2005.

Weber, Bruce, "Life," in The Stanford Encyclopedia of Philosophy, Spring 2006 edition, ed. Edward N. Zalta.

에른스트 블로흐(Ernst Bloch)의 낮꿈과
유토피아를 넘어: 베드로의 낮꿈과 하나님의 나라[244]

1. 서론

꿈이나 꿈을 꾸는 행위는 고대부터 철학적 논의의 주제였다. 역사적으로 꿈에 대한 주제는 주로 인간의 무의식에 대한 회의주의의 맥락에서 이루어졌다. 아무리 의식적으로 노력한다고 할지라도 인간이 꿈을 꾸는 행위를 중지할 수 없기 때문에 꿈을 인간 이성의 영역 밖으로 보기도 하였다. 20세기 이후에는 꿈에 대한 철학적 관심은 점차 인간의 의식과 연관된 마음의 철학으로 바뀌었다. 꿈이 지속되는지, 단순히 각성되어 있던 순간에 삽입된 기억의 결과물인지, 꿈은 단순히 잠자는 동안 발생하는 환상이나 망상에 불과한 것인지, 아니면 상상력의 경험인지에 대한 논의가 있어왔다. 그러나 이 모든 사안에 대하여 합의는 없었더라도 프로이드(Sigmund Freud) 이후에는 꿈에 대한 해석은 인간의 무의

---

244 본 글의 출처는 다음과 같다. "에른스트 블로흐(Ernst Bloch)의 낮꿈과 유토피아를 넘어: 베드로의 낮꿈과 하나님의 나라," 장로회신학대학교, 선교와 신학 37, 2015.10. 205-232.

식적 심리와 욕망의 관계로 보는 경향이 지배적이다. 한편 그의 제자 융(Carl Jung)은 꿈을 인간 무의식으로부터 분리된 현재 의식으로 보기 때문에, 기독교적 관점에서 그의 관점을 수용하는 입장을 취하는 경향도 있어왔다. 융의 꿈 해석은 인간 심연의 초월적 무의식을 신성의 영역으로 등치하여 인간 내면의 정신적 에너지와 집단 무의식을 통한 인격적 완성으로서 개체화를 강조하기 때문에 기독교적 영성 신학의 관점에서 수용하는 입장을 보게 된다.

종교적인 관점에서 꿈이 실제 계시와 믿음을 함유하는지, 아니면 꿈을 꾸는 행위와 종교적 행위의 관계에 어떤 요소들이 있는지 밝히려는 다양한 시도가 있었다. 기독교 세계관을 보면, 구약과 신약에서는 꿈의 해석은 독특한 관점을 취한다. 그것은 꿈을 통한 하나님의 계시적 영역에 대한 강조이다. 즉 꿈을 통하여 하나님은 당신의 백성에게 일어날 일과 하여야 할 일을 전하기도 한다. 꿈이 인간 정신의 자유로운 영역이며 하나님과의 영적 교제라는 꿈의 내용은 개별적 존재의 개체성이 강조되는 면이 없지 않았다. 그러나 점차적으로 교권이 확립되며 아퀴나스와 스콜라 철학의 성장, 성경에 대한 절대 믿음, 그리고 계몽주의 이후 인간 이성의 강조에 의하여 기독교 세계관에서 꿈의 문제는 점차적으로 주변화되어 가고 있다고 본다.

필자는 이 글에서 꿈과 신앙의 관계에 대하여 신학적 관점에서 윤리적인 행위와 책임의 문제에 대하여 연구하고자 한다. 이는 꿈이란 단지 욕망이나 무의식의 현재화에 그치는 것이 아니며, 그렇다고 다다르지 못하는 무의식 너머의 초월의 영역에 대한 신비를 반영하는 것이 아니라고 본다. 꿈은 최소한 기독교적 관점에서 오히려 윤리적 현재화를 지향하는 무의식의 발로이며, 삶의 에너지를 확장하는 신앙의 발현으로 보는 것이다. 즉 꿈은 인간이 행동해야 할 윤리적 요소와 당위성을 내포하며 신앙과 연관된 하나님의 계시 사건으로서 여전히 의미를 가진다고 본다. 필자가 주목하는 것은 꿈에 대한 해석에서 프로이드(Sigmund Freud)와 대척점에 있었던 에른스트 블로흐(Ernst Bloch)의 '낮꿈' 이론을 중심으로 의식과 유토피아적 이상에 대한 그의 해석을 살펴보고, 사도행전 10장에 나타나는 베드로와 고넬료 가정의 구원 사건에 등장하는 낮꿈의 해석을 통하여 꿈과 윤리의 맥락에서 해석하고자 한다.

필자가 전개하고자 하는 논지는 크게 세 가지이다. 첫째, 에른스트 블로흐의 낮꿈의 해석을 프로이드와 비교하면서, 그 핵심적인 관점을 살펴보도록 하겠다. 블로흐의 낮꿈과 프로이드의 밤꿈의 해석, 욕망의 발산과 유토피아의 출현이라는 블로흐의 꿈 해석을 살펴보겠다. 둘째, 사도행전 10장의 베드로의 낮꿈과 연관한 종교적 이상의 의미와 윤리적 책임에 대한 문제를 '하나님의 나라'라는 범주화를 통하여 분석하여 보겠다. '의식과 무의식을 주관하는 하나님의 구원 계획'과 성령의 명령에 대한 '윤리적 결단', 그리고 이를 통한 '하나님 나라의 실현'이라는 관점에서 베드로의 낮꿈을 살펴보면서, 한편 블로흐의 낮꿈에 대한 한계를 짚어보도록 하겠다. 그리고 마지막으로 종교적 꿈의 윤리적 함의에 대하여 몇 가지 관점을 제시하도록 하겠다.

II. 프로이드(Sigmund Freud)의 밤꿈

에른스트 블로흐의 낮꿈은 프로이드의 밤꿈과 다른 차원에서 해석된다.²⁴⁵ 먼저 프로이드의 꿈 이론에 대하여 핵심 내용을 살펴보면, 그는 꿈을 각성 상태에서 억압된 기본적 욕망의 무의식적 표현으로 정의한다. 이러한 정의는 인간이 꿈을 꾸는 행위는 자발적이고 능동적인 것이 아니라, 불가피하게 꿈을 꾸게 된다는 기본적 관찰에서 나온다. 그에게 꿈이란 각성된 삶이나 경험되어진 현실로부터 완전히 단절된 것으로서 인간의 꿈 경험은 무의식적으로 삽입된 이질적인 것이다.²⁴⁶ 프로이드는 꿈은 현실과 구별된 환상적 경험을 제시하지만, 사실은 철저하게 개인의 실제 경험에 의존하고 있으며, 꿈에 나타난 어떤 행위나 상징은 인간의 보편적인 성적 욕구의 왜곡된 형태로 해석될 수 있다고 보았다.

프로이드의 꿈 이론은 일단 꿈을 인간의 무의식의 표현으로 이해한다. 특히 그는 기능적 측면에서 꿈은 특정한 사명을 수행한다고 가정한다. 그는 꿈이 인간에 의해 문화적으로 나타난 것은 아니며, 인간의 과거로부터 보편적으로 경험해 온 정신적 활동으로 본다. 잠을 자는 동안 인간의 정신은 의식적으로는 외부 세계와 단절되지만, 본능적으로는 무의식적으로 외부 세계를 인식하고 있다. 프로이드는 인간의 기본적 자아로서 이드(id)는 전적으로 인간의 무의식적 정신의 영역으로서, 통제할 수 없지만 조직적으로 이를 억누를 수 있다고 본다. 프로이드식으로 보면, 꿈은 이렇게 억압되어 있는 무의식적 자아의 출현으로 설명될 수

---

245 참고로 필자는 블로흐의 '낮 꿈'과 연관하여 프로이드 이론과 성경의 베드로의 꿈과 연결하여 그 의미에 대한 신학적 단상을 일부 선행 연구를 통하여 서술하였음을 밝힌다. 이 글에서는 이전의 신학적 단상을 좀 더 구체적으로 전개하였으며, 블로흐와 프로이드를 체계적으로 분석하여 성경의 '꿈'에 대한 신학적 원리를 밝히고, 기독교 윤리학적 관점을 제시하는데 주안점을 두었음을 밝힌다. 아울러 일부 내용은 별도의 재인용 부호 없이 재인용하고 일부는 패러프레즈 하였음도 밝힌다. 선행 연구에 대한 내용은 다음을 참고하시오. 유경동, 『한국 기독교 사회 윤리의 쟁점과 과제』 (감리교신학대학교 출판부, 2006), 79-82.

246 Sigmund Freud, *The Interpretation of Dreams*, trans. by James Strachey (New York: Basic Books, 2010), 43-44.

다.

꿈의 일차적 기능은 심리적 차원에서 소망 실현(wish fulfillment)에 있다. 낮 동안 인간은 자신이 실현할 수 없는 많은 욕망을 가지고 있다. 이러한 욕망들은 이드(id)에 의해 끊임없이 나타난다. 욕망이 때로는 인간의 행동을 이끌어 내는 충동을 일으키기도 하지만, 인간은 사회적으로 어떠한 반사회적 행위에 대해서는 통제해야 할 필요성이 있기 때문에, 조직적으로 이를 억압한다. 따라서 이렇게 억압된 이드의 소망이 꿈을 통해 실현됨으로써, 또는 실현되었다고 믿게 함으로써, 실현 불가능한 반사회적 욕망들이 더 이상 낮에 발현되지 않게 된다고 프로이드는 보았다.[247]

꿈은 지시적(indicative) 내용과 명령적(imperative) 내용에 의존한다. 마음의 지시적 상태란 나의 재현적 체계(representational systems)가 세상을 어떤 특정한 방식으로 보여주는 상태를 말한다. 예를 들어, 믿음이 지시적 내용을 포함하는데, 내가 정확하게 비가 오고 있다고 인식하고 그렇게 믿으면, 나는 지시적인 재현적 정신 상태를 가진다고 할 수 있다. 반면에 마음의 명령적 상태란 세상이 어떠해야 한다는, 즉 현재 상태와 다른 어떤 상태를 바라는 욕망으로 표현된다. 이렇게 본다면, 꿈이란 욕망을 억제하기 위하여 명령적 상태의 표현을 지시적 표현으로 바꾸는 것을 의미한다. 우리는 꿈에서 무언가를 보고, 그것이 마치 우리 앞에 있는 것처럼 믿는다. 이것이 바로 우리가 원하고 우리가 욕망하는 바이며, 우리가 그것을 가진다고 믿는 순간, 그 욕망은 완전히 정복되고 의식이 깨어 있는 상태에서는 더 이상 그러한 욕망을 추구하려고 노력

---

[247] 위의 책, 234.

하지 않게 되는 것이다.[248]

지금까지 살펴본 프로이드의 꿈에 대한 해석과는 달리 블로흐는 꿈을 인간의 의식이 꿈이라는 무의식적 표현과 연관된다고 보았다. 프로이드가 주로 과거의 억압된 성적 욕망의 경험이 밤꿈을 통해 재현되고 실현됨으로써 그 욕망을 성취하고, 만족시킴으로써 욕망이 단절된다고 보는 반면, 블로흐는 꿈이란 현실에서 자신에게 없는 것을 인식하고, 이를 실현하기 위한 유토피아적 이상을 표현하는 '낮꿈'과 같은 것이라고 본다. 블로흐는 프로이드의 꿈 이론이 프로이드도 주장한 바, 거품처럼 덧없는 것도, 그렇다고 예언적인 신탁도 아닌 그 사이라고 보면서, "환각으로 화한 갈망의 성취이자, 아울러 어떤 무의식적 바람에 대한 가상적 실현이 바로 꿈의 기능"이라는 프로이드의 기본적인 입장에는 동의하고 있다.[249] 블로흐는 프로이드의 꿈 이론이 과거 지향적이며 완료와 단절을 전제하고, 그리고 자신의 이론은 미래지향적이며 지속적인 경향성을 가진다고 주장한다. 그럼에도 불구하고 프로이드의 꿈 이론은 블로흐의 미래 지향적 요소를 결여하고 있기 때문에 낮꿈을 통한 그의 해석은 희망의 원리로서 유토피아적 요소를 내포하고 있다. 다음에서 그 원리들을 살펴보자.

---

248 Ben Springett, "Philosophy of Dreaming", Internet Encyclopedia of Philosophy, URL=http://www.iep.utm.edu/dreaming/

249 Ernst Bloch, 『희망의 원리, 1권』 (박설호 역, 열린책들, 2004), 160.

III. 에른스트 블로흐(Ernst Bloch)의 희망의 원리로서 낮꿈

에른스트 블로흐(Ernst Bloch)는 희망과 자유를 성취하려는 인간의 욕망이 인간의 일상에서 어떻게 나타나는지에 대하여 관심을 가졌다. 블로흐는 희망과 유토피아를 단순히 낙관적인 입장에서 접근하지 않는다. 왜냐하면 인간의 희망이 단지 부정을 부정하려고 하거나, 또는 부정으로부터 나아가려는 소망의 위험성을 잘 알고 있었기 때문이다. 블로흐는 프로이드가 억압된 과거에 대한 트라우마와 같은 악몽에 심하게 집착했다고 보았다. 프로이드에게 있어서 모든 꿈, 특히 낮꿈의 환상 같은 것들은 인간 개인의 성적 욕망을 억압함으로써, 성적인 의미를 함유한 소원을 담은 꿈이 무의식적으로 드러나는 것을 의미한다. 반면에 블로흐는 실제로 인간을 움직이게 하는 것은 더 나은, 더 밝은 세상에 대한 몽상들이라고 주장한다. 그렇기 때문에, 블로흐는 '희망의 원리(The Principle of Hope)'를 통하여 꿈과 동화, 스포츠와 음악, 사랑과 같은 방식을 통해, 인간은 자신의 소망을 표현하며, 때로는 그것이 아직은 이루어질 수 없는 희망을 표현하고 함의하고 있지만 미래로 향하는 것이라고 보았다.

블로흐가 제시하는 이 세계에 대한 '희망의 원리'는 '만약 그렇게 된다면'이라는 가정과 함께 작동한다. 특히 희망의 원리로서 존재는 잠재력으로서 발전하는 총체성의 일부이며, 과연 그 잠재성이 실현될 수 있는지의 여부는 불투명하다. 왜냐하면 존재는 세계 물질로서 생성 과정에 있으며 물질의 조건에 의지하기 때문이다. 이 유물론적 생성의 과정은 도덕적 유토피아적인 측면에서 정치적 형이상학을 전제하기 때문에, 미래의 희망은 아직 알려지지 않은 전체성이자 최고의 선이 된다. 따라서 미래에 대한 희망의 가정이 곧 바라는 미래가 실현된다고 믿는 식으로 가정이 그대로 실재로 치환된다면, 그것은 더 이상 유토피아가 아니며, 단지 몽상에 불과하게 된다.[250]

에른스트 블로흐가 주장하는 그의 '희망 철학'에서 인간은 '아직-아닌-존재(the Not Yet)'이며, 그 출발은 굶주림과 어두움과 같은 인간 실존의 갈망과 연관이 된다. 갈망은 마치 인간의 내부에서 끊임없이 충동하는 것으로서 스스로 자족할 줄 모르는 돌출되지 못한 그 무엇이다. 그것은 마치 인간이 자신의 몸속에서 맥박치게 하는 것이 무엇인지 의식하지 못하고, 그리고 어떻게 혈액이 온몸을 흐르고 심장이 뛰는지 모르는 채 살아가는 것과 같이, 인간 존재의 의식은 이와 같이 서로 뒤엉킨 것과 같이 되어 있다고 블로흐는 보았다.[251] 블로흐는 인간의 갈망과 상상이 인간의 내부에서 작동하지만, 직접적으로 어떤 행위를 이끌고, 또한 이를 완수하지는 못한다. 왜냐하면 이러한 갈망이 실제적으로 실현되기에는 많은 변수가 있기 때문이다. 다만 갈망, 즉 굶주림과 어두움과 같은 요소들은 블로흐에게 인간을 존재케 하는 충동이나 생명력과 같은 것이다.

그는 인간 존재의 내적 갈등인 굶주림이 개인의 심리적 개념인 리비도(libido)에 맞닿아 있다면, 어두움은 사회 경제적 차원에서 해석되어야 하는 유토피아적 희망, 곧 낮꿈과 연관된다고 보았다.[252] 프로이드의 꿈이 낮 동안에 억압된 무의식이 자율적으로 발현되고 가상적으로 꿈

---

250 Ernst Bloch, *The Utopian Function of Art and Literature: Selected Essays*, trans. by Jack Zipes and Frank Mecklenburg (Cambridge, MA: The MIT Press, 1989.), 3.
251 Ernst Bloch, 『희망의 원리, 2권』, 593.
252 위의 책, 번역자의 각주 539 참고.

속에서 실현되는 것이라면, 블로흐의 낮꿈은 의식 내부에 아직 스스로 성숙되지 않은 것, 실현되지 않은 것에 대한, 즉 의식적으로는 약화되어 있지만, 확고한 잠재성으로 남아 있는 어두움을 의미한다. 그러나 실현되지 않은 잠재성은 유토피아의 이상과 연결이 되어 하나의 사회문화적 보편성을 담지한 이상향이 되고 인간성의 실현을 위한 프로젝트가 되는 것이다.

블로흐에게 어두움이라는 낮꿈의 요소는 부정적인 것이 아니라 그 정체를 개방성의 밝은 곳에서 드러내는 배경이 되며, 낮꿈의 개체들은 어둠에서 뛰쳐나와 유토피아로 향하게 된다. 이는 미성숙에서 성숙을 향하는 개체의 잠재성이 유토피아의 전선으로 뛰어드는 과정을 설명한다.[253] 이와 같이 낮꿈은 지속적인 경향성, 또는 지속적 잠재성으로서의 의미를 가지며, 단순히 억압된 굶주림을 무의식적으로 실현하는 것과는 구분된다. 프로이드의 밤꿈이 억압된 욕망과 그러한 욕망의 억압을 포함하는 과거의 기억을 꿈의 형태로 표현하고 실현함으로써, 리비도의 왜곡된 상에 만족하며, 과거 지향적이고, 그리고 한번 꿈을 통해 실현되면, 그러한 억압된 욕망이 사라지는 반면, 블로흐의 낮꿈은 현존하는 모습을 통해, 미래의 희망을 예측하거나 상상한다. 그리고 이렇게 상상된 꿈의 내용은 구체적인 사회 경제적인 배경에 근거하여 그 토대를 바꾸는 열망으로 바뀜으로써, 유토피아는 지속성을 가지는 것이다.[254]

---

253 위의 책, 597.

254 "가장 강렬한 지금의 삶은 아직 본연의 자신으로 변모하지 않았으며, 아직 자신을 보여주지도, 개방시키지도 않았다. 그렇기에 그것은 현존하는 모습, 존재의 현상을 전혀 드러내지 않고 있다. '실존하는 지금'은 모든 것을 충동하고, 이로써 모든 것을 약동하게 하며, 무엇과도 비교될 수 없을 정도로 체험되지 않은 무엇이다. 그것은 세상 속에서 끊임없이 활동하고 있으며, 자신을 거의 실현시키지 않은 채 다른 것들을 실현시키는 무엇으로 규정될 수 있다. 순간의 어둠은 이렇듯 스스로 활동한다." Ernst Bloch, 『희망의 원리, 1권』, 161, 2권, 605.

그렇다면 구체적으로 낮꿈의 내용은 무엇인가? 인간은 밤꿈을 통해서가 아니라, 낮꿈을 통해 미래를 현실화하며, 역으로 미래의 모습이 낮꿈을 통해 예견화된다. 프로이드는 환상이 낮꿈과 연관이 된다고 보았는데, 그것은 "탐욕적인, 동경하는, 그리고 에로틱한 일반 사람들의 갈망이 만족된 형태로 표상된 것"이라고 보았다.[255] 그러나 블로흐는 낮꿈은 밤꿈의 전 단계가 아님을 강조한다. 낮꿈은 프로이드가 생각한대로 밤에 꾸는 꿈의 예행 연습이 아니며, 밤꿈 또한 낮에 존재하였던 충동적 활동의 잔영이 아니다.

블로흐는 첫째, 낮꿈의 특성을 '자유로운 운행', 즉 인간의 의지에 의하여 스스로 꿈의 내용을 설정하는 영역이 확보되는 것이라고 보았다. 깨어있는 꿈의 욕구는 갇혀 있지 않으려 하기 때문에 "깨어있는 꿈속의 공간은 순수하게 꿈꾸는 자가 스스로 설정한 상상에 의해서 배치될 뿐이다."[256]

둘째, 자아는 낮꿈에서 밤꿈과는 달리 약화되어 있지 않으며, 몽상 속에 빠져 들어가지 않고, 오히려 열망과 함께 인간의 갈망을 상승시킨다.[257] 낮꿈에서 자아는 의식된 의지를 가지고 성숙된 자기 자신을 직면하며 성숙된 영혼의 움직임에 따라 꿈속에서 일치된 자아의 경험을 하게 된다.[258] "낮꿈 속의 자아는 의식을 떨쳐 버리지 않으며… 자아의 검열은 사라져버린다… 까닭은 무엇보다도 낮꿈 속의 자아를 감동시키고

---

255 위의 책, 176.
256 위의 책, 179.
257 위의 책, 178-180.
258 위의 책, 183.

강화시키며, 그리고 최소한 정당화시키려는 갈망의 상상에 기인하다."[259]

셋째, 낮꿈은 '세상의 개혁'과 연관이 된다. 밤꿈은 사적으로 자신의 것만 소유하고 있지만, 낮꿈을 꾸는 자는 열광하는 자아의 주위에 대한 관심을 가지고, 공동적으로 무엇인가 향상하려는 의지를 가지고 있다. 낮꿈은 외부로 향하며 공개적인 특징을 가지고, 무엇인가를 전달하려는 갈망과 연관이 된다.[260] 낮꿈은 "고난과 각박한 삶, 그리고 거칠고도 평범한 삶을 보내면서, 무언가를 계획하거나 형상화시킨다. 그렇게 함으로써 인간은 의식의 창문을 활짝 열어젖히며, 찬란하게 빛을 발하고 있는, 먼 곳으로 시각을 향하게 된다"고 블로흐는 묘사한다.[261]

넷째, 낮꿈은 "끝으로 향하는 운행"으로서 개방성을 지향하며, 정신적 차원에서 욕망의 문제를 해결하는 것으로 끝내는 것이 아니라, 급진적 최후, 즉 갈망을 성취하는 목적을 향하여 나아간다.[262] 이렇게 최후를 향하여 나아가는 낮꿈의 본질적 요소에는 "가능한 현실에 대한 진지한, 예측된 상"을 가지고 앞으로 도래할 형상을 미리 보게 되는 것이다.[263] 낮꿈에서 갈망은 실현되기 위하여 도래할 내용을 형상으로 투영하며 자신을 세계 안에서 확장하고 실현하기 위하여 목표를 가지게 된다.[264] 그리고 이제 그 목표가 유토피아가 되는 것이다. 이 내용을 다음 장에서 살펴보자.

---

259 위의 책, 184.
260 위의 책, 190.
261 위의 책, 191.
262 위의 책, 195.
263 위의 책, 197-202.
264 위의 책, 202-203.

IV. 희망의 원리로서 유토피아

앞에서 살펴본 바, 블로흐의 낮꿈은 유토피아를 지향하며 이는 아직 이루어지지 않은, 희망의 잠재적 표현이다. 그는 특히 현대 기술 과학의 발전으로 인해 유토피아를 단지 정신적 산물로 폄하해서는 안 된다고 본다. 물론 기술의 완전은 인간이 꿈꿔 온 유토피아를 위한 물질적 기초를 세워줄 수 있지만, 그러한 유토피아, 즉 아직 이루어지지 않은 미래에 대한 개념이나 사고를 현재의 관점에서 확정지어서는 안 된다고 보고 있다. 블로흐에게 있어서 유토피아에 대한 인간의 희망, 또는 꿈의 실현은 아직 이루어지지 않았고, 쉽게 상상하거나 가정할 수도 없다. 그렇다고 하여 유토피아에 대한 소망이 단순히 전혀 실현 불가능한 망상으로 치부해서도 안 된다. 그는 유토피아 개념 자체가 고정된 것이 아니라, 철저하게 발전 가능하고 변화 가능한 미래적 또는 종말론적 개념이라고 본다.

블로흐에 따르면 인간에게 미래의 유토피아란 공간으로 멀리 떨어진 것이 아니라, 아직 해결되지 않은 '지금', 즉 어두움을 포함하고 있는 정신적 공간이다. '지금'은 '아직 폐쇄되지 않은 미래'로서 어두움과 연결되어 있지만, 새로운 세계를 위하여 돌진하는 것이다. 과거는 인간에게 이미 지난 시간이며, 그리고 객관화시킬 수 있을 것 같지만, 실상은 미래와 연결된 시간의 의식 속에서 파악된다.[265]

결국 유토피아는 하나의 닫힌 과거나 완전으로 규정될 수 없으며, 현재의 주체의 상태와 상황에 따라 다른 모습으로 실현되는 열린 결말이

---

265 Ernst Bloch, 『희망의 원리, 2권』, 614.

라고 할 수 있다. 그 유토피아의 완전한 실현이 파괴된 존재론으로 귀착하는 반면, 열린 유토피아는 현재 있는 것을 획득함과 동시에 현재 없는 것을 추구함으로써 새로운 유토피아적 단계, 즉 정태적 단계를 넘어 아직 '없는 것'에 이르게 된다.[266]

결국 인간의 낮꿈에 표현되는 다양한 유토피아적 속성은 그것이 기존의 사회적 인식과 전통에 의해 심하게 단순화된다 하더라도, 그 자체의 타당성을 잃지 않을 것이라는 점에서, 단순히 수동적인 작용이 아니라, 그 자체로 능동적인 행동의 요인으로 작용될 수 있다. 따라서 유토피아를 함의한 낮꿈은 더 나은 삶을 꿈꾸는 희망이라는 점에서, 사회적 유토피아를 지향한다. 그렇기 때문에 그 유토피아의 내용은 항상 사회적 상황과 함께 변화될 수 있다. 그러나 그 내용이 변화했다고 해서, 유토피아 자체의 의미가 퇴색되는 것은 아니다. 낮꿈은 그것을 꾸는 주체의 갈망을 심리적으로 표현하는데, 이때에 개인의 꿈이 사회적 유토피아의 모든 내용을 고려하여 이루어지는 것은 아니다. 블로흐는 다만 낮꿈에는 모든 인류의 긍정적인 특질을 넘어서, 인간에게 보편적인 갈망을 내포하고 있다고 본다.[267]

낮꿈과 희망은 인간의 자연적 본성, 즉 인간을 사회 문화적 배경에 자연화하고, 그 자연을 인간화함으로써 잠재성을 현실과 연결한다. 그렇기 때문에 인간의 "갈망, 의지, 계획, 예측된 상, 상징적 의향, 하나의 의미를 지닌 암호 등은 과정 속에서 스스로의 공간을 차지하며, 과정

266　위의 책, 641.
267　Ernst Bloch, *The Utopian Function of Art and Literature: Selected Essays*, trans. by Jack Zipes and Frank Mecklenburg (Cambridge, MA: The MIT Press, 1989.), 5.

속에서 잠재적인 천국을 형성"한다고 기대할 수 있다.[268] 이와 같이 유토피아는 언제나 인간의 주체적 의지 속에, 또는 사회적 변화의 목표에 지속적으로 남아 있게 된다. 물론 특정한 객관적 목표로서의 유토피아가 아니라, 현실에서 인식되는 어둠의 본질을 넘어서는 목표로서의 열린 이상향으로서 유토피아를 의미한다.

필자는 이와 같은 블로흐의 낮꿈에 희망의 원리가 내포되어 있지만 이제 살펴볼 기독교의 원리와는 차이가 있다고 본다. 그 내용을 다음 장에서 살펴보자.

V. 미완성으로서의 유토피아와 기독교의 완전

블로흐에게 인간은 구체적으로 자신의 유토피아를 건설하는 과정에서, '아직-아닌-존재(the Not Yet)'이기 때문에 '아직은 이루어지지 않은 존재의 존재론(Ontology of Not-Yet Being)'을 그는 전개한다.[269] 블로흐의 철학은 희망의 원리로서 종말론을 헤겔적 관점의 역사 인식이 결합되어 있다고 볼 수 있다. 즉 물리적 실재와 인간의 상호 작용 사이의 관계 내

---

268 Ernst Bloch, 『희망의 원리, 2권』, 627.

269 사이티아 다스(Saitya Brata Das)는 하버마스의 분류를 인용하여, 그를 쉘링파 맑스주의자(Schellingian Marxist)로 명명한다. 쉘링(F. W. J. von Schelling)은 피히테(J. G. Fichte)와 헤겔(G. W. F. Hegel)과 더불어 18세기 후반, 19세기 초 독일 이상주의를 대표하는 철학자로, 그의 핵심적 철학 사상은 주체성을 제한하는 조직적 형이상학에 있다. 헤겔이 합리적 철학을 통해, 특정한 시간에 대한 공식적인 철학을 펼친 데 반해, 쉘링은 특정한 시간에 대한 공식적 합리적 철학을 제시하는 것은 아직 때 이른 것(untimely)으로 지적한다. 이와 동시에 쉘링은 아직 이루어지지 않은 유토피아에 대한 잠재적 동인이 현재의 인간의 주체적 사고에 존재하고 있으며, 이러한 유토피아적 희망은 그 물질적 조건이 갖춰지면, 실현될 수 있다는 종말론적 사고로 나아간다고 본다. 이를 바탕으로 쉘링은 자연 철학을 넘어서는 초월 철학을 제시하는 동시에, 역사에 대한 긍정적 철학을 제안한다. 블로흐는 이러한 쉘링의 철학적 유산을 이어받았다고 할 수 있다. Sautya Brata Das, "Fredrich Wilhelm Joseph von Schelling," Internet Encyclopedia of Philosophy, URL=http://www.iep.utm.edu/schellin/

에서 꿈을 통한 표현과 그 안에 숨겨진 희망의 내용들이 함께 성장한다고 보는 것이다. 이러한 성장과 숨김의 과정에서 인간의 꿈은 항상 잠재적 희망으로 충만하면서도, 그러한 희망이 성취되기 위한 물질적 조건이 아직 이루어지지 않았기 때문에, 여전히 실현되지 못한 그러나 기대하는 종말론적인 지평에 있는 것이다.[270]

블로흐는 기독교적 이상에는 유토피아적 요소가 담겨져 있다고 보고 있다. 그는 기독교의 정신은 권력의 욕망을 억누르고 저항적인 인간 정신을 혁명적으로 완수하는 데에 있다고 보았다. 비록 사회적 유토피아는 아니지만 성경은 사회에 대한 변혁의 꿈을 내재하고 있다고 전제하였다.[271] 그러나 지배 체제는 종교와 야합하여 권력을 정당화하고, 기독교 또한 체제 유지를 위하여 종교적 이상을 정치적 이데올로기로 변질시킬 수 있다고 그는 비판한다. 그는 마르크스주의자이면서도 역설적으로 희망이 있는 곳에 종교가 있다고 피력하면서, 성경에 담긴 혁명과 저항의 인간적 움직임이 희망이라고 보고 있다. 그는 성경에 나타나는 이야기는 가난한 이들이 중심이며 해방과 변혁을 위한 열망이 담겨져 있다고 보고 있다.[272]

또한 예수 그리스도의 말씀은 혁명적이어서 억압된 인간의 해방에 대한 메시지이지만, 기독교의 보수화로 말미암아 그 본질이 거세되었다고 블로흐는 보고 있다. 예수의 말씀은 이 세상 속 한 가운데에서 '지금' 이루어져야 하는 종말론적 선포였음에도 불구하고, 역사적 기독교는 이

---

270 Peter Thompson, "The Frankfrut School, part. 6: Ernst Bloch and the Principle of Hope" the Guardian, Philosophy: How to Believe, April 29th, 2013, URL=http://www.theguardian.com/commentisfree/belief/2013/apr/29/frankfurt-school-ernst-bloch-principle-of-hope
271 Ernst Bloch, 『희망의 원리, 2권』, 1019.
272 Ernst Bloch, 『저항과 반역의 기독교』, 64.

를 교묘하게 비켜나갔다고 비판하고 있다.[273]

특히 역사 속에서 보수화된 기독교는 이 세상에서 지금 고통 받는 문제들을 외면하고 저 세상에서의 지복이 답이라고 바꾸었다고 블로흐는 비판한다. 이런 면에서 블로흐는 마르크스주의자들이 꿈꾸었던 사회주의 혁명이나 성경이 담지하고 있는 해방의 내용은 큰 거리가 있는 것이 아니라고 보고 있다. 오히려 기독교와 해방과 마르크스의 혁명은 함께 공조되어야 할 이상이라고 본다.[274] 마르크스의 목표가 역사의 폭압을 제거한다는 관점에서 구원이 되지만, 블로흐가 아쉬워하는 것은 그 종착점을 역사의 끝에 둔다는 점이었다. 그러나 기독교의 경우, 달콤한 거짓을 물리치고 지금 현재의 해방을 중시한 예수의 하나님 나라가 그 목표가 되는 경우, 정당한 자유를 이 땅에서 실현할 수 있다고 블로흐는 희망한다.[275]

결국 마르크스주의의 혁명이나 기독교의 십자가를 통한 구원의 여정은 이 땅의 소외된 자들에게 희망을 선포하고, 또 다른 미래를 향하여 나아가는 정신적 에너지를 제공한다. 이를 위한 미래의 실험과 세계의 실험에서 농민 전쟁의 전사 플로리안 가이어의 장검에 새겨진 "십자가가 없으면 승리의 화환도 없다"는 구절처럼, 그 목표는 분명하다고 블로흐는 강조한다.[276]

위와 같은 기독교에 대한 관점에 대한 블로흐의 입장에도 불구하고 그의 잠재성으로서의 유토피아 개념은 기독교의 역사 개념과는 차이

---

273   위의 책, 105.
274   위의 책, 509.
275   위의 책, 452-453.
276   위의 책, 509-510.

가 있다. 왜냐하면 기독교는 궁극적으로는 하나님 안에서 실현된 완전한 하나님의 나라를 지향하지만 블로흐의 유토피아는 미래에 대한 궁극적 확신으로서 역사는 철학의 창조적이며 자유로운 결과의 유산이며 미완성으로 남기 때문이다. 블로흐에게 또한 과거란 잠재적 희망을 실현하는데 가능성이 있지만 자아가 나아가는데 방해가 된다. 그러나 하나님의 나라에서 과거와 현재와 미래는 부정적으로 비쳐지지 않으며 궁극적으로 하나님의 주권에 통합되기 때문에 블로흐의 시간 개념과 다르다.

블로흐는 존재론적인 측면에서 기독교의 완전 개념을 비판한다. 그는 인류가 얼마나 자신이 꿈꾸는 유토피아를 실현할 수 있는지에 대한 질문에 대하여 그는 희망의 측면에서 기독교의 완전 개념과 다르다고 보았다. 블로흐는 기독교의 인간관은 신의 존재론적 관점과 연관되어 불완전한 피조물보다도 완전한 피조물을 지향하여 온 점에 대하여 비판한다. 그는 '가능한 완전'에 대한 기독교적 희망은 고정되거나 현실적인 어떤 실체로 표현해서는 안 된다고 본다. 블로흐는 희망은 확신이 아니며 만약 희망이 중지된다면, 그것은 더 이상 희망이 아니기 때문에 기독교적 완전 개념은 받아들일 수 없다고 보고 있다.[277]

필자는 브로흐의 희망의 원리의 한계를 짚어보았으며 이제 성경에 나타나는 베드로의 낮꿈의 내용을 통하여 꿈을 통하여 현실화되는 하나님의 나라에 대하여 살펴보도록 하겠다. 베드로의 낮꿈에 나타나는 내용은 프로이드의 밤꿈과 블로흐의 낮꿈을 넘어서는 윤리의 현재화와

277　Ernst Bloch, *The Utopian Function of Art and Literature: Selected Essays*, trans. by Jack Zipes and Frank Mecklenburg (Cambridge, MA: The MIT Press, 1989), 16-17.

행위적 요소가 담겨져 있으며 하나님의 나라와 연관된 공동체적 개념이 형성되어 있다. 그 내용을 살펴보자.

VI. 베드로의 낮꿈

필자는 앞에서 블로흐의 낮꿈을 통하여 희망의 원리와 유토피아적 요소들에 대하여 살펴보았다. 블로흐에 따르면 인간의 낮꿈은 깨어있는 꿈으로서 이는 무언가 성취되지 않은 채 남아있지만, 그것이 단순히 허구의 이야기로 차단되는 것이 아니라, 다가올 미래와 연관된다. 블로흐는 "예측된 상이 주관적으로 내면에서 번성하는 대신에, 대상에 의해서 충분히 자극받게 되면, 그것은 사실의 진행 자체로 화한다"고 지적한다.[278] 낮꿈과 희망의 원리를 연결하여 낮꿈은 현실에서 인식된 '없음'에 대한 상징적 형체로서 그 자체로는 이루어지지 않은 채 끝이 나지만, 그러한 미완결은 궁극적으로 이 꿈이 실현될 수 있을 것이라는 희망으로 지속될 수 있다.

물론 여기서 희망은 예측된 미래이지만, 그 자체로 반드시 이루어지는 것은 아니다. 블로흐는 인간의 철학적 지성은 이러한 희망의 실현 가능성을 극대화시키는 작용이라고 강조하며 철학은 희망에 대한 유물론 해답이며 전체성에 대한 열망이라고 강조한다. 즉 전체성은 아직 미완성의 과정 속에서 미래를 향하고 있지만, 그것은 공상이나 망상이 아니

---

278 Ernst Bloch, 『희망의 원리, 2권』, 667-668.

라 현실에 기초한 희망 위에서 실현가능한 잠재성을 이끄는 것이다.[279]

그렇다면 사도행전 10장에 나오는 베드로의 '낮꿈'은 어떻게 해석할 수 있을까? 베드로의 낮꿈은 블로흐의 희망의 원리로 다 설명할 수 있는지, 아니면 블로흐의 희망의 원리가 파악하지 못하는 독특한 요소들이 있는지 살펴보는 것은 매우 의미가 있다고 본다. 왜냐하면 블로흐의 기독교 비판을 넘어서는 원리들을 통하여 기독교적 세계관을 재조명할 수 있기 때문이다.

베드로를 통한 고넬료의 구원 사건은 환상을 통하여 하나님의 뜻이 전하여짐으로써 이루어진다. 고넬료는 하나님을 경외하는 사람으로 소개되고 있으며(눅 7:2-10; 마 27:54), 이방인으로서 유대교로 개종하거나 할례를 받지 않은 사람으로서 경건하고 구제에 힘쓰는 사람으로 소개되고 있다(행 10:4).

고넬료에 대한 하나님의 구원은 "네 기도와 구제가 하나님 앞에 상달되어 기억하신 바가 되었으니, 네가 지금 사람들을 욥바에 보내어 베드로라 하는 시몬을 청하라"(행 10:4-5)의 말씀을 통하여 구원의 계획이 확증된다. 그리고 구약의 요나가 하나님으로부터 도망치기 위하여 배를 탔던 욥바에 있는 베드로를 통하여 고넬료와 온 집안의 사람들이 구원받게 되는 자세한 계획이 미리 알려지게 되었다고 나중에 또 고백되어진다(행 11:13-14). 그리고 베드로가 고넬료의 집에 도착하였을 때, 고넬료는 복음을 듣기 위하여 가족들을 모아놓고 기다리고 있었다(행 10:24).

고넬료도 환상을 통하여 하나님의 구원 계획을 알게 되었지만(행

---

279 위의 책, 689-690.

10:4), 하나님은 이 계획을 이루기 위하여 베드로에게 환상을 통하여 말씀하신다. 베드로는 시간에 따라 기도하는 대로 정오에 지붕에 올라가지만, 배가 매우 고픈 상태였다. 그는 비몽사몽 중에 하늘로부터 그릇이 내려오는 것을 보고(행 10:11), 그 안에 각종 네 발 가진 짐승과 기는 것과 공중에 나는 것들을 보면서, "일어나 잡아 먹어라"(행 10:13)는 말씀을 듣는다. 유대인들은 율법에 의하여 허락된 동물 외에는 먹을 수 없기 때문에(참고 레 11, 신 14) 베드로는 "주여, 주여 그럴 수 없나이다. 속되고 깨끗하지 아니한 것을 내가 결코 먹지 아니하였나이다"(행 10:14)라고 대답한다.

베드로가 환상에 대하여 생각할 때 성령이 "두 사람이 너를 찾으니 일어나 내려가 의심하지 말고 함께 가라 내가 그들을 보내었느니라"(행 10:19-20)고 베드로에게 말씀하시고 그때 고넬료가 보낸 사람들이 문 밖에서 자신의 이름을 부르는 소리를 듣게 된다. 그리고 "백부장 고넬료는 의인이요 하나님을 경외하는 사람이라 유대 온 족속이 칭찬하더니 그가 거룩한 천사의 지시를 받아 당신을 그 집으로 청하여 말을 들으려 하느니라"(행 10:22)는 그들의 말을 듣고 베드로는 이방인들과 함께 유숙하며 성령의 지시에 따라 고넬료의 집에서 설교함으로써 복음이 고넬료의 집안에 들어가게 된다.

베드로의 낮꿈에 대한 해석은 고넬료와 연관된 '이방인의 회심'뿐만 아니라, 사도행전과 이후 전개될 로마인들의 회심과도 연관이 된다.[280] 이는 "특정 목적을 위해 특정 시기에 주어진 하나님의 말씀"으로 보아

280　Tom Wright, 『사도행전』(양혜원 역, ivp, 2008), 228.

야 한다는 입장이 강하다.[281] 또한 사도행전 10장에 있는 이방인이라는 개념(10:28)에는 열등의 개념이 전혀 없다고 해석된다.[282] 이방인과 유대인들 사이에 있었던 편견에 대하여 누가는 10장과 11장에서 자신과 베드로의 말을 통하여 이상적인 기독교 공동체의 복원에 대하여 관심을 가진다.

베드로는 이방인의 구원에 대하여 부정적인 입장에 있었지만, 베드로가 무두장이 시몬의 집에 간 것으로 보면(행 10:6), 베드로도 어느 정도는 종교적인 편견에 대하여 고민하고 있었을 것으로 추측된다. 베드로가 머물렀던 무두장이 시몬이 당시 죽은 짐승의 가죽을 다루는 율법적으로 부정한 사람임에도 베드로가 함께한 것을 보면 알 수 있다. 베드로가 기도하던 시간은 정오였기 때문에 매우 시장하였고 그의 환상에 먹을 것이 등장한 것은 지극히 자연적인 꿈의 현상으로 보인다. 허기진 상태에 먹을 것이 보이는데, 먹어야 할 것을 먹는 것이 아니라, 먹지 말아야 할 것을 먹어야 하는 환상의 내용이다. 이 또한 인간의 무의식에 억압되어 있던 부정한 짐승을 먹을 수 없다는 율법과 이를 먹으라는 말씀, 그리고 이를 먹을 수 없다고 부정하는 베드로의 의식의 교차점에 있는 베드로의 환상은 전형적인 꿈의 현상이라고 할 수 있다. 그러나 이 베드로의 낮꿈에는 블로흐식 낮꿈의 해석을 넘어서는 기독교의 계시 사건이 드러나며 인간의 의식과 무의식을 주관하시는 하나님의 주권이 나타난다. 그 내용을 다음에서 살펴보자.

---

281   위의 책, 234.
282   E. M. Blaiklock, 『사도행전』 (나용화 역, 기독교문서선교회, 1980), 132.

VII. 블로흐의 유토피아를 넘어 하나님의 나라로

베드로의 낮꿈 내용을 블로흐식의 낮꿈 해석으로 정리하면 다음과 같을 것이다. 베드로의 낮꿈은 종교적 세계관을 미래와 연관된, 그리고 사도로서 그의 잠재성이 발현되고, 현실의 억압된 종교 사회 문화적 조건들을 개선하려는 유토피아로 설명할 수 있을 것이다. 베드로의 낮꿈이 개별적 환상과는 구별되는 실현가능한 잠재적인 종교적 유토피아, 즉 복음의 성취가 완성된 사회를 지향하고 있다고 해석할 수 있다. 베드로가 갈구하는 이방인의 구원에 대한 꿈은 의지의 표현이며, 기존에 존재하는 종교적 편견과 인간의 유한성을 극복하려는 시도로 블로흐의 이론을 빌려올 수 있다.[283]

블로흐가 본 것처럼, 인간의 역사란 일관적으로 상승하며 진보하는 헤겔식 역사관이 아니라, 다양한 돌발적이며 직접적인 대립 구조를 통해, 분절적으로 변화하며, 개혁되는 것이라고 할 때, 이러한 변화의 기저에 베드로가 경험한 낮꿈을 통하여 실제 이방인들이 구원받는 개혁이 일어났다고 할 수도 있다. 그렇기 때문에 블로흐의 희망의 철학에서 지향하는 유토피아처럼 베드로의 낮꿈은 결코 단순한 환상이 아니라, 꿈이 지향하는 개방성을 통하여 폐쇄되지 않은 미래를 향한, 즉 '닫힌 계(closed loop)'가 아니라, 철저히 '열린 계(open loop)'의 면모를 보여주는 것 같기도 하다.[284]

그러나 블로흐식의 낮꿈에 대한 해석을 베드로의 경우에 적용하기에

283　Ernst Bloch, 『희망의 원리, 2권』, 912.
284　위의 책, 609.

한계가 보인다. 그것은 크게 세 가지 관점에서 살펴볼 수 있다.

첫째, 베드로에게 나타난 낮꿈은 시간과 공간 안에서 일련의 연속성을 가진다. 그 내용은 철저하게 하나님의 뜻이 개입되며, 그 최종 목표는 하나님이 인간에게 향하신 최종 목표인 인간의 완전, 즉 구원이다. 블로흐는 나름 헤겔식 관념론과 마르크스의 유물론에 따라서 유토피아적 희망이 유물론적 조건이 갖추어지면 완성되는 것으로 보았다. 베드로의 경우 허기짐의 상태로 볼 때 유토피아는 허기짐을 채우는 것처럼 보이나, 궁극적으로는 고넬료의 가정 구원과 연관되는 하나님의 뜻과 일치하게 된다.

베드로의 낮꿈에는 블로흐식 검열이 약화된 자의식과 자신의 주위 사람들에 대한 공동적 관심, 그리고 미래에 일어날 일을 개방성을 가지고 목적으로 나아가는 요소가 없는 것은 아니다. 그러나 블로흐식으로 설명이 불가능한 부분은 베드로와 고넬료에 대한 하나님의 섭리가 시간과 공간적으로 빈틈이 없이 구성되었다는 점이다.

고넬료는 기도 중 구원을 예비하신 환상을 보았고, 베드로라는 구체적인 이름과 그를 청하고 그가 머무르고 있는 욥바라는 장소까지 알게 되었다(행 10:3-5). 베드로가 시장한 가운데 환상을 볼 때 고넬료가 보낸 사람들이 욥바로 오고 있었고(행 10:9-16), 베드로가 환상의 의미에 대하여 곰곰이 생각할 때, 고넬료가 보낸 사람들이 도착했으며(행 10:17-18), 베드로가 여전히 환상에 대하여 고민하고 있을 때, 성령은 고넬료가 보낸 사람들과 함께 갈 것을 명령하셨다(행 10:19-20). 그리고 베드로가 그를 찾아온 사람들에게 자신을 소개하였을 때 그 사람들은 자신들이 방문한 목적을 자세히 설명하였다(행 10:21-23).

따라서 베드로의 낮꿈에는 단지 인간의 배고픔과 편견의 세계의 어두움을 극복하려는 갈망적 요소만이 아니라 인간의 시간에 개입하는 하나님의 섭리와 구원이라는 목표가 성취된다. 따라서 여기서 낮꿈은 베드로와 고넬료의 구원 사건에서 블로흐식 희망의 실현을 넘어서서 불안전한 인간을 구원을 통하여 완전하게 하는 존재론이 형성되는 것이다. 즉 블로흐가 비판하였던 현실 속에서 인간의 완전을 위하여 신의 존재론과 연결하는 기독교적 존재론이 베드로의 낮꿈과 현실이 일치하는 점에서 블로흐의 낮꿈의 해석을 극복하고 있다고 본다.

둘째, 베드로의 낮꿈에서 프로이드의 밤꿈이나 블로흐의 낮꿈으로 해석할 수 없는 의식과 무의식의 영역을 주관하는 하나님의 개입과 아울러 말씀에 순종하고 따르는 윤리적 결단이 함께 내포되어 있다. 낮꿈에서 인간의 무의식이나 어두움에 웅크리고 있는 자의식은 발현되어야만 각성된 의식이 된다. 베드로에게도 이방인에 대한 자의식은 무의식의 영역에서 편견 때문에 구원의 문제와 연관하여 고민이 있을 수 있으나, 최종 행위를 이끈 것은 성령의 음성이었고, 이에 대한 전적인 베드로의 의식적 순종이 나타난다. 즉 베드로가 고넬료를 만나게 된 것은 자기의 자의식을 내려놓고 성령의 뜻에 순종함으로써 이루어진다.

따라서 블로흐식의 낮꿈 해석으로 적용되지 않는, 또 다른 의식 세계, 즉 성령의 말씀이라는 계시적 사건이 베드로에게는 나타나며, 말씀에 전적으로 순종하는 윤리적 행위가 뒤따른다. 따라서 베드로의 환상에서 무의식의 욕망과 이에 대한 자의식의 부정 사이에는 하나님의 말씀이라는 절대적 기준과 이에 대한 전적인 순종, 즉 하나님과 인간 사이의 관계가 존재하는 것이다.

셋째, 베드로의 낮꿈은 이 땅의 유토피아가 아니라 '하나님 나라'와 연관된다. 고넬료와 베드로의 낮꿈의 경우처럼, 크리스천의 꿈에는 여전히 초월의 계시 영역이 존재하는데, 이는 이 땅에서의 삶의 영역이 유토피아가 아니라 하나님 나라의 존재에 있다. 베드로의 자아 의식은 자신의 무의식의 욕망에 대한 확장이 아니었다. 인간 세계를 향한 하나님의 영역은 의식과 무의식을 다 주관하심으로써 인간에 대한 하나님의 주권이 확증된다. 고넬료에게 전하여준 복음의 핵심 내용은(행 10:24-48) 하나님은 사람을 외모로 취하지 아니하시며, 나사렛 예수의 죽으심과 부활, 그리고 믿는 자에게 죄 사함의 역사가 일어나는 것이다.

베드로는 예수를 역사 한가운데 실존하였던 구세주이며, 예수는 구원을 위하여 일하는 분이며, 그리고 예수 안에서 구원과 심판의 길을 하나님이 열어 주셨다는 '하나님의 나라'를 선포한다. 그러므로 베드로의 낮꿈을 통하여 실현되는 세상은 희망이 있는 곳에 종교가 나타난 것이 아니라, 오히려 종교가 있는 곳에 희망이 있었다. 성경에 있는 베드로의 낮꿈은 혁명과 저항의 인간적 움직임에 멈추지 않고 이 역사 한 가운데 하나님의 나라를 선포함으로써 이 세계의 주인은 인간이 아니라 하나님이심을 인정하고 미래에서 다가오는 종말론이 아니라 실현된 종말론을 인정하게 되는 것이다.

VIII. 결론

지금까지 필자는 에른스트 블로흐의 낮꿈에 관한 이론을 중심으로 그의 희망의 원리로서 꿈과 유토피아의 관계를 살펴보고 베드로의 낮꿈 해석에 적용하고, 그리고 블로흐의 낮꿈 이론의 한계를 살펴보았다. 블로흐의 전 사상계를 통하여 보다 심도 있는 해석이 적용되지 못한 것은 이 글의 한계이나 최소한 프로이드의 밤꿈을 극복하고, 인간의 무의식과 의식의 교차점에서 미래 사회의 동인으로서 유토피아적 희망을 인간의 자리에 놓고 다시 한 번 주체성의 상실을 회복하라는 블로흐의 메시지는 자못 예언자의 그것처럼 들리기도 한다.

그러나 행동의 주체성이라는 관점에서 베드로의 낮꿈은 그 동인이 하나님이며 역사를 주관하는 분으로서 이 땅에 오신 예수와 성령의 삼위일체론적 신론이 보존되어 있음을 확인할 수 있었다. 시간과 공간의 창조주로서 하나님은 인간의 의식과 무의식의 세계를 주관하며, 인간의 내적 갈망과 욕구를 복음을 통한 인간 구원에 간섭함으로써 유토피아가 아니라 하나님의 나라에 대한 현실을 인정하게 된다.

그리고 이 모든 것이 인간 무의식의 세계와 혼란스럽게 얽혀져 영상으로 나타나는 낮꿈에 머무르지 않고 인간이 행동해야 할 윤리적인 지평이 분명하게 제시됨으로써 꿈은 '아직-아닌-존재(the Not Yet)'를 넘어 '타자를 위한 존재(being-for others)'를 실현하게 된다.[285] 의식의 확장이 현실이 되며 물질적 조건의 혁명을 전제로 한 일련의 헤겔식 종말론을 넘어서 '하나님의 나라'의 실현으로 이어지고, 의식 자의식을 구성하는 인간 전체의 주권이 인정되는 기독교적 세계관이 베드로에게 나타나는 것을 보았다.

윤리적 행위는 크리스천의 삶과 연관이 되며 궁극적으로는 하나님 나라의 실현을 위한 복음의 사명과 연관이 된다는 점에서 매우 중요하다고 본다. 복음에 있어서 중요한 것은 메시지의 전달 방법보다도 전달

---

[285] 참고, 본회퍼, 『창조와 타락』 (강성영 옮김, 대한기독교서회, 2010), 80-89.

할 내용이 더 중요하다는 점을 잊지 말아야 한다.[286] 이런 맥락에서 꿈 또한 복음 사건을 소통하는 요소로서 경험의 다차원적 요소와 연관이 된다면 이 또한 전도와 연결이 될 수 있다는 점도 강조되어야 할 것이다.[287] 또한 복음의 전도가 진공 상태의 공간에서 이루어지는 것이 아니라 삶을 통한 상황이 연결이 된다고 할 때 삶의 구성 요소가 의식과 무의식으로 이루어진다는 점을 고려할 때 꿈의 내용 또한 복음의 요소로서 간주되어야 할 것이다.[288]

따라서 필자는 현대 기독교 신학에 있어서 꿈의 해석에는 하나님의 계시 영역과 인간의 시간과 공간, 의식과 무의식에 대한 하나님의 주관성, 그리고 꿈의 해석을 통한 복음과 연결된 윤리적 결단을 보다 심도 있게 적용되어야 한다고 본다. 그리고 이성의 시대에 초월의 신비를 담고 있는 꿈이 보다 깊게 해석되고 꿈에서 나타나는 하나님 나라의 희망이 이 땅에서 말씀의 순종과 윤리적 행위로 연결되기를 바란다.

참고문헌

Blaiklock, E. M., 『사도행전』 (나용화 역, 기독교문서선교회, 1980)

Bloch, Ernst, *Traces*, trans. by Anthony A. Nassar, Stanford, CA:

---

[286] 참고, 박보경, "지역교회의 문화사역을 통한 복음전도," 『선교와 신학』 (장로회신학대학교 36호, 2015. 6), 107.

[287] 위의 책, 109. 박보경은 그의 글에서 꿈에 대한 해석에 대하여 논하지는 않지만 전도에 있어서 복음에 대한 다차원적 경험의 요소를 중시하고 있기에 필자는 이 글에서 꿈도 다차원적 경험의 요소가 될 수 있다고 본다.

[288] 위의 책, 110. 박보경은 삶을 통한 다양한 상황에 대한 해석을 문화와 연결된 복음에 대하여 강조하며 필자는 여기서 그의 이론을 빌려 '삶의 요소와 연결된 꿈'이라는 맥락에서 제한적으로 해석함을 밝힌다.

Stanford University Press, 2006.

_____, *The Utopian Function of Art and Literature: Selected Essays*, trans. by Jack Zipes and Frank Mecklenburg, Cambridge, MA: The MIT Press, 1989.

_____, *Das Prinzip Hoffnung*, 『희망의 원리 1, 2, 3, 4, 5』 (박설호 역, 서울: 열린책들, 2004)

_____, *Atheimus in Christentum: Zur Religion des Exodus und des Reichs*, 『저항과 반역의 기독교』 (박설호 역, 서울: 열린책들, 2009)

Bonhoeffer, Dietrich, 『창조와 타락』 (강성영 옮김, 대한기독교서회, 2010)

Brata Das, Sautya, "Fredrich Wilhelm Joseph von Schelling", Internet Encyclopedia of Philosophy, URL=http://www.iep.utm.edu/schellin/

Freud, Sigmund, *The Interpretation of Dreams*, trans. by James Strachey (New York: Basic Books, 2010)

Springett, Ben, "Philosophy of Dreaming", Internet Encyclopedia of Philosophy, URL=http://www.iep.utm.edu/dreaming/

Thompson, Peter, "The Frankfrut School, part. 6: Ernst Bloch and the Principle of Hope", the Guardian, Philosophy: How to Believe, April 29th, 2013, URL=http://www.theguardian.com/commentisfree/belief/2013/apr/29/frankfurt-school-ernst-bloch-principle-of-hope

Wright, Tom, 『사도행전』 (양혜원 역, ivp, 2008)

박보경, "지역 교회의 문화 사역을 통한 복음 전도," 『선교와 신학』 (장로회신학대학교 36호, 2015. 6)

남북한 평화 통일과 기독교 윤리의 과제: 제3의 대안은 있는가?[289]

I. 들어가는 말, 평화가 가능한가?

필자는 평화에 관한 이전의 연구에서 노벨평화상을 분석하여 평화의 현실적 개념들을 살펴보고 최근에는 남북 통일에 대하여 틈틈이 쓴 글들을 다시 정리하여 공공 신학의 역할과 삼위일체 신학을 통한 평화 통일의 방안에 대하여 제시한바 있다. 현재 필자가 국제 평화와 그리고 남북 통일의 사안에 대하여 얻은 결론은 다음과 같다.[290]

첫째, 현대의 국가들은 전쟁과 폭력을 중지하는 방향으로 나아가기

---

[289] 본 글의 출처는 다음과 같다. "남북한 평화 통일과 기독교 윤리의 과제: 제3의 대안은 있는가?" 신학과 세계, 감리교신학대학교, 2013.12, 241-264.

[290] 필자는 이전의 선행 연구에서 노벨상을 통하여 지난 100여년의 평화 개념을 여섯 가지로 나누어 보았다. 그것은 각각 '국제 평화', '인권 평화', '군사 평화', '종교 평화', '시민 평화', 그리고 '정의 평화'였다. 유경동, 『평화와 미래』 (감리교신학대학교 출판부, 2011) 한편, 남북 통일에 관한 연구에선 현실주의 맥락에서 '미래 평화', '인간 평화', '시민 평화', 그리고 '군사 평화'로 정의한 바 있다. 여기에서 필자는 현실주의를 넘어서 통일의 이상적인 접근 방식으로 삼위일체 연합의 신비를 통한 통일에 대하여 강조하였다. 유경동, 『남북한통일과 기독교의 평화』 (장신대 남북한평화 통일연구소, 2012) 참고로 이 글은 위 두 권의 선행 연구를 토대로 남북한 통일에 대한 제3의 대안에 대하여 살펴보고, 그리고 필자의 선행 연구에서 필요한 부분은 일부 패러프레이즈하여 옮겼으며 위 선행 연구에서 인용한 내용은 재인용 부호 없이 옮겼음을 밝힌다. 아울러 위 글은 2012년 기독교 신학연구소 자료집에 실린 필자의 글을 정리하였음을 밝힌다.

보다는 안보를 이유로 지속적으로 군사비 지출을 증가하고 있는 추세를 보이고 있으며 무기를 제조하는 군사 산업은 점점 활기를 띠고 있다.[291] 현대의 국가들은 과거 식민지 전쟁의 또 다른 형태로 석유와 천연 가스와 같은 에너지 확보를 위하여 불가피하게 전쟁에 개입하고 있다. 국제 사회에서 국가 간 갈등을 중재하는 UN과 같은 기구가 있지만 강대국의 이익에 의한 영향으로부터 자유롭지 못하며 분쟁 지역에 UN평화군을 투입하여 보지만 그 역할은 미미하다. 또한 미국과 같은 국가권력은 자국의 경제 활로를 위하여 세계화를 주장하지만 시민의 세계화가 아닌 상품의 세계화로 치닫고 있는 형국이다.

둘째, 국제 평화에서 인간 이성의 한계는 분명하게 드러나고 있다. 인간과 공동체의 합리적 이성을 통하여 평화를 모색하려는 시도가 있지만 권력의 이익에 종속되는 인간성과 자국의 이익을 세계 속에서 극대화 하려는 현대 국가 간 갈등은 지속되고 있다. 국제 사회의 아나키즘적 무정부 상황에서 국가는 세계 질서를 유지하려는 경향으로 흐를 것이

---

[291] "스웨덴의 스톡홀름국제평화연구소(SIPRI)가 2011년 4월 11일 발표한 '2010년 세계 군사비 통계 백그라운드 페이퍼'에 따르면, 2010년 세계 군사비 총액은 1조6300억 달러로서 원화로 환산하면 약 1900조원에 달한다. IMF와 CIA의 통계에 따르면 2010년 한국의 총 GDP는 약 9863억 달러로 세계 15위로서 군사비의 순위는 GDP의 2.9%인 243억 달러를 지출하여 군사비 지출로 12위를 하였다. 참고로 2010년 전 세계의 GDP 중 군사비 비율은 약 2.6%에 달한다. 그런데 2.6%라는 수치는 미국이 전 세계 군사비의 42.8%를 차지하는 6980억 달러를 지출하여 생긴 결과인데, 만약 GDP 대비 4.8%의 군사비를 지출하는 미국이 영국과 같은 2.7%의 군사비를 쓴다면 약 3926억 달러가 줄어들고, 전 세계 GDP 중 군사비의 비율은 약 2.1% 수준으로 급감하게 될 것"이라고 자료는 밝히고 있다. 참고자료, http://www.redian.org/news/articleView.html?idxno=22105. 참고로 위의 통계는 필자의 선행 연구에서 별도의 재인용 부호 없이 일부 패러프레이즈하고 옮겨 왔음을 밝힌다. 유경동, 『남북한 통일과 기독교의 평화』 (장신대 남북한평화 통일연구소, 2012), 143-144. 한편 한국국방연구원(KIDA)이 2011년 1월 18일 일 발간한 『2010 국방예산 분석 · 평가 및 2011 전망』에 따르면 "2009년 북한의 구매력 기준 군사비를 추정하면 87.7억 달러로 계산되며 IISS(국제전략연구소)가 추정한 북한의 구매력 환율(달러당 9.89원)을 적용할 경우 군사비는 77.1억 달러에 이른다고 KIDA는 설명했다." 연합뉴스, 2011.1.18. 위의 북한에 대한 자료는 필자의 선행 연구의 통계를 별도의 재인용 부호 없이 옮겨왔음을 밝힌다. 유경동, 『남북한통일과 기독교의 평화』, 144. 참고로 2012년 현재 세계 인구를 약 70억 명으로 산정할 때 세계 군사 비용을 개인별로 나누어 보면 일인당 군사비를 약 28만 원 정도 사용하는 셈이 된다.

라는 현실주의적 희망은 점점 멀어지고 있다. 또한 국가 간 분쟁의 경우 자국의 법을 언제나 상위에 두기 때문에 국제 사회에서 초법적인 기구에 대한 희망은 요원하다.[292]

셋째, 전쟁과 폭력으로 점철되어 온 인간 역사 속에서 기독교는 나름 평화주의 전통을 가지고 있다. 크게 보면 어거스틴 이후의 평화를 수호하기 위한 정의로운 전쟁과 비폭력 무저항주의 전통이라고 할 수 있다. 어거스틴과 토마스 아퀴나스, 그리고 마틴 루터의 전통 속에서 기독교의 현실주의는 평화를 위한 방어전을 전제로 최소한의 폭력을 용인한다. 한편 이론적으로 비폭력 평화주의 전통에서는 퀘이커 교도(Quaker), 요더(John Howard Yoder), 스탠리 하우어워즈(Stanley Hawerwas), 슈바이처(Albert Schweitzer), 마틴 루터 킹 2세(Martin Luther King Jr.), 데즈먼드 투투(Desmond Tutu), 만델라(Nelson Mandela), 그리고 월터 윙크(Walter Wink) 등을 들 수 있다. 위 두 전통은 각 역사적 조건 속에서 취한 최선책이었기 때문에 어떤 입장이 옳다고 단정할 수는 없지만 현실주의 전통이 폭력을 용인하는 결과를 초래하고 비폭력 전통은 폭력의 체제와 악 순환의 문제에 대한 해결책이 불분명하다. 이러한 기독교적 관점이 세계 평화와 남북한 평화에 구체적으로 어떻게 기여할지는 아직 미지수다.

넷째, 남북한의 경우 분단이 반세기를 훌쩍 넘어갔지만 아직도 통일은 요원하다. 그동안 남한은 정부가 바뀔 때마다 대북 정책에 많은 변

---

[292] 국제 정치에서는 평화에 대하여 '자유주의'와 '구성주의', 그리고 '현실주의'적 관점이 형성되고 있다. 자유주의는 국제 정치에서 법의 테두리 안에서의 행위의 다양성과 가치를 존중하며, 구성주의는 국가 우위의 규범적 구조와 시민 사회의 역할을 강조하고, 현실주의는 가치중립적인 맥락에서 규칙으로서의 법을 강조하고 있다. 필자의 입장에서 이 세 가지 관점 모두 국가의 이익에 종속되며 인간 이성도 기대하는 것과 같이 합리적으로 발전하지 않는다고 보고 있다. 더 자세한 내용은 다음의 내용을 참고하시오. 유경동, 『남북한 통일과 기독교의 평화』, 2장.

화가 있었으며 북한 또한 3대에 이르는 정권 세습을 통하여 분단 체제를 유지하고 있다. 최근에는 미국의 대중국 동북아시아 전진 기지로서 MD(Missile Defence) System 계획과 함께 평택에 아시아 최대 규모의 군사 기지가 들어섰으며 제주도 해군 기지 건설로 남한의 군사력 증강을 꾀하고 있지만 이 사안을 놓고도 국론이 입장에 따라 분열되어 있는 상황이다. 한편 한국 내 기독교도 통일을 최근에는 대북 문제와 평택 미군 기지, 제주도 기지 문제를 놓고 진보와 보수로 나뉘어져 평화 통일의 논의가 주춤한 상태라고 할 수 있다.

이와 같이 근대 시기의 세계사적인 맥락에서나 남북한의 통일 문제에서 살피려고 하는 평화의 문제는 이론적인 획을 긋기가 용이하지 못하다. 서구의 팽창주의와 남북의 분단, 남북의 냉전과 체제의 권력화, 그리고 남남 갈등 등이 얽혀있기 때문이다. 필자는 이와 같은 복잡한 사안을 염두에 두고 이 글에서 크게 3가지 관점에서 통일의 사안을 살펴보고자 한다. 첫째, 최근의 통일 논의에 관한 일반적인 관점과 기독교적 관점을 간략하게 정리하도록 하겠다. 둘째, 기독교의 통일 논의에 있어서 전쟁과 폭력에 대한 현실주의적 관점과 또 다른 평화주의 관점에서 논지를 정리하고 그 한계와 극복하여야 할 문제점들을 검토하여 보겠다. 셋째, 한반도 상황을 염두에 두고 기독교 평화주의 관점에서 제3의 대안이 가능한지 그 이론과 신학적인 실천 방안에 대하여 살펴보도록 하겠다.

이 글의 한계는 세계 평화의 문제나 남북 통일과 둘러싼 많은 이론과 논쟁들을 일일이 다루지 않아서 일반화의 문제점이 있으며 제3의 대안 또한 보다 구체적이지 못하다. 다만 그동안 기독교가 취하여 온 현실주의와 비폭력 무저항주의의 입장들을 한반도의 상황과 연결하여 그 한계를 지적하고 이 이론들을 극복할 수 있는 대안이 무엇인지 살펴보는 데 중점을 두도록 하겠다.

II. 남북 통일과 다양한 관점들

남북한 통일의 문제에 대하여 한국 사회에서는 다양한 시각이 공존하고 있다.[293] "통일은 분단된 영토를 하나의 영토로, 남한의 민주주의·자본주의와 북한의 사회주의·공산주의 체제를 하나의 체제로, 60여 년간 분리되어 살아온 사람들의 가치관과 생활방식을 하나로 하는 등, 단일 정부, 단일 영토, 단일 법 체제, 단일 정치 체제를 갖춘 조직체로 결합되는 것이라고 할 수 있다." 크게 보면 '선통일 후 통합'과 '선통합 후 통일'의 관점으로 나뉠 수 있는데 전자가 탈 분단을 최우선의 목표로 삼는다면 후자는 현 분단 체제를 유지하면서 한반도의 안정화를 도모하는 전략이라고 할 수 있다.[294] 현재의 상황에서 기대되는 통일은 6자회담 체제를 통한 '다자안보협력체' 모형이 가장 유력한데 이 또한 변화무쌍한 아시아의 정치 변화에 밀려서 논의가 진척되지 못하고 있다.[295]

필자의 관점에서 지금까지의 남북 통일 논의를 크게 유형별로 나누면 네 가지로 분류될 수 있다고 본다. 첫째는 한 민족이라는 인종학적

---

293 한부영·김병국, 『통일 대비 남북한 지방행정인력 통합에 관한 연구』 (한국지방행정연구원, 2009), 7-8.
294 강광식, 『중립화와 한반도 통일』 (백산서당, 2010), 264.
295 통일의 체제로서는 1) 위의 대한민국, 러시아, 미국, 일본, 조선민주주의인민공화국, 중국이 참여하는 6자회담의 틀에서 갈등이 있는 2개국 간의 '분단 체제 안정화'에 중점을 둔 불가침 협정을 유도하는 정책과 2) 통일 독일 모델과 같이 '분단 체제 해소'에 중점을 둔 정책 그리고 3) 중립화 협정을 통하여 군사적 대립 상황을 제도적으로 국제 사회에서 격리시키는 정책 등이 고려되고 있다.

관점에서 보는 입장으로서 역사 속에서 형성된 민족적 동일성을 회복하는 일에는 그 어떤 이념보다도 더 중요하다고 보는 관점이다. 둘째, 한반도의 긴장 완화를 경제적 관점에서 접근하는 시장 경제의 논리로서 금강산관광, 개성공단 개방과 같은 남북 경제 협력이 평화유지의 열쇠로 보는 관점이다. 셋째, 힘의 균형을 전제로 한 정치 군사적 관점으로서 국방의 증강을 통한 현실주의적 평화 노력이다. 안보 논리를 앞세운 병력 증강과 아울러 힘의 외교를 통한 아시아의 패권 정치의 선점을 확보하기 위한 관점이다. 특히 최근 천안함 사건과 연평도 포격과 같은 북한의 도발 이후에 안보 논리는 탄력을 얻고 있다. 넷째, 위의 사안과는 별도로 인권의 차원에서 남북의 통일 문제를 접근하는데, 남북이산가족 생사 확인 및 교류 촉진, 탈북자 및 대북 지원, 시민 차원의 문화 교류, 그리고 다양한 종교적 관점의 화해 운동을 들 수 있다.

그러나 위의 관점들은 각각 나름 남북 통일의 필요성에 대한 이유가 됨에도 불구하고 한계들이 아울러 지적되고 있다. 첫째, 한민족의 관점에서 민족의 운명을 자주적으로 결정할 수 있는 권리를 확보하려는 입장은 혈연과 언어, 그리고 문화와 영토를 중심으로 주권을 중시하는 것이다. 그러나 분단 후 많은 시간이 흘러서 세대 간 통일에 대한 입장이 차이가 있으며, 애국의 관점도 상이하고, 최근에는 한국 사회 내 다인종 다문화주의가 형성되어서 민족적 관점이 약화되고 있다.

둘째, 경세직 관점에서의 이익의 문제 또한 실제 통일과 연관하여 그 찬반의 입장이 대립하고 있다. 남북 경제 협력을 통한 통일이 미래 한국 경제의 블루칩이 될 것이라는 낙관적 전망이 있는가 하면 막대한 통일 비용 대비 이익이 없을 것이라는 비관적 입장도 강하다. 북한의 천연 자원과 노동력의 시너지 효과를 통한 생산성의 향상과 통화 가치의 상승을 기대하는 경협의 논리가 일면 설득력이 없는 것은 아니지만 정치 군사적 조건이 먼저 해결되어야 한다는 한계가 지적되고 있다.

셋째, 안보와 연관된 통일 정책은 국제 사회에서 매우 복잡한 문제이다. 힘의 논리를 통한 통일 체제 접근 방식은 군사적 신뢰 구축을 전제로 하여야 하는데 현재 '안보딜레마'를 극복할 수 있는지 한계가 있다.[296] 정치적 이해 관계에 의하여 군사적 사안이 좌우되는 문제와 특히 남북한 권력의 문제에 있어서 안보 이데올로기가 항상 쟁점이 되는 점을 고려하면 안보의 차원에서 통일을 다룬다는 것도 한계가 있다. 또한 한반도의 안보 강화는 주변 열강들의 아시아 패권 쟁투와 연관이 되기 때문에 그 사안은 더욱 복잡하다고 할 수 있다.

넷째, 위의 민족적, 경제적, 군사적 쟁점과는 별도로 인권의 차원에서 통일을 바라보는 이상적인 관점은 남북한의 긴장 완화에 도움이 되는 것은 사실이다. 그러나 통일로 나아가는 과정에 필요한 남북의 인권 신장이 필수적이지만 실제 남북한 인권 지표는 수준 이하라고 할 수 있다.[297]

---

[296] '안보딜레마'란 적성 국가와의 군사적 경쟁 관계에서 상대를 압도하기 위하여 얼마만큼 군사적 무장을 해야 할지 그 한계가 모호하다는 딜레마다. 결국 경쟁 관계 속에서 국가들은 상대 국가보다 군사적 힘의 우위를 점하기 위하여 지속적으로 군비 증강을 하게 된다. 참고) 국방대학교, 『안보관계용어집』, 57.

[297] 인권 지표에 대한 아래의 해석은 필자의 글을 별도의 인용 부호 없이 재인용하였다. 유경동, 『남북한 통일과 기독교의 평화』 (감리교신학대학교 출판부, 2012), 294-295. "실례로 북한은 미국의 국제 인권 단체인 '프리덤 하우스'가 발표한 '2012 세계자유보고서'에서 인권 탄압국 1순위에 올라 세계 최악의 인권 탄압국이 되었다. '프리덤 하우스'는 최고 1에서 최하 7을 기준으로 세계 195개 국가의 정치적, 시민적 자유를 조사하였는데 북한은 모두 최하 점수인 7점을 받았다. 이는 이 단체가 1972년 이래 발표하는 보고서에서 40년째 계속 최악의 자유 국가군에서 벗어나지 못하고 있는 현실이다. 뿐만 아니라 북한은 세계 인권 선언의 요구를 내정 간섭이라고 주장하면서 국제적 최저 기준의 인권이 무시되고 있는 실정이다. 2011년 11월 21일 유엔총회 제3위원회에서는 찬성 112, 반대 16, 기권 55로 북한 인권 결의안을 통과시켰는데 그 내용은 북한 안에서 자행되고 있는 "고문, 불법적·자의적 구금, 공개 처형, 적법 절차 부재, 연좌제, 정치범 수용소, 사상·표현·이동의 자유 제한, 여성·아동에 대한 폭력 등 북한 내에서 행해지는 광범위한 인권 유린"이며 또 "탈북자 강제 송환 금지 원칙의 존중, 납북자 문제의 조속한 해결, 남북 간 이산가족 상봉 재개"도 포함되어 있다.

노컷뉴스, 2012-01-20. http://www.nocutnews.co.kr/Show.asp?IDX=2037405,

특히 이념과 체제를 넘어서 보편적 정신으로 인간과 집단을 이해하는 종교적인 노력은 통일을 위하여 매우 중요하다고 할 수 있다. 그러나 북한의 경우 근본적으로 종교를 무용론이나 종교 아편론의 관점에서 이해하고 있으며 '체제 이미지 개선', '대미관계 개선', 그리고 '대남통일 전선에 앞장세우기' 등에 이용하고 있는 실정이다. 남한의 경우도 종교의 보수화 추세에 의하여 평화 통일의 원칙만 강조하고 있는 실정이다.

지금까지 잠깐 살펴보았지만 위의 다양한 시각에도 불구하고 통일에 대한 해법은 정치 경제적 관점과 특히 안보를 강조하는 군사적 관점이 현실적으로 대세론으로 작용하고 있다. 그러나 이 글에서 중시하는 군사적 대립을 극복하는 기독교계의 통일 논의는 미시적인 수준에 머물러 있다.

III. 통일 신학과 한계

신학적 관점에서 남북 통일에 대한 시각은 어떤 것이 있었는가? 그동안 평화 신학, 통일 신학, 민중 신학, 여성 신학, 공공 신학, 십자가 신학, 정치 신학, 삼위일체 신학과 같은 다양한 이름으로 통일에 대한 접근이 있었다.[298] 역사적인 관점에서 크게 보면 1945년 분단 이후 통일의 주제

국민일보, 2011.12.11. http://news.kukinews.com/article/view.asp?page 참고로 '노컷뉴스'는 '프리덤하우스' 보고서를, 그리고 '국민일보'는 '북한 인권 결의안'에 대한 내용을 다루었다.

[298] 기독교계 내에서 통일 신학의 계보는 뚜렷하지 못하다고 보는 것이 필자의 입장이다. 초기에는 함석헌, 박순경, 안병무와 같은 학자들을 통하여 각각 신앙의 주체적 힘과 여성의 주체성, 그리고 예수의 사건을 통한 역사의 재해석과 같은 논의들을 통하여 통일을 초-윤리의 규범으로 보는 관점이 중시되었다. 그러나 군사 독재가 지난 민주화 이후 통일의 논의는 다양하게 나타난다고 필자는 이해하고 있다. 참고로 이 해석에 대한 보충 설명은 다음의 내용을 참고하시오. 유경동, 『남북 통일과 기독교의 평화』, 279-284.

는 크게 볼 때 6.25 전쟁의 사안과 분단 이후 남한과 북한의 독재 체제, 1980년대 민주화의 세 가지 문제와 연관하여 발전하였다고 볼 수 있다. 그러나 각 시대마다 통일 논의가 지속적으로 발전되기보다는 남한의 경우 각 정부마다 남북 갈등이 깊어지거나 완화되는 과정이 불규칙적으로 반복되었고 더 심각한 것은 남남 갈등 또한 그 골이 깊어졌다는 것이다.

이와 같은 과정 속에서 통일 신학은 어떤 학문적인 계보를 형성하기보다는 학자별로 통일론에 대하여 다양하게 접근하는 방식을 취한 것으로 보인다.[299] 크게는 통일에 대하여 신학적인 관점에서 진보나 보수로 나뉠 수 있지만 시대별로 통일에 대한 접근 방식과 대안이 다소 차이가 있다고 할지라도 결국 통일 신학의 내용은 최소한 다음과 같은 관점에서 공통적인 요소들을 찾아볼 수 있다고 본다. 그것은 각각 성경에 근거한 신론과 인간론, 그리고 교회론 이라고 할 수 있다.

첫째, 성경을 근거로 한 평화의 관점은 '샬롬(שלום)', 또는 '에이레네(ειρηνη)'의 성경적 어원을 풀이하여 전쟁이 그친 상태에서의 공의와 진리, 그리고 민족의 번영에 해석을 집중하고 있다. 특히 이러한 평화는 오로지 하나님의 주권임을 강조하면서 역사 속에서 전쟁의 고통 또한 십자가의 고난과 연결하여 최근에는 삼위일체론으로 통일 문제점들을 극복하려는 노력들이 있다.

둘째, 인간론은 인간의 죄와 인간 이성의 불완전을 근거로 제한된 인간이 펼치는 통일 논의의 한계를 지적하는 입장이다. 그 스펙트럼은 신

---

299 필자는 여기에서 이전의 통일 신학의 논의에 대하여 생략하고 큰 틀에서 통일 신학에 나타난 흐름을 살펴보도록 하겠다.

학적 입장에 따라서 다양하게 나눠지는데 통일 교육과 남북 화해와 같은 방식으로 통일에 접근하는 계몽주의적인 입장도 있고 권력 지향적인 인간성의 발로인 무정부 상태를 전제로 한 다양한 현실주의적 관점이 나타나기도 한다.

셋째, 교회론의 관점에서 본 통일은 공동체성을 강조하면서 신학의 공공성과 연대를 강조하는 입장이다. 큰 틀에서 볼 때 중세기의 정교 결합에서 벗어나 18세기 이후 서구에서의 정교의 분리와 19세기 이후 정경의 분리는 교회의 자율성을 확보하는 입장도 있었다. 남한의 경우에도 교회의 사회적 책임에 대한 질문이 꾸준하게 제기되었으며 기독교교회협의회와 같은 교회 연합 기구를 통한 통일 논의가 이어지고 있으며 때론 기독교 사회주의적 관점에서 체제에 대한 통일 접근도 있었다. 그러나 근본적으로 정치와 경제적 관계 속에서의 사회적 공공성보다는 교회를 중심으로 한 남북 교회 협력이나 선교와 인권의 차원에서 북한 주민이나 탈북자들을 지원하는 정도에 그치고 있는 것이 현실이다.

지금까지 간략하게 살펴보았지만 통일 신학이 나름대로 남북 통일 논의에 어느 정도 기여한 바가 있다고 본다. 하나님의 창조 섭리와 인간의 자유, 그리고 남북한의 분단에 인식론적인 특혜(epistemological privilege)를 적용하여 통일의 한민족 주체성을 강조하거나, 기독교 평화론에 근거한 남북 통일의 신학적 정당성, 삼위일체론을 통한 하나님의 주권과 그리고 십자가를 통한 화해론과 같은 신학적 사상은 전쟁과 분단, 그리고 미래의 남북 통합을 향한 다양한 모티브를 제공하였다고 볼 수 있다.

그러나 이와 같은 통일 신학의 역할은 통일을 둘러싼 정치 경제적 요소와 국제 환경, 그리고 현 기독교 내 갈등적인 상황을 고려할 때 보다 남북 통일에 과연 얼마나 기여하였는지는 의문이 간다. 이와 같은 통일 신학이 가지고 있는 한계를 정리하여 보면 다음과 같다.

첫째, 통일 신학이 가진 역사관이다. 하나님의 계시와 역사와의 상관관계에서 보는 통일 신학은 기독교적 관점에서 출발점이 되지만 이러한 신학적 입장은 기독교의 신앙적 규범에 닫힌 통일 논의의 한계점으로 드러나는 경향이 있다. 남북 통일을 하나님의 구속사적 사건과 연관하여 화해와 사랑을 동반하여야 하는 평화 통일로 강조하는 입장이 있는 반면 하나님의 심판으로 보는 관점도 있다. 남북 갈등과 남남 갈등의 예에서 비쳐지듯이 통일에 관한 역사적인 접근 방법도 신학 내 갈등을 보여주고 있는 것이다. 특히 보수 교단과 진보 교단 사이에 큰 차이를 발견할 수 있다. 이는 분단의 책임에 대한 입장, 분단 이후 군사 독재 과정에서 민주화 문제와 연관된 통일 이데올로기에 대한 입장, 민주화 이후 정부가 바뀔 때마다 대북 정책에 대하여 기독교 내 역사적 관점은 일관되지 못하고 정부가 바뀔 때마다 차이가 생기는 형태로 나타난다.

둘째, 그러나 필자가 통일 신학에 있어서 가장 중요하게 보는 점은 남북 통일을 둘러싼 권력의 문제이다. 통일에 있어서 정치의 역할을 고려하여 볼 때 남북의 각 정권에 대하여 기독교는 상반된 입장을 가지고 있다. 그 관점은 북한에 대하여 체제 비판과 아울러 적화 야욕에 대한 긴장 관계를 늦추지 않는 관점이 지배적이지만 남한 내 정부에 대한 기독교의 입장은 진보와 보수로 나뉘어져 있으며 정부의 대북 정책에 대한 입장도 상이한 차이를 드러낸다. 북한과의 평화 통일에 대한 의지도 분명하지 않으며 대선 때마다 등장하는 반공 이데올로기의 강화 또한 통일이 권력 유지를 위한 정치적 사안으로 이용당하는 관점에서 보면 평화 통일로 가는 길은 요원하다.

셋째, 간과하지 말아야 하는 것은 6.25전쟁 이후 정전의 상태에서 분계선이나 해상에서 벌어지는 폭력의 현실에 대한 입장도 상이하다. 예를 들어서 천안함이나 연평도 포격 사건에서 드러난 군사 폭력에 대하여 이를 어떻게 대응하여야 할 것인가에 대한 입장도 다소 차이가 있다. 폭력 자체는 부정하지만 폭력의 대안으로 기독교적인 방안이 과연 무엇인가? 평화적 방안으로 대응하여야 하는지 아니면 직접 응전으로 반격하여야 하는지에 입장의 차이 또한 다양하다.

지금까지 간단하게 살펴보았듯이 통일 신학이 큰 맥락에서 보면 성경과 인간론 그리고 화해를 촉구하는 교회론에 근거하여 다양한 노력이 있어 왔지만 실제 남북 문제에 대한 정치적 사안이나 권력과 폭력에 대한 문제에서는 분명한 입장이 드러나 있지 못하다. 그렇다면 남북 평화 통일에 있어서 폭력과 권력의 문제는 어떻게 이론적으로 규명하여야 하는지 현실주의와 비폭력 평화주의 맥락에서 살펴보자. 물론 이 두 이론이 남북 통일의 사안과 직접 연결되는 것은 아니지만 각 입장에서 통일에 접근하여 기독교의 역할에 대하여 조명하고자 한다.

IV. 현실주의의 폭력과 권력

필자는 현실적인 관점에서 남북 통일의 대안은 추상적인 평화가 아니라 올바른 권력이라고 본다. 물론 인간 공동체의 궁극적인 목적은 평화이지만 더 중요한 것은 현대와 같이 국가가 합법적인 폭력을 휘두를 수 있는 권력이 있는 이상 올바른 권력의 역할 없이는 평화는 불가능하다는 것이다. 현대 사회와 같이 국가가 영토와 법을 통하여 합법적인 권력을 사용하지만 역사 속에서 우리는 그 합법성이 폭력으로 변질된 경우를 계속 경험하고 있다. 사회주의의 프롤레타리아 독재와 같이 폭력은 필연적이다. 이는 기층 질서를 용인하는 자연법의 한계에서 이미 드러나는 문제이다. 폭력을 수단으로 폭력을 중지하는 법을 제정하지만 기대와는 반대로 폭력이 해체되지 않고 폭력은 재생산된다. 이전의 폭력적 권력을 중지하는 법이 제정되는 순간 임시적인 평화는 잠깐 정착될 수 있다. 불법을 막기 위하여 정당한 법이 필요하다. 그러나 법을 수호하기 위한 임시적 권력은 법이 제정되는 순간 체제를 위하여 폭력을 합법적으로 사용하며 결국 기득권을 옹호하는 폭력으로 다시 정당화되는 과정을 반복하게 된다. 새로운 권력은 이전의 폭력을 극복하는 듯 보이지만 결국 자신의 요구를 선으로 동일시하는 오류를 범하는 것이다.

형식적으로 볼 때 법 자체는 폭력이 아니지만 이전의 폭력적 체제를 또 다른 권력이 법으로 단절하려 할 때 내재 되었던 폭력은 권력에 감춰지게 된다. 임시적 폭력으로 이전의 폭력을 중지하는 순간 찾아오는 잠정적인 평화는 신비나 신화에 불과하다. 폭력을 세례 준다고 의로운 폭력이 되는 것도 아니며 더군다나 거룩한 폭력은 없다. 비록 기독교 역사 속에서 십자군 전쟁과 같은 경우도 있었지만 전쟁 자체가 폭력의 성질을 내재하고 있는 한 전쟁은 전쟁일 뿐이다.

폭력이 또 다른 폭력을 재생산하지 않기 위하여서는 정의로운 권력이 필수적이다. 이는 현대적 관점에서 공공성 안에서 올바른 권력의 사용을 전제로 한다. 현실주의의 맥락에서 정의로운 전쟁이라고 할지라도 정의라는 개념만 빼고는 정의로울 것이 없다. 전쟁이 불가피하다는 과정의 절차를 문제 삼을 때 아무리 최소한의 폭력을 용인하더라고 그 폭력은 정의로운 것이 아니라 기껏해야 정의의 근사치에 머무르는 것이다.

이런 맥락에서 기독교 전 역사에 걸쳐서 교회가 국가와의 협조 속에서 수행하여 온 현실주의는 이중적인 한계에 부딪치게 된다. 첫째는 교회가 국가의 권력을 통하여 평화를 세우는 일에 협력할 때 기독교 현실주의는 역사 속에서 평화 수호를 위한 임시적 폭력을 전제로 하기 때문에 폭력을 용인하는 결과가 되어버리고 말았다. 문제는 앞에서도 언급하였듯이 임시적 폭력을 통한 평화의 수립이 영구적이지 못하고 평화의 명분으로 새로운 권력에 정당성을 부여하고 그 권력이 폭력을 사용할 때 오히려 지속적인 정당성을 부여하는 한계를 드러내기 때문이다. 둘째는 이와 같은 현실주의적 한계를 극복할 수 있는 바른 대안은 폭력과의 단절이며 올바른 권력을 수립하는 일인데 현대 국가에서 보듯이 종교와 정치의 분리, 그리고 정치와 경제의 분리 속에서 기독교의 역할이 매우 제한되어 있다.

필자의 입장에서 이러한 현실주의적 관점의 가장 큰 위험은 종교가 권력의 내면에 있는 폭력을 지속적으로 강화할 때이다. 위에서도 지적하였듯이 폭력을 막기 위한 대항적 폭력은 임시적 평화의 시기에 완전히 사라지는 것이 아니라 종교가 새로운 권력에 정당성을 부여할 때 폭력은 전능한 권력의 도구가 될 수 있다는 점이다. 권력이 절대화 될 수 없음에도 불구하고 종교적 상징, 즉 초월성이 덧입혀지면 권력은 절대적인 모습을 띠게 되며 권력을 수행하는 과정에서 드러나는 폭력은 정당화된다. 일반적 폭력이 제거 대상이라면 종교가 강화하는 정당한 폭력은 신비와 신화의 영역에서 권력 위에 군림하게 되며 이 폭력은 종교적 상징이 바뀌거나 권력이 바뀌지 않는 한 지속되게 된다.

남북 평화의 사안을 놓고 남한의 경우 기독교의 관점이 모호한 이유는 바로 통일에 대한 정부의 입장이 일관적이지 않으며 이에 대한 기독교의 입장 또한 진영에 따라서 차이가 많았기 때문이다. 남한은 분단이후 체제 내 군부 독재와 민주화 투쟁을 거쳐 과거처럼 이념적 논쟁이 극단적이지 않더라도 현재는 자본주의의 병폐로 말미암아 빈부의 문제로 몸살을 앓고 있다. 정부가 바뀔 때마다 통일 논의는 권력의 의지에 따라서 차이가 많았으며 그때마다 기독교도 정책에 따라 유연성을 가지는 입장을 취하여 왔다. 북한의 경우에도 삼대에 이르는 권력 세습을 감해 하고 있으며 체제 유지를 위하여 평화 통일은 뒷전이다.

"남한의 통일 정책은 이승만 정부의 북진 통일론, 장면 정부의 자유 총선거를 통한 통일, 박정희 정부의 선건설 후 통일, 전두환 정부의 민족 화합 통일 방안, 노태우 정부의 한민족 공동체 통일 방안으로 이어졌다. 그리고 김영삼 정부의 3단계 통일 방안, 김대중 정부의 햇볕(포용) 정책, 노무현 정부의 평화 번영 정책, 그리고 이명박 정부의 '북핵 폐기와 북한의 개혁과 개방 유도'에 이르고 있다."[300] 북한의 경우도 공산주의 혁명 과정에 불가피한 프롤레타리아를 시작으로 자기 방식대로의 주체 사상을 통하여 권력을 절대화하기에 이르렀다. 김일성 사후 남한 내 사회주의 혁명 완수라는 명목으로 김정일과 김정은으로 이어지는 권력 세습 체제는 최근 족벌 정치를 정당화하고 평화 통일 문제는 더욱 요원해지는 형편이다. 뿐만 아니라 중국은 대북한 정책에 개혁과 개방을 요구하고 있는 현 시점에서 설령 통일이 발생하더라도 북한은 중국에 흡수되는 상황이 예견되고 있는 것이다. 이와 같은 상황에서 기독교는 통일에 원론적인 평화의 원칙만 있었지 통일에 대한 올바른 국가 권력이

---

[300] 통일 정책에 대한 간략한 관점은 필자의 선행 연구에서 가져왔다. 유경동, 『남북한 통일과 기독교의 평화』, 25. 참고로 '박근혜 정부'의 통일 정책은 '한반도 신뢰 프로세스'를 구축하는 것을 목표로 한다.

통일에 어떻게 기여하여야 하는 사안에 대하여서는 매우 소극적이라고 할 수 있다.

따라서 현실주의적 관점에서 기독교의 역할은 남북 평화에 대한 실정법적 접근이 필요하다. 물론 법이 모든 것을 해결하여 주지는 못할 것이다. 예를 들어, 과거 헌법과 실정법의 테두리 안에서 광주 민주화와 국가보안법을 함께 다루어야 했던 국내법의 한계도 문제이지만 독재 권력이나 민주화의 문제, 그리고 현재의 통일 논의를 기독교적 평화 규범의 차원에서 기독교가 그 대안을 제시하지 못하는 것도 한계이다. 평화의 원칙이 아니라 통일 정책이 어떻게 수립되고 있으며 바뀌는 정부나 정권이 평화 통일을 위하여 국가 권력을 어떻게 올바르게 사용할 수 있는지 요구하는 법적 규범과 도덕적 규범이 동시에 필요한 것이다. 이를 위하여서는 통일 후 북한 선교와 같은 소극적 태도가 아니라 통일 전 남북의 정의로운 국가 권력의 건설에 대한 적극적인 정치 참여와 통일에 대한 책임 의식을 신장하여야 하는 것이다.

지금까지 살펴보았듯이 현실주의의 약점은 폭력이 용인되며, 불법이 법이 되는 정당성의 문제가 제기된다. 기독교도 자칫하면 권력의 권위를 묻는 대신 폭력에 대항하는 권력에 전능성을 부여할 가능성이 많다. 왜냐하면 북한이 항상 폭력으로 상주하기 때문이다. 그렇게 되면 남북 통일의 경우 남북 권력의 본질을 파헤치기보다는 북한의 폭력에 대항하는 남한의 권력을 신성화 할 가능성이 많다. 물론 북한의 폭력보다는 민주공화국인 남한의 권력이 국민에게는 절대 이득이 있다. 북한의 폭력이 존재하는 한 이에 대항하는 상대적 권력이 요청되는 것은 절대적으로 필요하다. 그러나 평화로운 남북 통일을 위하여서는 북한의 정권이나 남한의 정부가 각각 평화를 위하여 어떤 역할을 해야 하는지 공적 영역에서 그 책임을 묻고, 그리고 책임을 질 수 있는 정치 의식과 참여가 뒤따라야 할 것이다. 이제 비폭력 무저항주의와 폭력과 권력의 문제를 살펴보자.

V. 비폭력 무저항주의와 평화

필자는 비폭력의 평화주의 입장이 남북 통일에 기여하려면 군사 정치적 영역보다는 사회 문화적 영역에 제한 될 수밖에 없다고 본다. 언뜻 비폭력 무저항주의는 폭력을 중지하고 평화로만 공동체를 유지하는 관점이라는 측면에서 현실주의적 대안보다는 기독교가 추구하여야 할 평화주의에 더 근접하여 있다. 현실주의는 폭력을 폭력으로 중지하지만 평화주의는 비폭력으로 폭력을 중지한다. 그러나 비폭력 전통에서도 폭력의 중지는 영구적이지 못하며 임시적이라는데 한계가 있다. 아울러 폭력에 대항하는 비폭력을 통한 평화가 언제 시작되는가 모호하다. 즉 폭력의 멈춤으로 평화가 시작되었다고 볼 수 있는지 문제가 된다. 물리적 폭력을 끝까지 수용하고 상대방의 폭력을 오로지 평화적 수단으로만 저항할 때 비폭력 저항은 폭력을 중지하게 되며 임시적인 평화를 맞이하게 된다. 그러나 비폭력이 단지 폭력에 대한 정신적 영역에서 머무는 것이 아니라 폭력을 생산하는 체제의 해체에 까지 이르는 것이 목적이라면 그 사안은 매우 복잡하게 된다.

    폭력의 수용으로 더 이상의 폭력이 필요 없게 된다면 형식적으로는 더 이상 폭력이 가시적이지 않지만 그렇다고 이것이 의미하는 것이 과연 평화일까? 폭력의 중지는 평화가 아니라 폭력의 유예일 뿐이다. 왜냐하면 가시적인 폭력이 사라진다고 하더라도 폭력의 잠재성은 여전히 남아 있는 것이다. 따라서 간과하지 말아야 할 것은 폭력의 중지는 폭력의 해체라는 구조적 문제가 해결되지 않은 한 폭력은 또 다른 폭력의 대상을 노리고 있다는 점이다. 설령 폭력을 용서와 사랑으로 수용한다고 하더라도 폭력이 완전히 정지되었다고 누가 장담할 수 있는가! 폭력을 배태하는 구조적 요소의 해체와 폭력을 재생산할 수 있는 체제의 중지가 없이 진정한 평화란 없는 것이다.

이 맥락에서 우리가 직면하는 심각한 문제는 폭력을 만드는 이 땅의 권력과 체제를 중지할 수 있는 대안이 과연 있는지 의문시 된다는 것이다. 성경에서 예수 그리스도는 자신의 십자가 죽음을 용인하기 위하여 칼의 보복을 중지시키고 하나님께 열두 군단이 더 되는 천사를 요청할 수 있지만 그렇게 하지 않겠다고 하셨다(마 26:47-56). 이 땅의 폭력을 중지하기 위하여 하늘의 심판(거룩한 폭력?)을 기대할 수 있었지만 그는 세상의 폭력을 하늘의 무력으로 중지시키신 것이 아니다. 오로지 십자가의 고통과 죽음을 통하여 사랑으로 폭력을 중지시켰다. 그렇다면 이 땅의 무저항과 비폭력을 통한 평화의 최후 해결은 오로지 하나님의 최후 심판에 의하여서만 가능한 것인가?

물론 비폭력 무저항주의로 폭력에 맞서는 이 땅의 죽음, 순교의 의미를 축소할 수 없다. 기독교적인 맥락에선 하나님의 영광을 바라는 부활이 기대되기에 이 땅의 폭력도 최후에는 하나님의 공의로운 심판에 의하여 평화로 종지부를 찍을 것이다. 폭력의 완전 중지는 이 땅의 유토피아에서가 아니라 하나님의 심판에 의하여서 완성되는 점에서 기독교의 평화주의는 폭력을 여전히 종말론의 각도에서 이해하여야 한다.

이와 같은 비폭력 평화주의의 의의는 폭력에 의하여 지배되는 세상의 주권은 오로지 평화의 하나님께 있다는 점에서 그 의미가 초월적이다. 현실주의적 맥락에서 제기되는 폭력의 신화와 신비, 그리고 폭력의 우상화를 깨트리는 점에서 비폭력 평화주의는 매우 중요하다. 국가가 전능하지 않으며 국가의 권력을 수행하는 그 어떤 정부도 완전하지 못하다는 점을 이 평화주의 전통은 가지고 있다. 오로지 검이 아니라 평화 속에서만 올바른 질서가 수행될 수 있다. 국가에 필요한 것은 권력이 아니라 정당한 권위이며 선과 동일시되는 것은 오로지 하나님이며 평화는 하나님으로부터 오는 선물이다. 아울러 기독교인의 최후 안식은 부활 후 천국에서 이루어진다는 내세관의 입장도 약화 될 수 없다. 영생에 이르기 위하여 현재의 고난을 동반하는 죽음이 현실에 대한 완전한 치유가 될 수 있기에 끝까지 평화를 사수하기 위하여 죽음을 넘어서는 평화주의는 매우 순수하다고 할 수 있다.

비폭력 평화주의는 세상의 법과 기독교 평화 정신의 분리를 통하여 공동체의 규범으로서 평화 논리를 전개하기 때문에 이 입장은 여전히 의미가 있다고 본다. 그러나 실제 전쟁과 폭력에 대한 대안으로 비폭력 무저항은 체제를 바꾸지 못하기에 현실주의와 마찬가지로 평화는 임시적이다. 한나 아렌트(Hannah Arendt)가 지적한 바, 간디의 사띠야 그라하(satiyagraha)나 아힘사(ahimsa)가 스탈린이나 히틀러를 만났으면 인도는 없어졌을 것이라는 지적을 우리는 기억하여야 한다. 우리가 경험하는 악의 평범성은 인류 사회 속에 만연한 윤리의 부재를 단적으로 증명하는 것이다.[301] 그녀가 말하듯이 현 시대에 폭력과 권력의 결합보다 더 평범한 일도 없고, 폭력의 극단적인 순환보다 덜 빈번한 일도 없기

---

[301] 참고) H. Arendt, *Eichmann in Jerusalem* (New York: Penguin Books, 1977).

때문이다.[302] 본회퍼의 주장처럼 미친 운전자를 끌어내지 않으면 그 결과가 자명함에도 불구하고 무저항이라는 기독교의 평화적 저항 방식에 한계가 있는 것이 아닌지 냉철한 신학적 통찰력이 필요하다.

문제는 남북의 통일에서 비폭력 평화주의가 어떤 역할을 할 수 있을까? 남북의 군사적 대치 상황에서 비폭력이 설자리가 과연 있을까? 남북 통일을 비폭력의 전통에서 보는 시각은 매우 제한적이지만 다만 사회적 통합을 위한 인권 회복과 문화 교류의 차원에서 볼 수 있다. 평화주의가 큰 기여를 하려면 사회 통합을 위하여 더 노력을 하여야 한다. 통일은 이질적인 두 체제의 통합이다. 독일 통일의 경우에도 드러나듯이 통합은 하나의 목표이지만 동시에 긴 과정을 지칭하는 개념이라고 할 수 있다. 통독의 과정에서 서독 교회는 '디아코니아적 파트너쉽(Diakonische Partnerschaft)'을 그리고 동독 교회는 '예언자적 선포(Prophetische Kerygma)'의 역할을 담당하였다고 평가받고 있다. 두 교회는 정치적 통일보다는 사회적 통합을 이루기 위하여 20여 년간 노력하였으며 독일교회가 통합을 위한 '친교 공동체(Oekumenische Koinoia)'로 나아가는데 교두보의 역할을 하였다고 인정받고 있다.[303] 그럼에도 불구하고 독일의 경우 흡수 통일이기 때문에 통일 후 동독의 시장 경쟁력의 하락과 서독 체제의 우월성으로 기인하는 동독 주민의 상실감으로 큰 후유증을 겪고 있다.

따라서 남북 통일에 비폭력이 공헌하려면 정치적 영역이 아니라 사회

---

302 필자의 선행 연구를 참고하시오. 유경동, 『한국 사회와 기독교 정치 윤리』, 132-133. 아래는 재인용한다. Hannah Arendt, *On Violence* (Harcourt Brace & Company, 1970), 『폭력의 세기』 (김정한 역, 이후, 1999), 78.

303 이범성, 『통일 · 사회 통합 · 하나님 나라』 (대한기독교서회, 2010), 67.

적 통합에 제한될 수밖에 없을 것이다. 남북 통일은 개인과 사회, 사회와 사회, 문화와 경제, 고유성과 다양성이 함께 통합하는 민족 공동체로 나아가는 것이다. 통일 후에 한 체제가 '지배자'의 위치에 놓인다면 이는 통일이 아니다. 남북의 통일에 기여할 수 있는 기독교는 통일 이전에 사회적 통합에 최선을 다하여야 한다.

VI. 나가는 말, 통일 신학의 이론적 대안

필자는 지금까지 남북 통일과 연관하여 현실주의와 비폭력 무저항주의 관점을 적용하여 보았다. 결국 현실주의의 문제점으로 제기된 권력의 정당성이나 비폭력의 문제점으로 제기된 폭력의 악순환은 통일을 염두에 둘 때 우리가 극복하여야 할 요소들이다. 이는 기독교가 올바른 권력을 세우는 정치적 노력과 동시에 폭력 없이 사회적 통합을 이루어야 한다는 책임 의식이 배가되어야 한다는 결론에 이르게 된다. 그렇다면 위의 두 이론을 근거로 바람직한 통일 신학은 어떻게 구성되어야 할 것인가?

첫째, 통일에 관한 규범과 당위의 문제이다. 통일의 논의에 공헌할 수 있는 통일 신학은 통일을 둘러싼 도덕적 규범이 전제되지 않고서는 당위의 사안으로 발전시키는데 한계가 있을 수밖에 없다. 기독교의 이상, 즉 하나님의 공의와 정의, 그리고 사랑의 초월적인 이념으로 통일에 접근하는 것은 용이하지만 통일을 둘러싼 구체적인 요소들에 대하여서는 좀 더 규범적 논의가 필요하다. 남북 평화의 문제는 추상적인 이상으로 머무를 수 없으며 사회 정의를 이루는 규범의 질서와 깊게 관련이 되어 있다. 따라서 평화는 남북 공동체의 문화적 다양성과 특히 복지 국가 형성을 위하여 필요한 정치와 경제의 협력이 전제되어야 한다. 정치와 경제적 현실의 조건과 기독교의 사랑과 정의와 어울릴 수 있는 규범의 건설이 중요하다. 현실적으로 남한의 민주주의, 그리고 북한은 공산주의의 형태를 띠고 있지만 각 제도의 힘을 비폭력적으로 사용하면서 자유와 책임을 신장하는 규범을 발전시키는데 힘을 모아야 할 것이다. 이 모든 것은 실정법의 테두리 안에서 통일의 문제를 적극적으로 검토하여야 한다고 본다.

둘째, 국가의 권력에 대한 비판적 접근이 항시적으로 필요하다. 국가는 민주적이어야 한다는 당위성은 정치적 책임에만 있는 것이 아니라 정치 조직을 올바르게 이끌 시민의 책임과 깊게 연관이 되어야 한다. 통일 신학은 특히 권력의 사용에 대한 인간 이성의 합리성과 의지의 왜곡에 대하여 깊은 통찰력을 필요로 한다. 이를 위하여 규범적으로는 공공 질서 유지에 필수적인 정의가 필요하지만 개인에게는 책임적 의무가 수반이 되어야 한다. 일반적으로 정치와 신앙은 각각 이 땅의 유토피아와 궁극적인 하나님 나라를 지향한다는 점에서 사뭇 흡사한 점이 있다. 양자 다 희망을 말하기 때문이다. 그러나 기독교의 진정한 영성은 정치적 이데올로기에 헌신하려는 유혹에서 벗어나야 한다. 왜냐하면 그 유혹은 세속적인 권력을 보장하겠다는 허망한 욕망을 부추기기 때문이다. 기독교는 이러한 세속적인 입장을 포기하고 역사 속에서 하나님의 진리를 추구하여야 한다. 역사 속에서 반복되는 종교와 정치의 결탁은 탐욕의 소산이다. 기독교는 따라서 해방을 추구하는 영성적 분별력을 필요로 한다.

셋째, 위의 국가의 권력에 대한 입장과 마찬가지로 통일 신학은 폭력에 대한 현실적인 이해를 필요로 한다. 기독교 전통에서 평화 신학은 어거스틴 이후 토마스 아퀴나스, 그리고 마틴 루터를 거치면서 기본적인 평화안을 정립하여 왔다. 주로 평화를 방어하기 위한 방어전의 성격을 가지고 있고 정의로운 전쟁을 수행하는 높은 도덕적 수준의 원리를 갖추었다고 할지라도 그 한계는 폭력을 여전히 필요로 한다는 것이다. 그러나 전쟁과 무차별 학살을 통한 폭력의 잔혹성에 대안 현실적 대안에 대하여 과연 기독교적 입장이 무엇인지 의문시된다. 또한 비폭력이 폭력을 수용함으로써 폭력을 중지시킨다는 비폭력 무저항의 적극적 평화 방식이 과연 역사 속에서 어떤 의미를 가지는지 살펴볼 필요가 있다. 현대 국제 사회에서 폭력은 국가가 독점하고 있으며 권력의 정당성을 가지고 폭력을 행사하며 이에 대하여 저항할 수 있는 방법은 거의 전무하다. 따라서 기독교는 남북의 통일에 있어서도 군사 폭력을 수동적으로 대하지 말로 폭력이 발생하지 않도록 보다 적극적인 평화로운 도덕적 규범의 형성을 위하여 노력하여야 한다.

넷째, 통일 신학은 하나님의 나라와 연결하여 공공 신학의 발전과 아울러 정의론에 집중하여야 한다고 본다. 헌법에서도 정교 분리는 정치는 현세적 행복을 그리고 종교는 영적 자유를 추구하는 것을 보장하지만 이는 또한 각 영역의 자율성을 전제로 하는 것이지 종교의 정치 참여를 배제하는 것은 아니다. 종교는 정치를 윤리화하며 정치적 활동에 시민 정신을 불러일으켜야 한다. 그렇지 않으면 기독교는 공적 영역에서 그 영향력을 스스로 위축하는 것이 된다. 정경 분리 또한 정치와 경제의 유착을 통한 권력의 이익을 방지하며 특히 국가의 간섭에서 자유로운 경제 활동을 전제로 하는 것이지만 이 틈바구니에서 기독교는 정의로운 경제 활동과 공평한 복지 체제에 대한 책임이 없어지는 것은 아니다. 이는 남북의 통일과 연관하여 볼 때 기독교는 바람직한 통일 논의에 대한 정치적 책임과 경제적 의무를 다하여야 하는 것이다. 이는 이 땅에서 정의로운 하나님의 나라를 세우는 일에 최선을 다하여야 하는 신앙인으로서의 책임과 의무를 수반하는 것이다.

결론적으로 평화를 정착하기 위한 남북 통일 운동은 정치적이어야 한다. 기독교의 평화 운동은 통일이 폭력으로 점철되지 않기 위하여 올바른 권력을 세우는 일에 노력하여야 하기 때문이다. 동시에 권력의 한계를 상기시켜주고 정치에서 요청되는 도덕적 규범이 무엇인지 상기시켜주어야 한다. 통일을 위한 평화 운동은 정치적 도덕의 영역으로부터 인간 행위를 분리시키는 것이 되어서는 안 된다.[304]

남북 통일을 통하여 우리가 인류 평화에 공헌하려면 서로의 개성과 각자의 고결성, 그리고 존엄성을 존중하는 사회적 통합이 없이는 불가능하다. 근대 이후 기독교의 평화 사상은 냉전 이데올로기에 종속되어 세력 균형이 인류의 안정에 필요한 조건인 양 강조하여 왔다. 그러나 그 세력 균형 아래서 권력의 억압 구조는 자유를 소외시키는 결과를 만들었음을 잊지 말아야 한다.[305] 따라서 기독교의 평화는 한편으로는 정치적 이데올로기의 허구를 고발하고 그 질서의 명목으로 권력을 유지하려는 세계화의 폭거에 대항하여야 할 것이다. 그리고 이 땅에 몸으로 평화를 전하신 예수 그리스도에 대한 전적인 믿음으로 희망을 잃지 말고 평화의 사도가 되기 위하여 전념하여야 할 것이다.

---

[304] Carlos Filipe Ximenes Belo, "1996 Nobel Lecture." http://nobelprize.org/nobel_prizes/peace/laureates

[305] Yitzhak Rabin, "1993 Nobel Lecture." http://nobelprize.org/nobel_prizes/peace/laureates

참고문헌

강광식, 『중립화와 한반도 통일』 (백산서당, 2010)

강구섭, "동서독 통합 개념을 통해 살펴본 평생교육의 과제," 『통일정책연구』 제19권 1호(2010)

김석우 외, 『현대 국제 정치 핵심 논쟁 12제』 (오름, 2001)

김연수, "남북한의 군사 문제에 대한 인식," 『남북한 비교론』 (명인문화사, 2006)

김용석, 『문화적인 것과 인간적인 것』 (푸른숲, 2000)

양준희, 『현실주의를 넘어서 티모스와 국제 정치』 (아세아문화사, 1999)

오세철, 『한국인의 사회 심리』 (박영사, 1982)

유경동, 『한국 사회와 기독교 정치 윤리』 (한국기독교 연구소, 2005 개정판)

_____, 『기독교 사회 윤리의 쟁점과 과제』 (감리교신학대학교 출판부, 2006)

_____, 『영화속의 신학과 인권』 (감리교신학대학교 출판부, 2008)

_____, 『평화와 미래』 (감리교신학대학교 출판부, 2011)

조홍제, 『미사일 방어와 한국의 선택』 (한누리미디어, 2007)

사회과학 철학연구소, 『철학사전』 (평양: 사회과학출판사, 1985)

서보혁, "이익균형론을 이용한 한반도 평화 체제 재론," 『통일정책연구』 제19권 1호 (2010)

손규태, "천년 왕국 운동들의 사회 윤리적 해석," 『신학사상』 (109호, 1999, 봄)

차병직, 『인권』 (살림, 2006)

최진욱, "남북한 행정 체제 비교," 『남북한 비교론』 (명인문화사, 2006)

키다 켄이치, 『평화의 묵시: 성서의 평화 사상과 민중 신학』 (조용래 • 정구은 역, 한국신학연구소, 1997)

평화 통일연구소,『전쟁과 분단을 끝내는 한반도 평화 협정』, (서울: 한울 아카데미, 2010)

한국정치학회 편,『정치학 이해의 길잡이 5: 국제 정치와 안보』(법문사, 2008)

한부영·김병국,『통일 대비 남북한 지방행정인력 통합에 관한 연구』(서울: 한국지방행정연구원, 2009)

한홍렬,『갈등과 협력의 정치 경제』(한양대학교출판부, 2003)

홍성민 편저,『포스트모던의 국제 정치학: 국제 정치 이론은 왜 존재하지 않는가?』(인간사랑, 1991)

Arendt, Hannah, *Eichmann in Jerusalem* (New York: Penguin Books, 1977)

_____, *On Violence* (Harcourt Brace & Company, 1970),『폭력의 세기』(김정한 역, 이후, 1999)

_____, *The Human Condition* (The University of Chicago Press, 1958)

Aquinas, Thomas, ed. Paul Sigmund, *St Thomas Aquinas on Politics and Ethics* (New York: Norton and Company, 1988)

Armstrong, David &Farrell, Theo & Lambert, Helene,『국제법과 국제관계』(조한승 역, 매봉, 2010)

Augustine,『하나님의 도성』(조호연 외 역, I, II, III, IV, V, 크리스챤 다이제스트, 1992)

Augustine, *Political Writings* (Indianapolis: Hackett Publishing Press, 1994)

Bonhoeffer, Dietrich, *The Cost of Discipleship* (New York: Collier Book, 1937)

____, *Prisoner for God* (New York: The Macmillan Company, 1954)

____, *Ethics* (New York: Collier Book, 1955)

____, *Christ The Center* (New York: Harper and Row, 1960)

_____, *A Testament To Freedom*, Geffrey Kelly, ed. (San Francisco: Harper Collins, 1990)

_____, *Act and Being* (Minneapolis: Fortress Press, Dietrich Bonhoeffer Works Vol II, 1996)

Elias, Norbert, *Über den Proze der Zivilisation I*,『문명화 과정 I』(박미애 역, 한길사, 1996)

Ellul, Jacques, *L'homme et l'argent*,『하나님이냐 돈이냐』(양명수 역, 대장간, 1991)

Erikson, Erik, *Identity and the Life of Cycle* (New York: Norton, 1980)

Fukuyama, Francis, *The End of History and the Last Man* (New York: Free Press, 1992)

Huber, Wolfgang,『평화 윤리』(김윤옥·손규태 역, 대한기독교서회, 1997)

Huizinga, Johan, *A Study of the Play Element in Culture*,『호모 루덴스』(김윤수 역, 도서출판 까치, 1981)

Küng, Hans, *PROJEKT WELTETHOS* (R. Piper GmbH & Co. KG, München, 1990),『세계 윤리 구상』(안명옥 역, 분도출판사, 1992)

LaCugna, Catherine Mowry,『우리를 위한 하나님 : 삼위일체와 그리스도인의 삶』(이세형 역, 대한기독교서회, 2008)

Lehmann, Paul, *Ethics in A Christian Context* (Harper & Row, 1963),『기독교 사회 윤리 원론』(심일섭 역, 대한기독교서회, 1988)

Luther, Martin, *Luther's Works* (Philadelphia: Fortress Press, 1971)

Lutz, Ellen L., "Understanding Human Rights Violations in Armed Conflict," Julie Mertus, et al., *Human Rights and Conflict: Exploring the Links between Rights, Law, and Peacebuilding* (Washington DC: United States Institute of Peace Press, 2006)

Ministry of Unification, *Kim Dae-jung's Policies on North Korea: Achievement and Further Goals*. (The Republic of Korea, 1999)

Müller, Harald, *Das Zusammenleben der Kulturen* (Fisher Taschenbuch Verlag GmbH, Frankfurt am Main, 1998), 『문명의 공존』(이영희 역, 푸른숲, 1999)

Moltmann, Jürgen, 『정의가 미래를 창조한다』(안명옥 역, 분도, 1990)

_____, 『삼위일체와 하나님의 역사 – 삼위일체 신학을 위한 기여』(이신건 역, 대한기독교서회, 1998)

Muelder, Walter G., 『기독교 사회 정치 원론』(대한기독교서회, 1966)

Müller, Max, *Existenzphilosophie im geistigen Leben der Gegenwart*, 『실존 철학과 형이상학의 위기』(박찬국 역, 서광사, 1988)

Nobel Peace Prize Laureates. http://nobelprize.org/nobel_prizes/peace/laureates.

Wink, Walter, *Jesus and Nonviolence*, 『예수와 비폭력 저항』(김준우 역, 한국기독교연구소, 2003)

Yoder, John Howard, *Politics of Jesus* (Erdmans Pub Co, 1994)

기독교의 '완전(perfection)' 개념과 기독교 윤리[306]

I. 서론

완전주의는 역사적으로 인간의 본성 발달과 관련하여 인간의 선(善)에 대한 도덕적 가능성 연관된 도덕 이론과 결부되어 정의되어 왔으며, 아리스토텔레스나 아퀴나스 이후 많은 사상가들의 관심을 받아왔다. 완전주의자들은 선(善)의 객관성을 확신하기 때문에 이에 근거한 윤리학 또는 정치학을 발전시켜왔다. 완전주의에 대한 논의는 어떠한 기준과 목적으로 인간의 선에 대하여 정의하느냐에 따라 달라지지만, 일반적으로 완전주의자들은 인간에게 선이란 인간이 행하는 모든 행동이나 행동에 상호 영향성을 미치는 관계성이 그 자체로 선하다는 점에서 선의 객관성을 정의하며, 기능적 또는 공리적 관점에서의 선을 거부한다.

도덕 이론으로서 완전주의는 인간이 자신의 선한 삶을 객관적으로

---

[306] 본 글의 출처는 다음과 같다. "기독교의 '완전(perfection)' 개념과 기독교 윤리," 신학과 세계, 감리교신학대학교, 2015. 12. 411-433.

보호하고 증진시킬 것을 지속적으로 요청하기 때문에 완전에 관한 이중적인 관점이 형성되는데 그것은 각각 자기중심적 형식과 비자기중심적 형식이라고 할 수 있다.[307] "자기중심적 완전주의"는 한 인간 존재가 완전에 나아가도록 도덕적 방향을 설정하여 준다. 이는 이기적 완전주의를 의미하는 것은 아니며, 타자의 선(善)은 자기 자신의 선으로부터 기인한다고 보는 관점이며, 자기 자신의 완전성과 타자의 완전성은 충돌하지 않는다. 반대로 "비자기중심적 완전주의"는 자신의 선과 타자의 선의 충돌을 허락하며 모든 인간은 근본적이며 비파생적인(non-derivative) 의무를 가진다고 본다. 그것은 자기 자신을 완전하게 할 뿐 아니라 타자도 완전하게 해야 한다는 것을 의미한다. 이 두 가지 형식을 모두 포함하여, 완전주의는 모든 인류가 자기 자신의 도덕적 완전뿐만 아니라 타자의 도덕적 완전을 위해 애쓰도록 지시한다.

필자는 이와 같은 전통적 완전주의 개념에 비하여 기독교 완전주의 개념은 하나님과의 관계에서 형성되면서 동시에 자신과 이웃과의 관계를 완성하여 나간다는 입장에서 자기중심적 완전주의나 비자기중심적 완전주의와 차이점이 있다고 본다. 인간은 죄인이지만 오로지 하나님의 은총을 통하여 인간성을 회복하여 하나님이 원하시는 전인적 형상을 회복하는 기독교 완전주의는 기독교 윤리학에도 매우 큰 영향을 미친다고 할 수 있다. 기독교의 완전주의는 전통적인 윤리학의 범주인 자유주의나 의무론을 넘어서며 공동체를 형성하는데 기여할 수 있기 때문이다. 필자가 이 글에서 전개하려는 논지는 크게 두 가지다. 첫째, 기독

---

[307] 이하 완전주의에 대한 설명은 다음 사이트의 내용을 요약하여 소개함을 밝힌다. Steven Wall, "Perfectionism in Moral and Political Philosophy", The Stanford Encyclopedia of Philosophy (Winter 2012 Edition), Edward N. Zalta (ed.), URL = ⟨http://plato.stanford.edu/archives/win2012/entries/perfectionism-moral/⟩.

교 전통에서 완전에 관한 개념을 정리하여 그 특징을 살펴보도록 하겠다. 초대 교부와 어거스틴, 아퀴나스에 이어 웨슬리까지 완전에 관한 신학적, 그리고 영성 개념들을 정리하여 그 핵심 내용을 기술하여 보겠다. 그리고 둘째, 기독교의 완전 개념이 기독교 윤리학에 공헌할 수 있는 내용이 무엇인지 살펴보도록 하겠다.

이 논문의 한계는 완전주의에 대한 일반적 이론을 정리하여 비교하는데 목적을 두었기 때문에 심도 있게 각 학자의 '완전' 개념을 연구하지 못하였지만, 기독교 역사 속에서 다양한 사상가들의 완전 개념을 소개하는데 주안점을 두었다. 차후에 각 사상가들의 완전 개념을 깊게 연구하여 크리스천의 영성과 덕을 함양하는데 기여할 수 있으리라고 본다.

II. 사도적 교부들의 완전

사도적 교부들이란 1세기 후반에서 2세기 중반의 기독교 저작자들을 말하며, 교회 전통에서는 이들의 저작을 정통 사도들의 설교에 버금가는 중요한 문서로 인정한다. 특히 존 웨슬리의 완전 교리를 형성하는 데에 있어서 이들의 저작이 큰 역할을 했는데, 로마의 클레멘트, 안디옥의 이그나시우스, 서머나의 폴리캅의 글, 헤르마스의 목자(the Shepherd of Hermas), 바나바 서신, 디다케(the Didache) 등이 큰 영향을 주었다고 볼 수 있다.[308]

---

[308] 이하 클레멘트, 이그나시우스, 디다케, 바나바 서신, 폴리캅의 개념은 아래의 바운즈(Bounds)의 글을 참

로마의 클레멘트(A.D.E. 30-100)는 그의 고린도 서신에서 완전에 대하여 언급하는데, 이는 친절과 공정함, 겸손과 교회 질서에 있어서 신의 계명에 전적으로 순종하는 것을 의미한다. 이는 신에 대한 믿음과 타자에 대한 친절을 의미한다는 점에서 사랑과 연결된다. 기독교인의 완전은 전적으로 신의 사랑, 즉 구원을 위해 자신을 아끼지 않는 그리스도의 사랑을 통해 이루어진다고 본다. 기독교인의 완전은 사랑을 받는 존재로서 사랑을 전하는 행위자로 연결된다.[309] 이와 같이 클레멘트는 기독교인의 완전을 정의하는 데에 있어서 신에 대한 전적인 순종과 타자에 대한 순전한 사랑을 연관시킨다.

안디옥의 이그나시우스(A.D.E. 30-107)는 그리스도인의 완전에 대하여 세 가지로 정리한다. 그는 그리스도인이 완전한 성화를 이루기 위해서는 먼저 예수 그리스도에 대한 믿음과 사랑이 전제되어야 한다고 본다. 그는 믿음을 통해, 인간이 죄와 타자에 대한 미움을 배제할 수 있다고 본다.[310] 클레멘트가 신의 사랑과 은혜의 중요성을 강조하는 반면, 이그나시우스는 그리스도인의 책임을 강조한다. 즉 그리스도인이 전적인 사랑과 믿음을 소유함으로써 완전이 가능하다고 본다. 믿음이란 죄로부터 자유케 됨을 의미하며, 사랑은 미움으로부터의 자유를 의미한다. 이그나시우스의 완전에 대한 논의는 주로 약자에 대한 도움과 타자에 대

고하여 핵심을 요약하여 소개함을 밝힌다. Christopher Todd Bounds, "The Doctrine of Christian Perfection in the Apostolic Fathers," *Wesleyan Theological Journal*, 42, No.2 Fall, 2007, 9-27 참고.

309 Clement of Rome, *The First Epistle of Clement to the Corinthians*, 49.6, 50.1-3. Christopher Todd Bounds, "The Doctrine of Christian Perfection in the Apostolic Fathers," *Wesleyan Theological Journal*, 42, No.2 Fall, 2007, 9 참고.

310 Ignatius of Antioch, *The Epistle of St. Ignatius to the Ephesians* 14.2. Christopher Todd Bounds, "The Doctrine of Christian Perfection in the Apostolic Fathers," *Wesleyan Theological Journal*, 42, No.2 Fall, 2007, 12 참고.

한 분노나 미움으로부터의 해방을 언급하는 경우가 많다.[311]

사도 시대 직후에 쓰여진 디다케(Didache)에서 완전 교리는 매우 중요한 의미를 지닌다. 디다케 문서 전체를 통틀어 완전은 각 자료들을 연결하는 중요한 연결고리가 된다. 디다케는 완전 교리에 대한 교회의 가르침에 대해 네 번 언급하는데, 먼저 완전은 구원에 이르는 길의 최종 목적지로 설명된다. 구원에 이르는 길은 곧 신을 사랑하고 이웃을 사랑하는 두 계명으로 정의된다. 여기에서 그리스도인의 완전이란 죄의 길을 피하고 구원과 생명의 길을 선택하는 태도와 행위를 지칭한다.[312] 디다케는 그리스도인의 완전을 신에 대한 사랑과 이웃 사랑이라는 구체적 행위와 태도, 반대로 죄로부터 벗어나 생명과 구원의 길로 나아가는 것으로 정의한다. 그리고 디다케는 철저하게 그리스도인의 선택과 노력을 통해 그리스도인의 완전을 획득할 수 있는 것으로 보지만, 모든 그리스도인이 이를 획득할 수 있는 것은 아니라고 본다.[313]

한편 바나바 서신(The Gospel of Barnabas)에서 그리스도인의 완전은 구약 성경의 성전 개념과 관련된다. 이 문서에서 개별적 그리스도인의 마음은 곧 성전으로 인식되며, 신과의 약속을 철저하게 지키고, 죄를 피하며, 신에 대한 경외를 통해 성도의 삶에 주님이 거하실 완전한 성전을 세우고 성령을 위한 영적 공간을 세우는 것이 곧 그리스도인의 완전이

---

311 Christopher Todd Bounds, "The Doctrine of Christian Perfection in the Apostolic Fathers," *Wesleyan Theological Journal*, 42, No.2 Fall, 2007, 14.
312 디다케에서 그리스도인의 완전에 대한 언급은 1.;6.2;10.5;16.2에 나온다. Christopher Todd Bounds, "The Doctrine of Christian Perfection in the Apostolic Fathers," *Wesleyan Theological Journal*, 42, No.2 Fall, 2007, 15 참고.
313 Christopher Todd Bounds, "The Doctrine of Christian Perfection in the Apostolic Fathers," *Wesleyan Theological Journal*, 42, No.2 Fall, 2007, 16.

라고 할 수 있다.[314]

사도 요한의 제자 폴리캅(Polycarp)은 그리스도인의 완전에 대하여 한 번 언급한다. "모든 성도들을 위해 기도하라. 또한 왕들과 통치자들을 위해 기도하라. 그리고 너희를 박해하고 싫어하는 이들을 위해 기도하며, 십자가의 원수들을 위해 기도하라. 그리하면 너희의 열매가 모두에게 밝히 드러날 것이며, 그리스도 안에서 너희가 완전하게 되리라."[315] 이 명령문은 원수나 친구 모두를 사랑하라는 폴리캅의 권유와 연관된다. 폴리캅은 내적인 사랑의 의도와 외적인 사랑의 행위를 통해, 모든 계명과 공의의 기초가 세워진다고 본다. 폴리캅에게도 그리스도인의 완전은 그리스도인의 사랑을 통해 나타나며, 그리스도인의 삶을 통해 사랑의 행위가 드러날 때에 그리스도인이 완전해 진다고 본다.[316]

지금까지 살펴보았듯이 초대 교부들에게 완전은 예수 그리스도의 삶을 본받고 그대로 따라하는 사랑과 연관이 되어 있으며 삶 속에서도 말씀에 순종하는 전적인 헌신이 요청되는 것을 알 수 있다. 하나님에 대한 사랑과 믿음 그리고 이웃을 위한 행위가 이원론적으로 나뉘지 않으며 죄로부터 완전히 자유함에 이르기 위한 삶이 전적으로 요청되는 것이 특징이라고 할 수 있다.

---

314 *The Epistle of Barnabas* 1.5, 4.11, 6.8-19, 14.4-8, Christopher Todd Bounds, "The Doctrine of Christian Perfection in the Apostolic Fathers," *Wesleyan Theological Journal*, 42, No.2 Fall, 2007, 17 참고.

315 *The Epistle of Polycarp to the Philippians*, 12.3. Christopher Todd Bounds, "The Doctrine of Christian Perfection in the Apostolic Fathers," *Wesleyan Theological Journal*, 42, No.2 Fall, 2007, 19에서 재인용하여 번역함.

316 Christopher Todd Bounds, "The Doctrine of Christian Perfection in the Apostolic Fathers," *Wesleyan Theological Journal*, 42, No.2 Fall, 2007, 19.

III. 어거스틴(Augustine)의 완전

어거스틴의 완전론은 인간의 역사에 대한 그의 이해를 통해 드러난다. 그의 『신의 도성』에 나타나는 역사 이해란, 근대적 이성 중심의 역사 이해가 아니라, 구원론적 맥락에서, 그리고 하나님의 정의라는 측면에서 이해할 수 있다. 인간의 역사란 임시적이고 일시적이며 처음부터 그 끝이 정해져 있지만, 인간의 이성적 인식 능력으로는 하나님이 이 역사를 위한 섭리와 내용, 그리고 방향을 알 수 없다. 왜냐하면 역사는 오직 신에 의해 결정된 것으로 보기 때문이다. 기본적으로 어거스틴은 보편적으로 인간은 모두 원죄로부터 자유로울 수 없지만, 신은 은총을 베풀어 죄에 사로잡힌 사람들 중 일부를 신의 도성의 일부로 선택하고 나머지는 인간의 도성에 남겨둔다. 어거스틴의 결정론적 이해에 따르면, 신의 도성의 시민은 신의 은총을 통해, 자기 자신을 부인하고 신을 향해 사는 사람을 의미하며, 인간의 도성의 시민은 반대로 신을 거부하고 자기 자신에 집중하는 삶을 산다.

어거스틴은 이 땅에서는 어느 누구도 자기 자신이 신의 도성의 시민인지, 인간의 도성의 시민인지 확신할 수 없기 때문에, 이 세상에서 각 도성의 시민은 섞여 살고 있다고 본다. 또한 이 땅에 존재하는 교회는 비록 신의 도성과 특별한 관계를 가진다고 할지라도, 교회에 소속된다는 것이 구원을 보장하는 것은 아니라고 본다. 그는 보여지는 역사는 단지 인간의 인식 이면에 있는 도덕적 드라마의 흔적일 뿐이며, 분명한 것은 인간의 역사의 마지막에 이르러서야 신의 도성과 인간의 도성의 구

분이 완전하게 드러나게 된다는 점이다.317

그러나 하나님의 도성에서는 완전한 자유 의지와 영원한 기쁨, 그리고 과거의 죄와 벌로부터 해방하여 주신 하나님께 감사만 있게 된다.318 이러한 측면에서 어거스틴의 완전론은 인간의 개별적인 영성, 도덕적 차원의 문제이기보다는, 구원론적 역사관 및 사회적 차원에서 이해할 수 있으며, 완전을 향한 인간의 노력의 중요성보다는 결정론적 차원 및 종말론적 차원에서의 완전에 수동적으로 머무는 경향이 있다.

어거스틴의 완전론은 궁극적으로는 하나님의 도성과 땅의 도성과의 분리를 통하여 구원받은 자의 영원한 안식을 위한 하나님의 축복과 연관이 되어 있다. 따라서 완전은 현실적인 문제에서 확인될 수 있는 것이 아니라 하나님의 뜻 안에서만 발견될 수 있다. 기독교 초기 교부들에게 나타난 예수 그리스도의 사랑을 통한 완전과 헌신적 삶의 내용은 어거스틴에게 내면화 되어 믿음의 영역에서 내면화되고 구체적인 현실적인 사안은 역사의 지평을 넘어서 주관하시는 하나님에 대한 순종으로 드러난다고 할 수 있다.

IV. 토마스 아퀴나스(Thomas Aquinas)의 완전

아퀴나스(1224-1274)의 완전 개념은 아리스토텔레스를 근거로, 인간이

317　Michael Mendelson, "Saint Augustine", The Stanford Encyclopedia of Philosophy (Winter 2012 Edition), Edward N. Zalta (ed.), URL = ⟨http://plato.stanford.edu/archives/win2012/entries/augustine/⟩. 지금까지 이 사이트의 내용을 참고하여 어거스틴의 '완전' 개념을 설명하였다.
318　어거스틴, 『하나님의 도성』 (조호연, 김종흡 역, 크리스챤 다이제스트, 1998), 1131.

형식적으로 사용하는 능력들 중에서의 완전성을 나타내는 덕 개념과 일맥상통한다.[319] 덕이란 습관적 능력으로 인간의 의지와 이성을 통하여 선을 이룬다. 덕은 자연적인 능력과 활동 사이의 중간 상태로서 인간 행위의 과도함과 부족함 사이를 연결하는 수단이라고 할 수 있다. 예를 들어, 절제하는 덕을 가진 사람은 자신에게 적정한 양만 먹지, 탐욕으로 인해 너무 많이 먹거나, 너무 적게 먹어 굶어죽지 않는다. 아퀴나스는 이러한 인간의 덕론을 펼치면서 두 가지 행복에 대하여 설정한다. 먼저 "비례적(proportionate) 행복"은 인간의 본성에 따라 획득하는 행복을 의미하며, 다른 행복은 "신의 초자연적 도움을 통하여 얻는 행복"으로, 오로지 저 세상에서만 가능하며 전적인 하나님의 은총이다.

아퀴나스에 따르면, 이 땅에서는 자신의 노력과 존재의 원인인 신을 탐구함을 통해 신을 이해하지만 이생에서의 축복은 하나님 자신의 본질인 신성 자체에 참여하는 것으로 표현된다.[320] 신과의 연합은 궁극적이며 최종적인 기쁨과 연관이 되는데 이러한 내세의 축복은 신의 능력을 통해 초자연적으로 이루어지지만, 인간의 본성과 연관이 된다고 아퀴나스는 이해한다. 왜냐하면 신의 초자연적 능력은 인간의 지적 능력 또는 의지적 능력을 확장시키기 때문이다. 따라서 인간의 행복을 현재

---

319 Ralph McInerny and John O'Callaghan, "Saint Thomas Aquinas", The Stanford Encyclopedia of Philosophy (Summer 2014 Edition), Edward N. Zalta (ed.), URL = ⟨http://plato.stanford.edu/archives/sum2014/entries/aquinas/⟩. 이하 아퀴나스의 덕론의 핵심 내용은 전적으로 위 사이트의 영어 내용을 정리하여 옮겼음을 밝힌다. '비례적 행복', '완전과 인간의 본성', '자연적 덕과 신학적 덕'에 대한 일반적인 해석도 위 사이트의 내용을 번역하였으며 재인용 부호는 생략하며, 이하 필자가 아퀴나스의 원전을 확인하여 출처를 명기하였음을 밝힌다. .

320 Thomas Aquinas, Summa Theologica, I-I(2nd Part of 2nd Part), Question 167. III(3rd part), Question 83. 토마스 아퀴나스의 『신학대전(Somma theologica)』 영문번역본은 Christian Classis Ethereal Library의 자료를 이용하여 정리하였다.
URL=http://www.ccel.org/ccel/aquinas/summa.pdf

삶과 초자연적인 이생의 두 범주로 구분하는 것은 궁극적으로 인간 삶에 있어서 추구해야 할 두 가지 목적과 연관이 되며 완전 개념은 따라서 이중적 범주로 구성된다.[321]

아퀴나스는 인간의 삶에 있어서 두 범주의 행복을 구분함으로써 자연적 덕과 신학적 덕을 구분한다. '자연적 덕'이란 인간의 본성에 따른 이 세상에서의 행복과 연관되며 '신학적 덕'은 신과 함께 함으로써 경험되는 초자연적 선을 의미한다.[322] 자연적 덕은 도덕적 덕과 지적 덕으로 구분되는데, 지적인 덕은 진리에 얼마나 다가가느냐에 따라 그 완성이 결정되며, 도덕적 덕은 습관으로서 인간의 이성적 욕구를 올바르게 사용하도록 한다.[323] 자연적 덕 중 가장 기본적인 덕(cardinal virtues)은 사려분별(Prudence), 정의(justice), 용기(Courage), 그리고 절제(Temperance)이다.[324] 사려 분별은 인간 행위를 위한 진리를 추구한다는 점에서 지적인 덕이며, 정의는 이성적 의지를 통하여 이루려는 덕이며 절제는 성적 욕구와 같은 것을 억제하는 덕과 연관되며, 용기는 어떤 일을 수행하여 이루려는 욕구와 연관되는데 이 네 욕구의 조절을 통하여 인간의 자연적 욕구를 절제하도록 한다. 이 네 가지 기본 덕목 아래에 다양한 자연적 덕의 범주가 정해지는데, 절제와 용기는 각자의 선을 완전하게 하도록 하며, 정의는 타자의 선을 완전하도록 한다.

---

321 Ralph McInerny and John O'Callaghan, "Saint Thomas Aquinas", The Stanford Encyclopedia of Philosophy (Summer 2014 Edition), Edward N. Zalta (ed.), URL = 〈http://plato.stanford.edu/archives/sum2014/entries/aquinas/〉. 같은 사이트의 내용을 옮겼으며 인용부호는 생략하였다. 이하 '자연적 덕'과 '신학적 덕'에 대한 해석도 같은 사이트의 내용을 옮겼음을 밝힌다. 이하 필자가 아퀴나스 원전을 확인하여 인용하였음을 밝힌다.

322 Thomas Aquinas, Summa Theologica, I-I(1st Part of 1st Part), Question 62. 이하,

323 위의 책, I-I(1st Part of 2nd Part), Question 55.

324 위의 책, I-I(1st Part of 1st Part), Question 61.

신학적 덕에는 믿음과 소망, 사랑이 있다. 각각은 영원한 축복과 연관되며, 신의 은총의 선물로서 주어진다. 신학적 덕은 인간의 노력으로 획득될 수 없지만, 이러한 초자연적 행복은 인간의 자연적 행복과 무관한 것이 아니다. 토마스 아퀴나스는 신학적 덕의 주입과 더불어 자연적 덕도 주입된다고 보는데, 이를 설명하기 위해 주입된 자연적 덕(infused natural virtues)과 획득된 자연적 덕(acquired natural virtues)을 구분한다.[325]

지금까지 살펴보았듯이 아퀴나스는 영원법 아래 자연법적 질서를 통하여 인간의 덕론을 통한 완전을 추구하였다. 궁극적으로는 신학적 덕목을 통하여 완전을 추구하지만 자연적 덕을 통한 성품의 훈련을 간과하지 아니하였다. 자연적 덕과 신학적 덕의 조화를 통하여 세계를 이원론적으로 보지 아니하고 일원론적으로 봄으로써 완전에 대한 보다 구체적인 이론을 전개하였다고 볼 수 있다.

V. 월터 힐튼(Walter Hilton)의 완전

월터 힐튼(1340/45-1396)의 『완전함의 척도(The Scale (or Ladder) Of Perfection)』는 영어로 쓰여진 최초의 신비주의 문헌으로 알려져 있다. 이 책은 인간의 영혼이 죄로부터 완전으로 나아가는 과정을 묘사한다.

---

325 위의 책, I-I(1st Part of 2nd Part), Question 55. 지금까지 아퀴나스의 덕론을 완전 개념과 연관하여 다음의 사이트 내용을 번역하여 소개하였음을 밝힌다. Ralph McInerny and John O' Callaghan, "Saint Thomas Aquinas", The Stanford Encyclopedia of Philosophy (Summer 2014 Edition), Edward N. Zalta (ed.), URL = ⟨http://plato.stanford.edu/archives/sum2014/entries/aquinas/⟩.

힐튼은 모든 인류가 그들의 죄과로부터 영혼을 구원해야 하며, 이를 위해서는 금욕적 생활과 확고한 믿음, 그리고 신적인 명상이 필요하다고 주장한다. "영혼의 개혁이란 시간을 필요로 하며, 오직 하나님의 은혜를 통해서만 가능하다." 월터 힐튼은 기독교인들의 그들의 삶에서 행하는 죄들을 설명하기 위해, 인간의 죄에 대하여 구체적으로 제시하고, 이에 대한 그의 성찰을 보여준다. 이를 통해, 그는 기독교인들은 그들의 비도덕적인 삶을 버리고, 그로부터 철저하게 회개할 것을 촉구한다. 궁극적으로 영혼의 최종 목표인 완전은 하나님의 완전한 사랑을 명상함으로써 영적인 평화에 이르는 것을 의미한다.[326]

인간이 완전에 다다르기 위하여서 해야 할 덕목은 겸손과 자선, 그리도 다른 영적 덕들을 통하여 전적으로 하나님께 자신을 위탁하고 하나님의 형상을 따르는 삶을 살아야 한다. 기독교인은 자신의 몸과 더불어 마음을 전적으로 하나님께 돌려야 하며, 그리고 자신의 내면을 하나님의 형상으로 만들어야 한다. 비록 육적인 울타리를 벗어나 영적으로 나아가는 길이 힘들더라도 영적인 울타리 안에서 하나님의 평화를 얻기 위하여 나아가는 길이 완전에 이르는 것이다.[327]

힐튼은 명상을 세 단계로 분류한다. 첫 번째 명상은 '하나님을 아는 것'으로, 이성과 담론을 통해 영적인 것을 아는 지식을 의미한다. 두 번째 명상은 지적인 이해와 이성이 아니라 전적으로 하나님께 헌신하는 그러한 명상이며, 주로 '하나님의 완전한 사랑'에 대하여 자신의 모든 감

326　Emmalon Davis, "Summary of Walter Hilton's *Scale (or Ladder) of Perfection*," Christian Classics Ethereal Library, URL=http://www.ccel.org/ccel/hilton/ladder.html. 지금까지 힐튼의 완전에 대한 개념은 위 사이트의 내용을 정리하였음을 밝힌다.

327　Walter Hilton, *The Scale (or Ladder) of Perfection* (Grand Rapids, MI: Christian Classics Ethereal Library), 36. URL=http://www.ccel.org/ccel/hilton/ladder.html

각과 생각을 집중하여야 한다. 마지막으로 세 번째 명상은 '완전한 명상' 으로서, 지식과 사랑 모두를 포함한다. 완전한 명상은 오직 "성령의 은혜로 밝혀지며, 진리 자체를 이해하고, 영적인 것들, 즉 하나님에 대한 부드럽고 달콤하며 불타는 사랑을 이해함으로써, 완전하게 하나님의 사랑이라는 황홀경에 빠지게 되고, 이 완전한 명상을 하는 동안 영혼은 하나님과 하나가 되며, 삼위일체의 모든 형상과 합치된다."[328]

그런데 이러한 완전에 이르는 과정은 철저히 수동적이다. 월터 힐튼은 완전에 이르는 과정에 있어서 인간의 한계를 지적한다. 인간은 육체의 몸으로 아무리 절제와 연단의 과정을 반복한다고 하더라도 완전에 이를 수 없으며 오로지 성령의 임재를 통하여서만 가능하게 된다.[329] 이러한 영적 완성은 단순한 도덕적인 변화를 통한 덕의 완성을 추구하는 것이 아니라 덕이 사랑으로 변화는 것을 전제한다.[330] 도덕적인 덕을 통하여 추구하는 완전의 한계는 인간의 능동적 노력이 한계가 있다는 것을 의미한다. 그렇기 때문에 완전은 인간의 육체적 삶과의 분리를 통해 가능하다. 따라서 인간은 이 세상에 살아갈 때에 비록 완전에 다다를 수 없지만 완전을 향한 길을 추구하며 완전에 다다를 수 있는 믿음을 가질 수 있다.[331]

물론 힐튼에게 있어서 인간이 능동적으로 덕을 행하는 것이 완전을 이루는 일에 전혀 무관한 것은 아니다. 예를 들어, 자선과 같은 사랑의 덕은 하나님 나라에서의 거처와 연관된다. 요한복음 14장에는 "나의 아

---

328 위의 책, 43.
329 위의 책, 44.
330 위의 책, 50.
331 위의 책, 52.

버지의 집에 거할 곳이 많도다"는 구절이 나온다. 힐튼은 이러한 거처에 거할 수 있는 존재를 완전한 영혼으로 본다. 그는 완전한 영혼이란 "이 세상에서 자선과 하나님의 은혜로 충만한 자들이며, 하나님을 명상함으로써 가장 달콤하고 사랑스럽게 하나님을 찬양하는 자들"이라고 설명한다.[332] 따라서 사랑의 덕을 행하는 것은 영혼의 완전으로 나아가는 데에 중요한 실천 사항이 된다. 그리고 완전한 사랑의 덕이란 완전한 겸손의 덕과 연관된다. 따라서 완전히 겸손할 수 있다면 이는 완전한 사랑을 가지는 것이 되며 최선의 결과를 얻을 수 있는 것이다.[333]

힐튼은 특별히 겸손과 사랑의 덕을 강조하며, 이를 완전히 이루는 것이 인간이 하나님을 향한 명상을 이루기 위한 첫 걸음이라고 본다. 겸손과 사랑의 덕의 완전은 곧 예수 그리스도의 형상임을 의미한다.[334] 영혼의 완전에 이르는 과정에 있어서 힐튼은 믿음의 개혁을 강조한다. 믿음의 개혁이란 곧 신앙의 개종, 즉 다른 신앙으로부터 하나님을 믿는 신앙으로 돌아서는 것을 의미한다. 이러한 믿음의 개혁이 이루어지면, 다음으로는 감정의 개혁이 이루어진다. 그는 이러한 감정의 개혁은 믿음의 개혁에 비해 어렵고 고통스럽다고 강조한다. 마치 질병으로 인해 거의 죽게 된 사람이 적절한 치료를 통해 치료를 받게 된다고 하더라도, 건강하던 때와 마찬가지로 일을 하거나 힘을 쓸 수 없듯이, 죄로 인해 죽게 된 영혼이 회개와 예배를 통해 영적인 죽음을 면하게 되더라도, 그의 영혼은 여전히 온전한 상태가 아니다. 이러한 영적인 치료는 곧 믿음의 개혁의 결과라고 할 수 있다. 그러나 이는 전적으로 영의 상태를 완전한

---

332 위의 책, 80.
333 위의 책, 106.
334 위의 책, 132.

상태로 인도하는 것은 아니다. 질병으로 인해 약해진 몸 상태를 완전하게 회복시키는 것이 필요하듯이, 믿음의 개혁은 단순히 질병을 고치는 것 자체만을 의미한다. 따라서 믿음의 개혁을 통하여 인간은 오랜 수행과 영혼의 끝없는 노력이 요구되는 것이다.[335]

완전에 이르는 과정은 세상적인 과정과 이분법적으로 분리된다. 하나님께로 돌아서기로 한 기독교 신자는 세상을 등지자마자, 그 자신이 거룩하며, 복음과 성경을 영적으로 이해하게 되며, 이들이 하나님의 명령을 전적으로 이행하고, 육체의 죄로부터 나오게 되면, 그는 하나님을 완전히 사랑한다는 상상을 하게 된다. 따라서 그가 성령의 특별한 은혜로 말미암아 사랑의 완전 안에서 이해의 은총을 받게 되면, 이를 다른 사람들에게 전달하기 위해 노력한다.[336] 영혼의 완전과 하나님과의 합일은 철저하게 성령의 은총이다. "인간의 욕망이 깨끗하게 되고 성령의 불을 통해 미묘하게 되면, 이는 성령의 지식과 사랑의 완성이라는 은혜로운 빛을 받게 된다."[337]

지금까지 살펴보았듯이 힐튼의 완전은 인간의 영혼이 하나님과의 완전한 일치에 이르는 것으로 설명되어질 수 있다. 하나님을 인식하는 명상의 최종 목적은 영혼이 완전하게 은총이나 예수님에 대한 영적인 불타는 사랑에 이르는 것이다. 완전은 모든 감각적이거나 이성적인 인식 또는 감정이 완전히 사라지고 오직 주님에 의해서 인도되는 상태를 의미한다.[338] 그리고 완전에 이르는 전 과정에서 미치는 하나님의 은총은

---

335 위의 책, 163.
336 위의 책, 184.
337 위의 책, 185.
338 위의 책, 194.

사랑이다. 그 사랑은 결국 예수님 자신이며, 인간은 영적으로 변화되어 주님의 형상을 닮아가면서 인격도 변화되며 모든 덕이 전적으로 주님의 사랑에 의하여 통제되고 완전한 사랑에 들어가게 되는 것이다.[339]

VI. 테레사(St. Teresa of Avila)의 완전

테레사(1515-1582)가 기록한 『완전의 길(Way of Perfection)』은 카멜 수도원의 수녀들에게 바치는 책으로서 기도와 침묵, 묵상을 통해 하나님과의 합일에 이르는 길을 제시하고 있다. 그녀는 이 길을 일종의 규칙으로 설명하는데 특별히 자기 완전(self-perfection)을 추구하는 것으로 실천적이며 자기 자신의 경험에 의거하고 있다.[340]

테레사는 신앙의 관점에서 완전의 필요성을 제시한다.[341] 세상에 속한 사람들은 자신들의 불완전을 인식하지 못하며 선한 일을 하지 못하는 자신들의 한계에 대한 두려움도 없다.[342] 그러나 기독교인들은 완전에 이르는 길은 비록 인간에게 한계가 있지만 완전을 위하여 노력하여야 한다. "항상 어디에서든 가장 위대한 완전을 찾을 수 있도록 노력하십시

---

339 위의 책, 210.

340 Kathleen O'Bannon, "Summary of St. Teresa of Avila's *The Way of Perfection*," Christian Classics Ethereal Library, URL=http://www.ccel.org/ccel/teresa/way.html. 테레사의 완전에 대한 개념은 위 사이트의 내용을 요약하였다.

341 "우리 [기독교인들은 선한 기독교인들의] 도시나 성의 대장이 되도록 하나님께 요청해야 합니다. 설교자와 신학자들은 주님의 길을 걷는 데에 매우 능숙해야만 합니다. 이것들이 종교적인 한, 우리는 이들이 완전으로 나아갈 수 있도록 기도해야 하며, 그들의 소명을 이룰 수 있도록 기도해야 한다. 왜냐하면 이것이 매우 중요하기 때문입니다." St. Teresa of Avila, *The Way of Perfection* (Grand Rapids, MI: Christian Classics Ethereal Library), 25. URL=http://www.ccel.org/ccel

342 St. Teresa of Avila, *The Way of Perfection* (Grand Rapids, MI: Christian Classics Ethereal Library), 26.

오. 그리고 주님의 사랑을 위해 나는 주님께서 이러한 우리의 소원을 들어주시기를 간청합니다. 나는 비록 비참한 피조물이지만, 주님의 위엄 앞에 이를 간청합니다. 왜냐하면 내가 오로지 원하는 것은 주님의 영광이며 주님의 교회의 선함이기 때문입니다."[343]

테레사에게 완전이란 곧 하나님과의 완전한 합일을 의미하며 따라서 감각적 정욕과 의지적 욕망을 벗어난 완전한 평화 상태라고 본다. 그녀는 완전의 상태가 지속되는 것이 아니라 끊임없이 악마의 유혹에 의해 원래 상태로 돌아갈 수 있다고 본다.[344] 특히 완전에 이르기 위한 덕의 윤리로 그녀는 '선한 양심'을 강조하며 그 어떤 작은 죄에 대해서도 자유롭기 위해서는 가장 완전하면서도 가능한 완전을 추구해야 한다고 주장한다.[345]

기독교인이 선한 사랑의 덕을 이루기 위해서는 완전이 전제되어야 한다. 그 전제 조건은 세상과 철저하게 분리된 삶이다. 세상으로부터 분리됨으로써 큰 기쁨과 즐거움을 가지며, 이제는 더 이상 그 어떤 세상적인 것들과 관계하지 않는데, 이는 즐거움이 종교적 삶의 모든 실천들과 연관이 되기 때문이다.[346] 테레사는 완전에 이르는 길에 있어서 핵심은 곧 기도이며, 특히 관상 기도를 통해 하나님과의 합일을 이룰 수 있다고 본다.[347] 이렇게 보면, 테레사에게 있어서 관상 기도를 통한 완전, 곧 하나님과의 합일은 인간의 모든 종류의 의식적 작용이 멈춘 상태에서 이르

---

343 위의 책, 27.
344 위의 책, 32.
345 위의 책, 36.
346 위의 책, 61.
347 위의 책, 143.

게 된다고 할 수 있다. 하나님과의 합일을 통하여 결국 의지를 포기하고 타자를 용서하는 실천에 다다르게 된다.[348]

테레사는 인간의 두려움이라는 감정은 완전과 정반대의 것이며, 세상에 얼마나 애착되어 있는지를 보여주는 지표라고 본다. 이미 완전에 이른 사람들, 또는 완전에 이르는 길에 있는 사람들은 두려워하지 않게 되는데 그 이유는 마치 발 아래에 세상을 짓밟는 것과 같기 때문이며 이를 주님은 기뻐하신다.[349]

하나님과의 신비주의적인 합일은 환상이나 허상이라고 비판받는데 대하여 테레사는 하나님과의 합일은 성령의 은혜로부터 오는 것이기 때문에, 이해의 범위를 넘어가며, 그러한 관점에서 절대 허상이 아니라 실재임을 강조한다. "완전을 얻은 사람은 절대 주님께 심판과 유혹, 박해와 갈등으로부터 구원해 주실 것을 요청하지 않는다고 확신한다. 또한 주님의 위대하심이 그들에게 주신 은혜와 관상은 주님의 영으로부터 온 것이며, 절대 환상이 아니라고 확신한다."[350] 그렇기 때문에 그녀는 가장 높은 수준의 완전은 "가장 위대하며 가능한 완전"이라고 표현한다.[351]

지금까지 살펴보았듯이 테레사에게 완전은 이 세상에서 승리하신 주님과의 합일이며 그 어떠한 세상의 두려움으로부터 자유로운 성령의 충만함을 나타낸다고 할 수 있다. 주님과의 신비로운 합일은 선한 양심과 관상기도, 그리고 자신을 온전히 주님께 양도함으로써 주어지는 은혜이다. 이 완전에 거하는 기독교인은 예수 그리스도의 사랑과 용서를 직접

---

348 위의 책, 144.
349 위의 책, 146.
350 위의 책, 147.
351 위의 책, 153.

몸과 영으로 체험하게 되는 것이다.

VII. 존 웨슬리의 완전

존 웨슬리(1703-1791)의 『기독교인의 완전에 관한 평이한 해설(A Plain Account for Christian Perfection)』은 기독교인의 완전에 관한 자신의 교리를 어떻게 이해할지에 관하여 설명한 저서이다.[352] 이 책에서 웨슬리는 완전이란 행위에 있어서 의도의 순결함과 이를 통하여 하나님 앞에 모든 삶을 드리는 것으로 정의한다. 특히 이 책은 연도에 따라 그가 어떻게 완전의 교리를 이해하게 되었는지를 순차적으로 보여주며, 특히 마태복음 22장 36-40절에 나타나는 "네 이웃을 네 몸과 같이 사랑하라"는 예수님의 사랑의 계명을 중심으로 믿음의 완전을 설명한다. 이러한 측면에서 볼 때, 웨슬리의 완전 교리의 핵심은 곧 완전한 사랑이며, 이는 오직 은총에 의한 성화를 통해서만 가능하다.[353]

존 웨슬리는 기독교인의 완전의 교리의 출발은 인간이 예수 그 자체로서의 진리를 알려고 하는 진지한 열망의 일부분으로부터 출발한다고 말한다. 구체적으로 이는 테일러 주교(Bishop Taylor)의 『거룩한 삶과 죽음의 규칙과 실천 방안(Rule and Exercises of Holy Living and Dying)』에서 제시하는 의도의 순수성에 많은 영향을 받았다. 의도의 순수성은

---

[352] Abby Zwart, "Summary of John Wesley's *A Plain Account for Christian Perfection*," Christian Classics Ethereal Library, URL=http://www.ccel.org/ccel/wesley/perfection.html. 이하 웨슬리에 대한 설명은 위 사이트의 내용을 요약하여 옮겼음을 밝힌다.

[353] Abby Zwart, "Summary of John Wesley's *A Plain Account for Christian Perfection*," Christian Classics Ethereal Library, URL=http://www.ccel.org/ccel/wesley/perfection.html

곧 자신의 전 존재를 하나님께 헌신하겠다는 결심과 결부된다. 그리고 1726년 웨슬리는 토마스 아 켐피스(Thomas a Kempis)의 『기독교인의 유형(Christian's Pattern)』을 읽고, 내적 종교의 본질과 범위에 대해서 공부하게 된다. 이 책을 통해 웨슬리는 하나님께 자신의 삶을 드릴 때, 그 마음을 통한 헌신의 중요성을 깨닫게 된다. 이를 통해, 웨슬리는 완전이란 의도의 단순성과 사랑의 순수성으로서 이는 마치 영혼의 날개와 같아서 이것이 없으면 절대 하나님께로 나아갈 수 없다고 정의하고 있다.[354]

웨슬리는 특히 기독교인의 완전이란 어중간한 중립 지대가 없음을 강조한다. 이는 특히 윌리엄 로(William Law)의 『기독교인의 완전(Christian Perfection)』과 『진지한 소명(Serious Call)』을 통해 확신한 것으로서, 그는 반만 기독교인이 되는 것은 절대 불가능하며 오로지 주님의 은총을 통해 전적으로 헌신하는 존재가 될 수 있다고 확신하고 자신의 모든 영혼과 몸과 실존을 드리기로 마음먹었음을 고백하고 있다.[355]

웨슬리는 기독교인에게 참된 진리가 되시는 예수 그리스도의 완전은 곧 하나님의 완전으로 결부된다고 본다. 웨슬리가 1733년 성 매리 교회(St. Mary Church) 앞에서 설교한 "마음의 할례(the Circumcision of the Heart)"에서 그는 거룩함은 기독교인의 영적 특징이며 예수님을 통하여 죄에서 씻김을 받아 하나님이 부여하신 형상을 회복하는 것이라고 주장하였다.[356] '마음의 할례'를 통하여 웨슬리는 완전을 사랑과 연결하여

---

354 John Wesley, *A Plain Account of Christian Perfection* (Grand Rapids, MI: Christian Classics Ethereal Library), Section 1-3, 3. URL=http://www.ccel.org/ccel

355 위의 책, Section 4, 3.

356 위의 책, Section 6, 4.

사랑은 율법을 완성하며, 모든 계명의 최종 목적이라고 강조한다. 곧 사랑은 처음이자 가장 위대한 계명인 동시에 모든 계명들을 하나로 묶는 것이다. 따라서 "사랑 안에 완전이 있으며, 영광이 있고, 행복이 있다"고 웨슬리는 주장했다.[357]

웨슬리는 사랑의 완전을 두 가지 관점에서 강조하는데 하나는 하나님에 대한 사랑이며 다른 하나는 이웃에 대한 사랑이다. 사랑의 완전은 첫 번째 하나님을 사랑하는 데에 있으며, 이것은 곧 완전한 선이자 궁극적인 목적이다. 결국 사랑으로서 완전은 율법의 완성이며 우리의 영혼을 전적으로 하나님께 위탁함으로써 가능한 것이다.[358] 웨슬리는 "감리교인의 특징(the Character of a Methodist)"이라는 글을 통해 완전한 기독교인은 온 마음과 뜻과 힘을 다해 하나님을 사랑하여야 한다고 강조한다(신 6:5, 막 12:30). 하나님만이 참된 기쁨이며, 진정한 소망은 곧 하나님이다. 즉 완전한 사랑의 첫 번째 대상은 하나님이며 영생에 대한 소망과 함께 그리스도를 통하여 인간을 향하신 하나님의 뜻을 아는 것이다.[359]

완전한 사랑의 두 번째 대상은 이웃이다. 웨슬리는 완전한 기독교인은 하나님을 사랑하듯이 이웃을 사랑하며 나아가 원수까지 사랑하며, 그리고 심지어는 하나님의 원수들까지 사랑하는 것이라고 보았다. 이러한 사랑은 마음의 순결함을 통하여 질투와 분노, 좋지 못한 성품이 변화되어 온 힘을 다해 하나님의 일을 위해 하나님께서 받으실만한 삶

---

357 위의 책, Section 6, 4. 이 내용은 원문 "In this is perfection, and glory, and happiness"를 직접 인용한다는 점을 강조하기 위하여 "사랑 안에 완전이 있으며, 영광이 있고, 행복이 있다"라고 구분하여 표시하였음을 밝힌다.
358 위의 책, Section 6, 4.
359 위의 책, Section 10, 7.

아있는 제물이 되기 위하여 주님이 기뻐하시는 사람이 되는 것이다.[360]

그러나 완전은 철저하게 하나님의 은총에 의지한다. 완전한 기독교인은 지식에 있어서 완전할 수 없다. 왜냐하면 인간은 누구도 무지와 실수로부터 자유롭지 못하기 때문이다. 따라서 전지적인 인간은 불가능한 것이다. 반면 그리스도인의 완전은 그리스도의 피로 말미암아 죄 사함을 받는 은총으로부터 출발한다.[361] 완전의 본질에 있어서 잘못된 생각은 하나님께 전적으로 헌신함으로써 어떠한 보상이 있을 것이라는 믿음과 이 세상에서 무지와 실수로부터 완전한 구원을 얻을 수 있을 것이라는 믿음이다. 완전은 구원의 본질에 포함되는 것인데, 무지와 실수와 같은 인식론적인 문제는 구원에 필수적인 것이 아니며, 인간의 근본적인 불완전성을 보여준다. 따라서 이 세상에서 이러한 보상과 지식의 완전을 추구하는 것은 잘못된 생각임을 웨슬리는 강조한다.[362]

기독교인의 완전을 이해하는 방법에 대하여 웨슬리는 모든 것을 성경과 은총의 빛을 통해 보고, 이를 한편으로는 하나님의 말씀에 비교해 보고, 다른 한편으로는 하나님의 자녀의 경험을 통해 끊임없이 비교함으로써 기독교인의 완전의 본질과 속성을 이해할 수 있다고 본다. 그러나 이는 단순히 기독교인에 능동적이며 자발적인 성향이 아니라, 그가 하나님과 항상 함께 걷고 있음을 통해서만 가능하다. 즉 기독교인의 완전은 그가 내적으로나 외적으로 하나님께 전적으로 헌신하기 위해 그 마음과 생명을 바칠 때에만 가능한 것이다.[363] 따라서 기독교인의 완전

---

360 위의 책, Section 10, 8.
361 위의 책, Section 12, 10.
362 위의 책, Section 15, 17.
363 위의 책, Section 15, 18.

은 죄로부터 완전한 구원을 통해 절대 타락할 수 없는 궁극적인 상태를 의미하는 것이 아니라, 하나님에 대한 사랑과 이웃 사랑을 통해 성령의 열매를 맺으며, 성령의 열매를 증언하는 것을 의미한다.[364] 따라서 기독교인에게 궁극적 완전(last perfection)이란 기독교인의 선행을 통해서 받는 것이 아니라, 그 자신을 하나님께 완전히 드린 후에야 받을 수 있으며 죽음을 넘어 영생으로 나아가는 과정에서 하나님이 인간을 향하신 완전의 뜻이 드러나게 되는 것이다.[365] 즉 궁극적 완전은 오로지 하나님에게만 속한 것이다.[366]

지금까지 살펴본 웨슬리의 완전 개념을 정리하면 다음과 같다. 먼저 완전이란 겸손하며 인내하며 친절하게 하나님을 사랑하고 이웃을 사랑하는 것을 의미하며, 이는 우리의 기질과 말, 행동을 다스린다. 그러나 완전이라는 말이 곧 다시 타락할 수 없음을 의미하는 것은 아니다. 비록 완전이 궁극적으로는 죄가 없음을 내포하지만, 인간의 삶 속에서 경험되는 완전은 정적인 상태가 아니라 유동적이다. 따라서 최종적인 완전이 아니라, 인간의 삶 속에서의 완전은 신앙의 단순성을 통해, 즉각적으로 영혼에서 일어나는 것임과 동시에, 그러한 순간적인 완전의 경험을 통하여 점진적으로 성화가 일어나는 과정이라고 할 수 있다. 아울러 궁극적인 완전은 육체와 영혼이 분리되는 사망을 통과하여 영생에 이르는 것이다.

---

364 위의 책, Section 25, 52.
365 위의 책, Section 25, 63.
366 위의 책, Section 26, 65.

VIII. 결론

지금까지 살펴보았듯이 기독교인의 완전은 시대적으로 다양한 개념으로 나타난다. 그 내용을 정리하면 다음과 같다.

첫째, 완전은 하나님의 삼위일체의 사랑을 통하여 드러나며 전적으로 하나님의 주권에 속한다. 기독교인의 완전은 인간의 완전을 의미하지 않고 오히려 인간의 불완전을 통하여 하나님의 완전하심을 바라보게 한다. 안디옥의 이그나시우스는 예수 그리스도의 사랑을 통한 완전을, 어거스틴도 종말론적 지평에서 하나님의 전적인 주권을 강조하였고, 월터 힐튼의 경우도 삼위일체 하나님의 형상과 영혼의 하나됨을 강조하였다. 따라서 완전은 인간적인 개념이 아니라 신적 개념이며 오로지 주님의 은총을 통하여 가능한 것이다.

둘째, 완전은 전인격적이다. 기독교인에게 완전이란 인간적인 무지나 실수, 불완전성이나 유혹으로부터 벗어나는 것을 의미하지 않는다. 완전이란 단순히 성화의 또 다른 표현이라고 할 수 있다. 즉 완전과 성화는 하나님의 은혜 안에서 변화되는 전인적 과정을 의미한다고 할 수 있다. 로마의 클레멘트는 겸손에 대하여, 바나바 서신은 신앙을 통한 내면의 거룩한 성전을 회복하고, 폴리캅은 사랑의 의도에 대한 순수성을, 아퀴나스는 덕의 윤리를 통한 성품의 훈련을, 테레사는 선한 양심의 회복을 통한 인간적 의지의 포기와 타자에 대한 용서를, 그리고 웨슬리는 성화의 과정을 통하여 종의 신앙으로부터 아들의 신앙으로 나아가는 전인적 완전의 개념을 강조하였다.

셋째, 완전은 공동체적이다. 폴리캅은 계명을 통한 공의의 기초가 세워지는 것은 사랑에 근거한 완전으로 이해하였으며, 아퀴나스도 자연

법과 덕의 윤리를 통하여 이상적인 사회 공동체의 건설에 대하여 강조하였으며, 웨슬리도 선행적 은총이 사회적 성화와 연결되어 세상 속에서의 말씀의 실현에 대하여 강조하였다.

지금까지 정리하였듯이 기독인의 완전은 개인의 이성에 근거한 합리주의나 공동체의 다수에 근거한 공리주의, 그리고 모든 이들에게 일반적인 원칙의 준수를 요구하는 의무론과는 근본적 차이가 있다고 할 수 있다. 완전의 시작은 오로지 하나님의 사랑과 인간을 향한 용서에 근거하며, 인간은 하나님의 은총에 감사하며 하나님의 형상을 회복하며 나아가는 과정이라고 할 수 있다. 하나님과의 영적 합일 또한 전적으로 신적 주권에 속하며 인간은 자신의 한계를 늘 인정하고 하나님의 사랑과 그리고 이를 통한 이웃 사랑을 멈추지 아니하는 공동체적 특성을 가지고 있음을 보았다.

이와 같은 완전 개념은 이 시대 기독교의 영성이 회복하여야 할 요소라고 본다. 구원은 개인적인 지평에서 머무는 것이 아니며, 성화의 과정을 통한 전인적, 교육적 훈련이 요구되고, 아울러 공동체를 통하여 사랑으로 그 순수성이 유지되어야 하고, 그리고 궁극적으로 이 모든 가능성을 하나님의 주권에 두고 헌신하는 겸손이야말로 이 시대 필요한 기독교 윤리적 요소인 것이다.

참고문헌

Aquinas, Thomas, *Summa Theologica*, Christian Classis Ethereal Library, URL=http://www.ccel.org/ccel/aquinas/summa.pdf

Augustine, 『하나님의 도성』 (조호연, 김종흡 역, 크리스챤 다이제스트, 1998)

Bounds, Christopher Todd, "The Doctrine of Christian Perfection in the Apostolic Fathers," *Wesleyan Theological Journal*, 42, No.2 Fall, 2007

Davis, Emmalon, "Summary of Walter Hilton's *Scale (or Ladder) of Perfection*," Christian Classics Ethereal Library, URL=http://www.ccel.org/ccel/hilton/ladder.html

Hilton, Walter, *The Scale (or Ladder) of Perfection* (Grand Rapids, MI: Christian Classics Ethereal Library)

McInerny, Ralph and O'Callaghan, John, "Saint Thomas Aquinas," The Stanford Encyclopedia of Philosophy (Summer 2014 Edition)

Mendelson, Michael, "Saint Augustine," The Stanford Encyclopedia of Philosophy (Winter 2012 Edition)

O'Bannon, Kathleen, "Summary of St. Teresa of Avila's *The Way of Perfection*," Christian Classics Ethereal Library, URL=http://www.ccel.org/ccel/teresa/way.html

St. Teresa of Avila, *The Way of Perfection* (Grand Rapids, MI: Christian Classics Ethereal Library), URL=http://www.ccel.org/ccel/teresa

Wall, Steven, "Perfectionism in Moral and Political Philosophy," The Stanford Encyclopedia of Philosophy (Winter 2012 Edition)

Wesley, John, *A Plain Account of Christian Perfection* (Grand Rapids, MI: Christian Classics Ethereal Library), URL=http://www.ccel.org/ccel

Zwart, Abby, "Summary of John Wesley's *A Plain Account for Christian Perfection*," Christian Classics Ethereal Library, URL=http://www.ccel.org/ccel/wesley/perfection.html

목회자 세금납부와 기독교 윤리[367]

I. 들어가는 말

박재완 기획재정부(기재부) 장관이 2012년 3월에 한 방송과의 인터뷰에서 '종교인 과세'에 대한 발언 이후, 년 내 세제 개편안이 확정되리라는 추측도 있었다. 그러나 지난 8월말 세제 개편안에 성직자 납세를 포함시키지 못하고, 결국 올 해는 넘기게 되었다.[368] 기재부는 과세 방법과 시기를 조정하기 위한 충분한 의견을 수렴하면서, 성직자 과세의 명분을 찾고 있는 것으로 보인다. 그리고 향후 성직자 과세를 시행하고, 이어서 수익 사업에 대하여서만 과세인 비영리법인의 투명성을 확보하려는 방향으로 나갈 것으로 예측되고 있다.

'성직자 과세'는 2006년 4월 국세청이 당시 재정경제부에 "종교인에 대한 과세가 가능한가?"라는 질의로 촉발되었다. 그러나 이러한 논의가

---

[367] 본 글의 출처는 다음과 같다. "목회자 세금납부와 기독교 윤리," 신학과 세계, 감리교신학대학교, (2012.12), 288-310.

[368] 필자는 본 글에서 개신교의 경우 '목회자'로 사용하며, 종교 전반의 경우 '성직자'로 사용한다.

공론화되기 전부터 사실 종교계 내에서는 꾸준히 자발적인 근로 소득세 납부 운동이 있어왔다. 현재 개신교 9개 교단으로 구성되어 사회에 대한 책임 의식과 정의로운 사회 구현을 표방해온 한국기독교교회협의회는 목회자 과세 운동을 범 교단적인 차원으로 발전시키기로 방향을 잡고 있으며, 보수 개신교계를 대표하는 한국교회언론회에서도 납세라는 국민의 의무를 성직자들이 반대할 사안이 아님을 근래 밝혔다. 가톨릭도 1994년부터 소득세 납부를 결의하였고, 최근에는 '성직자 납세 원칙 가이드라인'과 '급여 지급 방법'을 예시하고 있다. 한편, 개신교 내 한 기총은 목회자에게 근로 소득세를 요구하는 것은 맞지 않기 때문에 반대하고 있으며, 조계종도 과세 평등에 의한 '종교인 소득세'가 아닌 '종교인 근로 소득세'는 반대하는 입장을 표명하고 있다.

그동안 종교 단체는 순수한 종교 행위를 전제로 한 '비영리 단체'로 분류되었기 때문에 법인세나 증여세 등의 면제 혜택을 받아왔으며, 성직자의 소득 또한 영적 봉사에 대한 예우금이나 봉사비로 이해되어 왔다. 현실적으로 성직자의 80% 정도가 면세점(세금을 면제하는 기준 한도) 이하로 추정되기 때문에, 과세의 실효성도 의문시 되어왔다. 그럼에도 불구하고 헌법에 명시된 납세의 의무 차원에서 공평 과세는 종교 단체나 성직자도 예외일 수 없다는 입장이 설득력을 얻고 있고, 일부 종교 단체의 탈세의혹과 헌금과 연루된 성직자의 부도덕성에 대하여 종교 단체의 '재성 투명성'이 요구되고 있다. 따라서 차제에 실정법 차원에서의 법의 형평성과 종교적 차원에서 도덕적 규범 회복에 대한 자발적인 노력이 더욱 기대되고 있는 실정이다.

이번 '종교인 과세' 문제는 헌법에 명시된 '종교의 자유'와 '납세의 의무' 사이의 자유민주적 기본 질서에 대한 충돌로 비쳐질 수 있다. 그동안 종교 단체와 종교인에 대한 비과세는 종교 활동의 자유를 보장하는 불문율이었기 때문에, 과세라는 법의 형식적 논리는 자칫 종교에 대한 국가의 억압으로 비쳐질 수 있으며, 대다수의 면세점 이하 성직자들에 대한 납세의 절차가 법적으로 미미한 상황에서 과세는 마치 성직자들이 일부러 납세를 회피한 것처럼 종교의 이미지를 추락시킬 수 있다. 그러나 종교인이라 할지라도 국가 공동체의 복지 후생을 위하여 정직한 납세 의무를 다하여야 하는 국민의 의무에서 제외될 수 없으며, 국가가 국민의 납세에 대한 책임과 그 목적을 분명히 하는 한, 굳이 회피할 명분도 없는 것이 사실이다.

목회자 세금납부 쟁점 사항은 현재 사회적으로는 크게 법적인 관점과 도덕적인 관점으로 정리될 수 있다고 본다. 필자는 이 쟁점의 내용을 간략하게 정리한 다음, 기독교 윤리학적인 관점에서 목회자 과세의 문제를 고찰하고자 한다. 특히 개혁주의 전통에서 세금의 문제를 공공의 영역에서 어떻게 해석하여야 할지 짚어봄으로써, 향후 목회자 과세 문제에 대한 기독교 윤리적 함의가 무엇인지 살펴보도록 하겠다.

II. 법적인 관점

"이에 이르시되 그런즉 가이사의 것은 가이사에게, 하나님의 것은 하나님께 바치라"(마 22:21)

종교인과 종교 단체에 세금을 부과해야 하는지의 여부에 대한 논쟁도 입장에 따라서 매우 첨예하게 대립하고 있다. 특히 성경의 '가이사의 것'과 '하나님의 것'을 근거로 크게 두 가지로 그 쟁점이 나뉘지는데, 하나는 국가의 조세 정책에 관한 것이고, 다른 하나는 성직자의 종교 활동에 대한 해석의 차이다. 그 내용을 차례로 살펴보면, 첫째, 국가의 조세 정책에 성역이 없이 모든 국민에게 조세 평등의 원칙을 적용하는 것과 둘째, 종교인의 경우 예외로 보는 관점이 충돌하고 있다.

조세 평등의 일례로 국제 사회에서는 최근 재정난을 겪은 이탈리아가 경기 부양을 위하여 저소득층의 소득세 감면 정책을 추진하면서, 교황청과 가톨릭교회에 세금을 부과하는 내용이 담긴 부동산세법 개정안을 지난 2월에 고시하였다. 그리고 지난 10월에는 세수 확대를 위해 가톨릭교회에 대한 면세 혜택을 2013년부터 폐지하기로 한 내용을 포함한 경기 부양안이 발표되었다. 가톨릭교회는 지금까지 상업용 부동산에 대해서는 세금을 내고, 호텔 내 예배실과 같이 수익은 있지만 비상업용으로 분류된 부동산에 대해서는 세금을 내지 않고 있었다.

이탈리아 최고 행정법원은 가톨릭에 대한 이탈리아 정부의 과세안을 부결하였으나, 정부는 "부동산세 납부에는 예외가 없다"고 주장하였다고 전해지고 있다.[369] 지난 1929년 교황청과 무솔리니 정권 사이에 맺어진 라테란 조약 이후 교황청 소유의 '종교 기능' 부동산에 세금이 부과되지 않았지만, 재정 위기에 처한 이탈리아 정부가 '신성불가침 영역'에 과세를 부과한 것이다.

우리나라의 경우에는 종교인의 과세에 대하여 찬반이 나뉘어져 있다. 찬성하는 입장에서는 대한민국 헌법 11조에 명시된 "①모든 국민은 법 앞에 평등하다. 누구든지 성별·종교 또는 사회적 신분에 의하여 정

---

[369] 아시아 경제, 2012.10.11

치적·경제적·사회적·문화적 생활의 모든 영역에 있어서 차별을 받지 아니한다. ②사회적 특수 계급의 제도는 인정되지 아니하며, 어떠한 형태로도 이를 창설할 수 없다"는 조문에 근거하고 있다.[370] 그러나 교회가 종종 재정이 불투명하다고 인식되는 상황에서 과연 교회가 특수 계급의 형태인가에 대한 의문이 지속적으로 제기되고 있는 실정이다.

성직자 납세를 반대하는 입장에서 보면, 교육 기관과 시민 단체와 같은 비영리 단체의 경우는 재무회계에 대한 정보를 공개하지만, 종교인과 종교 법인의 경우 일반적으로 세금의 의무가 없기 때문에 재정을 공개하고 있지 않다. 한편 헌법 20조에 "국교는 인정되지 아니하며, 종교와 정치는 분리된다"는 내용에 따라서 종교 단체의 지위와 종교인의 자유에 대한 권리가 인정되는 상황에서 국가가 종교나 종교인을 세금과 같은 의무로 간섭할 수 있는지도 문제시되고 있다. 또한 헌법 제38조의 "모든 국민은 법률이 정하는 바에 의하여 납세의 의무를 진다"는 내용이 있음에도 불구하고, 한국 사회에서는 종교인 소득세 부과를 관행적으로 면제하고 있으며, 종교 단체에 대한 회계 관련 제도도 없는 실정이다.

아울러 소득세법 34조에는 종교 단체를 공익 법인으로 분류하기 때문에, 부동산 취득, 건물 신축, 헌금, 기부금, 그리고 정관상의 선교 봉사 교육과 같은 비영리의 목적에 쓰이는 경우 비과세이고, 교회 건물을 임대하거나 수익 사업체의 설립인 경우는 과세이다. 성직자 과세에 대한 문제 중에 80%가 미자립의 수준으로 추정할 때, 2009년 기준으로 소

---

370 이하 본 글에서 인용되는 법조문은 법제처의 '법령'을 참고하였다.
    http://www.moleg.go.kr/main.html

득세를 내지 않아도 되는 면세점은 4인 가구 기준 월 소득 174만원, 연간 소득 2,088만원으로서 면세점 이하의 종교인들이 신고할 경우에 면세되기 때문에 소득세 납부가 별로 실효가 없을 것이라는 입장도 지배적이다.

둘째, 성직자의 종교 활동과 연관된 행위를 근로로 볼 것인지, 아니면 봉사로 볼 것인지 그 입장이 나뉘어져 있다. 소득세법 12조(비과세 소득)와 13조(세액의 감면)를 보면, 종교인에 대한 소득세 면제 조항은 없지만, 목회자의 소득도 근로 소득이라고 보는 관점과 근로가 아닌 종교적 봉사이기 때문에 과세 대상에서 제외된다고 보는 관점이 대립하고 있다. 현재 국세청은 근로 소득세를 자발적으로 납부하는 목회자에게만 근로 소득세를 징수하고 있는데, 납세를 이미 자발적으로 실시하고 있는 경우도 있다. 한편 일반적으로 교단법은 목회자에게 주는 생활비가 월급이 아니라 목회자의 생계를 위하여 주는 사례비이기 때문에 근로 소득세 납부 의무가 없다고 본다.

세계적으로 볼 때는 많은 나라가 예외 없이 종교인에 대하여 소득세를 부과하고 있는 실정이다. 종교세가 있는 독일의 경우에는 목회자를 공무원 대우의 급여와 함께 세금이 있으며, 미국의 경우에도 목회자는 소득세가 있고, 사회 복지 차원에서 세금을 낼 경우 상응하는 복지 혜택이 따르게 된다. 우리나라의 경우, 가톨릭의 경우도 1994년부터 소득세를 납부하고 있으며, 2007년 이후 서울 교구는 예결산을 공개하고 있다. 조계종에서도 원칙적으로 세금납부에 대하여 찬성하고 있으며, 현재 개신교 내 일부 목회자가 자발적으로 세금을 납부하고 있으며, 기하성(기독교 대한 하나님의 성회)는 교단 차원에서 세금을 공제하여 일괄적

으로 납부하고 있다.[371]

목회자 세금납부에 대하여 반대하는 주된 논리는 성직자는 종교적인 봉사에 해당하며 근로라고 볼 수 없다는 입장이다. 납세의 의무를 다한 신자들의 헌금을 통하여 교회 사례비가 지급되기 때문에 헌금에 세금을 부과할 수 없다는 입장이 지배적이다. 또한 목회자도 사례비를 교회 헌금으로 드리기 때문에 소득세를 부과할 수 없으며, 목회자가 부동산 소유나 재산 상속, 강의, 책 저술의 경우 세금을 납부하기 때문에, 세금을 일방적으로 내지 않는다는 것은 잘못된 인식이라고 주장하고 있다.

한편 성직자 납세를 찬성하는 입장에서는 목회자의 근로가 단지 생활비의 수준을 넘어서 목회자간 소득의 극명한 격차를 보이는 사례가 많으므로 순전한 영적인 봉사로 볼 수 없다는 주장이다. 아울러 비영리 단체의 구성원도 소득세를 납부하는 상황이므로, 목회자의 경우도 동일한 과세에 같은 성격의 조세를 두 번 이상 매기는 '이중과세'의 경우가 아니라고 보는 주장이다.

III. 법적인 쟁점에 대한 대안: 법과 종교의 조화

그렇다면 위와 같은 성직자 과세에 대한 법적인 문제를 해결 할 수 있는 대안은 무엇인가? 필자가 위와 같은 세법의 문제와 연관하여 강조하고 싶은 것은 성경에 나타나는 '가이사'의 것에 대한 공적 영역에서의 국가

---

371 목회자와 같은 종교인들에게는 관행적으로 소득세를 부과하지 아니하는 관행의 기원을 일제 시대로 거슬러 가서 3·1 운동 이후 종교인들이 일제에 협력하는 대가로 근로 소득세를 면제하여 주고 종교 법인에 대하여서는 다양한 비과세 혜택을 주게 된 것이라고 주장하는 입장도 있다.

의 정의와 교회의 책임, 그리고 사회 개혁에 관한 것이다. 무엇보다도 과세를 다루는 법의 정의로운 기준이 필요하다고 본다. 왜냐하면 국가의 법과 정치, 그리고 종교와 연관된 문제는 사안에 따라서 매우 복잡하며, 다양한 해석이 요구되기 때문이다.

예를 들어, 한국 사회에서 정의로운 법의 형평성이 논란이 될 때, 헌법재판소가 그 역할을 감당하지만, 사안에 따라서 법의 적용이 달라져서 논쟁을 불러일으키고 있다. 헌법재판소의 판단은 헌법적 관행과 명확성, 항상성과 국민적 합의에 근거하는데, 이 또한 매우 모호한 것을 알 수 있다. 헌법적 관습이란 성문헌법 국가에서 헌법 개정에 의해서만 통제되며, 관습헌법이란 불문헌법 국가가 취하는 법으로서 헌법 개정에 의해 통제될 수 없다. 헌법 관습을 중시하는 우리나라의 경우, 성문헌법의 관습에 근거하여 문서로 존재하는 이 법을 적용하거나 해석하는 데에 있어서 관습적인 보편적 관점에 근거하게 된다. 따라서 관습헌법은 특별한 예외가 아니고서는 성문헌법에 대하여 보충적 효력만 갖게 되는 것이다. 논쟁이 되는 것은 법의 해석에 있어서 관습 또한 불분명하며, 무엇이 관습의 기준이 되는가의 문제도 복잡하다는 것이다. 법률의 효력을 갖는 헌법적 관습과 관습헌법의 차이가 명확하지 않은 상황에서, 과연 헌법적 관습이라는 것이 성문헌법과 동일한 효력을 가지는지의 여부도 모호하다. 왜냐하면 관습 자체의 정의가 모호한데, 명확성의 기준이 무엇인지 분명하지 않을 수 있기 때문이다.

몇 가지 예를 들어보면, 우선 사형제의 경우 헌법재판소가 2010년 2월 25일 합헌 5명, 위헌 4명으로 합헌결정을 내린 바가 있다. 이는 1996년 당시 합헌 7명, 위헌 2명에 비해 상대적으로 사형제에 대한 법의 판단은 다소 완화되었지만, 2007년 12월 기준 사형집행 중단 10년을 맞은 한국의 상황에 비추어 볼 때, 그리고 헌재의 양극화된 분위기가 반영하듯이, 법의 해석에 있어서도 갈등이 양극화 되어 있다는 것을 알 수 있다.[372]

다른 예를 들어, 양심적 병역기피자에 대한 처벌이 부당하다는 위헌소송의 경우, 헌법에는 양심의 자유와 국방의 의무가 둘 다 보장되어 있는데, 양심과 국방의 의무 중에서 어느 조항이 다른 조항보다 우선한다는 법이 없다. 헌재는 헌법관습의 입장에서 양심의 자유보다 국방의 의무가 우선한다며 합헌판결을 내렸는데, 이는 헌법관습인 성문헌법을 적용하는 데에 있어서 관습적인 법 해석을 중시한 것이다.[373]

그러나 신행정수도 특별조치법에 대하여 2006년 헌법재판소는 헌법소원사건에서 재판관 8:1의 의견으로 우리나라의 수도가 서울이라는 것은 관습헌법으로 확립된 사항이기 때문에, 헌법 개정 절차에 따르지 않은 수도 이전은 위헌이라고 결정하였다.[374] 헌법재판소는 입법부에 의하여 제정된 법률에 의하여 정부가 추진하던 국가의 사업에 대하여 반대하는 논리 전개에서 과거의 결정과 달리, 헌법상의 기본 원리나 성문헌법에 근거하지 않고, 불문헌법에 해당하는 관습헌법을 적용하여 논란을 불러일으켰다.

위의 몇 가지 예에서도 살펴보았지만, 민주주의 이념에 근거한 사회국가를 형성함에 있어서 법은 매우 중요하면서도 때로는 정치와 무관하

---

372 헌법재판소의 '사형제' 판례를 참고하였다. http://ecourt.ccourt.go.kr/home/search/sch.jsp
373 헌법재판소의 '양심적 병역거부' 판례를 참고하였다.
http://ecourt.ccourt.go.kr/home/search/sch.jsp
374 이하 헌법재판소의 '신행정수도'에 관한 판례를 참고하였다.
http://ecourt.ccourt.go.kr/home/search/sch.jsp?query=신행정수도&coll=ALL&m_navi=1&sch_query_type=sch

지 않기 때문에 매우 논쟁적이다. 그럼에도 불구하고 법은 사회의 안정과 시민의 자유를 보장하는 측면에서 매우 소중한 것이다. 따라서 성직자 과세의 문제를 다루는 데에 있어서 정치적 영역에서의 법 문화와 영성의 영역으로서의 종교적 규범과 문화적 내용을 신중하게 고려하며, 양자 사이의 다양한 입장을 먼저 살펴보아야 할 것이다. 즉 헌법에 명시되어 있음에도 지금까지 관습으로 과세에서 제외한 성직자들에게 분명한 이유 없이 과세를 한다면, 그것은 법의 정의와 형평성에 어긋나는 것이다.

구분 종교별	2008년 단체 수 (개)	2008년 교당 수 (개소)	2008년 교직자 수 (명)	신도 수 (명)		
				인구 및 주택 센서스 집계 ('05.11.1)	인구 및 주택 센서스 집계 ('95.11.1)	인구 및 주택 센서스 집계 ('85.11.1)
불교	103	21,935	49,408	10,726,463	10,321,012	8,059,624
개신교	124	58,404	94,615	8,616,438	8,760,336	6,489,282
천주교	1	1,511	14,597	5,146,147	2,950,730	1,865,397
유교	1	1,049	300	104,575	210,927	483,366
천도교	1	108	1,500	45,835	28,184	26,818
원불교	1	561	1,886	129,907	86,823	92,302
대종교	1	22	22	3,766	7,603	11,030
그 밖의 종교	38	6,710	201,488	197,635	232,209	175,477
계	270	90,300	363,816	24,970,766	22,597,824	17,203,296

문화체육관광부의 2008년 『한국의 종교 현황』을 보면 당시 기준으로 성직자(교직자) 수는 363,816명이 되며, 270여 단체에 90,000이 넘는 교당 수를 가지고 있다.[375] 개신교만 하여도 6만여 교회에 9만 5천 명

---

375 문화체육관광부, 『한국의 종교 현황』 (모나미, 2008), 9. 본문의 도표에 나타난 통계에 따르면 단체 수, 교

의 목회자들이 하나님의 나라를 위하여 헌신하고 있다. 이와 같은 많은 숫자의 성직자들에게 과세의 요구가 있으려면, 지난 100여 년이 넘는 개신교 역사 속에서 왜 성직자들은 제외되었으며, 왜 현 시점에서 과세가 필요한지 납득할 수 있는 설명이 있어야 한다. 성직자 과세의 법이 실현되기 위하여서는 법의 안정성을 통하여 정의를 확보하고, 동시에 성직자들과 국민들에게 평화와 질서 의식이 형성되어야 한다. 성직자 과세는 과세평등의 정의로운 기준을 제시하는 법의 원리와 동시에 종교활동을 통하여 영적 가치를 수행하는 성직자들의 정신적 가치가 함께 고려되어야 하는 것이다.

  법이나 종교는 각각 특유한 공동체, 또는 조직 및 규범을 형성함으로써 인간 개인의 삶에 각각 지대한 영향을 준다. 따라서 세금 문제에 있어서도 인간의 삶에 영향을 주고 있는 법과 종교의 신념과 가치를 함께 고려하여야 한다. 즉 성직자 과세와 연관된 종교와 법의 문제는 기존의 법체계 속에서 왜 성직자들이 면제되었는지, 그 종교 문화적 배경이 충분히 검토되어야 하며, 왜 이 시기에 성직자 과세가 필요한지, 법의 체계 안에서 규명되어야 할 것이다. 아울러 종교 내 규범들이 이러한 법적 측면을 어떻게 수용하며, 나아가 종교와 법의 제도화, 그리고 실제 적용의 실천적 측면의 상호 관계를 면밀하게 검토하여야 할 것이다. 결국 성직과 과세 문제에 대한 종교와 법의 내면화가 성숙하게 조화되지 아니하면, 목회자의 세금 문제의 사안은 끝까지 쟁점으로만 남아 있게 될 것이다.

  당 수, 교직자 수는 2008년 12월 20일까지의 각 종교 단체의 협조 자료에 나타난 수치를 더한 것이다. 단, 천주교는 2007년 12월 31일 자료이며, 개신교는 2007년 12월 시점을 기준으로 각 총회에 보고된 경우를 합한 수치이다.

IV. 도덕적 관점

"곧 헛된 것과 거짓말을 내게서 멀리 하옵시며 나를 가난하게도 마옵시고 부하게도 마옵시고 오직 필요한 양식으로 나를 먹이시옵소서"(잠 30:8)

성경의 잠언 기자는 신앙인은 물질이 아니라 오로지 하나님만을 의지하여 살아가는 믿음이 가장 중요함을 강조하고 있다. 성직자들의 삶도 경제적 부를 추구하지 않고 영적인 영역에서 하나님의 뜻을 전하기 때문에, 사실 돈과 거리가 먼 것은 사실이다. 그럼에도 불구하고 현대의 종교인 과세에 대한 쟁점은 단순히 법적인 관점을 넘어서 도덕적 문제로 부각되고 있는 것이 현실이다. 이는 교회의 재무행정의 투명성에 관한 의혹에서 생기지만, 특히 도덕적 문제는 목회자가 특권층으로 인식되고 헌금 유용 의혹을 받는 데에 있다. 뿐만 아니라 종교 단체에 허위로 기부금이나 헌금을 냈다고 속이고 연말정산 때 기부금 증서를 받아서 공제하는 일들이 금융당국에 의하여 적발되는 사례들은 사회를 경악하게 하고 있다. 일례로 과거 90년 대 후반 D생명 회장의 외화밀반출 사건이 있었을 때, 계약자들의 돈 수천억 원이 불법으로 빼돌려진 것이 '교회 기부'라는 이유로 금융당국의 추적이 수포로 돌아간 적이 있는데, 당시 사칫 기독교가 탈세의 온상이 아닌가 하는 깊은 의혹을 사게 되었다.

교회 헌금의 내역을 세무서에 신고하지 않기 때문에, 헌금 사용 출처와 사용 목적과 용도에 대한 논쟁이 끊이지 않는다. 참고로 법제처의 '국가법령정보센터'에 공지된 재판 중 '헌금'과 '교회'와 연관된 전문 내용이 50건이 넘는 것으로 보아 교회의 헌금과 연관된 시비가 적지 않은 것을 알 수 있다.[376] 이러한 일이 발생하는 이유로서는 대부분의 교회들이 회계 공개를 투명하게 함에도 불구하고, 일부는 연말에 빔 프로젝트나 간략한 결산서 등으로 대신하여 투명한 회계가 이루어지지 않아 교회 내 마찰이 일어나고 있다. 따라서 대안으로 목회자나 종교 법인을 위한 회계 처리 기준을 세우고, 해당 내용을 정부당국에 신고 및 공시하며, 규모가 큰 종교 법인은 외부감사를 실시하도록 하자는 소리가 높아지는 것이다.

필자는 종교계 일각에서 일어나는 소수의 도덕적 문제를 마치 전체의 문제로 일반화하여서는 안 된다고 강조하고 싶다. 성직자나 종교 단체의 도덕적 문제는 결국은 법의 문제와 무관하지 않지만, 과세의 문제를 가지고 도덕적 사안으로 접근하기 위하여서 하버마스(Habermas)의 이론을 통하여 분석하여 보자.[377] 특히 그의 이론을 통하여 법과 종교의 조화를 사회의 규범적 '체계'와 '생활 세계'라는 패러다임을 통하여 적용하여 보고자 한다.

V. 도덕적 쟁점에 대한 대안: 체계와 생활 세계의 조화

이 '체계'와 '생활 세계'라는 두 패러다임은 하버마스에게 있어서 사회

---

376 | '교회' 또는 '헌금'과 연관된 전문 내용을 참고하였다.
http://www.law.go.kr/precSc.do?menuId=5&p1=&subMenu=1&nwYn=1&query=

377 | 윤평중, 『푸코와 하버마스를 넘어서』 (교보문고, 1990), 127-128. 위의 하버마스 인용은 필자의 시민 사회에 대한 선행 연구 내용 중 별도의 인용구 없이 일부를 인용하였다. 자세한 내용은 다음을 참고하시오. 유경동, 『한국 사회와 기독교 정치 윤리』 (한국기독교연구소, 2005, 개정판), 185-189.

실천 전략의 근거가 되며, 공공 권력의 역사적 형성과 그 변화를 설명하는 근본적인 틀로 이해될 수 있다. '체계'란 경제 행정 등이 이루어지는 영역으로서 화폐와 권력을 매개로 국가 정부 등이 행위 체계를 이루고, 한편 자본과 권력은 그 행위 체계의 매개가 된다. 중요한 점은 이 '체계'는 일상적인 개인들 간의 담화를 매개로 형성되는 '생활 세계'에 기반을 두고 있다. 특히 생활 세계는 관습, 가치, 문화, 규범 등으로서 그 사회의 관심과 방향을 나타내는 상징을 만들어 내며, 의사소통 행위 참여자들의 배후에 존재하면서 참여자들의 소통을 통한 집합적 신념의 기초라고 정의 될 수 있다.

그러나 근대화의 과정에서 나타나는 생활 세계의 구조적 변화는 복잡한 사회의 발전에 점점 유리되어서 의사소통 행위로부터 분리되는 경향이 생기게 된다. 이는 결국 체계와 생활 세계의 분리라는 현상을 수반하게 되는 것이다. 일면 사회적인 발전이 체계의 분화를 통하여 복잡성의 증대를 가져오게 되는 효과가 있고, 생활 세계의 분화는 그 합리성의 향상을 가져온다는 장점이 없는 것이 아니다. 그러나 이러한 방향으로 발전하면, 국가와 사회의 조정 능력을 대변하는 분야가 경제와 관료 행정이 되며, 생활 세계의 전통적인 세계관이 해체되면서, 체계와 생활 세계의 상호 작용은 점점 분리되게 된다. 이렇게 되면 생활 세계는 차츰 '효율성'의 원칙에 의하여 지배되는 자족적인 하위 체제로 전환하여 가게 되며, 경제와 행정의 조정 능력은 대상에 대한 도구적인 제어로 전념하게 되고, 따라서 생활 세계의 행위자도 결국 전술적인 조작의 대상으로 전락하여 버리고 마는 것이다. 결국 '생활 세계의 식민화(die Kolonialisierung der Lebenswelt)'를 초래하는 것이다.

생활 세계의 의사소통이 중지되면, 경제와 자본의 논리는 국가 권력으로서의 체계의 힘이 이성적인 담화 형성의 과정을 구조적으로 불가능하게 만들게 된다. 특히 체계의 복잡성은 전통적인 생활 형태를 휩쓸어 버릴 뿐만 아니라 생활 세계의 의사소통적 하부 구조까지 침범하게 된다. 결국 경제나 관료 같은 도구적 하위 체제들이 생활 세계의 영역에 침범하게 되면, 체계와 생활 세계의 분리를 통하여 '생활 세계의 식민화'로 악화되는 것이다. 이와 같은 위기에 대하여 하버마스는 대중 민주주의의 사회 복지에 대한 책임과 자본주의 경제의 기능적인 조건들 사이의 갈등에서 해법을 찾으려고 노력하였다.

그는 '정당성'과 '정통성', 그리고 '동의'를 통한 시민 사회 형성에 기대를 걸었다. '정당성(legitimacy)'이란 도덕적으로 확정된 사회적인 자기 정체성의 사회 통합적인 보존이며, '정통성(legitimation)'이란 구성된 가치들을 실현시키는데 적합한 절차와 연관이 되어 있다. 이와 같은 관점에서 필자가 중시하는 것은 '종교인 과세' 문제는 도덕적 규범이 요구하는 '사회 질서 유지와 통합'의 차원에서 볼 때, 자연스럽게 해결될 수 있다고 본다.

이 세상은 사회 정치적 영역에서 실정법 차원에서 질서를 유지하는 '법문화'와 인간의 정신과 영성의 영역으로서의 '신앙의 가치'가 어우러져 있다. 그리고 이러한 법이나 종교는 각각 국가, 교회, 그리고 이 둘이 어우러진 '사회적 규범'을 형성함으로써 인간 개인의 삶에 각각 지대한 영향을 주고 있다. 실정법 차원에서도 종교 문제와 연관된 민형사상의 법리적 사건 구성 요인을 분석할 때, 종교의 신념과 가치도 함께 고려되는 이유가 바로 이점에 있다.

중시하는 점은 사회적 정의나 교회의 공의를 실현하기 위하여서는 법이 불가피하게 필요하지만, 이 양자가 균형을 잃어서는 안 된다는 점이다. 국가가 법의 기능을 통하여 성직자 과세라는 절차상의 '정통성'을 확보할 수 있다. 그러나 사회의 성원들이 결정한 사안에 대하여 시정을 요구하거나 도덕적으로 규탄하는 경우가 발생할 수 있다. 이때 문제가 되는 것이 소위 사회적 '정당성'의 요구이다. 그 이유는 국가의 법적 제도가 사회의 도덕적 규범에 미치지 못할 수도 있기 때문이다.

'종교의 자유'는 순수한 종교적 목적을 수행하는 데에 있어서 부과되는 기본권으로서 정당한 시민의 권리이다. 한편, 영토를 근거로 한 근대 국가의 형성에 있어서 국민의 주권과 안정을 보장하는 국가의 정통성도 국민의 정당한 지지가 필수적이다. 국가의 도움 없이 '종교의 자유'를 상상하는 것은 거의 불가능하지만, 종교가 지지하는 통합적인 도덕적 규범이 없는 국가 또한 상상하기 어렵다.

종교 단체와 종교인의 지위가 국가에 의하여 보장되는 한, 세금은 국민으로서의 모든 의무를 다하는 종교인에게도 필수적이다. 그러나 권력이 국민으로부터 나오는 한 국가는 '종교인 과세'라는 쟁점에 있어서도 그동안 국가 사회의 발전을 위하여 노력한 종교 단체와 성직자의 존엄과 가치를 존중하여야 할 것이다. 이 사안이 공감대를 형성하기 위해서는 민주적인 의사소통의 과정과 수렴을 통하여 공익을 위한 최선의 길이 무엇인지 국가와 종교가 함께 노력하여야 할 것이다.

이와 같은 하버마스의 이론을 통하여 목회자의 세금 문제와 연관하여 필자가 상소하고자 하는 점은 두 가지 점이다. 하나는 목회자의 세금 문제가 '체계의 논리가 되어서는 안 되는 것'이며, 다른 하나는 동시에 목회자 세금의 문제는 기독교의 입장에서 '사회적 정당성을 확보하는 도덕적 사안'이 되어야 한다는 것이다.

먼저 교회와 목회자의 세금 문제를 체계나 정권을 위한 정치 정략적인 논리로 발전시켜서는 안 된다. 교회와 성직자의 고유한 정체성은 기독교 역사 속에서, 특히 한국의 근대화 과정 중에 형성되어 왔으며, 특히 '하나님의 나라'에 대한 거룩한 이상과 복음의 사명을 교회와 목회자가 가지고 있는 한, 목회자의 삶을 단순히 체계의 부분으로 인식하여서도 안 되며, 목회자의 양심과 신앙의 행위를 체계의 형식으로 덮어서는 안 된다는 것이다.

즉 일부 교회의 탈세 의혹과 교회의 재정 투명성에 관한 도덕적인 문제들을 여론몰이식으로 몰고 가서 특정 계층 간에 위화감이나 분열을 조장하는 형태로 나타나서는 안 될 것이며, 오히려 과세 문제를 통하여 목회자의 동의와 교회의 의사소통을 통하여 과정을 중시하는 민주적 정치 역량이 드러나는 계기가 되어야 할 것이다.

목회자의 세금 문제와 연관하여 강조하고 싶은 또 다른 점은 앞에서 지적한 정당성과 그리고 정통성의 문제가 교회와 목회자에게도 그대로 적용되어야 한다는 것이다. 그동안 관습의 형태로 확보 된 "성직자는 세금을 내지 않아도 된다"는 교회와 성직자의 정통성만 주장하여서는 안 될 것이다. 우리가 살아가고 있는 세계 내 성직자 세금의 문제와 연관하여 볼 때, 성직자는 사회적 책임과 도덕의 의무를 항상 고려하여야 한다고 본다. 왜냐하면 사회 보전과 통합이라는 정당성은 성직자의 사회적 책임에 대한 타당성 여부를 규정하기 때문이다. 따라서 성직자와 국가 간의 세금 문제는 국가가 일방적으로 정하여서도 안 되고, 동의의 과정에서 왜곡이 있어서도 안 되며, 성직자와 교회 또한 사회적 규범이 요구하는 정당성을 외면하지 말고, 사회적 규범보다 훨씬 앞서는 도덕성을 발휘하여야 할 것이다.

목회자의 세금을 통하여 복지 사회를 건설하려는 국가 경제에 도움이 되어야만 한다면, 희생과 헌신에 근거한 '사랑'의 정신을 가지고 예수님처럼 몸으로 보여주는 일에 앞장서야 할 것이다. 따라서 세금의 문제를 가지고 국가의 법이나 아니면 기독교의 신앙의 자유라는 이원론적 입장에서 보지 말고, 세금이 국가와 기독교의 온전한 통합과 연대로 나아갈 수 있다면, 오히려 적극적으로 세금납부를 지향하여야 할 것이다.

VI. 신학적 관점

"네가 흙으로 돌아갈 때까지 얼굴에 땀을 흘려야 먹을 것을 먹으리니 네가 그것에서 취함을 입었음이라 너는 흙이니 흙으로 돌아갈 것이니라 하시니라"(창 3:19)

 필자의 관점에서 볼 때, 세금의 문제를 다루는 데에 있어서 신학적으로 먼저 중시하여야 하는 것은 돈에 대한 기독교의 정신을 규명하고 이 세상에서 감당하여야 할 책임의 문제를 살펴보는 것이다. 신학적으로 볼 때, 인간은 흙으로 돌아갈 인간이기에 우리는 이 땅에서 허탄한 목적을 위하여 일하지 말고 노동의 사명을 주신 하나님의 뜻이 무엇인지 질문하여야 할 것이다.
 기독교 역사 속에서 교회는 돈의 문제에서 자유로운 적이 거의 없었다고 보아도 무방하다. 사실 교회 역사 속에서 취하여진 개혁이라는 내용도 많은 경우 교회가 세상의 이익과 연관하여 취한 분열이 많았다. 리차드 니버(Richard Niebuhr)는 교회가 직면하고 있는 가장 큰 문제는 그리스도인이면서 세상과의 타협을 인식하지도 못하고 자신이 세상에 대하여 승리하였다는 듯한 태도를 취하는 '위선'이라고 보았다. 따라서 교회의 과제는 이러한 위선에 대한 '윤리적 자각'과 사회를 선도할 수 있는 교회의 '개혁'에 관한 것이다. 특히 교회의 위선은 거짓된 복음을 만들어 낼 수 있기 때문에 교회 개혁은 매우 중요하다.[378]

세금의 문제와 연관하여 기독교는 앞에서도 지적하였듯이, 스스로 도덕적 위상을 재고하는 기회를 가져야 할 것이다. 역사 속에서 기독교는 개혁의 사안에 직면하면, 그동안 나름대로 '교파나 교리' 분열이라는 모습을 통하여 이중 적인 모습을 보여주었다. 일면 개혁의 요소도 있었지만, 기층 사회가 제공하는 정치 경제적 토대위에 종교적 '계급주의'를 고착화하며 교회의 권력 지향적 이기주의를 합리화하였기 때문이다. 이렇게 되면 필연적으로 사회가 제공하는 정치나 경제적 이익에 교회나 성직자는 종속되고 만다. 세금의 문제에 있어서도 이 사안을 단지 법의 해석이나 도덕적 잣대를 제시하는 수준에 머물지 말고, 한 걸음 더 나아가 '교회의 개혁'이라는 차원에서 볼 때가 되었다고 생각한다.

현대와 같은 자본주의 사회에서 성직자는 무엇보다도 성직의 사명이 무엇인지 다시 재정향(reorientation)하여야 할 것이다. 토마스 아퀴나스(Thomas Aquinas)는 예수 그리스도와 제자들의 삶은 세금을 낼 수 없을 정도로 가난하게 살았음을 지적하고 있다(막 1:38). 주님은 제자들에게 금이나 은을 소유하지 말 것을 명령하셨으며(마 10:9), 하나님의 말씀을 제쳐놓고 접대를 일삼는 것은 옳지 않음을 제자들도 각성하고 있었다(행 6:2). 성직자의 본연의 자세는 모든 시간과 정성을 다하여 영적으

---

378 Richard Niebuhr, *The Kingdom of God in America* (Harper, 1959), 88. 니버의 사상을 통한 한국 교회의 문제는 필자의 선행 연구 내용을 별도의 재인용 부호 없이 옮겼다. 유경동, 『한국 기독교 사회 윤리의 쟁점과 과제』 (감리교신학대학교 출판부, 2006), 88-89.

로 가르치는 일에 전념하는 것이다. 따라서 세상적인 일로부터는 자유할 수밖에 없으며, 부를 소유하는 것은 애당초 불가능한 것이라고 보았다.[379] 특히 성직자들은 부요하신 이로서 일부러 가난하게 되신 그리스도 예수를 늘 기억하여야 한다(고후 8:9).

아퀴나스는 십일조는 세금에 포함되지 않으며, 노동의 임금에도 속하지도 않는다고 보았으며, 십일조를 드리기 전에 세금이나 삯을 먼저 공제하는 것은 의롭지 못하다고 판단하였다. 그는 십일조와 연관하여 두 가지 점이 반드시 고려되어야 된다고 보았는데, 하나는 십일조를 받을 수 있는 권리와 또 다른 하나는 십일조로 드려지는 헌물에 대한 것이다. 먼저 십일조를 받을 수 있는 권리는 성직자가 성직을 수행함에 있어서 마땅한 것이며, 이는 영혼을 돌보는 사역자에게 있어서 당연한 것이다. 그리고 십일조로 드려지는 헌물은 평신도면 누구든지 참여하여야 할 신앙의 몫인 것이다.[380]

아퀴나스는 첫 예물을 드리는 법에 대하여 설명하기를 제사장들은 첫 열매를 드리고, 레위인들은 제사장들보다 직분이 낮기 때문에 십일조를 드려야 한다는 구약 민수기 18장 말씀을 예로 들었다. 주목할 점은 레위인들은 십일조의 십일조를 하나님께 드려야 한다는 부분이다(민 18:26). 같은 이유로서 성직자들은 십일조를 교황에게 드려야 하고, 교황은 그 헌금으로 공공의 복지를 위하여 사용하여야 한다고 아퀴나스는 해석하였다.[381]

---

379 이하 해석은 Christian Classics Ethereal Library의 아퀴나스의 영문판 신학대전을 참고하였다. Thomas Aquinas, "Whether Christ should have led a life of poverty in this world?" *Summa Theologica* (Benziger Bros. edition, 1947) http://www.ccel.org/ccel/aquinas/summa.html

380 Thomas Aquinas, "Whether men are bound to pay tithes of all things?" 위의 책.

381 Thomas Aquinas, "Whether the clergy also are bound to pay tithes?" 위의 책.

위와 같은 아퀴나스의 입장은 후에 중세기 가톨릭의 부패로 그 빛을 잃게 된다. 칼빈(John Calvin)과 마틴 루터(Martin Luther)는 얼마의 돈을 내고 영혼을 살리려고 하였던 당시 교황청의 도덕적 문제에 대하여 개혁의 기치를 높였다. 그러나 공적 영역에서 사회의 질서를 책임질 당시의 체제에 대하여 세금을 내는 것을 의무라고 보았다. 이는 국가의 질서를 유지하며, 동시에 국가의 권위를 유지하기 위하여 세금을 내는 것은 신앙인의 책무였던 것이다.

루터는 마태복음 17장 24절 이하의 말씀을 인용하면서, 베드로의 질문을 받은 예수께서 관세와 국세를 세상 임금들에게 내는 것을 인정하셨다는 것을 강조하였다. 세금을 내는 것은 세상에 속한 것이 아니라 '신앙의 자유'에 관한 것으로서, 이 세상에서 의롭다고 인정받기 위한 모범인 것이다. 하나님의 자녀들은 이웃들을 위하여 적극적으로 섬기고 봉사하는 모습을 보여주는 것이 사명이다. 그의 관점에서 기독교인들이 세상의 법과 권위에 복종하는 이유는 이것에 의하여 의로워지기 위한 것이 아니다. 왜냐하면 이미 신앙으로 의로워졌기 때문이다. 세상의 권위를 따르는 것은 다른 이들을 위한 봉사의 정신에 근거하며, 헌신적인 사랑의 정신을 내포하는 것이다.[382]

루터는 개혁주의 정신에 입각하여 당시 왕정 시대에 교황이 독일인들에게 세금을 거두었던 본래의 이유는 터키와 이교도로부터 기독교를 보호하기 위함이었다고 상기시켰다. 따라서 평신도와 성직자 모두 세금을 내었는데, 그 후 수백 년이 지나도록 교황청은 세금을 본래의 목적

---

[382] Martin Luther, *First Principles of the Reformation or the Ninety-five Theses and the Three Primary Works* (London: John Murray, 1883),
http://www.ccel.org/ccel/luther/first_prin

과 상관없이 일상적으로 거두고, 교황청을 짓는 일에 낭비하고 있다고 비난하였다.[383]

칼빈은 국가에 세금을 내는 것을 합법적인 것으로 보았다. 그러나 이 세금은 순전히 국가의 질서를 위한 것이며, 세금을 사용하는데 있어서 정당한 권위가 있어야 한다고 지적하였다. 그는 요셉, 다윗, 히스기야, 요시아, 다니엘, 여호스밧과 같은 신앙의 인물들과 왕들이 신앙의 경건성을 통하여 공적 헌금이나 기금을 자유롭게 모금한 사실에 대하여 강조하였다. 에스겔서 48장 21절에는 군주에게 많은 땅을 드리는 내용이 나오는데 칼빈은 이를 예수 그리스도의 영적인 왕국을 묘사하는 것으로 해석하였다. 또한 로마서 13장 6절의 "너희가 조세를 바치는 것도 이로 말미암음이라. 그들이 하나님의 일꾼이 되어 바로 이 일에 항상 힘쓰느니라"는 말씀을 인용하면서 세금을 내야 할 기독교인의 책임을 강조하였다. 동시에 관리들은 세금을 함부로 낭비하거나 탕진하지 말아야 할 것은 그것은 '국민의 피'와 같기 때문이라고 주장하였다.[384]

루터의 당시 관점을 현재의 목회자의 납세 문제와 연관하여 볼 때, 만일 국가가 기독교의 활동과 신앙의 자유를 보호하여 주고, 한국 내 기독교인의 인권과 생명을 지켜준다면, 세금납부의 문제는 오히려 자연스러운 것이 될 것이다. 아울러 세금을 통하여 기독교 문화의 유산을 보전하는 다양한 정책을 활용하는 것도 가능하다. 물론 국가의 예산을 기독교가 사용할 때, 정교 유착의 비난을 받을 수 있지만, 실제적으로 국

---

383 위의 책.

384 다음의 내용을 참고하였다. John Calvin, *The Institutes of the Christian Religion* (Trans, Henry Beveridge), Christian Classics Ethereal Library.
http://www.ccel.org/ccel/calvin/institutes

가가 교회의 성지 보전을 위하여 국가 예산을 사용하고 있으며, 기독교 학교와 기독교 관련 복지관, 기독교 관련 교도소, 교회연관 유치원 등의 다양한 교육 시설에 예산을 주고 있다는 점도 잊지 말아야 할 것이다.[385]

종교적 신념이 사회에 대한 개인이나 집단의 정체성 형성에 영향을 줄 수 있다고 본 막스 베버(Max Weber)는 『프로테스탄티즘의 윤리와 자본주의 정신』에서 루터의 '직업소명설'과 칼빈의 '예정론'이 자본주의의 형성에 영향을 미쳤다고 보았다.[386] 베버는 자본주의의 발전을 가져온 칼빈주의에서는 개인과 윤리간의 분열은 없었다고 강조하면서, 그 이유로서 칼빈주의의 윤리적 공적주의와 직업 개념이 그 특성이라고 주장하였다. 루터에게는 청교도 상인에게서 발견되는 금욕주의와 칼빈에게는 철저한 구원이라는 자기 확신을 보장하여 주는 직업 노동이 자본주의의 정신이었다. 노동을 통한 부의 축적이 아니라 공적주의에 따른 사회적 책임과 헌신을 통하여 자본주의가 발전되었다고 볼 때, 여기서 세금납부는 기독교 정신과 상통하는 것이다.

지금까지 살펴보았듯이, 종교개혁 정신에 나타나는 세금의 문제는 신앙의 자유와 연관이 되어 있다. 이는 성직자에게 족쇄가 아니라 자발적인 행동이 되어야 하는 것이다. 우리는 루터가 강조한 참된 믿음에 대하여 주목하여야 한다. 그가 강조하는 믿음이란 단순히 개인적인 것이 아니라, 사회를 향한 자신의 변화이며 사회에 대한 책임이다. 루터는 불에

---

[385] 한 예로 기독교 성지화 사업의 경우, 전남 광주 양림동 일대에는 2013년 완공을 목표로 20만 제곱미터 부지에 국비와 시비 254억이 투입된 선교 유적지가 조성되고 있으며, 여수 애양교회, 영천 자천교회, 최초의 성경 전래지 마령진 등에서도 국가 예산이 들어간 기독교 성역화 사업이 진행되고 있거나 그 타당성을 검토하고 있다. 따라서 목회자의 세금 문제를 교회의 탄압이나 종교 자유의 억압으로 볼 수는 없다. 참고) CTS 뉴스, 2112.4.24 http://www.cts.tv/news/news_view

[386] 다음의 내용을 참고하였다. Max Weber, *The Protestant Ethic and the Spirit of Capitalism* (New York: Charles Scribner's Sons, 1958)

서 빛과 열을 분리할 수 없듯이, 바른 교회는 고백하는 하나님에 대한 사랑을 교회 안의 것과 밖의 것으로 구분할 수 없다고 주장하였다.[387] 바른 기도와 진정한 회개, 그리고 사회에 대한 책임은 기독교가 회복하여야 할 종교개혁 신앙의 본질인 믿음과 관계가 있다. 따라서 세금을 통하여 사회의 책임을 나누며, 그리스도의 사랑을 전하는 계기로 삼을 수 있는 것이다.

한국 교회와 목회자에 대한 세금 논쟁은 단지 세금의 법적 도덕적 문제에 대한 것이 아니라, 목회자는 세금에 대하여 얼마나 신학적으로 생각하는지에 대한 인식의 전환에 달려 있다고 본다. 윤리와 직업에 대한 인식이 공적 영역에서 분리되지 않고 책임의 의무로 다가올 때, 목회자의 세금은 오히려 기독교의 사랑을 전하는 계기가 될 수 있을 것이다.

VII. 나가는 말: 이웃의 사제로

한국 사회는 '하우스 푸어(House Poor)'로 대변되고 있다. 집이 경제적 수단으로서 부의 상징이 되던 시절은 지나갔다. 국가의 주택 정책도 심각하게 수정하여야 하며, 집을 투기의 목적으로 이용하였던 국민들의 인식도 바뀌어야 할 것이다. 마찬가지로 기독교계는 '처치 푸어(Church Poor)'로 힘들어하고 있다. 성전을 지어서 계획하였던 선교의 사명을 감

---

387 Martin Luther's Definition of Faith: An excerpt from "An Introduction to St. Paul's Letter to the Romans," Luther's German Bible of 1522 by Martin Luther, 1483-1546 Translated by Rev. Robert E. Smith from DR. MARTIN LUTHER'S VERMISCHTE DEUTSCHE SCHRIFTEN. Johann K. Irmischer, ed. Vol 63 (Erlangen: Heyder and Zimmer, 1854), 124-125. [EA 63:124-125] August 1994.

당하기 전 건축비를 감당하지 못하여 매물로 나오는 숫자가 많아지고 있다. 그뿐만이 아니라 대형/소형 교회, 자립/미자립 교회, 그리고 도시/지방 교회로 나누어지는 교회의 양극화의 문제는 그 도를 넘어서고 있다. 이와 같이 어려운 상황에서 자칫 세금의 사안이 목회자의 사명과 존엄성을 물질적 잣대로 평가하여서는 안 될 것이다. 목회자의 세금 문제는 목회자의 문제로만 보아서는 안 되며, 이를 신앙의 규범적 틀 안에서 배려하는 교회와 교회, 그리고 목회자와 신도들 사의의 의사소통을 통한 통합의 관점이 형성되어야 할 것이다.

가이사의 것과 하나님이 것 차이는 세금납부의 여부에서 결정되는 것이 아니라, 사회의 도덕적 가치를 변화시키며, 법의 정의와 기독교의 사랑을 내면화하는 성숙한 사회 통합이 이루어지는지의 여부와 긴밀한 관계가 있다. 사회가 도덕적인 질서를 보존하며 교회와 법이 서로의 가치를 배려해 줄 때, 기독교의 선교는 효율적으로 수행될 수 있을 것이다.

프로테스탄트와 개인주의와의 연결은 종교개혁 정신, 즉 개인으로 하여금 하나님께 아무런 방해가 없이 나아갈 수 있게 해주었다는 면에서 많이 부각되어왔다. 그러나 종교개혁을 통하여 나타난 개혁자들의 논점 핵심은 개인에 있기보다는 참된 교회에 관한 것으로서 성도의 교제, 즉 신자들의 친교에 있었다.[388] 즉 '모든 사람은 그 자신의 사제'라는 '만인 사제설'은 '모든 사람은 그 이웃의 사제'라는 뜻임을 기억하여야 한다.[389] 신자는 자신의 사제가 되지만 동시에 다른 사람의 사제이며, 이것

---

[388] 참고) Paul Lehmann, *Ethics In A Christian Context* (Harper & Row, 1963).『기독교 사회 윤리 원론』(심일섭 역, 대한기독교서회, 1988), 58. 필자는 선행 연구에서 레만을 언급한 바 있는데 재인용 표기는 생략하며 자세한 내용은 다음을 참고하시오. 유경동,『한국 사회와 기독교 정치 윤리』(개정판, 2006), 174-176.

[389] 위의 책, 62.

은 예수 그리스도 안에서 '코이노니아'의 삶인 것이다. 따라서 신약 성경의 교회는 코이노니아, 즉 그리스도의 몸으로 자신을 이해하였고, 종교개혁 또한 기독교인의 삶, 즉 윤리에 대한 기독교적 출발점을 예수 그리스도의 몸인 공동체를 통하여 시작한 것이다.

자신을 가난하게도 말고 부하게도 말고 오직 필요한 양식을 구하였던 잠언 기자의 고백이 교회와 목회자의 고백이 되어야 할 것이다. 교회의 유일한 사명은 그리스도의 사랑을 알리는 복음이기 때문에, 목회자는 세금의 짐이 아니라 이 복음의 거룩한 짐을 지는 것을 최고의 가치로 여겨야 할 것이다. 그러나 사회 보존과 질서를 중시하는 온전한 통합의 원리로 목회자에게 세금을 원할 때, 목회자가 한 국가의 시민인 한 세금을 내는 데에 앞장설 수 있어야 한다고 본다.

종교 단체와 종교인의 유일한 사명은 영혼을 위한 '영적 짐'을 지는 것이다. '세금의 짐'도 져야만 한다면, 그것은 사회의 통합과 질서 유지에 공헌하며, 어려움을 서로 함께 나누는 '짐'이 아닌 따뜻한 '정'이 되어야 할 것이다. '종교 과세'가 법의 형식을 넘어서서 이웃을 염려하고 함께 공감하는 성숙한 '조세 문화'로 발전하기를 기대하여 본다.

참고문헌

법제처 http://www.moleg.go.kr/main.html
헌법재판소 http://ecourt.ccourt.go.kr/home/search/sch.jsp
문화체육관광부,『한국의 종교 현황』(모나미, 2008)

유경동, 『한국 사회와 기독교 정치 윤리』 (한국기독교연구소, 2005, 개정판)

윤평중, 『푸코와 하버마스를 넘어서』 (교보문고, 1990)

Aquinas, Thomas, "Whether Christ should have led a life of poverty in this world?"*Summa Theologica* (Benziger Bros. edition, 1947) http://www.ccel.org/ccel/aquinas/summa.html

Calvin, John, *The Institutes of the Christian Religion* (Trans, Henry Beveridge), Christian Classics Ethereal Library. http://www.ccel.org/ccel/calvin/institutes

Lehmann, Paul, *Ethics In A Christian Context* (Harper & Row, 1963). 『기독교 사회 윤리 원론』 (심일섭 역, 대한기독교서회, 1988)

Luther, Martin, *First Principles of the Reformation or the Ninety-five Theses and the Three Primary Works* (London: John Murray, 1883), http://www.ccel.org/ccel/luther/first_prin

Niebuhr, Richard, *The Kingdom of God in America* (Harper, 1959)

Weber, Max, *The Protestant Ethic and the Spirit of Capitalism* (New York: Charles Scribner's Sons, 1958)

대한민국 헌법의 기본권에 나타나는 생명 개념과 종교적 양심에 대한 고찰[390]

I. 들어가는 말

종교와 법이 충돌할 때, 어떤 일이 벌어지는가? 이 질문에 대한 대답을 찾는 일은 종교와 법, 각 진영만의 과제가 아니라, 양 진영이 상호 소통과 협력을 통해 이루어야만 한다. 특별히 지난 수십 년 간, 전 세계적으로 종교와 정치 공동체가 첨예하게 대립하는 상황이 증가하면서 종교와 국가가 서로 협력할 수 있는 교두보를 마련해야 한다는 공감대가 형성되었다. 예를 들어, 폭력적 근본주의의 증가, 종교 이데올로기 간의 충돌, 종교적 박해의 증가와 그리고 전 세계적으로 종교를 빌미로 벌어지는 다양한 전쟁들은 종교와 법 사이의 갈등을 보여주고 있는 것이다.

결국 정치 체계와 종교의 가치 사이의 불균형이 초래하는 극심한 문제들이 해결되지 않고서는 이 땅에 평화가 있을 수 없다. 더군다나 종

---

[390] 본 글의 출처는 다음과 같다. "대한민국 헌법의 기본권에 나타나는 생명 개념과 종교적 양심에 대한 고찰," 신학과 세계, 감리교신학대학교, (2014.12), 157-177.

교와 정치 사이의 끊임없는 갈등이 전 세계가 소중히 간직해 온 문화와 전통을 사라지게 할 수 있다는 우려를 낳는다. 따라서 이러한 걱정을 불식시키고 종교와 법, 양 체제 간의 평화와 연대를 이룩하기 위해서는 양자를 통합적이며 종합적으로 연구해야 할 필요성이 대두되었다.

법의 가치 체계를 이해하기 위하여 헌법을 살펴보는 것은 매우 의미가 있다. 헌법이란 국가의 기본법으로서 국가를 유지하는데 필요한 정치적 공동체의 구성 형태와 기본적인 가치 질서를 표방하고 있으며 이를 위한 국민적 합의를 법규범적인 논리 체계로 정립한 것이다.[391] 헌법은 역사 속에서 크게 세 가지 측면에서 발전하여 왔는데 그것은 원래의 고유한 의미의 헌법과, 근대 입헌주의 헌법, 그리고 복지 사회에 초점을 맞추고 있는 현대 사회적 법치 국가의 헌법으로서 자유 민주주의 헌법이라고도 불린다.

고유한 의미의 헌법이란 본래의 헌법을 의미하며 국가의 통치 체제에 관한 기본 사항과 기본법에 관한 것으로서 최고 기관으로서의 국가의 조직, 권력 기관, 그리고 권력의 범위를 다루고 있다. 근대 입헌주의에서 다루는 헌법은 시민 국가의 헌법으로서 개인의 자유와 권리, 권력 분립, 그리고 국가 권력의 남용에 관한 법을 다룬다. 여기에서는 주로 국민주권과 기본권 보장, 그리고 권력 분립에 대한 것이 중심을 이루고 있다. 한편, 현대 복지주의 헌법은 실질적 평등과 재산권 행사, 그리고 경제 활동의 범위와 규제에 관한 내용이 중심이며 사회적 법치 국가의 실현을 통하여 국민주권과 기본권 보장을 통한 사회 정의의 구현, 그리고 사회적 시장 경제 질서 체제의 수립 등이 주요 핵심적인 내용이 된다. 실

---

391 권영성, 『헌법학 원론』 (법문사, 2010), 6.

제 생활에서 헌법은 다양한 정치 세력 간에 합의를 통하여 구성되기 때문에 정치성을 띠게 되며 시대적인 정치 개념과 아울러 가치 지향적이고 역사적 조건과 무관하지 않은 것이 특징이다. 즉 역사적 상황에서 구성되기 때문에 헌법은 역사성을 담재하면서 최고 규범을 강행하는 규정이 되는 것이다.

헌법의 궁극적인 목적은 국민의 기본권 보장에 있으며 이를 위하여 국민의 자유와 권리를 위한 통치 구조를 전제하는 것이다. 따라서 헌법은 국가 권력의 남용을 방지하는 역할을 하며 과거 근대 입헌주의에서는 국민 소환이나 국민 발안, 그리고 국민 투표와 같은 직접적인 권력 통제를 실현하려고 하였으나 현대에서는 간접적인 권력 통제 방법을 사용하여 국가 기관 사이에서의 상호 통제와 견제를 통한 대의민주주의를 지향하고 있다. 일반적으로 민법이 사건의 요건과 효과를 추구하는 조건 규범이라고 한다면 형법은 금지 규범이 되지만, 반면 헌법은 전 생활 영역을 아우르는 가치 규범의 성격이 강하다. 따라서 헌법의 가치 규범적 특성 안에서 종교적 가치 개념이 어떻게 이해되는지 살펴보는 것은 헌법의 규범적 성격을 파악하는데 도움이 될 수 있을 것이다.

필자는 이 글에서 대한민국의 헌법에 나타나는 국민의 기본권의 핵심 내용을 살펴보고 기독교적 관점에서 그 내용을 고찰하는 것을 목적으로 한다. 대한민국은 민주공화국이며 정교 분리의 원칙 아래 양심과 종교의 자유가 보장되고 있다. 자유와 권리에 따르는 책임주의를 통하여 세계 평화와 인류의 공영, 그리고 행복의 확보를 근간으로 하는 기본권의 정신을 통하여 외견으로는 법과 종교의 가치 체계 사이의 갈등은 없어 보인다. 그러나 헌법이 포괄적인 기본권을 형성하고 있지만 실제 기독교의 신앙 체계의 관점에서 보면 갈등의 여지가 없는 것이 아니다.

특히 생명이나 종교의 양심과 같은 주제는 기독교 자체도 수천 년의 기간 동안 구성된 신앙 체계이며 이를 교리와 신학적으로 정교하게 발전시켜 왔기 때문에 사안에 따라 해석의 차이는 다양하게 존재한다.

이 글은 기본권에 나타나는 법의 정신과 종교의 관점을 통전적으로 이해하는데 중심을 두었기 때문에 기독교의 정신에 상반되는 다양한 판례들에 관하여 기독교적 원리를 일일이 열거하지 않았다. 대신 이 글은 위의 헌법 정신을 토대로 기본권의 정신이 판례를 통하여 어떻게 나타나는지 살펴보되 특히 기독교적 관점에서 어떤 종교적 가치 개념이 고려되어야 할지 간략하게 분석하는 것을 목표로 삼았다.

II. 기본권과 종교

인권이 인간의 속성을 통하여 형성되는 권리라고 한다면 기본권은 헌법에 의하여 인정되는 권리하고 할 수 있다. 따라서 인권은 자연법적인 권리임에 반하여 기본권은 실정법적인 권리라고 할 수 있다. 그러나 기본권은 인권에서 추론되는 것이므로 생명과 자유를 중시하는 종교의 가치는 여기서 기본권과 불가분의 관계를 가지게 되는 것이다.

국가의 의무가 기본권의 보장에 있다면 기본권의 제한이 필요한 경우 국가는 그 정당성을 입증하여야 하는데 이때 기본권의 연원이 되는 인권이나 인권 개념을 형성한 종교적 가치와의 관계성 확립과 조화는 필연적이라고 할 수 있다. 기본권은 주관적인 공권성을 가지는데 이는 개인이 자신의 자유와 권리를 지키기 위하여 국가를 대상으로 국가가 해야 할 작위와 하여서는 안 되는 부작위를 요구할 수 있게 된다. 그러나

이 기본권의 공권적 성격은 개인의 권리가 침해되는 것을 막기 위한 것이기 때문에 이 기본권은 구체적 입법을 통하여 현실적인 권리를 취득할 수 있게 된다. 이 기본권은 개인의 권리이면서도 사회 구성원의 합의를 통하여 형성되기 때문에 주관적이면서도 객관적이어야 하는 양면성을 가지게 된다. 물론 한 국가의 질서 유지를 위하여 이 기본권의 주관적 특성과 객관적 특성이 사회 통합의 차원에서 조화를 요구하지만 현실적으로 그리 쉬운 문제는 아니다.

종교적 가치와 이념은 인간의 인권을 형성하는데 기여하고 공권의 특성을 가지고 있는 기본권의 제정에 영향을 미치게 된다. 개인의 인권을 구성하는 주관적 의미의 기본권이나 객관적 기본권에 종교는 개인의 내면 생활에 영향을 미치고 또한 그 종교의 제도화를 통하여 사회에 영향을 미치게 된다. 따라서 정교의 분리를 원칙으로 하는 대한민국의 헌법에서도 종교의 영향이 완전히 배제되었다고 볼 수 없는 이유는 종교의 가치 또한 기본권의 주관적 객관적 가치에 깊이 관계하기 때문이다.

필자는 기본권과 종교적 가치 개념은 국가 사회 공동체의 질서를 위하여 통합적인 관점에서 조화가 되어야 한다고 본다. 물론 이를 전제하기 위하여서는 종교가 가지고 있는 보편적인 규범의 가치가 국가의 헌법 가치와 연결되어야 하며 아울러 이를 사회 구성원이 공감할 수 있는 가치로서 공동체에 인식되어야 할 것이다. 그러나 기본권과 종교적 가치 양자 사이에서 경우에 따라서는 충돌할 수 있으며, 또한 개인의 신앙의 자유와 권리가 국가의 헌법 차원에서 뿐만이 아니라 다양한 조직이나 사적단체에 의해서도 침해당할 수 있다.

따라서 법과 종교의 관계가 이상적이기 위하여서는 종교의 가치는 법에 정신을 부여할 수 있어야 한다. 때로 종교적 형식은 초월적이며 형이상학적인 관점을 취하지만 인간의 정신 세계와 가치를 신장하는 면에 큰 도움이 된다. 이와 같은 종교적 가치 체계가 법의 구조화에 도움을 주면 법은 정의와 평등에 기반을 두어 행복한 복지 사회의 건설을 위한 초석이 되어야 한다. 이렇게 될 때 법은 종교 생활이 구성되는 현실에 정의로운 구조를 형성하는데 이바지하고 종교는 사회의 질서 유지와 안정을 위하여 헌신할 수 있을 것이다. 아울러 종교의 가치와 법의 정신이 서로 균형을 이루며 사회 통합을 유지하는데 공헌 할 수 있는 것이다. 이제 다음에서 대한민국 헌법에 나타나는 기본권의 특성을 살펴보자.

III. 기본권의 특성

헌법은 사회 구성원의 생활 영역에 대한 생활 규범과 가치 규범을 다루기 때문에 이 생활 영역에 종교적 가치 규범과의 조화는 당연히 전제된다. 따라서 종교적 가치와 생활 규범에서의 헌법적 가치의 상관관계를 판례를 통하여 살펴보는 것은 매우 의미가 있다고 할 수 있다. 따라서 대한민국 헌법에서 포괄적 기본권을 담고 있는 헌법 10조부터 37조까지의 내용과 일부 판례를 중심으로 헌법에서 정의하고 있는 기본권의 정신을 정의하고 이 기본권의 종교적 가치 중 생명과 종교적 양심, 그리고 자유에 대한 개념을 간략하게 살펴보도록 하겠다.

헌법 제 2장 '국민의 권리와 의무' 제10조부터 '국방의 의무' 39조에 이르는 내용을 간략하게 정리하면 아래와 같다.

헌법 제10조 인간의 존엄과 가치, 행복추구권, 국가의 기본권 보호의무

헌법 제11조 평등 원칙

헌법 제12조 신체의 자유

헌법 제13조 소급입법 금지 원칙 일사부재리 원칙 연좌제 금지 원칙

헌법 제14조 거주이전의 자유

헌법 제15조 직업 선택의 자유

헌법 제16조 주거의 자유

헌법 제17조 사생활의 비밀과 자유

헌법 제18조 통신의 자유

헌법 제19조 양심의 자유

헌법 제20조 종교의 자유와 정교의 분리

헌법 제21조 표현의 자유

헌법 제22조 학문과 예술의 자유

헌법 제23조 재산권의 보장

헌법 제24조 선거권

헌법 제25조 공무담임권

헌법 제26조 청원권

헌법 제27조 재판을 받을 권리

헌법 제28조 형사보상청구권

헌법 제29조 손해배상청구권

헌법 제30조 범죄 피해자에 대한 국가의 의무

헌법 제31조 교육권

헌법 제32조 근로의 권리와 의무

헌법 제33조 근로권

헌법 제34조 인간다운 생활의 보장

헌법 제35조 환경권
헌법 제36조 가족생활과 보건
헌법 제37조 자유와 권리의 제한과 한계
헌법 제38조 납세의 의무
헌법 제39조 국방의 의무

위의 헌법 2장의 포괄적 기본권에 나타나는 주요 개념들은 '국민의 권리와 의무'에 관한 것인데 대한민국의 헌법에서 인권에 관한 권리장전이라고 할 수 있다. 이 기본권의 내용은 크게 인간의 존엄성, 법 앞의 평등, 자유권적 기본권, 경제적 기본권, 정치적 기본권, 청구권적 기본권, 사회적 기본권, 그리고 국민의 기본적 의무로 분류할 수 있는데 그 내용을 간략하면 아래와 같다.

포괄적 기본권의 대원칙은 인간을 중시하는 것이다. 인간은 이성적 존재로서 가치가 있으며 개별 인간으로서가 아니라 사회 구성원들과 사회적 관계를 형성함으로써 그 인격적 주체권을 가지게 된다. 인간의 존엄과 가치 자체는 헌법의 최고 원리가 되며 이를 위하여 국가 권력은 그 가치에 반하는 헌법 개정을 할 수 없다. 또한 인간의 존엄과 가치는 제한 할 수 없으나 구체적 권리 내용은 제한할 수 있다. 그리고 인간이 행복을 추구할 권리를 가지기 위하여서는 자기 결정권과 행동의 자유권이 전제되며 따라서 이성적이고 책임적인 사고와 행위가 전제된다.

이러한 행복의 추구가 목적하는 것은 국민 모두가 평등권을 가지며 이는 국가가 국민 모두를 평등하게 대하여야 하는 주관적 공권의 특성이 있다. 평등은 무엇보다도 법 앞의 평등을 의미하며 여기서는 성문법, 불문법, 국내법, 그리고 자연법을 포함하는 개념이다. 그리고 평등이 실현되기 위하여서는 비례의 원칙을 전제로 한다.

기본권은 생명권에 근거하며 신체 자유의 실체적 자유를 전제로 한다. 실체적 보장을 위하여서는 죄형법정주의와 일사부재리의 원칙, 연좌제를 금지하며 신체 자유의 절차적 보장을 위하여 형사 절차와 행정 절차, 입법 절차와 탄핵 절차를 따라야 한다. 그리고 적법 절차에 침해가 있을 경우 구제가 이루어져야 한다. 아울러 과잉금지의 원칙이 지켜져야 하며 또한 기본권은 사생활의 자유를 전제로 한다. 이를 위하여서는 주거의 자유와 사생활의 자유가 전제되며 거주 이전과 통신이 자유가 보장되어야 한다. 따라서 기본권이 형성되기 위하여서는 자유의 개념이 상당히 포괄적이어야 하는 것이다.

특히 기본권은 정신적 자유를 보장하여야 한다. 이 글에서 주요 주제로 삼고 있는 양심의 자유는 인간의 윤리적이며 도덕적인 내면의 문제로 시작되지만 추상적인 영역에 제한되지 아니하고 사회 규범과 법질서를 전제하는 객관성과 합리성도 수반하게 된다. 양심은 강제당하지 않을 자유가 있으며 법질서와 충돌할 경우 침묵보다는 언어를 통하여 자신을 설명할 수 있어야 한다. 따라서 소극적이 아닌 적극적 양심 실현의 자유가 한국 사회에서는 용인된다고 할 수 있다.

정신적 자유가 표방하는 종교의 자유는 주관적 공권이면서도 동시에 객관적인 가치 질서란 측면에서 매우 중요한다. 신앙의 자유는 절대적인 자유로서 법률로 제한 할 수 없다. 그러나 종교적 행위로 수행될 경우 대외적인 자유로 나타나기 때문에 사회의 질서 유지와 공공 복리를 위하여서는 법률로서 제한될 수 있는 것이 판례의 태도이다. 따라서 한국 사회는 종교의 자유에 이어서 정교분리와 국교분리의 원칙이 판례에 나타나고 있다. 즉 종교의 자유는 헌법상의 권리이지만 실정법과 충돌한 경우 그 한계를 가질 수밖에 없는 것이다.

한편, 정신적 자유에서 학문의 자유는 진리 탐구를 통한 연구의 자유를 전제로 하며 이를 위하여서는 교수의 자유와 학문 활동을 위한 집회 결사의 자유가 보장이 되어야 하며 학문이 발전하기 위하여 대학의 자율성이 보장되어야 한다. 아울러 정신적 자유의 영역이 확산되기 위하여서 지적재산권의 보장과 예술의 자유, 언론 출판의 자유, 그리고 집회 및 결사의 자유가 보장되어야 한다.

위와 같은 종교와 정신적 자유의 기본권이 보장되기 위하여서는 인간의 실제 생활에 경제적 기본권은 당연히 지켜져야 한다. 이를 위하여 재산권과 직업 선택의 자유, 그리고 경제적 소비 행위의 권리를 통하여 모든 국민은 행복을 추구할 수 있어야 한다. 모든 국민의 재산권은 보장되어야 하되 재산권의 행사에 있어서 공공의 복리는 항상 염두에 두어야 한다. 아울러 경제적 기본권의 보장을 위하여 근로자의 권리와 근로조건의 기준이 준수되어야 하고, 근로자의 단결권과 단체 교섭권, 그리고 단체 행동권이 보장되어야 한다.

기본권은 정치적 자유를 보장하며 국민은 국가 조직과 의사 형성에 참여하기 위하여 참정권을 가지며 국민 주권론에 근거하여 주요 정책에 대의원제를 통하여 참여할 수 있다. 기본권에는 헌법에 보장된 공권력을 견제할 수 있는 청원권을 가지는데 그 주요 내용으로서 국민은 민사, 형사, 행정, 헌법 재판청구권을 가질 권리가 있다. 아울러 국민은 군사 재판을 받지 아니하며 신속한 공개 재판이 이루어져야 하고, 형사보상 청구권과 국가배상 청구권의 권리를 가진다.

마지막으로 기본권에는 인간다운 생활을 할 사회적 기본권이 있는데 주 내용은 사회 보장과 교육을 받을 권리, 근로의 권리, 근로3권(단결권,

단체 교섭권, 단체 행동권), 환경권, 보건권, 그리고 혼인의 자유와 모성이 보호받을 권리가 포함된다. 그리고 기본권의 의무로서 납세의 의무, 국방의 의무, 교육의 의무, 그리고 근로의 의무가 있다.

지금까지 살펴보았듯이 기본권은 양심과 정신의 자유, 그리고 종교의 자유를 포함한 인간의 인권과 존엄성을 중시하고 있으며 이는 기독교적인 관점에서 신앙의 자유와 종교 생활의 자유를 포함하는 개인의 행복권과 긴밀하게 연관이 된다. 비록 정교 분리의 원칙이 있지만 하나님의 인격적인 부르심에 응답하는 개인의 양심과 자유로운 결단은 헌법에 의하여 보장되는 기본권이다. 외부의 강제력에 의하여 좌우되지 아니하는 신앙의 자유는 개인 주체에게 있어서 최고의 행복추구권이기도 하다.

그러나 이와 같은 포괄적 기본권이라고 할지라도 사안에 따라서는 종교적 가치 체계와 갈등을 빚게 된다. 다음에서 생명과 연관하여 기본권과 종교적 가치 체계 사이의 차이를 살펴보자.

IV. 기본권과 생명

기본권 중 종교의 가치와 연관된 몇 가지 주요 개념을 판례를 통하여 살펴보도록 하겠다. 판례는 위헌소원의 경우 사안에 따라서 다수설과 소수설로 나눠지는데 이 글에서는 다수설의 관점을 살펴보되 필요에 따라서는 소수설의 입장도 부각시키도록 하겠다.

헌법 제10조는 "모든 국민은 인간으로서의 존엄과 가치를 가지며, 행복을 추구할 권리를 가진다. 국가는 개인이 가지는 불가침의 기본적 인권을 확인하고 이를 보장할 의무를 진다"는 내용이다. 이 10조는 인간의 존엄과 가치를 정의하고 있으며 특히 국가는 헌법에 명시되어 있는 개별적 기본권은 물론 명시되어 있지 않은 자유와 권리까지도 보장하여야 한다. 만약 인간의 자유와 권리에 있어서 그 존엄과 가치가 침해되거나 훼손된다면 헌법 제10조를 위반하는 것이다. 이는 범죄를 다루는 형사 처분에 있어서도 형벌 체계상의 정당성과 균형이 이루어져야 하며 평등의 원칙이 지켜져야 하는 것이다.

헌법 제10조의 해석은 헌법 제34조 1항의 "모든 국민은 인간다운 생활을 할 권리를 가진다"는 내용과 연관이 되며 이 행복추구권은 국민이 행복 추구에 필요한 급부를 국가에게 적극적으로 요구할 수 있는 권리이기보다는 "국민이 행복을 추구하기 위한 활동을 국가 권력의 간섭 없이 자유롭게 할 수 있다는 포괄적인 의미의 자유권으로서의 성격을 가진다"고 할 수 있다.[392]

이 행복추구권은 생활 세계 전반에 적용이 될 수 있다. 예를 들어, 태아의 생명권의 경우 그 주체성을 인정하고 있으며 "생명권은 비록 헌법에 명문의 규정이 없다 하더라도 인간의 생존본능과 존재 목적에 바탕을 둔 선험적이고 자연법적인 권리로서 헌법에 규정된 모든 기본권의 전제로서 기능하는 기본권 중의 기본권"의 성격을 가지는 것이다.[393] 특히 형법(낙태죄에 관한 형법 제269조, 제270조)과 모자보건법(제14조, 제15조)에 근거하는 입법의 취지는 태아의 생명이라 할지라도 원칙적으로는 그 생

---

[392] 헌재 1995. 7. 21. 93헌가14, 판례집 7-2, 1, 32. 이하 판례는 인터넷 헌법재판소의 인터넷 사이트를 참고하였다. http://www.ccourt.go.kr/cckhome/kor/main/index.do, 참고로 별도의 인터넷 사이트의 출처 표기가 없는 경우는 헌재의 판례임을 밝힌다. 참고로 헌법재판소와 대법원 판례의 경우 판결문을 인용하는 경우 별도의 재인용 부호는 생략함을 밝힌다.

[393] 헌재 1996. 11. 28. 95헌바1, 판례집 8-2, 537, 545 참조.

명을 보호하기 위한 침해 위험을 규범적으로 방지하고 있다.

그러나 태아를 사망에 이르게 하는 행위가 유발되어도 판례에서는 태아를 임산부 신체의 일부로 보지 않으며 임산부에 대한 상해죄가 성립되지 않는다고 보았다.[394] 이는 태아의 자기 결정권보다는 임산부의 결정권을 더 중시하고 있는 것이다. 특히 태아 이전의 배아의 경우에서 판례는 원시선이 출현하는 14일이라는 기준을 세우거나, 또는 모태에 착상되는 시점을 생명의 출현으로 보는 관점 등이 다양하게 있어서 생명에 관한 기본권의 해석이 제한되어 있는 것을 알 수 있다.[395]

혼인과 가정생활과 연관된 행복추구권의 경우에도 점차적으로 성적 행복추구권과 개인의 자기운명결정권이 더 중시되어가고 있다. 현재는 국가와 사회, 그리고 공공 복리를 염두에 두기 때문에 공동체의 목적을 위하여 성적 행복추구권의 제한이 불가피한 경우도 있다.[396] 즉 선량한 성도덕과 일부일처주의의 혼인 제도, 가족생활의 보장과 부부 쌍방 간의 성적 성실의무를 전제로 한다. 성적 자기결정권과 같은 특정한 인간 행위에 대하여 국가가 규제할지 아니면 도덕률에 맡길지는 인간과 인간 그리고 인간과 사회의 상호 관계를 고려하는 입장이 다수설이다. 이 성적 행복추구권은 시대적인 상황과 사회 구성원들의 의식에 근거하여 정당성을 가진다고 보고 있다.[397]

기본권에서 다루는 사형 제도와 연관된 생명권 또한 매우 중요한 문

---

394 대법원 2009.7.9. 선고 2009도1025 판결, 종합법률정보 판례. http://glaw.scourt.go.kr/
395 헌재 2010. 5. 27. 2005헌마346, 판례집 22-1하, 275.
396 1990. 9. 10. 89헌마82 全員裁判部. 이 사안은 간통죄의 규정이 남녀 평등 처벌주의의 평등의 원칙에 반하는가에 대한 판례로서 법 앞에서 평등하다는 사안이다.
397 위 판례에 대한 재판관 조규광, 재판관 김문희의 의견. 참고로 소수 의견은 간통과 같은 사안을 사생활의 비밀에 속하는 사생활 은폐권으로 보는 입장도 있다.

제라고 할 수 있다. 판례의 근본적인 입장은 모든 인간의 생명은 자연적 존재로서 동등한 가치를 가진다고 예시하고 있다. 그러나 이 가치가 생명의 침해에 못지않은 중대한 공익을 침해하는 경우 국가는 생명에 관계된 법익에 대하여 그 규준을 제시하여야 한다고 보고 있다.[398] 사형 제도에 대한 결정 요지는 이 제도가 인간의 생명을 부정하는 범죄 행위에 대한 불법적인 효과로 보고 있으며 지극히 한정적인 경우에 부과되며 인간에게 공포심을 유발함으로써 범죄에 대한 응보 욕구를 억제할 수 있는 '필요악'으로 보고 있다. 따라서 형법 제250조(살인, 존속살해)의 1항의 "사람을 살해한 자는 사형, 무기 또는 5년 이상의 징역에 처한다"는 내용을 근거로 인간 생명을 부정하는 범죄 행위에는 극악한 유형의 것들이 포함되어 있기 때문에 생명을 부정하는 사형을 통하여 다수의 생명을 보호하기 위한 수단은 합헌으로 보고 있다.

한편 사형 제도에 대한 반대 의견도 매우 설득력이 있다. 헌법 제10조의 존엄성을 유린하는 악법의 제정은 결국 국민의 생명과 자유를 박탈하는 것이기 때문이다. 따라서 헌법 제37조 2항의 "국민의 모든 자유와 권리는 국가 안전 보장·질서 유지 또는 공공 복리를 위하여 필요한 경우에 한하여 법률로써 제한할 수 있으며, 제한하는 경우에도 자유와 권리의 본질적인 내용을 침해할 수 없다"는 단서가 침해되지 않았다고 하더라도 사형은 필요이상으로 생명권을 제한한다고 보고 있다.[399]

인간의 죽음과 연관된 '연명치료 중단에 관한 자기결정권'에 대하여서 헌재는 의학적인 관점에서 죽음에 임박한 환자, 즉 전적인 기계 장치

---

398   이하 헌재 1996. 11. 28. 95헌바1, 판례집 8-2, 537, 545.
399   반대 의견은 재판관 김진우와 조승형의 입장이었다.

에 의존하여 연명하거나 전혀 회복가능성이 없는 경우 이는 이미 죽음의 과정이 시작되었다고 판시하였다. 따라서 죽음에 임박하였을 때 "존엄과 가치를 지키기 위하여 연명치료의 거부 또는 중단이라는 환자의 결정은 헌법상 기본권인 자기결정권의 한 내용으로서 보장된다"고 결정하였다.[400] 한편 연명치료에 대한 반대 의견의 입장에서는 사망의 단계에 들어선 회복이 불가능한 환자의 경우 자기결정권은 실제 존재하지 않거나 이를 확인할 방법이 없으며 삶과 죽음의 의미를 선택할 수 없기 때문에 자율적이라고 볼 수 없다고 보았다. 따라서 이는 헌법상의 자기결정권과는 무관하다고 본 것이다.[401]

지금까지 몇 판례를 통하여 살펴보았듯이 대한민국의 헌법에 나타나는 기본권의 내용 중 생명에 관한 판시는 사안에 따라 매우 다양하게 나타난다. 그러나 한 가지 공통적인 것은 개인의 행복추구권과 연관하여 개인의 자유를 지속적으로 신장하여 나가고 있다는 점이다.

그러나 종교의 양심과 자유가 무제한 허용되고 있지 않다는 것을 발견하게 된다. 예를 들어, 사형 제도의 경우, 기독교는 생명이 하나님이 주신 절대적 선물로 믿지만, 국가는 생명에 관한 법익을 고려하고 있다. 연명치료 중단에 있어서도 자기결정권을 허용함으로써 인간이 생명에 대한 주권을 인정하는 방향으로 흐르고 있음을 알 수 있다. 성적 자기결정권의 내용도 선량한 도덕적 근거에 두는 관습적 입장에서 점차적으

---

400 헌재 2009. 11. 26. 2008헌마385, 판례집 21-2하, 647, 658-660. 특히 재판관 조승형은 사형 제도의 폐지를 종교적 관점에서 당위적이라고 보았다. 그의 요지는 사람의 생명은 창조주의 전적인 권리이기 때문에 인간의 생명권은 선험적이며 자연법적인 권리로 박탈할 수 없다는 점에 있다. 아울러 형벌이 목적인 범죄자에 대한 개선의 여지를 사형은 부정하며 재판의 오판과 죽음이라는 형벌을 통한 공포 본능의 이용은 시대에 맞지 않는다고 보았다.

401 재판관 이공현의 의견이었다.

로 개인의 결정을 더 중시하는 입장이 대두되고 있으며, 낙태 문제와 연관된 태아의 경우도 임부의 자기결정권을 더 고려하는 방향으로 흐르고 있다.

따라서 앞으로 생명과 연관된 기본권의 방향은 점차적으로 전통적인 기독교적 관점, 즉 생명의 근원이며 주체이신 하나님의 은총에 근거한 육체적 생명의 불가침성이나 생명 문화의 중심인 가정의 의미도 약화될 수 있다. 성의 순결과 정결한 믿음에 근거한 기독교적 관점의 인간의 성(性) 개념과 정체성에 관한 내용도 점차적으로 기본권과 충돌할 수 있다. 따라서 기독교는 생명의 문제에 관하여 신앙의 자유와 믿음의 차원에서의 정신적 자유의 권리를 유지하도록 노력하여야 하며, 믿음이나 이에 근거한 양심이 반하는 행위가 강제당하지 않도록 힘써야 할 것이다. 이제 다음에서 종교적 양심의 내용들을 살펴보자.

V. 기본권과 종교의 양심과 자유

헌법 제10조의 행복추구권에서 헌법이 보호하려는 양심은 막연하고 추상적인 개념이 아니라 공익 목적을 위한 경우 인격적 주체성이나 인간의 존귀성을 박탈하는 것이 아니라고 보는 입장으로 나타난다.[402] 또한 행복추구권 속에는 일반적인 행동자유권과 아울러 개성의 자유로운 발현권이 포함되어 있지만 국가 안전 보장, 질서 유지 또는 공공 복리

---

402 헌재 1990. 9. 10. 89헌마82, 판례집 2, 306, 310. 이 판례는 음주 측정을 자신의 양심에 반하여 할 수 있는지에 관한 내용이다.

의 관점이 최대한 존중하여야 한다고 보았다.[403]

헌법 제19조에서 다루는 '양심'은 도덕과 가치 문제를 판단하는 윤리적 내심 영역으로서 이 양심이 보호받기 위하여서는 개인의 소신과 다양성이 보장되어야 하며 특히 이 양심의 형성 과정에서 외부적인 개입이나 억압과 강요가 있어서는 안 된다고 판시하고 있다.[404] 아울러 양심의 영역에 있어서 판례는 개인의 인격 형성과 관계가 없는 사건은 보호 대상이 아니라고 판단하고 있고 개인의 윤리적 판단이 국가에 의하여 외부로 표명이 강제되어서는 안 된다고 보고 있다.[405]

그러나 헌법 제19조에 의하여 보호되는 양심의 자유는 양심 형성과 그리고 결정 과정에 자유를 포함하는 '내심적 자유(forum internum)'와 양심적 결정을 외부로 표현하고 실현하는 '양심 실현의 자유(forum externum)'를 포함한다고 할 수 있다. 이렇게 나눈 이유는 양심 형성의 자유와 양심적 결정의 자유가 되는 내심적 자유는 내심에 머무르는 한 절대적 자유이지만, 양심 실현의 자유의 경우 타인의 기본권이나 다른 헌법적 질서와 저촉되는 경우에는 법률에 의하여 제한될 수 있는 상대적 자유이기 때문이다.[406]

양심의 자유와 연관하여 주요 판례를 보면 양심 형성에 있어서 민주적이어야 함을 전제로 하는 일반 다수의 양심은 정치적 의사와 도덕적 판단이 사회의 질서와 함께 형성된다고 보고 있다. 문제로 삼는 것은 국

---

403 1991. 6. 3. 89헌마204 全員裁判部. 이 판례는 화재로 인한 재해 보상 가입 여부에 관한 내용이다.
404 헌재 2002. 1. 31. 2001헌바43, 판례집 14-1, 49, 56.
405 헌재 1991. 4. 1. 89헌마160, 판례집 3, 149, 153; 1997. 3. 27. 96헌가11, 판례집 9-1, 245, 263; 1997. 11. 27. 92헌바28, 판례집 9-2, 548, 571.
406 헌재 1998. 7. 16. 96헌바35, 판례집 10-2, 159, 166.

가의 법질서나 사회의 도덕률과 갈등을 빚는 소수의 양심에 관한 것인데 헌재는 이러한 소수의 양심상의 결정은 원칙적으로 가치관이나, 종교관, 그리고 세계관과 관계없이 양심의 자유에 의하여 보장되어야 한다고 헌재는 판단하고 있다.

그러나 여기서 양심의 자유는 국가에 대하여서는 개인의 양심이 고려되고 보호받아야 할 것을 요구하는 권리일 뿐, 양심상의 이유로 법적 의무의 이행을 지키지 아니하면 위반이 된다. 예를 들어, 양심의 자유와 연관된 병역 의무의 문제에 있어서 헌재는 양심 대신 병역의 의무를 우위에 두고 있다. 헌재는 양심의 자유의 경우, 공익과 연관하여 각 양심에 따른 비례의 원칙을 적용하게 되면 양심을 상대화하는 것이 되기 때문에 양심의 자유의 본질을 훼손한다고 판단하고 있다.

양심상의 결정은 법익교량 과정에서 공익에 부합하는 상태로 축소되거나 또는 왜곡된다면, 이는 이미 '양심'이 아니라고 보는 것이다. 따라서 양심의 자유와 연관된 법의 관점은 법익교량을 통하여 양심의 자유와 공익 양자의 조화와 균형을 실현하려는 법익에 관한 것이 아니라, 단지 '양심의 자유'와 '공익' 중 양심에 반하는 작위나 부작위를 법질서에 의하여 "강요받는가 아니면 강요받지 않는가?"의 양자택일의 문제가 있을 뿐이라고 헌재는 판단하고 있다.[407]

이 사안과 연관된 소수설에서 강조하는 것은 다수가 공유하는 생각과 다르다는 이유로 소수가 선택한 가치가 열등하다고 할 수 없다는 입장을 강조하고 있다.[408] 양심적 병역거부자를 국가 공동체에 대한 기본

---

407   헌재 2004. 8. 26. 2002헌가1, 판례집 16-2상, 141, 151-152.
408   재판관 김경일, 재판관 전효숙의 반대 의견이 이 입장이다.

의무를 이행하지 않는 자로 규정하기 전에 종교적 이념을 포함한 평화에 대한 이상과 이를 지키기 위한 양심의 영역이 있음을 간과해서는 안 된다는 것이다. 따라서 대체 복무와 같은 보충적 법률이 필요하다고 보고 있다.

판례에서는 아울러 양심의 자유와 종교의 자유를 따로 구별하여 규정하고 있는 헌법의 취지를 강조하고 있는데 양심이 윤리적 도덕적인 사유라면 신과 피안에 대한 종교적 양심은 신의 소리로 정의하고 있다.[409] 문제는 이 두 양심이 많은 경우 일치하지만 그렇지 않은 경우 헌법상의 종교의 자유는 절대적인 자유에 속하기 때문에 종교의 자유에 관하여 국가가 개입할 여지가 없다고 보고 있다. 다만 헌법질서에 미치는 영향을 현실적으로 고려하는 것이 주요 쟁점으로 보았다. 따라서 종교의 자유는 인정하되 양심의 자유의 경우 헌법질서에 부합하지 않는 경우에는 보편타당성의 관점에서 살펴보아야 한다고 보았다.[410]

따라서 헌법 제20조의 '종교의 자유'는 신앙의 자유, 종교적 행위의 자유, 그리고 종교적 집회와 결사의 자유를 구성하는 3대 요소를 내용으로 하지만, 헌재는 종교적 행위의 자유는 신앙의 자유와는 달리 절대적 자유가 아니기 때문에 질서 유지와 공공 복리 등을 위하여 제한받을 수 있다고 판단하고 있다.[411]

예를 들어, 종교 법인과 조세에 관한 판례에 있어서도 종교의 자유에

---

409 재판관 권성의 별개 의견이다.
410 이 사안의 경우 권성 재판관은 인(仁), 의(義), 예(禮), 지(智)와 같은 한국적 가치를 언급하였다.
411 헌재 2001.09.27, 2000헌마159, 판례집 제13권 2집, 353. 이 사안은 제42회 사법시험 제1차 시험 시행일자 위헌 확인에 관한 판례이다.

관한 내용이 쟁점이 되고 있다.[412] 한 판례의 경우 종교 법인에 대한 특별 부가세 면제제도의 취지는 종교 법인에 조세 부담의 경감을 통하여 종교 법인의 선교 활동을 촉진시키도록 하는 것인데 법인이 소유 토지를 양도하여 양도차익을 얻게 되었다면 법인세와 함께 특별부가세를 납부하는 것은 납세자 군의 조세평등주의에 합치한다고 보았다. 반대 의견으로서는 비과세 대상을 세액면제신청 대상으로 변경하는 것은 문제삼을 수 없지만 세법 규정의 예고 없는 개정은 이익을 추구하는 조직이 아닌 종교 법인의 경우에는 불이익이 생기므로 위헌이라고 보았다.[413]

최근에도 사회적 이슈가 되고 있는 종교인 과세의 문제에 있어서도 원칙적으로 헌법 제11조 제1항의 "모든 국민은 법 앞에 평등하고 누구든지 합리적 이유 없이는 생활의 모든 영역에 있어서 차별을 받지 아니한다"는 평등의 원칙을 유지하고 있다. 전반적으로, 합리적 이유 없는 차별적 과세나 차별 대우를 금지함으로써 조세평등주의를 지향하고 있지만 종교인 과세의 문제에서 보는 바와 같이 관습법과 법익 사이에서 헌재의 의견이 나눠질 가능성이 크다고 할 수 있다.

종교 교육에 있어서도 헌재는 제20조의 "모든 국민은 종교의 자유를 가진다", "국교는 인정되지 아니하며, 종교와 정치는 분리된다"는 종교의 자유를 중시하고 있다. 다만 이 판례의 경우에는 특정 종교 단체가 그 종교의 지도자와 교리자를 자체적으로 교육시킬 수 있는 종교 교육의 자유를 전제하면서도 교육법 제81조상의 학교나 학원법상에 저촉되어

---

412 헌재 2000. 1. 27. 98헌바6, 판례집 12-1, 42, 53-54. 이 사안의 쟁점은 입법자가 부동산 양도차익이 특별부가세 면제 대상인 사실과 면제를 희망하는 의사를 사전에 확인하기 위하여 종교법인 등으로 하여금 면제신청을 통하여 이를 밝히도록 한 것에 대한 판례로서 이는 조세법률주의에 위반되지 않는다고 보았다.
413 이 사안에 대한 재판관 이영모, 재판관 하경철의 반대 의견이다.

교육 질서가 훼손되는 경우에는 헌법 제31조 제6항의 입법재량에 속한다고 보았다.[414]

한편 아프가니스탄에서의 선교 행위 제한에 대한 위헌청구에서 헌재는 대한민국의 주권이 미치지 아니하는 지역에서의 종교 활동에 대하여 제한할 수 있음을 판시하였다. 특히 국민의 생명과 신체 및 재산의 보호가 강력히 요구되는 해외 위난 지역인 경우 여권의 사용제한 등과 같은 국민의 국외 이전의 일시적 자유의 제한은 기독교를 전파하는 종교의 자유를 제한하는 것이 아니라고 하였다.[415]

지금까지 살펴보았듯이 기본권에 있어서 종교의 자유와 양심의 자유는 '내심적 자유'로서 무제한이지만 '양심 실현의 자유'는 제한적임을 알 수 있다. 내심적 자유는 절대적 자유이지만, 양심 실현의 자유는 실제 생활에 있어서 타인의 기본권이나 다른 헌법적 질서 안에서 형성되는 자유이기 때문에 만일 법에 저촉되는 경우에는 법률에 의하여 제한될 수밖에 없다.

기독교적인 관점에서는 법과 연관된 양심의 문제는 개인의 판단이 아니라 하나님이 세우신 질서에 따르는 것이 원칙이다(롬 13:5). 그리고 신앙의 양심은 헌법의 규제를 받아서는 안 되는 기본권이지만 사회에 대한 책임과 의무를 잊지 말아야 하는 것이 기독교적인 전통에서 형성된 규범이다. 다만 종교의 자유는 그 누구에 의하여서 파기될 수 없는 권리이며 하나님이 우리에게 허락하신 권리이기 때문에 국가는 종교의 양

---

414 학교 교육 및 평생교육을 포함한 교육 제도와 그 운영, 교육재정 및 교원의 지위에 관한 기본적인 사항은 법률로 정한다. 이 사안은 특정 종교 단체의 종교 교육에 있어서 교육법에 저촉되어 폐쇄 명령 처분을 다룬 경우이다. 헌재 2000. 3. 30. 99헌바14, 판례집 12-1, 325, 337.

415 헌재 2008. 6. 26. 2007헌마1366, 판례집 20-1하, 472, 482.

심에 반하는 행동을 하도록 강요할 수 없으며 동시에 기독교인의 경우 양심에 어긋나는 행위를 해서는 안 될 것이다.

이는 종교적 자유가 개인의 수준을 넘어서 시민적 자유를 요청하며 나아가 국가와 사회를 향한 공동선을 위하여 함께 노력하여야 하는 것을 전제한다. 이를 위하여서는 정치적 권위가 전제되어야 하며 이를 위한 시민적 주체성이 확립이 되어 기독교인도 자발적인 정치 참여를 통하여 성숙한 도덕률의 정착을 위하여 함께 노력하여야 하는 것이다.

VI. 나가는 말

지금까지 간략하게 살펴보았지만 인간의 존엄과 가치에 대한 국가의 기본권 보호의무(10조), 양심의 자유(19조), 종교의 자유(20조), 표현의 자유(21조), 학문과 예술의 자유(22조), 재산권(23조), 교육권(31조), 납세의 의무(38조), 그리고 국방의 의무(39조)의 해석에 있어서 종교적 가치와 기본권에 대한 해석이 다수설이나, 소수설, 그리고 보충설 등 사안에 따라서 다양한 입장이 나타나고 있는 것을 알 수 있다.

위와 같은 헌재의 판례를 통하여 기독교 윤리학적인 맥락에서 의의를 찾는다면 다음과 같다.

첫째, 비록 기본권이 헌법에 의하여 규정을 받는다고 할지라도 기본권의 방향을 제시하는 인권의 사항은 역사와 문화적 상황에서 형성되는 것이기 때문에 인권의 연원이라고 할 수 있는 종교적 가치를 소중이 여기고 세상 속에서 그 가치를 실현하는 도덕적 삶이 요구된다. 특히 기독교적 관점에서는 사랑과 행복을 추구하는 공동체의 원리에 있어서 법보다 더욱더 인간의 존엄성과 가치를 신장하는 일에 앞장서야 함을 강조하고 싶다. 행복 추구의 권리는 현대 민주주의에 있어서 가장 기본이 되는 개인적 권리 수준이다. 이러한 행복 추구 원리는 고대 문화와 종교에 그 근원을 가진다. 예를 들어, 다양한 히브리, 그리스-로마, 기독교, 계몽주의 전통은 모두 신-인 관계에 근거한 행복 추구라는 주제를 다루고 있다. 기독교가 제시하는 행복이란 이타적 사랑에 근거하여 현대의 법적 민주주의의 새로운 자유 개념을 확장하도록 도움을 지속적으로 제공하는 정신적 기제이다.

기독교의 행복 추구는 예수 그리스도의 사랑에 그 핵심이 있다. 자신을 희생하여 인류의 죄를 대속하신 예수 그리스도의 사랑은 종교적 가치로서 이타주의의 원리로 매우 중요하다. 행복 추구에 있어서 이타주의적 사랑에 대한 강조는 '좋은 삶(good life)'을 구성하는 원리로서 용서와 감사 같은 덕(virtues)이 포함된다. 아울러 타자에 대한 관심은 그 주체의 존재를 완성하고 변혁하는 도덕적 규점의 내면화이며 기독교는 이를 역사 속에서 신앙생활로 구현하여 왔다. 특히 현대 사회에서 지속적으로 반복되는 인간의 개인적, 집단적, 사회적 수준에서의 폭력성의 증가는 용서와 회복적 정의를 필요로 한다. 따라서 용서, 감사, 그리고 회개와 회복적 정의를 강조하는 기독교의 가치 실현을 통하여 행복과 번영의 사회를 위하여 기독교도 공헌할 수 있다.

둘째, 종교인이 가지고 있는 신앙의 가치는 삶의 세계를 구성하며 주관과 객관을 통합하는 역할을 하기 때문에 종교적 가치를 공적인 영역에서 실현하는 정치적 참여가 요청이 된다. 기독교의 경우 하나님의 사랑과 예수 그리스도를 믿는 믿음으로 형성된 '신 중심적 윤리'가 사적 영역에 머무르지 않고 공적 영역에서 실현될 수 있는 교회의 참여 또한 매우 절실하다고 할 수 있다. 헌법의 정신은 국가가 국민의 평등과 자유의 가치를 보호하는 것이기 때문에 국가가 올바른 역할을 수행하기 위하여서는 종교인의 정치 참여와 문화의 선도로 이어지는 노력이 아울러 요구된다.

따라서 법에 대한 이해를 강화시키며, 법과 연관된 인권에 대한 종교적 의미를 강조하여야 한다. 이는 기독교가 법 자체의 근본적 사안들을 소홀히 하거나 법의 구성 원리 자체를 희석시키는 것이 아니라 기독교의 가치에 담겨 있는 인권 중심의 정신이 법의 정신과 조우하여야 된다는 점을 강조하기 위함이다. 이러한 법과 종교간의 가치 체계를 신장하기 위하여 종교 교육의 지평을 넓히는 기회가 있어야 하며, 아울러 종교와 법의 대화를 통한 사회 통합을 이루는 연구가 지속되어야 할 것이다. 이러한 연구의 결과가 특정한 종교적 의미를 변절시키거나 또는 종교적 근본주의적 선전에 이용되어서도 안 될 것이며 사회 통합의 차원에서 법의 규정과 이를 지지하는 기독교적 정신이 상호 열린 마음으로 협력하여야 할 것이다.

셋째, 포괄적 기본권의 헌재 판례에서 나타나듯이 사안에 따라서 다수설과 소수설, 또는 개별설로 나누어지고 있는데, 이는 역설적으로 자유 민주주의 가치가 실현되는 헌법의 정신이 그대로 드러나고 있다고 본다. 그러나 법적 안정성을 위하여 다양한 가치를 통합하는 차원에서 법의 균형을 염두에 둘 때 종교적 보편성을 강조하는 것은 매우 중요하다고 할 수 있다. 아울러 인권이나 생명의 가치에 대한 종교적 가치의 차이가 생길 때 이를 공적 차원에서 법의 규범으로 논할 수 있는 소통의 구조가 강조되어야 할 것이다. 이와 같은 노력을 통하여 세상 속에서 종교의 가치가 법의 규범과 조화되며 또한 선도할 수 있는 실체적인 영역을 확보하기 위하여 다양한 가치의 실현에 서로 소통하고 차이를 배려할 수 있는 건강한 사회가 이루어져야 한다. 따라서 기독교도 신앙의 중심이 흔들리지 않으면서 전통적인 교리와 가치 체계가 현시대의 다양한 관점을 포용할 수 있는 열린 복음주의로 전환하는 것이 필요하다고 본다.

참고문헌

헌법재판소 http://www.ccourt.go.kr/cckhome/kor/main/index.do
대법원 http://glaw.scourt.go.kr/
권영성,『헌법학 원론』(법문사, 2010)

집합 기억과 기독교 윤리

I. 서론

기억(memory, remembrance)이란 과거와 현재, 그리고 미래를 연결하여 인간의 행위를 지속케 하는 뇌의 정신적 작용이라고 할 수 있다. 인간의 기억은 주로 대뇌피질(Cerebral cortex)과 측두엽의 신피질(neocortex), 그리고 해마(Hippocampus)가 그 역할을 담당하며, 인과 관계에 의하여 필요한 정보를 체계적으로 저장하여 삶을 지속케 한다. 뇌 과학에서 밝히고 있는 기억에 관한 연구는 '집합 기억(collective memory)'에 대하여서도 그 중요성을 강조한다. 인간에게 기억은 물론 일차적으로 개인에게 항상성(homeostasis)을 유지하여 주는 역할을 하지만, 기억은 동시에 일련의 사회적 상호 작용을 통하여 형성되는 '집합적 기억'이기 때문에, 집단을 구성하는 인간의 정치나 윤리적 행위와 무관하지 않으며, 필자는 이 관점을 본 논문의 출발점으로 삼는다.[416]

---

[416] 본 글의 출처는 다음과 같다. 유경동, "집합 기억과 기독교 윤리," 한국기독교 신학논총 106, 2017.10,

필자는 뇌 과학에서 강조하는 '집합 기억'에 대하여 신학과의 통섭(consilience)을 위하여 세 가지 관점에서 논지를 전개하고자 한다. 첫째, 뇌 과학의 '집합 기억'에 관한 이론들을 정리하여 보겠다. 특히 '집합 기억'의 중요한 기능인 기억 작용을 통한 '사회적 통합(consolidation)'의 역할을 중심으로 살펴보겠다. 둘째, '집합 기억과 신앙 공동체'란 관점에서 성경에서 강조하는 '기억'의 핵심 내용이 무엇인지 정리하여 보도록 하겠다. 공동체적으로 '기억하기(remembering)'의 행위를 통하여 하나님과 이웃에 대한 '망각(oblivion)'을 극복하는 책임 윤리에 대하여 살펴보도록 하겠다. 셋째, '집합 기억과 기독교 윤리'를 통하여 뇌 과학과 신학의 통섭을 시도하면서 윤리적 과제가 무엇인지 제시하도록 하겠다.

필자는 이 글에서 기억에 관한 생물학적인 기능들이나 해석은 간략하고, '집합 기억'에 대한 논지들을 소개하며, 이를 신학, 그리고 기독교 윤리에 적용하고자 한다. 바라기는 기독교 신학 분야의 미개척 분야인 뇌 과학의 '집합 기억'에 대한 이론들을 통한 신학과의 통섭이 양 분야의 기초 발전에 기여하기를 바란다.

II. 집합 기억

기억이란 중추 신경계의 신경 세포 간 연결된 시냅스에 의한 총체적인

205-230. 필자는 본 논문에서 인간의 '기억'은 생물학적인 관점에서는 인간의 행위를 유발하는 일종의 정신적 에너지로 보는 해석을 따르고 있다. 참고) K. A. 메닝거/ 설영환 옮김, 『인간의 마음 – 무엇이 문제인가?(1)』 (서울: 선영사, 1986), 252.

활동의 결과로 나타나는 정신 현상으로 설명될 수 있다.[417] 기억은 다양하게 정의되는데, 인간의 의식과 연관하여 크게 두 가지로 나누어 볼 수 있다. 하나는 절차 기억(procedural memory)으로서 무의식 가운데 기억으로 남아 있으면서 인간에게 영향을 미치며, 다른 하나는 선언적 기억(declarative)으로서 의식을 통하여 기억을 회상할 수 있다.[418] 또 다른 정의는 기억을 단기 기억과 장기 기억으로 나눌 수 있는데, 단기 기억은 현재적으로 활성화 되어 정보를 지속적으로 유지하며, 정보를 재조직하는 조작을 수행하는 작업 기억(working)으로 설명되어진다. 그리고 장기 기억은 앞에서 정의한 서술 기억, 또는 절차 기억으로 이해되기도 한다.[419] 한편, 기억을 뉴런의 차원에서 단기적인 의존적 기억(activity-dependent memory)과 장기적인 구조적 기억(structural memory)으로 나누기도 한다.[420]

필자는 이제 본 글에서 '집합 기억'에 주목하고 뇌 과학의 이론을 검토하면서, 신학과 소통할 수 있는 예비적 논지를 전개하고자 한다.[421] '집

---

417 박문호, 『뇌-생각의 출현』(서울: 휴머니스트, 2008), 87, 106.
418 성영신·강은주·김성일 엮음, 『마음을 움직이는 뇌, 뇌를 움직이는 마음』(파주: 해나무, 2004), 33.
419 앞의 책, 164-181. 장기 기억을 서술 기억과 절차 기억으로 구분한 사람은 캐나다 심리학자인 튤빙(Tulving)으로 알려져 있다. 앞의 책 재인용, 165. 서술 기억은 정보의 형태에 따라서 단어에 대한 의미를 포함하면서 세상에 대한 전반적 지식을 담당하는 '의미 기억(semantic memory)'과 과거의 경험을 구성하는 '자서전적 기억(autobiographical memory)'의 형태인 '일화 기억(episodic memory)'으로 나누기도 한다. 앞의 책, 165, 174, 181. 일화 기억은 경험의 대상에 관한 '내용 기억(content memory)'과 장소 및 시간 등을 담당하는 '맥락 기억(context memory)'으로 나누기도 한다. 앞의 책, 179. 한편, 기억을 '무의식적 기억'과 '외현 기억'으로 나누는 경우도 있는데 이는 튤빙의 제자인 섀크터((Schacter)가 주장하였다고 소개된다. 앞의 책 재인용, 165.
420 크리스토프 코흐(Christof Koch)/ 김미선 옮김, 『의식의 탐구』(서울: 시그마프레스, 2006), 202. 이러한 정의는 이스라엘 신경 생물학자인 야딘 두다이(yadin Dudai)의 해석으로 소개된다. 앞의 책 재인용, 202.
421 최근 신학 분야에 뇌 과학과 신학의 통섭이 이루어진 필자의 저서와 논문들은 다음과 같다. 뇌 과학에 대한 기초 이론과 이와 연관된 신학적 관점에 대하여서는 다음의 내용을 참고하시오. 유경동, 『뇌 신학과 윤리』(개정판, 서울: 킹덤북스, 2016). 한편 논문으로서는 뇌 과학의 관점에서 배아의 생명권에 대하여 살펴본 내용이 있다. 유경동, "뇌 과학의 관점에서 본 배아의 생명권,"「생명 윤리 정책 연구」8-2(2014), 이화여

합 기억'에 대한 영어권의 이론적 내용들은 다음과 같이 몇 가지 관점으로 나누어 볼 수 있는데, 큰 틀에서 보면, '집합 기억'의 구성적 요건으로서 개인과 사회 문화적인 관계, 자서전적 기억을 출발점으로 하는 기억하기의 투쟁적 과정, 그리고 대화와 소통의 과정을 통하여 회상되고 공유되고, 그리고 집단으로 기억되는 상호 작용적인 요인들로 나뉘는데, 좀 더 자세한 내용을 살펴보자.

첫째, '집합 기억'은 기억과 연관된 사회적 요인들을 재구성한 사회적 틀을 중시한다. 필자가 살펴본 바로는 '집합 기억(collective memory)'이라는 용어를 처음 사용한 사람은 프랑스 출신 철학자이자 사회학자인 모리스 알박스(Maurice Halbwachs, 1877-1945)로 알려져 있다.[422] 그는 인간의 개별적 기억은 보다 큰 사회적 틀 안에서 형성된 기억이라는 메커니즘에 내장되고(embedded) 구성되는(constructed) 것으로 보았으며, 그렇기 때문에 사회적 조건이나 배경이 인간의 기억에 지대한 영향을 미친다는 점을 중시하였기에, 그는 '집합 기억'이라는 용어를 사용했다고 본다. 즉 기억이란 자기 자신이 저장한 특정한 정보를 도출하기도 하겠지만, 타자가 보이는 반응이나 질문에 대한 대답과 상호 작용함으로써 발현되고, 그러한 반응을 중심으로 타자의 관점을 유추하는 과정이 형성된다. 대부분의 개인들은 사회적 배경을 가지고 살아가기 때문에, 개별적 기억들은 많은 내용들이 사회-문화적 조건이나 상황과 연관

대 생명의료법 연구소, 177-201. 아울러 '뇌 기능'과 '뇌 의식'의 문제에 대한 해법으로서 도덕적 범주화의 관점에서 '집합 기억'의 중요성에 대하여 아래의 논문에서 강조된 바 있다. 자세한 내용은 다음의 논문을 참고하시오. 유경동, "뇌 기능과 뇌 의식의 문제를 극복하는 윤리적 공동체 연구," 「한국기독교 신학논총」 96(2015), 39-66.

422 이하 모리스 알박스의 이론을 소개한다. Maurice Halbwachs, *On Collective Memory*, tr. by Lewis A. Coser (Chicago: University of Chicago Press, 1992)

성을 가진다. 이런 맥락에서 알박스는 기억이란 외적으로 재구성되는 것이며, 그렇기 때문에 그러한 재구성을 가능하게 하는 도구, 또는 상황이 존재하는데, 그것이 바로 '집합 기억'이며, 이는 다른 말로 하면 기억에 대한 사회적 틀(social framework)이라고 정의할 수 있다고 본 것이다. 인간이 기억을 도출할 수 있는 것은 기억의 재구성을 가능하게 하는 사회적 조건이나 배경이 갖추어져 있기 때문이며, 그러한 점에서 기억은 '집합 기억'을 통한 개별적 기억을 재구성하는 작업이라고 보고 있다.[423]

따라서 '집합 기억'은 기억의 통합 작용과 연관된다고 할 수 있다. 토마스 아나스타시오(Thomas Anastasio) 등은 '집합 기억'의 형성 과정에 대해서 '기억의 통합(memory consolidation)'이라고 설명한다.[424] 이들은 기억의 통합 작용은 개인 기억이나 '집합 기억'이나 유사성을 가지는데, 특히 그 기억이 유사하게 발현되는 경우에는 하나의 단일한 기억 통합 과정이 존재한다고 보고 있다. 다만 '집합 기억'은 집합적인 경험을 바탕으로 구성되는데, 이는 대인 관계에서의 상호 작용으로 나타나며, 그렇기 때문에 개인의 두뇌 안에서 이루어지는 변화보다 더 쉽게 관찰될 수 있다고 보고 있다.[425]

둘째, '집합 기억'은 기억하는 개인 주체성에 관심을 가지기 때문에

---

[423] 앞의 책, 38.

[424] 토마스 아나스타시오는 기억 작용을 세 가지로 분류하여 설명하는데, 그것은 각각 '통합(consolidation)', '기억하기(remembering)', 그리고 '기억 체계(structure)'로 보고 있다. 그는 이러한 과정을 통하여 집단이 처한 상황에 적절하게 대처할 수 있는 의사 결정을 내리게 된다고 보며 이때 집합 기억이 그 역할을 담당한다고 해석한다. Thomas J. Anatasio et al., *Individual and Collective Memory Consolidation: Analogous Processes on Different Levels* (Cambridge, MA: The MIT Press, 2012), 47-48. 이 인용은 다음의 책에서 재인용한다. 유경동, 『뇌 신학과 윤리』 (서울: 킹덤북스, 2016), 321-322.

[425] Thomas J. Anastasio, et al., *Individual and Collective Memory Consolidation* (2012), 10.

기억 자체가 상대적이며 부정확한 특성 때문에 오히려 '기억의 유연성'으로 해석되기도 한다. 고전적인 '집합 기억' 이론은 기억의 저장과 도출 과정에서의 외부적 요인이나 조건에 보다 더 큰 무게를 두는 것이라고 할 수 있다. 반면 하버드 대학교 심리학 교수인 대니얼 샥터(Daniel Schacter)는 '집합 기억'이란 사실 인지과학 분야에서는 그렇게 유의미하거나 실용적인 용어는 아니라고 지적한다. 그는 '집합 기억'이란 비유적인 표현이며, 그것이 어떤 실험적인 조건을 갖추고 연구할 수 있는 대상은 아니라고 본다. 샥터는 기억에 대해서 다음과 같이 정의한다. "[어떤 생각이나 사고가] 기억으로서 경험되기 위해서는 그렇게 도출된 정보가 반드시 특정한 시간이나 장소의 맥락에서 도출되어야만 하며, 그 자신이 그 특정한 상황 속에 있음을 지칭할 만한 근거가 있어야 한다."[426] 이러한 관점에서 보면, '집합 기억'이란 사실 기억 자체라기보다는 그 기억이 도출되는 상황이나 배경에 영향을 받아 형성된 유사 기억의 형태라고 할 수 있다. 다만 샥터가 '집합 기억'이라는 개념에 대해서 문제를 제기하고 있지만, 기억 작용 자체는 사실 재구성적이며(reconstructive), 왜곡과 부정확성이 많다는 점에서 기억이라는 메커니즘이 외부적 환경에 완전히 독립적인 것은 아님을 지적한다. 그리고 기억의 부정확성, 또는 불완전성은 오히려 기억에 있어서 유연성을 가능하게 하는 덕목임을 강조한다.[427]

---

426 Daniel Schacter, *Searching for Memory: the Brain, the Mind, and the Past* (NY: Basic Books, 2008), 17.

427 Daniel Schacter et al, "The Cognitive neuroscience of constructive memory: remembering the past and imagining the future," *Philosophical Transactions of the Royal Society* (B), 362(2007), 773. 참고로 기억을 왜곡하거나 재구성하는 과정에 착각이 발생할 때, 이를 착각적 기억 또는 오기억 증후군이라고 설명하기도 한다. 성영신 · 강은주 · 김성일 엮음, 『마음을 움직이는 뇌, 뇌를 움직이는 마음』 (2004), 192. 한편, 해마와 연관된 내측부엽 구조가 파괴되어지면 기억 상실증에 걸린다고 알려져 있다.

셋째, '집합 기억'은 대화와 소통의 과정을 통하여 형성되는 '수렴의 과정'을 통하여 나타난다고 해석된다. 프린스턴 대학교의 에일린 코먼(Alin Coman) 등은 좀 더 구체적으로 '집합 기억'을 '기억의 수렴(mnemonic convergence)'이라고 정의한다. '집합 기억'의 기저는 인간이 공동체를 구성함으로써 형성된 근본적 특징인 공통된 기억과 신념, 규칙의 발달과 결부된다. '집합 기억'은 주로 사회적 상호 작용에 근거하며, 특히 대화와 소통이 이를 가능하게 한다. 코먼은 대화와 소통이 어떻게 개인의 기억을 형성하는지에 따라 '집합 기억'이 형태가 결정된다고 주장한다. 따라서 '집합 기억'은 항상 개별 기억과 결부되어 작용한다. "함께 과거를 기억하는 것은 대화 상대자가 직접 경험한 사건들에 대한 기억을 선택적으로 강화하거나 선택적으로 약화시킨다. 그리고 그러한 작용을 통해 대화에 참여하는 모든 사람들의 기억들이 재형성되고 그들이 서로 지지하는 관계로 만든다. 따라서 '집합 기억'은 근본적으로 대화에 의존하는 역동적 체계로 발전하게 된다."[428]

에일린 코먼 등은 '집합 기억'은 대화와 소통을 통해, 대화자들의 기억이 수렴하는 현상으로서, 이는 소통의 네트워크 구조에 영향을 받는다. 예를 들어, 네트워크가 더 가깝게 연관된 경우, '집합 기억'의 형성되는 정도, 즉 개인의 기억의 왜곡 정도 및 집단 구성원의 기억의 유사성이 증가한다. 또한 기억의 수렴정도는 대화 네트워크에서 두 대화자 사이의 물리적-심리적 거리에 따라서 양자 간에 도출된 기억 내용의 유사

크리스토프 코흐(Christof Koch), 『의식의 탐구』(2006), 220.

[428] Alin Coman, et al., "Mnemonic Convergence in Social Networks: the emergent properties of cognition at a collective level," *Proceedings of the National Academy of Sciences*, 113(29) (July, 2016), 8171.

도에 차이가 생긴다. 이를 바탕으로, 코먼은 인지적 현상이 기억의 수렴 작용에 영향을 미친다고 본다.[429]

따라서 '집합 기억'은 기억의 틀 안에서 개인의 주체성이 확보되기보다는 재구성의 과정에서 구성원들과 '동화되는 과정'이 더 중시될 수 있다고 보면서, 코먼 등은 '집합 기억'은 인간 기억의 유연성으로부터 기인한다고 정의한다. "[인간 기억의] 유연성으로 인해, 또 다른 개인과 더불어 과거를 함께 기억하려는 작용은 대화와 소통의 상대자들 사이의 기억의 유사성을 증가시키는 결과를 초래한다 … 사회적 소통의 네트워크는 인간이 어떻게 '집합 기억'들을 형성하게 되는지를 밝혀줄 잠재성을 가진다 … 우리가 발견한 바에 따르면, 개인적 수준의 기억을 최신 정보로 바꾸는 현상이나 사회 네트워크 구조는 집합 기억이 나타나는 데에 공헌한 근본적인 두 개의 요소이다."[430] 이들에 따르면, 그러한 의미에서 자서전적 기억들조차도 고정된 정보를 도출하는 고정적인 작업이 아니라, 재구성되는 특징을 보이며, 이는 그 기억 주체가 속한 사회 집단 내의 다른 개인들과의 상호 작용을 통해, 그 주체만의 독특한 정체성을 강화시킬 뿐만 아니라, 다른 구성원들과 동화시키는 작용을 한다고 강조한다.

애덤 브라운(Adam Brown) 등은 동화의 과정이 곧 '집합 기억'을 형성하는 역할을 한다고 지적하면서 기억의 유연성(memory's malleability)이라는 측면에서 기억은 어떤 특정한 태도나 윤곽, 사회-물리적 환경에 대해 특정하게 고정된 자아를 유지하는 것보다, 불완전하지만 유연

---

[429] Ibid., 8172-8173.
[430] Ibid., 8171.

한 기억 작용을 하는 것이 더 유리하다고 주장한다. '집합 기억'은 집단 정체성과 사회성을 강화시키는 작용을 한다. 비록 이것이 개인의 구체적인 기억과 집단 내에서의 기억 도출 작업이 구별된다 하더라도, 둘 다 그 개인에게 있어서 유의미함을 보여준다고 할 수 있다.[431] 이러한 측면에서 '집합 기억'의 특징은 사회적 확산 효과(social contagion)를 보인다. 개인들은 사회적 기억이라는 활동을 바탕으로 과거에 대한 세부적 정보에 대해서 부정확성을 가질 수 있지만, 특정하게 공유된 정보를 기억으로 인식함으로써 대화를 통해 서로의 기억을 확산하고, 이를 통해 공통의 정체성을 강화한다.[432] 또한 '집합 기억'의 특징은 그것이 선택적이라는 점이다. 공유된 기억이라 하더라도, 어떠한 과거의 사건에 대한 기억을 도출하는 과정에서 다른 정보가 생략되기도 한다. 그런데 이러한 과정에 있어서 공통된 문화-사회적 맥락이 상당히 개입되는 경향이 있다. 그렇기 때문에 종종 기억으로 도출되지 못한 내용들이 개인마다 상당히 유사성을 가지는 경향이 나타난다. 애덤스 등은 이를 사회적 상호작용의 결과로 이해한다.[433]

넷째, '집합 기억'은 불완전하지 않으며, 오히려 개인을 넘어 문화적 틀 안에서 공감하고 집단으로 인식된 '도표(schema)적 개념'으로 해석되기도 한다. 여기서 '도표'란 다양한 유형의 정보들을 수용하는 과정 중에서 수용하는 내용을 선택적으로 통제하며 영향을 미치는 심리적인

---

[431] Adam D. Brown, et al, "Memory's Malleability: Its Role in Shaping Collective Memory and Social Identity," *Frontiers in Psychology*, 3 (2012), 257. doi: 10.3389/fpsyg.2012.00257; www.frontiersin.org 웹사이트, (최종 수정: 2012년 7월 23일, 최종 접속: 2017년 7월 28일) URL=http://journal.frontiersin.org/article/10.3389/fpsyg.2012.00257/full

[432] Ibid.

[433] Ibid.

틀이라고 할 수 있다. 이런 맥락에서 르그랑(N. Legrand)과 그의 동료들은 '집합 기억'은 하나의 '기억 도표(memory schema)'라고 정의하며, 이를 통해 두뇌와 사회, 문화가 연결되는 것이라고 본다. 즉 '집합 기억'이란 여러 개인들에 의해 공유된 기억의 재현(representation)으로서, 집단의 정체성을 형성하고 그 집단 구성원들에게 공통의 역사와 연관된 자기 정체성을 결속하는 틀을 제공한다고 보는 것이다. 또한 인지과학의 관점에서 사회와 문화가 개별 인간 존재의 기억 정보와 연관되는 소위 '사회적 변환(social turn)'에 대하여 이들은 주목한다. 따라서 르그랑은 '집합 기억'이 실제로 기억에 관여하고 작용하는 것이라면, 그것을 가능하게 하고 유의미하게 해석하는 틀이 모든 인간의 기억 작용 과정에 존재해야 하는데, 그는 이것을 '기억 도표(schema)'로 설명하는 것이다. 기억도표라는 개념은 단순히 수동적인 지식의 틀이 아니라, 어떠한 중요한 집합적 사건을 이해하는 데에 중요한 작용을 한다. 비록 기억이라는 경험이나 작용을 개인적 차원에서 설명한다 하더라도, 기억이 도출되는 과정에서는 그 기억 작용의 주체가 속하고 체득한 문화적, 그리고 사회적 맥락에 많은 영향을 받는다고 보는 것이다. 따라서 개인의 기억 작용과 문화적 틀은 강한 연관성을 가진다고 할 수 있다.[434]

다섯째, '집합 기억'은 과거의 사건을 통하여 현재에 유의미를 전달하는 '투쟁의 과정'에 필수적인 것으로 해석되기도 한다. 헨리 뢰디거 3세(Henry L. Roediger III)와 매그덜레이너 아벨(Magdalena Abel)은 '집합 기억'을 기억의 한 형태로서, 어떤 사회 집단 내의 구성원들이 공유하는

---

[434] N. Legrand, et al., "Neuroscience and collective memory: memory schemas linking brain, societies and cultures," *Biologie aujourd'hui Société de biologie*, 209(3) (2016), 273.

기억이며, 그 사회 집단의 정체성을 형성하는 데에 핵심적인 역할을 하는 기억이라고 해석한다. 뢰디거 등에 따르면 '집합 기억'은 '집합적인 기억하기(collective remembering)'로 정의되는 경향이 더 많다고 할 수 있다. 집합적인 기억하기란 기억 작용에 대한 것으로서, 과거가 어떻게 기억되고 재현되는지에 대한 전반적인 과정을 다룬다. 따라서 '집합 기억'은 역사라는 객관적 지식과 동의어가 아니라고 할 수 있다. 왜냐하면 만일 '집합 기억'이 왜곡된, 또는 선호하는 관점에 따라 과거의 사건이나 정보를 재구성하는 것이 된다면, 객관적 지식이 될 수 없기 때문이다. 따라서 '집합 기억'은 독립적인 개별 활동으로 인식되는 개인적 기억과 구별되는데, 인간은 사회적 존재이기 때문에, 근본적으로 독립적이며 개별적으로 존재할 수 없기 때문이다. 오히려 인간은 여러 사회적 조직이나 구조 안에 존재하기 때문에, 기억은 언제나 사회적 맥락을 고려할 수밖에 없다. 결국 '집합 기억'은 개인 주체를 특정한 사회 집단의 구성원으로 정의하며, 이 사회 집단에 속한 구성원들은 유사한 문화적 틀을 공유한다는 점에서 '집합적으로 기억'한다고 볼 수 있다.[435] 헨리 뢰디거 등은 '집합 기억'은 과거를 재구성하고 과거의 사건으로부터 현실

---

[435] Henry L. Roediger III and Magdalena Abel, "Collective Memory: a New Arena of Cognitive Study," *Trends I Cognitive Sciences*, 19(7), (July, 2015), 359. James V. Wertsch and Henry L. Roediger III, "Collective Memory: Conceptual foundations and theoretical approaches," *Memory*, 16(3), (2008), 318-326 참고. 고전적인 '집합 기억' 연구는 주로 질적이며 인문학적인 방식으로 이루어졌는데, 최근에는 보다 객관적인 연구 방법을 통한 경험적 연구가 이루어지고 있다고 강조하면서 뢰디거 등은 1974년, 1991년, 그리고 2009년에 미국 대학생들에게 역대 미국 대통령의 이름을 순서대로 나열하라는 질문을 통하여 '집합 기억'을 해석한다. 흥미롭게도 역대 대통령 이름이라는 역사적이며 객관적 지식을 기억하는 과정에서 각 세대별 문화의 특징과 차이점, 또는 전반적인 공통점이 드러난다는 점이다. 예를 들어, 링컨 대통령의 경우, 모든 세대에 걸쳐서 비교적 정확하게 기억되는 반면, 실험 당시 가장 최근 대통령에 대한 기억력은 비교적 높은 편으로 나타난다. 그리고 링컨 이후 시어도어 루즈벨트(Theodore Roosevelt) 대통령까지는 거의 기억을 못하는 편으로 나타난다. 애덤스는 이를 '집합 망각(collective forgetting)'으로 정의한다. Henry L. Roediger III and Magdalena Abel, "Collective Memory: a New Arena of Cognitive Study," *Trends I Cognitive Sciences*, 19(7), 359-360.

을 살아가기 위해 '투쟁하는 과정'으로 정의한다. 객관적인 역사 정보와 다르게, 집단 기억은 이미 일어난 과거를 기억이라는 형태로 현실의 사회적 맥락과 사회-문화적 배경에 따라 재구성하는 것이다. 그렇기 때문에, '집합 기억'은 과거의 사실에 대한 해석과 재해석 과정을 반복한다.[436]

여섯째, '집합 기억'은 개인의 자서전적 기억과 집단의 정체성 사이에서 형성되는 특정한 기억으로서 공동체가 공유하는 기억과는 구별된다고 본다. 윌리엄 허스트(William Hirst)는 '집합 기억'은 사회 집단을 근거로 하는 자서전적 기억(autobiographical memory)이라고 정의한다. 개인의 자서전적 기억이 주로 그 개인의 인격적 정체성 형성에 관여한다면, '집합 기억'은 어떤 집단 전체의 정체성에 연관된다. 따라서 이러한 입장에서 보면 '집합 기억'에 관한 연구의 초점은 두 가지로 정리할 수 있는데, 허스트는 "(1)어떻게 특정한 공동체가 [그 공동체 구성원들이] 개인적으로 보유한 기억들을 공유하게 되는지, [그리고] (2) 어떻게 이렇게 공유된 기억들이 집합적인 정체성을 낳게 되는지"를 살펴보아야 한다고 지적한다.[437] 특히 허스트는 '집합 기억'에 어떻게 집합적인 정체성을 구성하는지가 중요한데, 이는 모든 공유된 기억들이 '집합 기억'은 아니기 때문이라고 주장한다. '집합 기억'은 기본적으로 어떠한 특정 집단에 공유하는 기억이나 기억 정보를 전제하지만, 모두가 아는 기억이 '집합 기억'이 되는 것은 아니다. 예를 들어, 허스트는 원주율(π)과 2004년 마드리드 폭탄 테러를 비교하면서 설명한다. "예를 들어, 대부분의 스페

---

436 앞의 논문, 361.

437 William Hirst, "The Contribution of Malleability to Collective Memory," in Machael S. Gazzaniga, et al., *The Cognitive Neuroscience of Mind: A Tribute to Michael S. Gazzaniga* (Cambridge, MA: The MIT Press, 2010), 140.

인 사람들은 원주율(π)의 값을 알지만, 그렇다고 해서 원주율의 값이 곧 스페인 사람들의 '집합 기억'은 아니다. 반면에, 대부분의 스페인 사람들은 2004년 3월 11일에 있었던 마드리드 폭탄 테러를 기억하는데, 이는 원주율과는 달리, 이 기억은 분명히 스페인 사람들의 집단적인 정체성을 불러일으킨다. 그렇기 때문에 마드리드 폭탄 테러에 대한 공통된 기억은 곧 스페인의 '집합 기억'이라 부를 수 있을 것이다."[438] 따라서 '집합 기억'은 단순히 공유된 기억(shared memory)과 구별되는 개인이 중시하는 사회적 사건과 이와 연관된 집단 정체성과 연관이 된다고 할 수 있다.

지금까지 필자는 '집합 기억'에 관한 다양한 이론적 내용들을 살펴보았다. 필자가 중시하는 부분은 과거의 사건이 현재의 의미로서 해석되는 과정에 드러나는 헨리 뢰디거 3세(Henry L. Roediger III) 등이 지적한 '투쟁적 성격'에 관한 것이다. 아울러 코먼(Alin Coman) 등이 강조한 집단 성원의 소통에 비례하는 '집합 기억'의 '유사성'에 관한 것은 매우 중요한 점이라고 생각하며, 그 출발점을 '자서전적 기억'이라고 강조한 허스트(William Hirst)의 관점도 중시할 점이라고 여겨진다.

이제 살펴보겠지만, 성경에서 살펴볼 수 있는 기독교 신앙 공동체의 '집합 기억'은 하나님과 이스라엘 족장들 사이에서 펼쳐지는 '자서선적 기억'들을 시작으로 이스라엘 민족의 이동과 국가의 형성, 포로기, 예수 그리스도의 탄생과 공생애, 십자가 죽음과 부활, 그리고 성령 감림과 사도들을 통한 복음의 사역에 이르기까지 유지되고 또한 강화되어왔다. 물론 '망각'과 '죄'의 역사가 이 '집합 기억'에 위협이 되기도 하였으며, 또

---

438 앞의 책, 140.

한 '기억하기'의 집단적 행위가 항상 올바른 방향으로 흐른 것도 아니었다.

그러나 중요한 점은 '집합 기억'에 관한 연구는 '기독교 공동체'가 강화하여야 할 '기억'의 요소들은 무엇이며, 그리고 그러한 '기억'의 특성과 문제점들이 무엇인지 살펴볼 수 있는 이론적 틀을 제시한다고 본다. 이제 다음에서 성경을 중심으로 강조되는 '집합 기억'의 내용들이 무엇인지 살펴보자.

III. 집합 기억과 신앙 공동체

필자는 II장에서 '집합 기억'의 뇌 과학적 관점들을 살펴보았다. 그렇다면 성경에 나타나는 '집합 기억'에 관한 신앙 공동체 안에서의 요소들은 무엇인지 살펴보고자 한다. 성경(개역개정)에 '기억'이란 단어는 총 226건이 검색되며, 개인의 죄에 대한 회개, 용서, 그리고 개인적 영성과 관계된 내용들도 있지만, 많은 내용은 공동체적으로 기억하여야 할 '집합 기억'에 관한 것이다. '집합 기억'의 관점에서 분석하여 보면, 다음과 같은 내용으로 요약될 수 있다고 본다.

첫째, 구약 성경에서 '집합 기억'은 이스라엘 백성들이 공동체적으로 반드시 기억하여야 할 하나님의 주체적인 구속 행위로 설명된다. "내(하나님)가 기억한다"와 같은 표현으로 설명되는 하나님의 기억 행위는 인간과의 '관계적인 유비(relative analogy)'로 묘사된다.[439] "하나님이 그들

---

[439] 필자는 하나님의 "기억하신다"와 같은 표현은 인간과 존재로서 비교할 수 있는 '존재론적 유비

의 고통 소리를 들으시고 하나님이 아브라함과 이삭과 야곱에게 세운 그의 언약을 기억하사(출2:24)"에서와 같이, 하나님은 이스라엘 백성들을 구원하시기 위하여 언약을 기억하는 신이시다. 하나님이 '기억'하는 주체로 표현된 이유는 인간의 죄악에 대하여 심판하지 않고, 창조주 하나님과 피조 된 인간, 그리고 세계 전체를 향한 하나님의 구원 행위와 관련되기 때문이다.440 특히 창세기와 출애굽기에서 하나님은 족장과 민족사의 중심에 있던 모세와 직접 대화하는 창조주로 인식되며, 하나님은 개인과 부족, 그리고 나아가 민족이 '집합'으로 기억하여야 할 대상임을 드러낸다.

이스라엘 백성들에 대한 하나님의 주체적인 '기억 행위'는 이스라엘 백성들에게 공유되며, 이러한 '집합 기억'의 형식은 이스라엘을 하나로 묶는 통합의 역할을 하게 된다. 이 '집합 기억'은 이스라엘의 사회 문화적 틀 안에서 집단적으로 인식된 일종의 '기억 도표'로서 르그랑(Legrand)의 관점을 정리하면, '하나님의 기억하심'은 이스라엘을 이끄는 강력한 사회적 변환(social turn)의 기제가 된다. '하나님의 기억'은 이스라엘의 역사가 하나님에 의하여 인도되며, 백성들이 이 사실을 함께 공유하며, '하나님이 기억하시는 백성'으로 정체성을 유지하게 되는 것이다.

둘째, 구약 성경에서 '집합 기억'은 이스라엘 백성들이 반드시 기억하여야 할 '명령'으로 나타난다. "너희는 기억하라"와 같은 표현으로 나타

(ontological analogy)'가 아니라 하나님이 인간의 죄를 용서하시고 사랑하시는 '관계론적' 관점에서 해석될 수 있다고 파악하고 있다.

440 하나님의 기억 행위에 대한 주체적 표현의 예로서 "기억하사(창 8:1)", "기억하리니(창 9:15)", "언약을 기억(출 2:24; 2:25; 6:5; 레 26:42; 레 26:45; 신 16:12)"하는 등의 표현이 있다.

나며, 이스라엘 공동체에 내려진 '하나님의 명령'으로서 개인을 넘어 이스라엘 집단 전체를 포함하는 관점에서 이해되고 있으며, '기억 행위'는 이스라엘을 대변하는 지도자들에 의하여서도 끊임없이 강조된다. "안식일을 기억하여 거룩하게 지키라"(출 20:8)와 "너는 기억하라 네가 애굽 땅에서 종이 되었더니 네 하나님 여호와가 강한 손과 편 팔로 거기서 너를 인도하여 내었나니 그러므로 네 하나님 여호와가 네게 명령하여 안식일을 지키라 하느니라"(신 5:15)와 같이, 모세는 이스라엘 백성이 기억하여야 할 내용이 무엇인지 요약하고 강조한다. "너희의 자녀는 알지도 못하고 보지도 못하였으나 너희가 오늘날 기억할 것은 너희의 하나님 여호와의 교훈과 그의 위엄과 그의 강한 손과 펴신 팔과"(신 11:2)의 내용처럼 점점 잊혀져 가는 출애굽 사건은 이스라엘 후손들에게 반드시 회상되어야 하며, 선조들의 믿음은 저들이 따라야 할 '집합 기억'의 내용이 된다. 이러한 기억을 명령하는 주체는 하나님이고, 대변인은 하나님이 세운 지도자들이며, 기억하여야 할 내용은 하나님의 구원 사건이고 기억을 해야 할 대상은 이스라엘 백성, 또는 심판받은 이방인이다. 특히 이스라엘 민족사와 국가, 그리고 이스라엘의 남북 왕국의 분열기에 등장하는 지도자와 예언자들은 이 '기억 행위'를 강조한다.[441]

모세나 예언자들을 통하여 선포되는 '기억'에 관한 내용은 형식적으로는 특정한 개인으로부터 시작되는 '자서전적 기억(autobiographical memory)'의 형태를 가진다. 신탁을 통하여 대변하는 개인들은 사분오열된 이스라엘의 혼란기에 특정한 기억을 재현하며, 개인에게 투사하고,

---

441 이스라엘 지도자들에 의한 하나님에 대한 기억의 강조는 모세 오경에 전반적으로 나타나며, 이스라엘 왕정기와 남북 왕조의 분열기와 바벨론 포로기에도 지속적으로 강조되고 있다. 그 주된 내용은 다음과 같다. 신 16:3; 16:12; 24:9; 24:22; 25:19; 30:1; 32:7; 대상 16:15; 렘 44:21; 애 1:7; 애 5:1; 겔 6:9; 21:24; 29:16; 36:31; 호 7:2; 8:13; 9:9; 12:5; 암 1:9; 미 6:5; 학 2:15; 2:18; 슥 10:9; 13:2; 말 4:4.

공동체 전체를 통합하는 '집합 기억'을 강조한다. 특히 이 '집합 기억'의 특징은 헨리 뢰디거 3세(Henry L. Roediger III) 등의 용어를 빌리면, '투쟁의 과정'을 통하여 형성된 기억이라고 할 수 있다. 하나님과 우상, 진실과 거짓, 그리고 참 신앙과 불신의 사이에서 하나님의 의하여 선택된 지도자들은 이스라엘의 과거를 다시 '하나님과의 새로운 계약'으로 재구성하고, 고난의 현실 속에서 투쟁하며, 하나님을 선택하여야 하는 정당성을 주장한다.

셋째, 신약 성경 4복음서에서의 '집합 기억'은 예수 그리스도의 공생애, 죽음, 그리고 부활과 관계된 내용을 제자들이 신앙 공동체의 사건으로 회상하는 내용으로 나타난다.[442] 공생애 기간 중 예수 그리스도의 기적, 부활 사건과 천국에 관한 예수의 말씀들은 제자 공동체 속에서 기억되고 믿음으로 확증되며, 나아가 장차 성령 강림을 통하여 세상에 전파되어야 할 복음과 연관이 된다. '집합 기억'은 공생에 기간 중에 제자들에게 부탁하고 가르친 예수 그리스도의 말씀과 깊이 관계가 있으며, 예수 그리스도의 승천 후 그 '집합 기억'은 비로소 그 의미가 실재로 드러나며, 제자들이 믿음으로 살아가야 하는 삶의 기준이 된다. "그들은 예수의 말씀을 기억하고"(눅 24:8)와 같이, 제자들의 기억 행위는 공유되고, "죽은 자 가운데서 살아나신 후에야 제자들이 이 말씀하신 것을 기억하고 성경과 예수께서 하신 말씀을 믿었더라"(요 2:22)와 같이 부활은 언약이며 예언의 성취인 것이 공동체적으로 확증이 된다.

4복음서에서 나타나는 '집합 기억'의 특징은 예수 그리스도와 제자

---

[442] 이와 연관된 '집합 기억'에 관한 주요 내용은 다음과 같다. 마 16:10; 26:13; 막 14:9; 눅 23:42; 눅 24:6; 눅 24:8; 요 2:22; 요 16:4.

들 사이의 대화와 소통을 통한 공통된 기억과 신앙, 그리고 말씀의 권위가 강화된다는 점이라고 할 수 있다. 에일린 코먼(Alin Coman)의 용어를 적용하면, 이는 대화의 형식을 통하여 역동적인 체계로 발전하는 '집합 기억'이라고 할 수 있다. 예수의 제자들은 3년간 예수와 함께 생활하고, 그의 말씀을 기억하고, 그리고 말씀이 이루어지는 십자가의 죽음과 부활을 경험하였다. '제자 공동체'의 이 특별한 경험은 '예수의 부활과 승천' 이후 공생애 기간 중에 들은 예수의 말씀을 회상하고 해석하고 서로 신앙으로 확증하는 과정을 통하여 '신앙의 네트워크'를 형성한다. 비록 제자들 사이에 예수를 인지하는 기억의 정도는 차이가 있었지만, 하나님의 아들과의 특별한 소통은 기독교를 탄생시켰으며, '집합 기억'은 후손들을 위하여 경전과 교리, 그리고 교회라는 제도를 구성하게 된 것이라고 할 수 있다.

넷째, 신약 성경 사도행전과 바울 서신에는 복음이 전파되는 과정에 나타난 사도들의 사역을 기억하고, 선교의 여정 중에 나타난 복음의 역사와 말씀의 권위, 그리고 예수 그리스도를 통한 죄 사함의 능력이 '집합 기억'으로서 강조된다.[443] "너희가 모든 일에 나를 기억하고 또 내가 너희에게 전하여 준 대로 그 전통을 너희가 지키므로 너희를 칭찬하노라"(고전 11:2)에서와 같이, 사도들의 사역은 성도들에게 함께 기억되어야 할 유산이며, 전통으로 연결되어야 할 기억이다. "우리에게 가난한 자들을 기억하도록 부탁하였으니 이것은 나도 본래부터 힘써 행하여 왔노라"(갈 2:10)에도 나타나듯이, 사역의 핵심을 함께 기억하고 교회 공동

---

443 이와 연관된 '집합 기억'에 관한 주요 내용은 다음과 같다. 행 20:35; 고전 11:2; 갈 2:10; 엡 1:16; 살전 1:2; 1:3; 2:9; 살후 2:5; 딤후 2:14; 딛 3:2; 히 8:12; 10:17; 벧후 3:2; 유 1:17.

체가 복음에 힘써야 하는 내용이 강조된다.

사도행전이나 바울 서신을 중심으로 나타나는 기억의 형태는 '자서전적 기억'이라고 할 수 있다. 예수의 제자들이나 사도들의 개인적 기억은 선교하는 과정 중에 형성되는 교회 공동체 안에서 유의미하게 재현되며, 애덤 브라운(Adam Brown)의 이론을 적용하며, '사회적 확산(social contagion)' 효과가 나타난다고 할 수 있다. 특히 유대교를 넘어 이방인으로 전파되는 복음의 내용은 서로 다른 문화 사회적 환경과 때때로 갈등을 일으키거나, 아니면 상호 협력하면서 '집합 기억'은 사람에 따라서 선택적이 된다. 따라서 복음의 본질은 같지만, 내용은 문화와 환경, 성과 연령, 인종과 지역에 따라서 다양한 '집합 기억'이 도출되며, 이를 토대로 또한 다양한 교회 공동체가 형성이 된다고 할 수 있다.

다섯째, 성경 전체에 '집합 기억'이 강조되는 이면에는 하나님의 말씀으로부터 유리하는 이스라엘 백성과 예수 그리스도의 말씀을 지키지 못하는 제자들의 '망각' 행위와 연관이 된다. 자신의 잘못을 '기억하기 싫어하는 인간'의 죄 된 본성과 기억하여야 할 계명과 말씀에 대한 긴장 관계가 있다. 하나님은 '영원히 기억'하는 창조주(창 9:16; 대상 16:15)인 반면, 인간은 의지적으로 회상하고 다짐하여야만 기억할 수 있는 피조물이다. 따라서 인간의 기억 행위에는 노력이 필요하다(참고; 신 7:18). 이스라엘 백성들은 자신들의 원래 비참하였던 과거 종의 신분을 종종 망각한다(참고; 신 16:12; 24:18; 24:22 신 32:26). 심지어 이방 민족으로부터 구원하신 하나님을 망각한다(삿 8:34). 신약 성경에서도 제자들은 눈과 귀가 있어도 예수 그리스도가 하신 기적과 말씀들을 이해하지 못하고 기억하지 못하므로 지적을 받는다(막 8:18).[444] 심지어 베드로는 "닭이 두 번 울기 전 네가 나를 세 번 부인하리라"(막 14:72)는 예수 그리스도의 말씀을 뒤늦게 기억한다.

이런 맥락에서 '집합 기억'은 인간의 경험을 자연스럽게 자동적으로 회상할 수 있는 기억의 종류가 아니라 의식적으로 '집합적인 기억하기(collective remembering)'가 요구되는 기억이다. 인간의 기억이 정확하지 않기 때문에 유연한 특징이 있으며, 집단에서 서로 부정확한 기억을 나눔으로써 기억의 유사성을 증가시킬 수 있는 가능성이 높아지겠지만, 의도적으로 기억을 생략하거나 망각하고, 그리고 왜곡할 수 있는 가능성도 있다.[445] 이런 맥락에서 '집합 기억'은 계량적으로 기억의 정도를 수치화 할 수 없으며, 개별 기억과 연관되어 어떤 기억들은 선택적으로 약화되는 경향도 나타날 수 있다는 점도 간과할 수 없다. 따라서 성경에서의 '집합 기억'은 죄된 인간과 합력하여 악을 이루는 집단의 약점을 잘 지적하여 준다고 할 수 있다.

지금까지 살펴보았듯이, 성경에서의 '집합 기억'은 하나님의 언약을 강조하며 인간에게는 그 언약을 기억하여야 하는 순종이 요구된다. 하나님은 인간을 기억하시는 창조주이시며 인간의 죄를 용서하며, 아브라함과 이삭, 그리고 야곱의 하나님으로서 특히 출애굽의 해방 사건을 통하여 하나님의 주권이 강조된다. 기억은 이스라엘 역사를 통하여 지속

---

[444] 참고) 눅 24:6; 24:8; 요 2:22; 16:21.
[445] 실제로 일어나지 않은 것을 기억한다고 착각하는 것은 '병적 허언증(pathological lying)'이라고 할 수 있는데 자신의 거짓말을 실제 일어난 일로 믿는 경우 생긴다. 한편, '그릇된 신념'의 경우는 잘못된 것을 정정하려는 시도를 거부하는 경우를 말한다. 참고) K. A. 메닝거, 『인간의 마음 - 무엇이 문제인가?(1)』 (1986), 353, 373. 필자는 종교적인 죄의 경우, 앞에서 설명한 생물학적인 허언증이나 그릇된 신념과는 다른 것으로 이해한다.

되는 '연대기적 공동체'의 행위이며, 이스라엘의 분열기와 바벨론 포로기에 하나님과의 새로운 언약과 이스라엘의 회복을 불러일으키는 집합적 기억 행위와 연관이 된다. 한편, 기억은 복음을 전파하는 인지적 행위이며, 예수 그리스도의 말씀을 기억하는 것이 그 핵심이다. 특히 기억은 부활하신 예수 그리스도의 말씀에 대한 집합적 기억과 연관이 되며, 선교에 적용되고, 기도를 통하여 회상되며 서로 교제하는 영적 통로의 역할을 한다.

필자는 지금까지 '집합 기억'에 관한 일반 이론을 성경을 중심으로 적용하여 보았으며, '집합 기억'이 어떻게 이스라엘 공동체와 교회 공동체, 성경 속의 인물들의 '기억 행위'와 연관이 되는지 살펴보았다. 이러한 이론과 적용을 근거로 기독교 윤리의 맥락에서 강조하여야 할 관점들을 다음 장에서 살펴보도록 하겠다.

IV. 집합 기억과 기독교 윤리

필자는 II 장에서 '집합 기억'의 뇌 과학적 관점을 살펴보았으며, III 장에서 '집합 기억'에 대한 다양한 관점들을 성경과 연관하여 적용하여 보았다. 필자가 중시하는 점은 '집합 기억'의 윤리적 관점이다. 기억이 사회 구성체와의 상호 관계에서 형성된다고 한다면, 기억 또한 윤리적 행위와 무관하지 않다. 물론 어떤 내용을 기억한다고 하더라도 그것이 다 행위를 유발하는 것은 아니지만, 적어도 기억하는 행위를 통하여 개인의 가치관에 영향을 주며, 나아가 집단 안에서 상호 의사 교류와 연대 또는 갈등을 통하여 형성되는 일련의 윤리적 책임과 연관이 된다. 그렇다면 위의 II 장과 III 장의 내용을 토대로 기독교 윤리학적 과제는 무엇인지 살펴보도록 하자.

첫째, '집합 기억'의 이론들은 사회 구성체 안에서 자연스럽게 형성되어 수치화 할 수 있는 집단 기억에 관한 고전적인 방법론보다는 개별적이고 독립적인 요소들, 그리고 부정확하지만 유연한 기억들에 관심을 가지고 그러한 기억들이 사회 네트워크 구조 가운데 어떤 역할을 하는지에 대하여 관심을 가지는 것을 알 수 있다. 특히 개별 기억들 사이의 소통 구조에 관심을 가지며, 각 기억들이 어떻게 재구성되고 재현되는지에 대하여 주목하고 있는 것을 알 수 있다.

특히 '집합 기억'은 집단이 공통적으로 보유하는 객관적 지식이 아니라, '기억하기(remembering)'라는 의식적 인지 행위가 개입된 집합적 의식이라고 할 수 있다. '집합 기억'은 기억의 한 측면이며, 일반적으로 저장된 정보가 도출되는 과정을 의미하지만, 정보의 객관성보다는 기억 주체의 기억 작용 및 기억으로 도출된 정보의 내용에 초점을 맞춘다. 이러한 의미에서 고전적 '집합 기억'은 과거의 역사적 사건에 대하여 한 집단 내 구성원들이 공통적으로 가지는 지식을 의미하며, 이 경우, 기억이라는 작용은 정적인 지식에 국한된다고 할 수 있지만 최근의 '집합 기억'에 대한 연구는 보다 포스트모던(post modern)의 특성을 나타낸다고 할 수 있다.

이는 과거 기억에 대한 다층적 해석을 시도하는 것이며, 일종의 '큰 기억' 속에 숨겨져 있는 '작은 기억'을 회상하고 재구성하여 그 본래의 의미를 찾아내는 것과 연관이 된다고 할 수 있다.[446] 이런 맥락에서 기독

---

446 필자가 본 논문에서 제시하는 '큰 기억', '작은 기억', '기억의 정의', 그리고 '기억의 정치'와 같은 표현들은

교 신학에서도 성경 안에 회상되는 기억들에 대하여 보다 다층적이고 다각적인 접근 방식이 필요하다고 본다. 소외된 약자들의 기억, 여인들의 기억, 어린이들의 기억, 자연 생태계에 대한 기억 등이 이스라엘 역사나 특정한 인물들 중심의 '큰 기억'의 주변부에 머무르지 않고, 각 기억들이 주체성을 가지고 본래의 의미가 되살아나도록 하여야 할 것이라고 본다. 이는 기독교 공동체를 구성하는 데에 있어서 절대 기준의 역할을 하는 성경의 기억들에 대한 보다 유연한 접근 방식이고, 성경적 비평의 관점을 넘어 '집합 기억'의 차원에서 '작은 기억'들을 중시하여야 하는 것이다.

둘째, '집합 기억'이 기억의 소통과 교류, 그리고 통합의 과정에서 형성되는 투쟁적 성격인 '기억의 정치적 요소'와 연관된다는 점을 고려할 때, '기억의 정의(Justice of Remembrance)'가 중요하다고 본다. 사실 우리가 기억하는 것은 이미 사회적으로 검열된 것일 수 있다. 미디어는 정치적 이해관계나 권력의 역학 구조에 의하여 대중에게 의도적으로 '필요한 정보(?)'만 제공할 수 있다. 대중은 미디어의 소비자로서 주어지는 정보를 집단적으로 기억하고 그 기억을 소비하는 데에 몰두하게 된다. 필자가 중시하는 점은 기억은 그 내용이 정확하여야 하며, 공평하게 소통되고, 그리고 잘못된 기억은 시정할 수 있는 정의로운 구조가 필요하다는 것이다. 따라서 '집합 기억'은 '올바른 기억'을 회상하고 현실에 재구성하기까지 끊임없는 '투쟁의 과정'이 필요하다고 본다.

성경은 이러한 관점에서 우리에게 '집합 기억'을 위한 투쟁이 중요함을 제시한다고 본다. 특히 예언서의 예언자들은 '잘못된 기억'이 역사화

이에 대한 별도의 선행 연구가 없이 논지에 맞게 적절하게 서술하는 것임을 밝힌다.

되는 것에 정면으로 도전하였다. 왕권이나 무력을 동원하여 '올바른 기억'을 '거짓의 기억'으로 왜곡하고 심지어 '망각의 늪'으로 내모는 당시의 현실에서 '하나님에 대한 기억'으로 돌아가라고 소리를 높였다. 구약 성경 전반에 흐르는 언약 사상은 이를 대변한다고 본다. 인간과 집단은 현실과 타협하고 권력에 의지하지만, 이사야, 예레미야, 에스겔, 아모스와 같은 예언자들은 이스라엘 백성들에게 "하나님께로 돌아가라!"라고 외쳤다. 세례 요한도 광야에서 회개를 외치며 '하나님의 나라'에 대한 기억을 강조하였다. 성육신 하신 예수는 이스라엘 백성들의 잘못된 기억을 정면으로 수정하기를 요청한다. 산상수훈(마 5-7장)을 통하여 사랑, 구제, 기도, 금식, 돈, 결혼관에 대한 가치관을 수정하고 새로운 '집합 기억'을 형성한다. 사도 바울은 이방인에 대한 편견을 깨고 '이방인의 사도(롬 11:13; 갈 2:8)'와 '스승(딤전 2:7)'으로 자처하고 새로운 '집합 기억'을 재구성 한다.

따라서 올바른 '집합 기억'은 잘못된 과거의 기억을 다시 재구성하고 반성하며 개인적 차원에서의 회개뿐만 아니라 미스바의 회개 운동처럼 집단적 차원에서의 회개에 대한 내용이 강조되어야 한다고 본다. 이런 맥락에서 기독교 윤리학의 사명은 인간의 행위를 유추하는 '기억'에 대한 내용을 확인하고 나아가 '집합 기억'을 구성하는 사회 소통의 체계와 소통 과정에 관심을 가져야 하며, 그리고 그 '집합 기억'이 공동체에 정의롭게 공유될 수 있는 사회 구성체와 교회 공동체가 되도록 노력하여야 한다고 본다.

셋째, 뇌 과학은 '집합 기억'에 관한 유용한 이론을 제시하지만, 그 한계도 있다고 본다. 권력에 의한 미디어의 조작으로 '집합 기억'을 조종할 수 있다는 점은 앞에서 밝혔지만, 인간이 스스로 기억을 망각하고 거짓 기억을 정의로운 기억으로 둔갑시킬 수 있는 인간의 본성에 대한 이해는 부족하다고 본다. 물론 인간의 기억을 '거짓말 탐지기'로 조사하는 과학적 수사 기법까지 동원되지만, 그럼에도 불구하고 인간은 하나님마저 속이려한 존재라는 점을 강조하는 신학적 관점은 뇌 과학의 '집합 기억'이 다루지 못하는 영역이라고 본다.

인간의 기억도 조작의 대상이 될 수 있으며, 기억의 주체성을 상실한 채 기억에 관한 수동적 존재로 전락할 수 있다. 하나님의 형상에 의하여 지음 받은 인간은 의지적으로, 그리고 집단적으로 함께 기억하여야 하는 존재이다. 만일 인간이 올바른 기억 행위를 하지 못하면 그것은 존재의 상실이며 존재의 모호성에 빠지게 된다. 기억이 과거와 현재, 그리고 미래를 이어주는 항상성을 증가시켜주는 중요한 역할을 하는데, 입력된 기억이 조작되고 왜곡되고 잘못된 판단을 유도하는 역할을 하게 된다면, 존재 자체에 큰 위협이 될 것이다. 따라서 '집합 기억'이 '존재론적 위협'이 될 수 있다는 가능성에 대하여 직시하고, 기억이 구성되는 생물학적 조건, 기억이 소통되는 네트워크, 기억이 공유되고 재현되는 사회 구성체, 집단적 기억이 윤리적 가치 행위로 나타나는 책임의 장, 집단적 기억과 기억의 산출 이후, 행위의 결과에 대한 기억의 재구성과 반성 등에 대하여 관심을 가져야 할 것이다.

V. 결론

성경에 "그 날에 많은 사람이 나더러 이르되 주여 주여 우리가 주의 이름으로 선지자 노릇 하며 주의 이름으로 귀신을 쫓아내며 주의 이름으로 많은 권능을 행하지 아니하였나이까 하리니 그 때에 내가 그들에게 밝히 말하되 내가 너희를 도무지 알지 못하니 불법을 행하는 자들아 내게서 떠나가라 하리라"(마 7:22-23)는 말씀이 있다. 예수의 이름으로 많은 이적을 행하였다고 주장하는 사람들에게, 정작 "예수 자신은 그들은 하나도 기억하지 못하고 있다"는 내용이다. 한 쪽은 자신들이 한 행위를 사실에 관계하여 분명한 기억임을 주장하지만, 다른 한 쪽은 그 기억을 부인한다. 베드로는 세 번이나 갈릴리 사람 예수와의 관계를 모든 사람 앞에서, 두 여종 앞에서, 그리고 주변에 있던 사람들 앞에서 부정한다(마 26:69-75). 베드로는 예수를 "모른다!"고 한 것이 뇌의 착각으로 기억하지 못한 것이 아니라 기억을 의도적으로 망각하고 거짓말한 것이다.

인간의 기억이나 집단의 '집합 기억'은 따라서 자연적인 것이거나 객관화가 가능한 수량적인 인지 행위가 아니다. 인간의 의식은 기억 행위에 있어서 자신에게 유리하거나 불리한 것을 고려하고 조작하며 심지어 성경의 내용처럼 '예수'에 대한 기억을 무시하고 '바라바'에 대한 기억으로 바꾸기도 한다. 기독교 공동체의 기억은 과거의 문자화 된 역사를 암기하는 것이 아니라, 역사 속에 공유되었던 기억을 생생하게 재현하고, 그 기억이 확산될 수 있도록 노력하는 것이다. 잘못된 기억을 입력하고 그 기억이 올바른지에 대한 검증 없이 무차별적으로 소비하는 현대 문명의 이기 속에서 성경의 기억을 회상하고, 기독교 공동체에서 그 기억을 영적으로 재생산 하는 사명이 그 어느 때 보다도 중요하다고 본다.

성경에서 제시하는 신앙 공동체의 기억 행위는 뇌 과학적인 '기억'에 대한 해석을 넘어선다고 본다. 성경에는 "마땅히 할 말을 성령이 곧 그 때에 너희에게 가르치시리라 하시니라"(눅 12:12)고 기록되어 있다. "오직 너희에게 이 말을 한 것은 너희로 그 때를 당하면 내가 너희에게 말한 이것을 기억나게 하려 함이요 처음부터 이 말을 하지 아니한 것은 내가 너희와 함께 있었음이라"(요 16:4)의 말씀처럼 인간은 기억 행위에 있어서 조차 불완전하기 때문에 하나님의 도우심이 없으면 늘 실수할 수밖에 없는 연약한 피조물임을 드러낸다. 따라서 기억이 '집합적'이어야 할 이유가 있다면, 그것은 제한된 기억들이 연대하여 가치 있는 기억으로 재현되고, 그리고 그 기억이 신앙 공동체와 나아가 사회와 국가를 선도할 수 있는 정신적 에너지가 되도록 함께 노력하여야 하기 때문이다.

참고문헌

메닝거, K. A./설영환 옮김, 『인간의 마음 - 무엇이 문제인가?(1)』. 서울: 선영사, 1986.

박문호, 『뇌-생각의 출현』. 서울: 휴머니스트, 2008.

성영신 · 강은주 · 김성일 엮음, 『마음을 움직이는 뇌, 뇌를 움직이는 마음』. 파주: 해나무, 2004.

유경동, 『뇌 신학과 윤리』. 서울: 킹덤북스, 개정판, 2016.

이나스, 로돌포/김미선 옮김, 『꿈꾸는 기계의 진화』. 북센스, 2007.

코흐, 크리스토프/김미선 옮김, 『의식의 탐구』. 시그마프레스, 2006.

Anatasio, Thomas J. et al., *Individual and Collective Memory Consolidation: Analogous Processes on Different Levels*, Cambrigde, MA: The MIT Press, 2012.

Brown, Adam D. et al., "Memory's Malleability: Its Role in Shaping Collective Memory and Social Identity," *Frontiers in Psychology*, 3(2012), 257. doi:10.3389/fpsyg.2012.00257. doi: 10.3389/fpsyg.2012.00257; www.frontiersin.org 웹사이트, (최종 수

정: 2012년 7월 23일, 최종 접속: 2017년 7월 28일) URL=http://journal.frontiersin.org/article/10.3389/fpsyg.2012.00257/full

Coman, Alin et al., "Mnemonic Convergence in Social Networks: the emergent properties of cognition at a collective level," *Proceedings of the National Academy of Sciences*, 113(29)(July, 2016), 8171-8176.

Halwachs, Maurice, *On Collective Memory*, translated by Lewis A. Coser, Chicago: University of Chicago Press, 1992.

Gazzaniga, Machael S., et al., *The Cognitive Neuroscience of Mind: A Tribute to Michael S. Gazzaniga*, Cambridge, MA: The MIT Press, 2010.

Legrand, N. et al., "Neuroscience and collective memory: memory schemas linking brain, societies and cultures," *Biologie aujourd'hui Société de biologie*, 209(3)(2016), 273-286.

Roediger III, Henry L. and Abel, Magdalena, "Collective Memory: a New Arena of Cognitive Study," *Trends I Cognitive Sciences*, 19(7)(July, 2015), 359-361.

Schacter, Daniel et al., "The Cognitive neuroscience of constructive memory: remembering the past and imagining the future," *Philosophical Transactions of the Royal Society (B)*, 362(2007). 773-786.

Schacter, Daniel, *Searching for Memory: the Brain, the Mind, and the Past*, NY: Basic Books, 2008.

Wertsch, James V. and Roediger III, Henry L., "Collective Memory: Conceptual foundations and theoretical approaches," *Memory* 16(3)(2008), 318-326.

식물 신경 생물학과 기독교 녹색 윤리

들어가는 말

식물이 인간처럼 의지와 영혼을 가질 수 있는가? 이와 같은 질문은 신학에 있어서도 매우 흥미로운 주제가 아닐 수 없다. 최근 식물의 인지 기능에 대한 연구가 활발하게 이루어지고 있으며, 식물이 인간처럼 지능적 존재라는 것이 밝혀지고 있다. 일반적으로 식물이란 단어를 은유로 "움직이지 못한다"거나 "해야 할 일을 하지 못한다"는 맥락에서 '식물인간'이나 '식물국회'라는 말에 빗대어 사용하는데, 신경 생물학의 연구에 의하여 점차 그러한 해석들이 편견으로 밝혀지고 있다. 즉 전통적으로 인간 중심의 생명 윤리 개념이 식물까지 포함된 생태계로 확장되고 있으며, 특히 생태 신학의 방향에 대한 진지한 재고가 필요한 것이다.

한국의 기독교 학계에서는 식물 신경 생물학과 연관한 생명 윤리의 방법론에 대한 선행 연구가 그동안 거의 이루어지지 않았다. 한국 학계에서 식물과 연관된 연구는 주로 농수해양학, 의약학, 원예학, 자원식물학, 토양비료학, 그리고 산림휴양복지학 등에서 이루어지고 있으며, 식물을 신경 생물학의 관점에서 다룬 서적이나 논문은 최근 간간히 보인다. 기독교 학계에서는 성경에 있는 식물의 명칭, 식물권, 식물의 상징 등에 대한 연구가 간혹 있다.[447] 필자는 이 논문에서 주로 서구권 식물 신경 생물학과 기독교의 '나무 십자가'와 연관된 상징 이론들을 소개하면서, 크게 세 가지 방향으로 연구를 진행하고자 한다. 첫째, 식물 신경 생물학에서 강조하는 식물의 인지 기능과 사회적 소통 체계, 그리고 주체성과 연관된 이론들에 대하여 살펴보고자 한다. 둘째, 이러한 신경 생물학적 해석을 식물에 대한 전통적 기독교 세계관에 적용하여 해석학적 지평을 넓혀보도록 하겠다. 특히 식물과 연관된 '나무로 만들어진 십자가'에 대한 상징적 해석을 식물 신경 생물학적 관점에서 살펴보도록 하겠다. 셋째, 신경 생물학과 생태신학적 관점에서 식물에 대한 기독교 윤리적 과제를 제안하도록 하겠다. 바라기는 이 연구가 식물 신경 생물학과 기독교 윤리 사이의 간학문적 통섭을 통하여 식물에 대한 인식이 보다 깊어지기를 기대한다.

1. 식물 신경 생물학

우리가 아직 잘 알지 못한다고 해서 식물이 [감각이나 지각의] 능력이나 속성이 없다는 주장을 정당화할 수는 없다. 사실 식물이 복잡하

---

[447] 본 글의 출처는 다음과 같다. 유경동, "식물 신경 생물학과 기독교 녹색 윤리," 한국기독교 신학논총 111, 2017.10, 179-209. 필자가 지식전문 콘텐츠 누리미디어의 'DBpia'를 통하여 본문 포함 주제를 '식물'로 검색한 결과, 자료 건수가 총 35,285편이였으며, 자연 과학(15,429), 농수해양학(10,247), 의약학(5,250), 공학(1,657), 인문학(845) 등의 순위였고, 인문학 845편에서 종교와 신학 분야 서적과 논문이 80편이 되는데, 그 중 기독교와 연관된 주제는 대부분 식물의 명칭에 관한 것이다. DBpia (누리미디어)

며 합리적이며, 매우 지능적으로 행동한다는 점을 발견하게 되면, 오히려 정반대라는 것을 알게 된다 … 그리스어로 신경을 나타내는 '뉴런(neuron)'이 사실은 식물 섬유(vegetable fiber)를 의미한다는 것이 과연 우연일까? 사실, 이렇게 적절하면서도 공시적(synchronistic) 우연은 식물 신경 생물학(plant neurobiology)이라는 용어가 매우 적절한 것임을 증명하기에 충분하다.[448]

인간과 생물의 관계 규정이 우연한 일치가 아니라고 강조하는 위의 신경 생물의 관점을 살펴보면, 일반적으로 식물의 부동성(immobility)이나 인식 능력의 부재에 대하여 반대하는 입장을 취하는데, 폴 스트루익(Paul C. Struik), 진요우 인(Xinyou Yin), 그리고 홀거 마인케(Holger Meinke) 등은 식물 신경 생물학에 대하여 다음과 같이 정의한다.

식물 신경 생물학은 식물이 외부 환경을 어떻게 관찰하고, 그러한 외부 환경을 통해 인식된 신호들에 어떻게 적절한 반응을 나타내는지, 그 방식을 분석한다. 이를 위해 식물 신경 생물학은 식물 내 세포 간 신호 작용에 나타나는 분자적, 화학적, 전기적 요소들의 모든 측면에 대해 설명하고, 특히 세포와 세포 사이의 소통과 식물 개체의 정보 네트워크 구조에 집중한다. 뿐만 아니라, 식물 신경 생물학은 생물 환경 내에서 동일한 종의 다른 개체와의 정보 소통뿐만 아니라, 다른 식물 종이나 동물과의 소통의 문제를 다룬다고 본다. 이를 통해, 식물 신경 생물학은 식

---

[448] František Baluška, Stefano Mancuso and Dieter Volkmann, "Preface," František Baluška, Stefano Mancuso and Dieter Volkmann, eds. *Communication in Plants: Neural Aspects of Plant Life* (Berlin and Heidelberg: Springer-Verlag, 2006), viii.

물균 내의 소통이나 식물(병원균이나 기생체, 또는 공생체를 포함하는) 과 다른 유기체와의 소통과 같은 생태계 수준의 문제들에 대해서 연구하고 조사하게 된다.[449]

피터 발로우(Peter W. Barlow)에 따르면, 식물의 신경 작용에 대하여 연구하기 위해서는 식물이 보이는 움직임을 관찰해야 하는데, 발로우는 식물의 경우, 뿌리의 굴성(tropism)과 회전성(nutation)이 동물의 활동 개념으로 설명된다고 본다.[450] 굴성이 주로 식물의 감각적 인식(sensory perception)과 연관된다면, 회전성은 외부 자극에 대한 대응이라기보다는 식물 자체의 내부 자극에 대한 작용으로 설명될 수 있으며, 일반적으로 신경 작용의 기본 원리가 외부 또는 내부 작용에 대한 반응을 기초로 하며, 그러한 반응은 움직임으로 나타난다고 할 때, 식물도 신경 반응의 기본적 움직임을 가능성을 가진 것으로 관찰된다.[451] 그리고 움직임이 가능하기 위해서는 움직임의 방향을 결정할 정보를 저장하고 출력할 수 있어야 하는데, 현재 식물 신경학자들은 대부분 그것이 뿌리의 분열 조직(root meristem)과 세포 분열이 매우 빠르게 진행되는 기저부 경계에 존재한다고 보고, 이 부분을 전이부(transition zone)라고 명명한다.[452]

---

449 Paul C. Struik, Xinyou Yin and Holger Meinke, "Plant neurobiology and green plant intelligence: science, metaphors and nonsense," *Journal of the Science of Food and Agriculture*, 88(3), (Feb. 2008), 365.

450 Peter W. Barlow, "Charles Darwin and the Plant Root Apex: Closing a Gap in Living systems theology as Applied to Plants," František Baluška, Stefano Mancuso and Dieter Volkmann, eds. *Communication in Plants: Neural Aspects of Plant Life* (Berlin and Heidelberg: Springer-Verlag, 2006), 40.

451 앞의 책, 40.

452 앞의 책, 40.

발로우는 식물의 신경 작용에 대해서 이렇게 정리한다. "두뇌가 직접적으로 한 개체의 움직임에 영향을 미치는 동물의 경우와 마찬가지로, [식물의] 전이부의 세포들은 식물 뿌리로 들어오는 신호들의 비대칭성의 정도에 따라 결정되는 방향으로 휘어지는 식물 뿌리가 굴성 성장을 조종한다."453 발로우의 입장은 움직임에 대한 정의는 속도의 문제가 아니라, 자극에 어떻게 반응하며, 어떠한 형태와 방향으로 움직이는 지에 대한 그 성질에 근거해야 한다는 데에 있으며, 그러한 측면에서 식물의 전이부는 매우 중요하다는 것이다.454 발로우와 같은 신경 식물학자들은 인간을 포함하는 동물성 유기체의 신경 전달 물질에 해당하는 것이 옥신(auxin)이라고 정의하며, 그러한 옥신의 전달하는 방식이나 과정이 동물성 신경 구조에서의 화학적 시냅스(synapse) 방식과 유사하다고 주장한다.455

지금까지 살펴보았듯이 식물의 신경 작용에 대한 연구는 식물 내 세포 사이에서, 그리고 식물 개체 간 의사소통 체계가 나름대로 활성화되어 있음을 주장하는데, 다음에서 차례로 식물의 인지 기능, 사회성, 그리고 주체성에 대하여 살펴보자.

2. 식물의 인지 기능

식물의 인지 기능에 대하여 스테파노 만쿠소(Stefano Mancuso)와 알레

---

453 앞의 책, 40.
454 앞의 책, 40.
455 앞의 책, 42.

산드라 비올라(Alessandra Viola)는 지난 수세기의 식물학과 연관된 학문이 밝힌 공헌은 "식물은 지각이 있는 생물로 의사소통과 사회 생활을 할 수 있을 뿐만 아니라 세련된 전략을 구사하여 문제를 해결할 수 있는 존재, 한마디로 말해서 지능적 존재"라는 것이 입증되고 있다고 강조한다.[456] 만쿠소는 식물의 지능을 입증할 과학적 증거들을 세세히 열거하며, 식물이 인간과 같은 유기적 시스템 대신 독립적인 모듈을 택하며, 여러 개의 지휘본부를 보유하는 가분성을 지닌 네트워크 구조임을 밝히고, 최소 열다섯 가지의 오감 체계를 가지고 있다고 주장하면서, 더 놀라운 점은 식물이 주변 환경에 적응하여 식물이나 곤충, 그리고 동물과 상호 작용을 한다는 사실을 지적하고 있다.[457]

만쿠소가 식물을 지능적 존재로 설명하는 근거를 필자가 요약하여 보면 여덟 가지로 나눌 수 있다고 본다.

첫째, 만쿠소는 식물 세포와 동물 세포의 차이에 대하여, 동물의 특성을 가진 집신벌레와 식물의 특성을 가진 유글레나를 비교하여 보면, 그 차이가 그리 크지 않다고 강조한다.[458] 만쿠소는 비록 양자가 각각 섬모와 편모를 통하여 이동하지만, 유글레나가 원시적 형태의 안점을 가지고 있기 때문에 동물 세포인 집신벌레보다도 식물 세포인 유글레나가

---

[456] 스테파노 만쿠소, 알레산드라 비올라/양병찬 역, 『매혹하는 식물의 뇌』(행성B이오스, 2016), 13. 참고로 이 책의 번역 원본 불어 제목은 『빛나는 초록, 식물계의 감각과 지성 (Verde brillante. Sensibilità e intelligenza del mondo vegetale, 2013)』이다. 참고로 이하 이 책을 소개할 때, 저자는 '만쿠소'로 산략함을 밝힌다.

[457] 식물에 대한 이 단락의 개론적인 소개는 만쿠소의 책 서론에 해당하는 프롤로그 부분 참고하여 요약하였다. 앞의 책, 12-17.

[458] 앞의 책, 53-58. 만쿠소는 집신벌레가 먹이를 잡기 위하여 이동하는 것처럼, 유글레나도 빛이 부족할 경우 가느다란 편모를 이용하여 이동하고, 집신벌레가 수천 개의 섬모를 통하여 헤엄치는 뉴런과 같은 능력을 보이는 것처럼, 유글레나의 편모도 수용체와 이온 채널을 통하여 전기 자극 신호를 보내기 때문에 양자의 차이는 크게 존재하지 않는다고 보고 있다. 같은 책 56-57.

더 탁월한 능력을 가지고 있다고 강조하고 있다.[459]

둘째, 만쿠소는 식물은 '하나의 군집'이라고 설명하며, 그 특징으로서 동물의 경우 일부를 잃으면 치명상을 입지만, 식물은 동물과 같은 장기를 보유하고 있지 않지만, 식물이 상당 부분을 잃어버린다고 하여도 원상을 회복할 수 있는 이유는, 일종의 모듈성 또는 가분성(dividibility)을 가지고 있기 때문이라고 강조한다.[460]

셋째, 식물이 비록 먹이사슬에서 맨 아래 부분에 위치하고 있지만, 지구상에 있는 모든 생물의 무게를 100g이라고 할 때, 식물의 무게는 99.5-99.9g에 달할 정도로 절대적이며, 식물이 생명체에 필요한 산소와 식량, 그리고 의약품을 제공함으로써, 인간이 사용하는 에너지 대부분은 식물에서 나온다고 만쿠소는 강조한다.[461]

넷째, 만쿠소는 식물이 세상을 감각하는 방법으로서, 햇빛을 향하여 가지를 뻗는 '굴광성(phototropism)', 그리고 키가 작은 나무가 큰 나무의 그늘로부터 벗어나기 위하여 빨리 자라려고 하는 '그늘탈출(escape from shade)' 현상을 보여주는데, 이는 인간의 경우, 빛을 감지하는 광수용체가 두 개인 반면, 식물은 전체에 분포되어 있다고 설명한다.[462] 특히 식물의 후각은 수백만 개의 미세한 후각 세포를 가지고 있어서, 식물의

---

[459] 앞의 책, 58.
[460] 앞의 책, 62-63. 만쿠소는 '개인(individual)'이라는 단어의 라틴어 유래를 볼 때, '아님'을 의미하는 'in'과 '나눔'을 의미하는 'dividuus'의 합성어임을 고려할 때, 동물은 나눔의 의미가 죽음이지만, 식물은 개체가 아닌 군집의 의미가 드러난다고 강조한다. 같은 책, 63-64.
[461] 앞의 책, 69-73. 만쿠소는 러시아 식물학자 클리멘트 티미리야제프를 인용하면서, "식물은 지구와 태양을 연결해주는 매개체다"라고 강조한다. 만쿠소는 화석연료인 석탄이나 탄화수소, 석유, 그리고 가스 등도 다양한 지질 시대 식물의 광합성을 통하여 형성된 것을 지하에 저장한 것이라고 설명한다. 또한 인간의 건강을 위하여 식물이 의약품 원료나 심신의 긴장을 완화하는 데에 사용되고 있다고 강조하고 있다. 같은 책, 72-73.
[462] 앞의 책, 81-88.

표면에 휘발성 분자를 감지하는 수용체가 있으며, 다른 식물이나 종이 다른 곤충들에게 신호를 보내기도 하고, 정보를 수집하는 의사소통을 할 수 있다고 만쿠소는 설명하면서, 식물의 메시지 전달 능력은 주로 자기 방어용으로 작용하고 있다고 강조한다.[463]

다섯째, 식물의 미각 능력은 뿌리에 분포하며, 식량을 탐지하기 위하여 식물은 수용체를 내려 토양 속에 있는 질산염, 인산염, 그리고 칼륨염과 같은 화학 물질을 찾는다고 만쿠소는 설명한다.[464] 만쿠소는 파리지옥이나 벌레잡이통풀과 같은 식충 생물 미각을 이용하여 벌레를 잡아먹는 이유는 "수백 년 동안 진화해온 습지의 토양에는 질소가 부족하거나 전무하기 때문에 단백질 합성을 위해 특단의 대책이 필요했던 것이다"라고 정의한다.[465] 따라서 '움직이는 단백질 저장소'라고 할 수 있는 곤충을 목표로 하여 식물은 점차 포충엽이 되었고, 효소를 이용한 대사 작용을 통하여 영양소를 흡수하게 된 것이라고 부연한다.[466]

여섯째, 만쿠소는 식물의 촉각 능력은 크게 '수동적 촉각'과 '자발적 촉각'으로 구분할 수 있다고 설명하는데, 수동적 촉각은 '기계수용채널(mechanosensitive channel)'이라고 불리는 작은 감각 기관으로서, 이는

---

463 앞의 책, 89-94. 만쿠소의 설명에 의하면, 휘발성 분자들은 식물의 '생체내 휘발성 유기화합물(biogenic volatile organic compounds, BVOCs)'라고 하며, 다른 식물에게 신호를 보내거나 정보를 수집한다고 한다. 같은 책, 90-91.

464 앞의 책, 95-96. 만쿠소의 설명에 의하면 식물의 뿌리가 자랄 때는 무기염류의 농도가 가장 높은 곳으로 향하며, 성장은 무기염류를 다 흡수한 후에 멈추게 된다고 설명한다. 같은 책, 96-97.

465 앞의 책, 102.

466 앞의 책, 102. 만쿠소의 설명에 의하면, 육식 식물은 최소 600종 정도로 파악되고 있으며, 간접적으로 이득을 얻는 식물까지 포함하면 그 종류는 더 될 것으로 보고 있다. 같은 책, 105. 예를 들어, 감자나 담배, 또는 참오동나무의 잎을 자세히 보면, 작은 곤충들이 죽어서 붙어 있는데, 이것은 비록 이러한 식물들이 직접 소화하는 것은 아니지만, 식물의 독소에 의하여 죽은 곤충들이 땅에 떨어져서 썩어 분해되어 질소가 방출되면, 이를 식물이 흡수하게 되는 것이라고 만쿠소는 설명한다. 같은 책, 106.

일종의 표피 세포라고 할 수 있다.[467] 예를 들어, 미모사는 사람이 손으로 쓰다듬으면 잎을 움츠리게 되는데, 이는 이 식물이 감촉성을 가진 것을 드러내는 것이며, 일반적인 조건 반사와는 다르다고 본다. 왜냐하면 미모사가 바람에 날리거나 물에 접촉하게 될 때는 반응하지 않기 때문이라고 만쿠소는 설명한다.[468] '자발적 촉각'의 경우는 식물이 뿌리를 내릴 때 뿌리의 맨 끝인 '근단(root tip)'에 장애물이 나타나면, 물체를 더듬어서 확인하여 계속 뿌리를 내리거나, 아니면 비켜갈 수 있는 다른 경로를 찾아내어서 뿌리를 내릴 수 있는 능력을 보여주는 것이다.[469] 만쿠소는 완두콩과 같은 덩굴 식물은 자발적 촉각의 능력을 가져서 무엇이 닿으면 순식간에 덩굴손을 많이 만들어 물체를 휘어감아 성장 지지대로 사용하기 위하여 그 물체를 완전히 덮어버리게 되는데, 이는 식물의 촉각 기능을 보여주는 전적인 사례라고 강조한다.[470]

일곱째, 만쿠소는 식물의 청각 기능은 기계수용채널을 통하여 땅의 진동을 감지하는 능력과 연관이 된다고 설명하면서, 식물 전신에 분포되어 있는 이러한 청각 기능은 식물의 아랫 부분이 흙에 묻혀 있으면서도 수백만 개의 미세한 귀와 같은 역할을 한다고 본다.[471] 식물이 100Hz에서 500Hz 사이의 주파수 형태의 음파를 감지하는 능력은 해당 식물

467　앞의 책, 108-109.

468　앞의 책, 109. 만쿠소는 드 캉돌이 미모사 화분을 카트에 싣고 파리 시내를 다니면서 실험한 내용에 대하여 소개하는데, 미소사들이 처음에는 카트가 흔들거릴 때 잎을 닫다가 나중에는 잎을 그대로 열어두고 있는 것은 학습을 통하여 카트의 진동이 위험한 것이 아니라는 것이라고 설명한다. 같은 책, 110-111.

469　앞의 책, 112.

470　앞의 책, 113.

471　만쿠소는 아메리카 원주민들이 귀를 땅바닥에 대고 땅의 진동을 통하여 멀리 있는 물체를 파악하는 것처럼 식물이나 뱀, 두더지, 그리고 벌레 등도 같은 방식으로 청각의 기능을 활용한다고 설명한다. 앞의 책, 117-118. 참고로 헤르츠(Hertz)는 음파가 1초에 진동하는 측정 단위를 말한다. '주파수', http://100.daum.net/encyclopedia/view/99XX32201213

의 유전자 발현에 도움이 된다고 만쿠소는 설명하면서, 포도나무의 경우 식물이 감지하는 주파수대의 음악을 5년 이상 듣게 되면, 그렇지 않은 포도와 비하여 더 크게 자라서, 포도의 향이나 색깔, 그리고 폴리페놀 함량이 더 훨씬 풍부하다는 실험 결과도 있다고 한다.[472]

여덟 번째로, 식물은 앞에서 설명한 오감의 능력 외에 먼 곳의 습도를 측정할 수 있는 능력도 있는데, 생장하는 데에 필요한 영양소와 그렇지 못한 영양소를 분간하여 뿌리를 내리서, 이러한 식물의 능력을 적절하게 이용하게 되면, 식물을 통하여 환경을 복원하는 데에 큰 힘이 될 것이라고 만쿠소는 주장한다.[473]

스페인의 과학 철학자인 파코 칼보 가르존(Paco Calvo Garzón)은 통합 과학(the unity of science)의 관점에서 식물 연구에도 동물이나 인간에 적용되었던 과학적 연구 방법론을 적용할 수 있다고 보는데, 이는 궁극적으로 식물의 인지 기능을 인정하는 것으로서, 특히 오펜하임(Oppenheim)과 퍼트넘(Putnam)의 고전적 분류 체계에 따라, 모든 유기체는 최소 단위의 기본 입자를 기준으로 볼 때, 모든 과학은 환원적으로 통합될 수 있다고 주장한다.[474]

가르존은 동물과 식물의 진화적 분화는 운동성(mobility)에 있다고

---

[472] 앞의 책, 118. 만쿠소의 설명에 따르면, 음악은 곤충의 방향 감각에 혼란을 유발시켜서 곤충을 쫓아내는 효과기 있어서 살충제의 사용을 줄일 수 있다고 하며, 이는 '농업음향생물학(agricultural phonobiology)'이라는 새로운 학문 분과를 만들어 내는 데에 일조하였다고 한다. 같은 책, 118-120.

[473] 앞의 책, 123-125.

[474] Paco Calvo Garzón, "Plant Neurology: Lessons for the Unity of Science," Olga Pombo, Juan Manuel Torres, John Symons, and Shahid Rahman, eds., *Special Sciences and the Unity of Science* (NY, London, and Heidelberg: Springer, 2012), 121-122. 일반적으로 생물학에서 '환원주의'는 모든 생명 현상을 물리나 화학적 용어로 설명가능하다고 보는 입장이라고 할 수 있다. 참고로 환원주의에 대한 정의는 정상모의 인터넷 글을 참고하였다. 정상모, "인간게놈프로젝트와 환원주의," URL=http://cafe.daum.net/ko.art/am03/315?q=

보며, 식물은 독립영양 유기체(autotrophic organism)이기 때문에 환경 변화에 급격하게 반응할 만한 수축성 근육(contractile muscle)이 필요가 없으며, 비교적 천천히 환경에 적응하면서, 환경적으로 획득가능한 무기물을 유기물로 전환하며 생존할 수 있다고 설명한다.[475] 그러나 이러한 차이에도 불구하고 식물과 동물 사이에는 상당한 유사성이 존재하는데, 먼저 신경적 작용에 대하여, 식물에는 해부학적으로 뇌, 신경, 또는 시냅스와 같은 구조는 존재하지 않지만, 식물 세포에서 옥신(auxin)의 흐름은 동물의 신경 기제와 기능적으로는 거의 동일하다고 가르존은 해석한다.[476]

가르존에 따르면, 식물 내의 복잡한 행동 패턴은 개체 내 정보 전달 과정에 작용하는 네트워크로 해석할 수 있다고 보며, 이런 맥락에서 식물 자체가 정보-처리 네트워크의 정보처리 과정이 가능하다는 해석을 시도한다.[477] 즉 식물에게는 동물과 같은 형태의 신경 조직이 존재하지는 않지만, 정보 처리 과정에 관여하는 물질의 흐름이나 작용이 식물 내에도 존재하며, 특히 식물 내의 다발성 구조는 식물적인 신경 세포 또는 신경 네트워크로서 외부 환경의 규칙성과 식물 내부적 행동 사이를 결합하게 되는데, 이는 분자적 수준에서의 의사소통 채널을 통해 이루어지는 것이라고 가르존은 해석하고 있다.[478]

가르존은 식물의 활동은 호흡과 광합성, 유전자 표현 등과 같은 작용을 통하여 생존하는데, 이를 위해서는 칼슘, 염소, 칼륨 등의 분자의 이

---

475 앞의 책, 123.
476 앞의 책, 123.
477 앞의 책, 124.
478 앞의 책, 124.

온 교환이 이루어져야 하며, 식물 세포가 휴지기일 때에는 칼슘 이온과 염소 이온이 균일하게 배치되어있지만, 특정한 환경 변화에 대응해야 할 때에는 이러한 배치에 변화가 생기고, 그러한 간격을 통해 전자기적 흐름이 형성되고 식물 내 의사소통 체계가 열리게 된다고 강조하면서, 이러한 작용은 동물의 신경 섬유, 또는 신경 체계의 작용과 동일하다고 할 수 있다고 지적한다.[479]

가르존은 다음과 같이 설명한다.

> 동물과 식물의 피자극성(excitability) 사이의 유사성은 분명하다. 결국, 세포적 흥분은 화학적 원형질 행동에 근거하는데, 이는 식물과 동물 세포 사이에 나타나는 진핵 차이에 앞선다. 활동 전위는 동물의 경우 신경 세포, 식물의 경우에는 체관부(phloem) 세포에 해당하는 세포의 막에 잠재적으로 나타나는 분극 작용의 결과인 것이다. 결국 핵심은 진핵 세포의 생화학 전기적 신호는 [동물, 식물을 포함한] 모든 유기체에 존재한다는 것이다. 동물의 신경 세포가 활동 전위를 확산하도록 하는 흥분성 막을 가진 것처럼, 식물의 경우, 활동 전위의 생성을 유발하는 막을 체관부에 가지고 있는 것이다.[480]

이와 같은 해석을 근거하여 가르존은 식물의 신경적 체계를 뿌리 두뇌(root brain)로 정의하는데, 식물 신경학에서는 식물의 세포들의 네트워크가 어떻게 전기생리학적 특징 및 신호 체계를 가지는지를 연구하

---

479 앞의 책, 124.
480 앞의 책, 127-128.

는 학문이라고 할 수 있다고 강조하면서, "식물 신경학의 작업 가설은 식물 수준에서 정보의 통합과 전달은 활동 전위, 장거리 전기적 신호, 그리고 (신경 전달 물질과 같은) 옥신(auxin)의 간접적인 수포 전달과 같은 신경과 같은 처리 과정을 포함한다"고 설명한다.[481]

가르존은 식물 신경학적 차원에서 식물의 인지적 능력이나 행동을 정의하기 위해서는 인간의 인지 능력과 비교하는 관점이 아닌 독립적인 관점이 필요하다고 강조하는데, 식물의 인지적 능력은 생물학적 차원의 현상으로 보아야 하며, 식물이 살아있는 생명체로서 주변 환경을 체계적으로 인식하고 그것을 통해 생물학적 이득을 획득하는 능력으로 본다면, 식물의 신경적 인지 체계는 식물을 포함한 모든 생물체의 인지적 능력의 진화와 관련하여 통전적으로 해석해야 한다고 강조한다.[482] 가르존은 일단 식물의 인지적 능력을 최소한의 인지(minimal cognition)로 정의하며, 식물의 형질을 결정하는 인지적 핵심은 뿌리에 있다 설명하면서, 식물의 뿌리를 인간 두뇌에 비교하면 전면부이고, 뿌리 끝은 식물의 통제 명령 센터로 볼 수 있다고 설명한다.[483]

지금까지 필자는 만쿠소와 가르존의 연구를 중심으로 식물의 인지 능력에 대하여 살펴보았다. 아울러 식물의 오감 능력이나 전기생리학적 특성을 통한 정보처리 능력에 대한 이론을 검토하였는데, 이제 다음에서 이와 같은 생물학적 능력을 통하여 어떻게 식물이 외부 환경과 소통하는지 살펴보도록 하자.

---

481 Paco Calvo Garzón and Fred Keijzer, "Plants: Adaptive behavior, root-brains, and minimal cognition," Adaptive Behavior, 19(3) (2011), 160.
482 앞의 책, 19(3) (2011), 161-162.
483 앞의 책, 19(3) (2011), 162.

3. 식물의 사회적 소통 체계

안토니 트레워바스(Anthony Trewavas)도 식물도 인간이나 다른 유기체, 특히 동물과 같은 인지적 능력을 가지고 있음을 주장하면서, 이와 관련하여 인지나 지능이라는 개념을 어떻게 정의하는가가 중요하다고 지적한다.[484] 트레워바스는 인지나 지능에 있어서 가장 중요한 점은 외부 문제를 어떻게 인식하고 그것에 대한 적합한 해결 방식을 찾는 과정으로 정의하는데, 이러한 측면에서 보면, 지능이나 인지는 기본적으로 적응(adaptation)의 결과로서, 유기체의 표현형 가소성(phenotypic plasticity)을 통해 한 개체가 어떻게 환경적 문제에 대응하는 지에 연관된다고 강조한다.[485]

트레워바스는 다음과 같이 정리한다. "지능이란, 가장 단순화하여 말한다면, 문제 해결을 위한 능력이다. 이 능력은 각 개체마다 그 기본적 속성에 있어서 다양성을 가진다. 어떤 문제를 해결하기 위한 수단은 진화를 통해 획득된 이 능력들로부터 결정되며, 그렇기 때문에 근본적으로 [지능에 대한] 인간 [중심적인] 편견을 제거해야만 한다."[486]

트레워바스는 인간 뇌와 신경 체계를 해석하는 인간 중심적 사고가 식물의 지능을 설명하는데 반드시 필요하다는 전제를 비판하면서, 박테리아의 경우 단세포 생물로서 동물적 뇌 또는 신경 구조가 존재하지 않지만, 각 개체 간 의사소통을 통해 정보를 교환하고 미래의 사건을 예

---

484 Anthony Trewavas, *Plant Behaviour and Intelligence* (Oxford: Oxford University Press, 2014), 196.
485 앞의 책, 196.
486 앞의 책, 197.

측하는 지능적 행동을 보이며, 인지적 진화 없이도 지능적 행위가 가능함을 보여준다고 설명한다.[487]

트레워바스는 식물의 신경적 기능 및 행위가 정보를 통합하고 처리하는 체계에 있는 것이라면, 이러한 작용의 기본적 단위는 유전자가 아니라 세포가 되어야 한다고 주장하는데, 그 이유는 단세포 생물을 통해서 볼 때, 정보를 통합하는 체계적 활동은 세포 수준에서 이루어지기 때문이라고 설명한다.[488] 따라서 식물의 경우에도 정보 처리 및 통합적 지능은 유전자 단위가 아니라, 주변 환경의 특징과 성질을 어떻게 이해하고 그에 어떻게 대응할 지에 대한 작업이 이루어진다고 볼 수 있다는 것인데, 트레워바스는 이를 식물의 학습 과정이라고 정의하면서, 식물은 주변 환경의 변화를 감지하고 이에 대하여 어떻게 대응해왔는지에 대한 경험을 세포 수준에서 축적하는 동시에, 이를 바탕으로 미래에 일어날 환경 변화에 어떻게 대응할지를 미리 코딩하며, 그리고 이러한 학습된 정보를 기억하고, 이를 다음 세대에 전달하는 방식을 통해 신경 체계를 가지지 못하였지만 어떻게 지능적 능력을 획득하여 나가는지를 보여주는 것이라고 설명한다.[489]

---

[487] 앞의 책, 208-209. 트레워바스는 박테리아는 주로 세포외 피막의 단백질 구조를 통해 적어도 50가지 이상의 다양한 화학 물질을 구별하고 감지할 수 있다고 알려져 있으며, 이를 통해 어느 방향으로 움직일지를 결정하고 해석하면서 만약 인지적 능력이 감각 통합과 기억, 결정 및 행동 통제에 있다고 한다면, 식물은 뇌 없이도 자체로 진화된 전기-생화학적 연결 체계를 통해 이러한 행동을 가능하게 한다고 할 수 있다고 설명한다. 같은 책, 208-209.

[488] 앞의 책, 219.

[489] 앞의 책, 219. 세포 수준에서 식물의 지능적 활동이 가능하다고 한다면, 그것을 가능하게 하는 단백질 분자들이 무엇인지에 대한 이해가 필요한데, 트레워바스는 주로 시토졸 칼슘(Ca2+) 이온 수용기가 일종의 스위치 역할을 한다고 보며, 카나아제(kinase)와 인산화 과정을 통해 이러한 신호 소통 체계가 확대된다고 트레워바스는 설명하고 있다. 일반적으로 동물의 신경 체계에 있어서 학습은 새로운 수상돌기를 형성함으로써 이루어지며, 이를 통해 새로운 정보가 흐를 수 있는 새로운 통로가 형성된다면, 식물의 경우, 인산화 변환 과정이 이러한 역할을 담당하고, 키나아제 단백질은 아데노신삼인산(adenosine triphosphate, ATP)을 이용하여 인산화를 이루며, 다른 세포 단백질이나 키나아제의 활동에 변화를 주는데, 이러한 방식

프란티섹 발루스카(František Baluška), 신차 레브-야둔(Simcha Lev-Yadun), 그리고 스테파노 만쿠소(Stefano Mancuso) 등은 식물에서도 군집 지능(swarm intelligence) 형태가 나타난다고 보는데, 특히 그들은 식물의 뿌리 체계에 포함된 개별 뿌리들의 작용을 통해, 이러한 군집 지능이 나타난다고 주장하는데, 일반적으로 동물의 신경 체계는 두뇌를 중심으로 독립적인 한 개체에 제한되지만, 식물의 신경 체계는 뿌리가 내려진 전체 토양까지 그 범위가 확대된다고 본다.[490] 그 근거로서 식물 신경의 지능적 판단은 주로 식물 뿌리가 어디로 성장할지에 대한 방향성과 관련이 되며, 식물의 경우, 각 뿌리가 군집하는 지능적 협력은 토양 전체에 포함된 다양한 자원들을 최선으로 사용할 수 있도록 한다고 설명한다.[491]

발루스카 등은 식물의 뿌리들은 식물 내의 전기, 화학적 작용을 통한 신경 작용뿐만 아니라, 마치 시냅스 체계와 같이 퍼진 뿌리 체계를 통해, 서로 정보를 교환하고, 그에 적합한 방향성을 결정한다는 점에서, 뿌리 체계는 그 자체로 뇌신경 체계와 유사하다고 주장하면서, 식물의 뿌리 각각은 감각적 정보를 모으며, 뿌리 내린 토양에서 식물 전체 개체가 어떻게 효율적으로 생존하고 번식하도록 돕는다고 보며, 이를 식물의 '사회적 작용'이라고 정의하는데, 이러한 사회적 작용은 한 개체가 어디로 뿌리를 내릴지, 다른 개체와 경쟁을 할지, 그리고 공생을 할지 등을 결정하는데, 이러한 작용은 충분히 인지적 작용으로 정의할 만하다고

으로 식물은 정보 처리 가능한 통로를 확대한다고 트레워바스는 설명한다. 같은 책, 224.
490　František Baluška, Simcha Lev-Yadun, and Stefano Mancuso, "Swarm Intelligence in plant roots," *Trends in Ecology and Evolution*. 25(12), (Dec. 2010), 682.
491　앞의 책, 682.

발루스카 등은 설명한다.[492]

만쿠소는 식물 내부의 '의사소통'은 전송자와 수령자 사이의 메시지를 주고받는 과정이라고 할 때, 인간이나 동물은 신경을 통하여 신체 부위의 느낌을 뇌를 통하여 전달하는 것처럼, 식물도 세포 사이의 소통은 원형질연락사(plasmodesmata)라는 구멍을 통하여 하고, 뿌리에서 잎까지 이르는 먼 거리는 관다발계를 이용한다고 설명한다.[493] 관다발계는 동물의 혈관과 같은 역할을 하는데, 유압 시스템을 통하여 식물의 밑에서 상층부로, 아니면 맨 위에서 바닥까지 액체를 수송하는데, 동물의 동맥과 같은 역할을 물관부(xylem)가 담당하고, 동물의 정맥과 같은 역할은 체관부(phloem)가 담당한다고 만쿠소는 설명한다.[494] 또 식물의 의사소통 체계에 있어서 기공(stoma)은 잎의 안쪽 표면에 있는 구조체로서 피부의 모공처럼 외부 세계와 의사소통을 하며, 이 기공의 입구에는 두 개의 공변 세포(guard cell)가 있어서 수분과 빛의 적절한 개폐를 담당하고,[495] 식물의 가지가 꺾였을 때는 액체를 내보냄으로써 손상된 부위를 방어하게 된다고 만쿠소는 설명한다.[496] 만쿠소는 식물의 의사소통 체계는 인간의 중추 신경계와 같은 중앙 체계를 가지고 있지는 못하지만, '분산 지능(distributed intelligent)'이라는 기능을 가지고 있어서 뿌리와 수관, 그리고 잎이 서로 메시지를 주고받을 수 있다고 강조한

---

492 앞의 책, 682-683.
493 스테파노 만쿠소, 알레산드라 비올라/양병찬 역, 『매혹하는 식물의 뇌』(행성B이오스, 2016), 130-133.
494 앞의 책, 134.
495 앞의 책, 135. 만쿠소의 설명에 따르면, 식물들은 기공을 열어서 광합성을 하여 포도당을 생성하여야 하는데 이때 수분을 잃기 때문에 햇빛이 가장 강렬한 대낮에 광합성을 피한다고 한다. 같은 책, 135-137.
496 앞의 책, 138-139.

다.[497]

인간들이 인체의 동작을 통하여 일종의 의사소통의 전달 체계를 가지듯이, 만쿠소는 식물들도 신체 언어를 가지고 있다고 강조하는데, 식물들의 신체 언어는 '그늘탈출', '수관기피(crown shyness)'와 같은 예들을 통하여 설명할 수 있으며, '그늘탈출'이란 식물들이 햇빛을 더 받기 위하여 서로 경쟁하는 모습을 보여주는 것이며, '수관기피'란 나무들은 성장 과정에서 불필요한 접촉을 피하기 위하여 수관을 서로 건드리지 않는 경우라고 만쿠소는 주장한다.[498] 아울러 식물도 인간이나 동물의 경우처럼 같은 종에게 더 호의적인데, 이는 유전적 특성을 통하여 강한 개체를 번식시키려는 목적을 식물도 가지고 있다는 반증이며, 동물들이 주로 오감을 통하여 같은 종을 인식한다면, 식물들은 뿌리나 잎에서 내는 화학 신호를 통하여 상호 교류하며, 그 특성상 고착 생활을 해야 하기 때문에 영토 방어 능력이 뛰어나다고 만쿠소는 설명한다.[499]

만쿠소는 식물이 외부와의 소통을 위하여 물과 공기, 그리고 동물을 이용한다고 설명하는데, 특히 초식 곤충이 식물을 먹어치울 때, 식물은 초식 곤충의 천적이 되는 다른 곤충을 화학 물질로 유인하여 방어하는

---

497 앞의 책, 138-139.

498 앞의 책, 140-141. 만쿠소의 설명에 따르면, 식물들의 수관기피 현상은 모든 나무들에게 나타나는 것이 아니며, 수로 참나무과, 소나무과, 그리고 도금양과에 두드러진다고 부언한다. 같은 책, 141.

499 앞의 책, 142-143. 만쿠소의 설명에 따르면, 식물은 주로 뿌리를 통하여 영토 분쟁을 한다고 하는데, 주변의 식물들이 같은 종이면 뿌리를 최소화하고, 다른 종이면 가능한 뿌리를 넓게 내려서 영토를 확보한다고 한다. 같은 책, 143-144. 만쿠소의 설명에 따르면, 한 실험에서는 모계가 다른 식물들을 화분에 심어서 뿌리를 내리는 과정을 실험하였는데, 같은 모계인 경우 경쟁적으로 뿌리를 내리지 않는 반면, 모계가 서로 다른 경우 서로 뿌리를 내리는 데에 간섭하였다고 한다. 같은 책, 144-145. 만쿠소의 설명에 따르면, 이러한 식물의 특성은 자신들을 해치려는 적대적인 곰팡이에게는 방어적인 화학 물질을 분비하고, 우호적인 곰팡이와의 관계에서는 공생을 유지하려는 특성을 발견하였다고 한다. 같은 책, 146-147. 만쿠소는 콩과 식물과 질소 고정 세균의 공생 관계에서도 식물의 상호 교류가 잘 나타난다고 한다. 같은 책, 148-149.

체계를 구축한다고 한다.[500] 잎이 아니라 뿌리를 공격받는 옥수수의 경우, 자연 상태에서 자란 야생 옥수수와 그리고 사람에 의하여 재배된 옥수수의 방어 능력에 큰 차이가 있는데, 사람에 의하여 재배되는 옥수수는 화학 약품의 도움을 받지만, 야생 옥수수의 경우, 뿌리를 갉아 먹어서 고사시키는 옥수수 근충으로부터 자신을 지키기 위하여서는, 카리로필렌이라는 화학 물질을 만들어 옥수수 근충의 천적인 선충을 불러 모으는 능력을 보인다고 만쿠소는 설명한다.[501]

지금까지 필자는 식물 생리학에서 설명하는 식물의 사회성에 대하여 살펴보았다. 특히 식물의 통합적 기능, 군집 기능, 신체 언어, 그리고 영토 방어 능력에 대한 이론들을 통하여 식물의 사회적 소통 체계에 대하여 알아보았다. 귀납법적 결론으로 결국 식물은 '주체성'을 보인다는 결론에 이르게 되는데, 그 내용을 다음에서 살펴보자.

4. 식물의 주체성

생물학자인 마르셀로 이리티(Marcello Iriti)도 인지적 능력이나 신진 대사 작용에 있어서 동물과 식물을 이분법적으로 구분하는 방식이 문제가 있다고 지적하는데, 그는 진화적 관점에서 식물이 동물보다 선행하기 때문에, 대사 작용에 있어서 동물의 신경적 작용은 식물적 신경 작용에 기대어 진화를 이루었다고 보는 것이 더 합리적이라고 강조하며,

---

500 앞의 책, 152-156.
501 앞의 책, 157.

물론 식물과 동물의 진화 과정은 각각의 진화적 단계와 과정을 독립적으로 겪음으로써 서로 상이한 신경적 연결 작용을 가지게 되었지만, 외부 환경의 정보를 판단하고 이에 어떻게 대응할지를 도출해내는 처리 과정은 식물이나 동물이나 공통적으로 가지는 기능이라고 주장한다.[502]

미국의 저널리스트인 마이클 폴란(Michael Pollan)은 생물학적 공존(coexistence)이나 공진화(coevolution)의 관점에서 식물을 재배하는 인간의 행위를 재해석해야 한다고 주장하면서, 근대적 관점에서 동물과 식물의 관계란 언제나 인간이나 동물이 주체가 되고, 식물은 객체나 수동적 존재로 인식되기 쉬운데, 실제로는 식물 자체가 동물을 끌어들임으로써 자신의 생존과 번식을 강화시키는 것을 볼 수 있기 때문에, 이러한 관점에서 식물도 의지(desire)를 가진 존재로서 자신의 운명을 결정하게 된다고 폴란은 설명한다.[503]

폴란은 다음과 같이 설명한다. "[식물을 재배하는 데에 있어서] 더 넓게 보면 그 주체는 인간과 자연 세계 사이의 복잡한 상호 호혜적 관계 그 자체라고 할 수 있다."[504] 폴란은 식물의 경우, 각 식물이 가지는 향이나 맛, 또는 이를 가능하게 하는 다양한 분비물의 구체적 목적은 대상을 식물 개체로 끌어들이거나 쫓아내는 데에 있다고 보며, 식물은 동물과 달리 움직일 수 없지만, 자신을 돕거나 해를 끼칠 대상이나 동물을 유도하거나 쫓아내기 위한 화학 물질을 계속 생산하고 분비하여 자신

502　Marcello Iriti, "Plant Neurobiology, a Fascinating Perspective in the Field of Research on Plant Secondary Metabolites," *International Journal of Molecular Sciences*. 14 (May, 2013), 10820-10821.

503　Michael Pollan, *The Botany of Desire: A Plant's-Eye View of the World* (NY: Random House, 2001), xiii-xvi.

504　앞의 책, xvi.

의 생존과 번식을 최적화할 수 있을 정도의 복잡성과 정교성을 가지고 있다고 설명한다.[505]

따라서 폴란은 식물의 신경적 특징을 네 가지 '의지'로 정리하는데, 그것은 과일의 특징인 달콤한 맛(sweetness)과 꽃의 특징인 아름다움(beauty), 그리고 대마초와 같은 마약성 식물의 중독성(intoxication), 그리고 통제성(control)이라고 분류하며, 폴란은 이러한 식물의 의지는 식물 개체의 독립적 의지가 아니라, 인간의 의지, 곧 쾌락과 기억, 초월과 같은 기제들과의 연관성을 통해 형성되고 작용한다고 해석한다.[506]

식물은 특히 비운동성이라는 제한적 조건에서 생존의 최적화를 이루기 위해 생화학 물질을 분비하는데, 이에 대하여 폴란은 다음과 같이 부연한다.

> 식물은 자연의 연금술사이다. 물과 흙, 태양빛을 통해 구체적인 물질로 변환시키는 전문가인데, 이렇게 형성된 많은 물질들은 인간이 생산할 수 있거나, 인간이 생각할 수 있는 능력을 넘어선다 … 자연 선택의 과정에서, [식물은] 광합성을 발명해 냈고, 유기 화학을 완성했다 … 식물로부터 추출한 화학적 화합물을 통해, 영양을 공급받고, 치료되기도 하고, 중독되기도 하며, 다양한 감각에 즐거움을 얻기도 한다 … 어떤 화학 물질은 심지어 인간의 의식을 바꾸기도 한다.[507]

토마스(S. G. Thomas), 후앙(S. Huang), 스테이거(C. J. Staiger), 그리고

---

505 | 앞의 책, xix-xx.
506 | 앞의 책, xviii.
507 | 앞의 책, xix.

프랭클린-통(V. E. Franklin-Tong) 등에 따르면, 식물 또한 '자기(self)'를 인식할 수 있다고 주장하는데, 토마스 등은 식물의 '자기불화합성(self-incompatibility)' 작용은 자신의 화분을 통해 수정되는 과정을 막고, 외부의 다른 개체의 유전자와의 결합을 유도함으로써, 자기성(self-ness)을 유지한다고 설명한다.[508]

지금까지 필자는 식물의 인지 기능과 사회적 소통 체계, 그리고 주체성에 대하여 살펴보았다. 이제 다음 장에서 살펴보겠지만, 종교적 관점에서 식물을 이해할 수 있으며, 비록 식물 생물학적 이론을 신학적 해석에 적용하는 데에는 아직 기초 단계이지만, 기독교학계 이론에서도 나름대로 '나무 십자가'를 중심으로 식물에 대한 의미와 상징의 중요성에 대하여 강조하는 것을 볼 수 있다. 그 내용을 다음 장에서 검토하여 보면서 식물과 연관된 생태 신학의 중요성에 대하여 살펴보도록 하겠다.

5. 식물과 기독교: '나무 십자가'의 상징성을 중심으로

필자가 성경 전체를 개략적으로 살펴보면, 식물과 연관하여 대략 네 가지 의미로 나눌 수 있다고 본다.[509] 그것은 각각 '하나님의 축복에 관한

---

508 S.G. Thomas, S. Huang, C.J. Staiger, and V.E. Franklin-Tong, "Signals and Targets Triggered by Self-Incompatibility in Plants: Recognition of 'Self' Can be Deadly," František Baluška, Stefano Mancuso and Dieter Volkmann, eds., *Communication in Plants: Neural Aspects of Plant Life* (Berlin and Heidelberg: Springer-Verlag, 2006), 75-76. 토마스 등은 식물의 생식 과정 또한 식물의 신경 작용을 이해할 수 있는 예가 된다고 설명하는데, 자가 수분의 경우, 생식선은 주로 화분관(pollen tube)의 성장과 연결되어, 화분관은 정단생장(tip growth, 頂端生長)의 방식으로 성장하고, 생식선이 자기 자신으로 흘러들어가지 않고, 다른 개체의 생식선과 결합을 목표로 하게 된다고 한다. 같은 책, 76.
509 필자가 성경에 나타나는 식물과 연관된 주제어로는 '식물'과 '나무'를 중심으로 하였으며, 참고 성경은 한글 '개역개정판'으로 하였음을 밝힌다.

소재로서의 식물', '치유와 회복으로서의 식물', '불의와 심판의 상징으로서의 식물', 그리고 마지막으로 '종말론적 의미로서의 식물' 등으로 나날 수 있다고 본다.

첫째, 구약에서 주로 나타나는 식물의 개념은 하나님의 축복과 연관되는데, 그 내용은 선악을 알게 하는 나무(창 2:9), 생명나무(창 2:9; 3:22), 감람나무 새 잎사귀(창 8:11), 노아가 농사를 시작할 때 심은 포도나무(창 9:20), 아브라함이 블레세바에서 '영원하신 하나님의 이름을 부르기 시작'할 때 심은 에셀나무(창 21:33), 노아가 나일 강에 떠어질 때 담긴 갈대 상자의 갈대(출 2:3), 모세의 소명 기사와 연관 된 떨기나무(출 3:3-4), 왕의 상징이 된 감람나무, 무화과나무, 포도나무, 가시나무(사 9장 참조), 여호와 앞에서 노래를 부르는 숲속의 나무(대상 16:33; 시 96:12), 찍힐지라도 다시 싹이 나는 연한 가지(욥 14:7), 하나님을 의지하는 상징으로서의 성전에 있는 푸른 감람나무(시 52:8), 의인을 상징하는 종려나무와 백향목(시 92:12), 온순한 혀와 같은 생명나무, 그리고 반대로 미련한 혀는 술 취한 자가 손에 든 가시나무(잠 15:4; 26:9), 사랑하는 연인을 비유하는 백합화(아 2:2), 종려나무(아 7:5), 사과나무(아 8:5), 그리고 하나님의 사자가 서 있는 화석류 나무(슥 1:8) 등이 있다.

둘째, 치료의 상징으로서의 식물은 마라의 쓴 물에 던져진 한 나무 가지(출 15:25), 살구나무와 신풍나무(창 30: 37-39), 아래 '넷째'에서 개관하는 생명나무(계 2:7; 22:2)를 예로 들 수 있다.

셋째, 불의에 대한 심판과 연관된 식물들은, 불의가 나무처럼 꺾이며(욥 24:20), 나무가 우상이 되기도 하며, 심판의 때에는 아름다운 나무들에서 열매가 나지 않고, 하나님은 높은 나무를 낮추고 낮은 나무를 높이며, 푸른 나무를 말리고 마른 나무를 무성하게 하셨다(겔 17:24). 참나무, 버드나무, 상수리나무가 있는 장소들이 음행의 장소가 되기도 하며(호 4:13), 그리고 하나님의 심판 때는 포도나무, 무화과나무, 석류나무, 대추나무, 사과나무, 그리고 밭의 모든 나무들이 시들어 사람들에게서 즐거움이 사라진다(욜 1:17)는 말씀이 있다.

넷째, 종말론적 개념으로서의 식물은 좋은 나무와 나쁜 나무로 구분되며(마 7:18), 겨자씨의 비유(마 13:32)를 통한 천국 비유, 가시나무는 예수님이 머리에 쓰신 관이 되었고(요 19:2), 고난과 부활의 길에 들어서 예수님은 나무에 달려 죽임을 당하셨다(행 10:39). 참감람나무와 돌감람나무 비유를 통하여 이스라엘 백성과 이방 백성의 구원이 설명되며(롬 11:17), 부활 후에는 생명나무의 열매를 먹게 되고(계 2:7), 그리고 열두 가지 열매를 맺는 생명나무와 만국을 치료하는 생명나무의 잎사귀(계 22:2)에 대한 말씀이 있다.

필자가 지금까지 성경에서 식물과 연관하여 그 일반적인 의미를 정리하여 보았는데, 식물 신경학을 연구하는 학자들이나 식물 중에서 십자가를 만드는 재료가 되었던 나무의 상징성을 강조하는 기독교 생태학자들의 이론을 정리하면, 크게 세 분류의 관점으로 정리할 수 있다고 본다.

첫째, 신학적 관점에서 하나님의 창조 세계와 연관하여 피조 세계 내 식물의 중요성을 적극적으로 해석하는 입장이다. 만쿠소는 종교적 관점에서 식물이 신이 제일 먼저 창조한 생물임을 강조한다.[510] 만쿠소는 신의 창조 순서에 따라서 지구는 식물 세포로 덮인 다음 동물이 만들

---

510 스테파노 만쿠소, 알레산드라 비올라/양병찬 역, 『매혹하는 식물의 뇌』 (행성B이오스, 2016), 21.

어지고 이어서 인간이 순서를 이었다고 설명한다.[511] 만쿠소는 기독교와 연관하여 상상력을 발휘하여 성경에서 식물과 연관하여 몇 가지 흥미로운 내용을 소개하는데, 노아의 홍수 때에 식물의 보존에 대한 언급이 빠진 이유는 구약 성경의 기자가 식물을 동물과 같은 차원에서 보지 않았다고 전제하면서, 그러나 노아의 홍수 후 땅이 말랐는지를 알아보기 위하여 비둘기를 날려 보냈을 때(창 8:10-11), 비둘기가 감람나무 가지 하나를 물고 온 것은 지구상에 식물의 필요성에 대한 암시가 아닌지 반문한다.[512] 또한 노아가 포도나무 홍수 후 마른 땅에 포도나무를 심는데(창 9:20), 이것도 식물의 중요성을 말하는 것이라고 만쿠소는 강조한다.[513]

만쿠소는 식물에 대한 철학적 관점에서 아리스토텔레스도 그의 영혼론에서 영혼의 보유 가능성은 운동과 감각으로 보았고, 비록 아리스토텔레스가 식물을 무생물로 보았지만 '식물 영혼(plant soul)'으로 이해하였고, 데모크리토스도 식물을 무생물로 이해하였지만, 식물에서 지능적 가능성을 강조하였다고 소개한다.[514] 만쿠소는 식물학의 아버지라고 불리는 칼 폰 린네를 소개하면서, 그는 식물의 생식 기관을 기준으로 식물을 분류하였고, 특히 "식물은 수면을 취한다"는 식으로 식물을 의인

---

[511] 만쿠소는 이와 같은 창세기의 창조 순서는 과학적 증거와 어느 정도 일치하는 것으로 설명한다. 과학자들이 35억 년 전 세포들이 등장하였을 때 광합성을 할 수 있었다고 보고 있으며, 호모 사피엔스가 등장한 것은 20만 년 전이라고 할 때, 현생 인류는 지구 역사를 1년이라고 하면, 그 중 30분 정도에 해당한다고 만쿠소는 해석하고 있다. 앞의 책, 21.

[512] 앞의 책, 24-25. 참고로 역자는 올리브로 번역하였는데, 이 논문에서 필자는 개역개정에 따라서 감람나무로 설명하며, 성구는 찾아서 논문의 본문에 명기하였다.

[513] 앞의 책, 25. 만쿠소는 '아브라함의 종교'라고 불리는 유대교와 이슬람교, 그리고 기독교는 '식물은 살아있는 존재'라는 점을 암시적으로 인정하지 않고 있다고 보고 있다. 성구는 필자가 기입하였음을 밝힌다.

[514] 앞의 책, 28-31. 만쿠소의 아리스토텔레스와 데모크리토스의 인용과 해석에 대한 재인용은 생략한다.

화함으로써 시대에 앞선 관점을 가지고 있었다고 소개하고 있다.[515] 만쿠소는 다윈이 식물을 가리켜 '조직화된 존재'라고 규정하였음을 높이 평가하고 있으며, 다윈의 아들 프랜시스 다윈도 "식물은 지능적 존재다"라고 강조한 것에 대하여 선견지명이 있었다고 설명하면서, 그럼에도 불구하고 현대에서조차 여전히 식물을 무생물로 취급하고 있는 것은 편견이라고 주장한다.[516]

둘째, 생태 윤리의 맥락에서 나무와 같은 식물을 삼위일체론과 연관하여 설명하는 관점으로서, 주로 나무의 상징을 통하여 하나님의 구속사를 강조하는데, 레슬리 스폰셀(Leslie Sponsel)은 자연 세계에서 동물과 식물의 공존과 상생의 체계에 대하여 나무를 비유로 설명한다.

> 생태학에 대한 체계론적 접근의 관점에서 보면, 나무 한 그루는 환경 세계를 보존하고 생명의 다양성을 보존하는 데에 매우 중요한 공헌을 한다. [그러한 측면에서] 나무 한 그루를 신성한 존재로 간주한다면, 자연히 나무에 해를 가하는 어떤 위험으로부터 나무를 특별히 보호하려들 것이고, 그렇게 되면 이 나무를 통해, 특별한 미시 기후(microclimates), 미시 환경(microenvironments), 또는 토양과 물 자원뿐만 아니라, 수많은 다른 종과 그들의 공생 관계를 보존하도록 도울

---

515 앞의 책, 32-33. 만쿠소의 해석을 빌리자면, 린네는 파리지옥(Dionaea muscipula)과 같은 식충식물이 곤충을 잡아먹는 것을 세세하게 관찰하였음에도 불구하고, 이는 곤충의 자유 의지에 의하여 이루어지는 것이지 식충 식물이 곤충을 잡아먹는 것이 아니라고 해석하여, 당시에도 식물이 무생물이라는 입장이 여전히 지배적이었다고 보고 있다. 같은 책 32-33. 칼 폰 린네에 대한 만쿠소의 재인용은 생략한다.

516 앞의 책, 36-44. 다윈에 대한 만쿠소의 해석과, "식물은 지능적 존재다"라는 프랜시스 다윈의 관점은 만쿠소의 설명을 재인용 부호 없이 인용한다. 같은 책, 41. 참고로 다윈의 식물에 대한 학설은 『종의 기원』과 『식물의 운동력』에 잘 나타나 있다고 만쿠소는 설명하고 있다.

수 있게 된다.[517]

식물과 연관된 성경의 다양한 식물 개념은 생태 신학적 의미를 가진다고 보는데, 로버트 쇼어-고스(Robert Shore-Goss)는 생태 신학에 있어서 가장 중요한 메타포는 창세기의 생명나무(the tree of Life)라고 보며, 십자가의 상징이 생명에서 죽음으로 가는 방향을 나타낸다면, 생명나무로서 예수 그리스도의 몸은 그러한 고통을 모두 감수하면서, 자기 몸의 죽음을 통해 하나님이 사랑하시는 전 생명을 보존하시고, 나아가 영원한 생명이라는 새로운 희망까지 보여주시는 것이라고 강조한다.[518]

로버트 쇼어-고스는 나무의 상징성은 생명을 흙, 즉 지구 전체와 연결해주는 여러 생명 네트워크의 핵심이라는 데에 있다고 보며, 삼위일체 하나님의 각 위격은 지구라는 하나의 범 생명체와 연관하여 재정의되어야 한다고 강조하면서, 먼저 창조주로서의 성부 하나님의 창조는 생명 세계에 대한 하나님의 사랑을 전제하며, 예수 그리스도는 성육신으로서 스스로 지구의 생명으로 육화함과 동시에 생명 세계를 파괴하는 인간의 손에 자신의 몸을 맡기면서도 생태 세계에 새로운 생명의 영역을 만들고, 나아가 성령을 통해 모든 인간이 그리스도의 성육신과 지구에 체화된 그리스도의 존재로 우리를 이끈다고 설명하는데, 그러한 측면에서 나무는 생명의 상호 연결성의 장으로서, 지구에 뿌리내리는 중요한 생명의 근거이자, 흙과 물이라는 자연 양분에 생명 세계를 연결하

---

517 Leslie E. Sponsel, *Spiritual Ecology: a Quiet Revolution* (Santa Barbara: California: Praeger, 2012), 5.; Robert E. Shore-Goss, *God is Green: An Eco-Spirituality o Incarnate Compassion* (Eugene, Oregon: Cascade, 2016), 262에서 재인용.

518 Robert E. Shore-Goss, *God is Green: An Eco-Spirituality o Incarnate Compassion* (Eugene, Oregon: Cascade, 2016), 262.

고, 유기체의 생명을 가능하게 하는 중요한 주체로 인식될 수 있다고 해석한다.[519] 이러한 측면에서 생명나무라는 메타포는 하나의 나무이자 동시에 하나님의 체화(embodiment)라고 로버트 쇼어-고스는 아래와 같이 강조한다.

> 생명의 나무는 흙에 자신의 잎사귀를 떨어뜨려 그 잎사귀가 양분이 되도록 하며, 그렇게 형성된 검고 양분이 많은 흙은 생명의 순환과 연결이 계속되게 한다. 생명나무는 자신의 생기와 양분을 흙에 부어 넣는다. 이 흙이 바로, 다시 사신 그리스도에서 나타나는 하나님의 녹색 은혜(greening grace)의 생기이며, 우리와 모든 생명체와 함께 하시며, 우리 안에 함께 존재하시는 (inter-be(s)) 성령의 녹색 역동성이다. 생명나무의 뿌리는 온 지구에 뿌리내리고 있고, 그 뿌리들이 바로 나무에 열매를 맺게 하고, 푸른 잎이 열리게 하는 지하의 물과 양분이 순환하도록 한다.[520]

완다 데이펠트(Wanda Deifelt)도 신학적으로 나무의 상징은 창조의 고통이자 동시에 그리스도를 통한 생명의 전파 및 확장의 개념으로 정리된다고 보며, 특히 요한계시록 22장 2절의 생명나무 메타포를 통해, 예수의 십자가의 고통은 부활의 소망과 실현을 통해, 모든 생명체가 예수의 생명의 연대에 포함될 것이라는 희망으로 확장된다고 본다.[521]

---

519   앞의 책, 264-265.

520   앞의 책, 274.

521   Wanda Deifelt, "Out of Brokenness, a New Creation: Theology of the Cross and the Tree of Life," Lisa E. Dahill and James B. Martin-Schramm eds., *Eco-Reformation: Grace and Hope for a Planet in Peril* (Eugene, Oregon: Cascade, 2016), 66-67.

기독교 윤리학자인 래리 라스무쎈(Larry Rasmussen)에 따르면, 나무는 오랜 동안 생명을 나타내는 상징이었다고 강조한다.[522] "종교적 상징으로서 나무는 이미 오래전부터, 그리고 매우 중요하게 단단하고, 늘 새롭게 태어나고, 올곧은 삶의 방식을 나타내 왔다. 나무는 말하며, 이야기를 전하는데, 그 이야기는 삶의 이야기이자 저항의 이야기, 죽음의 이야기이자 삶의 이야기다. 나무는 그 자체의 역사와 상상을 불러일으키면서 동시에 인간의 상상력과 역사를 불러일으킨다."[523] 라스무쎈은 나무가 인간 역사에 있어서 오랫동안 생명의 상징과 이미지를 가지게 된 이유는 인간이 나무에 많이 의존하기 때문이며, 나무는 그 자체로 생명나무로서, 인간의 성취, 즉 문명의 중요한 상징으로 연결되어, 나무는 모든 생명을 유지하게 하는 물질적 기반이자, 인간의 영성적 기반이 된다고 강조한다.[524]

라스무쎈은 생명나무는 모든 녹색 생명체를 포함한다고 설명하면서, 모든 인간은 이러한 녹색 생명체인 나무에 절대적으로 의존하기 때문에, 나무는 항상 지구의 축(earth's axis, axis mundi)으로 간주된다고 본다.[525] 그리고 종교적 의미에서도 나무는 지구의 축으로서, 온 우주의 무한성과 신성의 무한성을 연결하는 존재이며, 모든 생명력의 원동력이 되어, 성장과 번성을 나타내는 상징으로 확장된다고 본다.[526] 따라서 나무는 '성령의 전달자'가 되는 것이라고 라스무쎈은 해석한다.[527]

---

522 Larry L. Rasmussen, *Earth Community Earth Ethics* (Maryknoll, NY: Orbis Books, 1996), 195.
523 앞의 책, 195.
524 앞의 책, 213-214.
525 앞의 책, 214.
526 앞의 책, 214.
527 앞의 책, 216-217. 라스무쎈은 여기에서 이사야 65장 20-23절을 인용하여, 하나님의 구원의 역사가 나무

마르티누스 다닐(Marthinus L. Daneel)은 나무의 상징성은 항상 하나님의 계획과 역사에 함께 한다고 주장하는데, 예를 들어, 모세와 첫 대면에서 하나님은 불타는 떨기나무와 나무 지팡이로 자신의 존재를 드러내셨으며, 하나님 자신의 신적 현존의 상징으로 나무를 선택하시고, 그렇게 선택된 상징이 출애굽 과정 전체에 함께하였으며, 뿐만 아니라, 나무는 인간 실존을 나타내기도 한다고 보는데, 이것은 인간이나 나무 모두 하나님의 해방의 은혜에 의존하는 것임을 강조한다.[528] 따라서 이러한 상징성을 기초로 할 때, 기독교는 '나무와 연관된 복음(the gospel of the trees)'을 선포해야 한다고 다닐은 주장한다.[529]

셋째, 책임 윤리의 관점에서 창조에 대한 인식의 전환을 적극적으로 모색하는 입장이 있다. 김지선(Grace Ji-Sun Kim)은 온 창조 세계를 지구적 연대로 이해한다면, 인간은 지구와 지상 위 세계, 나아가 종교적 의미에서 초월적 영역을 연결하는 나무와 같은 존재이자, 그 나무라는 생명력에 의존해 사는 의존적 존재로서 '상호 관계성'을 망각해서는 안 된다고 강조한다.[530] 김지선은 지구적 연대를 강조하면서, 하나님의 창조에 대한 인식을 재조명하고, 우리의 일상에 내재하는 하나님을 이해하는 새로운 틀이 필요함을 역설하면서, 나무 한 그루에 대한 창조의 가치는 우리가 생각하는 것보다 그 이상임을 주장한다.[531] 이와 같이 나무도

의 상징을 통해 나타난다고 설명한다.

528 Marthinus L. Daneel, "African Initiated Churches as Vehicles of Earth-Care In Africa," Roger S. Gottlieb ed., *The Oxford Handbook of Religion and Ecology* (Oxford and NY: Oxford University Press, 2006), 563.
529 앞의 책, 559.
530 Grace Ji-Sun Kim, "Colonialism, Han, & Eco-Theology," *Scriptura* 111 (March, 2012), 381-384.
531 앞의 책, 383.

창조의 상징으로서 적극적으로 이해될 수 있다면, 인간 중심적 사고방식을 극복할 수 있다고 김지선은 주장한다.[532]

댄 스펜서(Dan Spencer)도 생태 윤리학적 관점에서 나무는 종교적 언어와 자연의 언어 사이를 연결하는 상징적 언어의 하나라고 주장하면서, 인간은 자연을 통해 신적 존재와의 만남을 경험하며, 이를 예배나 종교적 행위를 위한 상징으로 이용하기 때문에, 나무에 종교적 특징을 부여하는 것은 중요하다고 강조한다.[533] 따라서 스펜서는 종교 자체를 생태적 의미와 연관하여 '녹색 종교(greening religion)'로 명명할 수 있으며, 종교의 교리나 신학적 특징들을 창조 세계와 연결해야 하는 인간의 책임을 주장한다.[534]

낸시 카르도조 페레이라(Nancy Cardozo Pereira)는 경제 정의의 관점에서, 나무를 훼손함으로써 경제적 이득을 취하려는 인간의 행위에 대하여 비판하며, 종교가 나무와 같은 자연 자원에 대한 지배와 통제를 정당화하는 해석에 이용되어서는 안 되고, 아울러 자연의 훼손은 결국 인간의 훼손과 연관이 됨을 지적하면서, 나무에 대한 공공 신학적 책임을 강조한다.[535]

하바 티로쉬-사무엘슨(Hava Tirosh-Samuelson)은 나무도 '하나님의 소유'임을 적극적으로 강조하는데, 그는 히브리 전통에 있어서 자연에 대한 인간의 생태적 책임은 인간이 자연 세계의 일부로 창조되었다는

---

532 앞의 책, 383.

533 Dan Spencer, "The Greening of Religion: Insights and Principles for Teaching about Religion and Ecological Sustainability," *Ometeca* (14/15) (2010), 150.

534 앞의 책, 150.

535 Nancy Cardozo Pereira, "My People Shall be as Trees: Commitment and Biblical Interpretations from Brazil," *The Ecumenical Review*, 62(2), (July, 2010), 174-187.

점과, 인간이 하나님의 형상으로 창조되었다는 이중적 실존에 근거한다고 지적하면서, 특히 땅을 기반으로 하는 하나님 개념을 가진 히브리 신앙에 있어서 땅의 소산을 의미하는 나무는 매우 중요한 신학적, 종교적 의미를 가진다고 보며, 특히 이스라엘에 대한 하나님의 언약 관계는 땅의 풍부함과 비옥함을 통해 나타나며, 나무는 기본적으로 인간에게 열매를 제공함과 동시에, 그 자체로 하나님의 소유로 규정된다고 강조한다.[536] 티로쉬-사무엘슨은 신명기 20장 19절[537]을 인용하며, 토라에서 규정하는 인간과 나무 사이의 토라는 인간과 나무 사이의 상호 의존성을 강조하는 것이기에, 인간은 자연 세계를 파괴할 가능성이 있기 때문에 이에 대한 인식적 전환과 인간의 책임이 중요하다고 설명한다.[538]

지금까지 필자는 식물 신경학적 관점에서 식물의 인지 기능과 사회성, 주체성, 그리고 신학적 관점에서 식물의 상징성에 대하여 살펴보았다. 특히 생태 신학적 관점에서 식물인 '나무'의 상징은 하나님의 창조 세계 내 인간과 식물의 올바른 관계가 무엇인지, 하나님의 구속사가 나무를 통하여 어떻게 전달되었는지, 그리고 생태 윤리의 실천적 사명과 어떻게 연관되는지 다양한 이론들을 검토하여 보았다. 이제 다음에서 결론으로 식물 신경생리학과 연관한 기독교 윤리의 과제를 제시하도록 하겠다.

---

536 Hava Tirosh-Samuelson, "Judaism," Roger S. Gottlieb ed., *The Oxford Handbook of Religion and Ecology* (Oxford and NY: Oxford University Press, 2006), 42-43.

537 참고) "너희가 어떤 성읍을 오랫동안 에워싸고 그 성읍을 쳐서 점령하려 할 때에도 도끼를 둘러 그 곳의 나무를 찍어내지 말라 이는 너희가 먹을 것이 될 것임이니 찍지 말라 들의 수목이 사람이냐 너희가 어찌 그것을 에워싸겠느냐"(개역개정)

538 Hava Tirosh-Samuelson, "Judaism," Roger S. Gottlieb ed., *The Oxford Handbook of Religion and Ecology* (Oxford and NY: Oxford University Press, 2006), 43.

결론: 식물과 기독교 윤리의 과제

지금까지 필자는 식물 신경 생물학의 이론들을 검토하여 보았으며, 신학과 연관하여 식물의 상징성을 십자가 '나무'를 중심으로 검토하여 보았다. 식물에 대한 신경생물학적 관점과 식물의 상징성에 의미를 부여하는 양 학문간 관점은 차이가 있는 것은 분명하지만, 둘 다 식물에 대한 인식의 전환과 아울러 생명 윤리의 실천적 과제를 제안한다는 면에서 통섭의 가능성을 발견한다. 그 내용을 정리하여 보면 다음과 같다.

첫째, 전통적으로 인간 중심적인 사고, 즉 인간 대(對) 자연이라는 이분법적 사고를 더 효과적으로 극복하기 위하여 이러한 식물 신경학적 연구는 매우 중요한 역할을 한다고 본다. 물론 식물의 생물 현상을 이해하는 방법론적인 접근이 인간 중심적인 의학적 지식, 즉 호흡기, 신장, 소화기, 순환기, 그리고 내분비 등과 연관하여 비교하는 것은 사실이다. 그럼에도 불구하고 식물도 이러한 기능들과 유사한 기능들이 있으며, 인간과 더불어 상호 공존하여 왔고, 그리고 식물 개체 간 소통 체계를 통하여 자기 의식을 지속하는 복잡성을 발전시켜 왔다는 점을 높이 사야할 것이라고 본다. 따라서 식물권에 대한 인간의 계몽이 필요하며, 소비를 증대하는 녹색 혁명에 대한 근본적 패러다임의 전환과 더불어 녹색 신학, 즉 교리나 신학도 창조 세계 내 식물에 대한 신학적 해석도 보다 발전하여야 할 것으로 생각된다.

둘째, 식물 신경 생물학과 기독교 생명 윤리의 통섭과 연관하여 성경 내 식물의 은유에 대하여 보다 깊은 연구가 활발하게 이루어져야 한다고 본다. 나무 십자가를 중심으로 한 구원의 메타포로서 생명나무와 녹색 생명체를 연결하는 것은 매우 중요한 과제라고 보며, 창조 세계에 내재하시는 하나님의 존재 방식을 인간과 식물과의 상호 관계성 안에서 구원의 문제를 검토하여야 한다고 본다. 인간을 포함한 동물성 유기체는 식물성 유기체 없이 생존할 수 없으며, 인간과 더불어 공진화의 과정을 거쳐 온 '나무 십자가'는 예수 그리스도의 죽음과 함께 하여 부활로 이어지는 도구가 되었다는 로버트 쇼어-고스의 주장을 깊이 새겨야 할 것이라고 본다.

셋째, 따라서 기독교 윤리학의 관점에서 녹색 윤리의 강조가 더욱 중요하다고 본다. 이는 노예 해방, 여성 인권, 인종 차별, 난민, 그리고 다양한 종의 보존 등과 같은 이슈들과 아울러 '식물권'을 보다 중시하여야 하는 공공 신학적 책임이 있는 것이다. 이 일을 위하여 교회 공동체는 녹색 감수성에 대한 교육과 영성 훈련을 강화하여야 하며, 나아가 '녹색 정책'에 대한 교회 공동체의 보다 적극적인 참여가 이루어져야 할 것으로 보인다.

우리가 잊지 말아야 할 점은 지구상의 생명체는 상호 공존의 체계를 구축하여 살아갈 수밖에 없다는 점이다. 지금 전 세계적으로 폭발하는 인구가 소비하는 식량을 감당하기 위하여 경작지를 비약적으로 늘려가면서 녹색 혁명의 시대를 열었지만, 정작 화학 비료 등에 의지하면서 토질의 영양 상태는 그 질이 점점 악화되고 있는 것이 현실이다. 이와 같은 상황을 극복할 수 있는 가능성은 기존의 녹색 혁명보다는 '지속가능한 녹색', 즉 식물의 소통 체계에서 교훈을 배워 인간을 포함한 동물 세계와 식물 세계 간의 상호 공동체성을 확립하여야 한다고 본다.

기독교의 창조 세계관 안에서 우리는 부활 후 생명나무의 열매를 먹게 된다(계 2:7). 생명나무의 열두 가지가 맺는 나무 잎사귀로 만국이 치료(계 22:2)된다는 성경의 말씀은 결국 하나님의 창조에서 식물인 '나무'의 역할이 매우 중시된다. 생명나무가 상징뿐만이 아니라 '도덕적 중요성'을 가지고 있다고 강조하는 라스무센의 주장, '녹색 종교'를 강조하는 댄 스펜서, '녹색 은혜'와 '성령의 녹색 역동성'을 강조하는 로버트 쇼어-고스, 그리고 '나무는 성령의 전달자'임을 강조하는 라스무센의 통찰은 우리가 경청하여야 할 매우 중요한 '녹색 간증'이라고 본다. 이러한 고백이 생명 윤리의 이론을 넘어 삶의 실천으로 이어지는 '녹색 윤리'가 되기를 기대한다.

참고문헌

만쿠소, 스테파노, 비올라, 알레산드라 /양병찬 역, 『매혹하는 식물의 뇌』. 행성B이오스, 2016.

Baluška, František, Lev-Yadun, Simcha, and Mancuso, Stefano, "Swarm Intelligence in plant roots," Trends in Ecology and Evolution. 25(12), Dec. 2010. 682-683.

Baluška, František, Mancuso, Stefano and Volkmann, Dieter, eds. Communication in Plants: Neural Aspects of Plant Life. Berlin and Heidelberg: Springer-Verlag, 2006.

C. Struik, Paul, Yin, Xinyou and Meinke, Holger, "Plant neurobiology and green plant intelligence: science, metaphors and nonsense," Journal of the Science of Food and Agriculture. 88(3), Feb. 2008. 363-370.

Dahill, Lisa E., and Martin-Schramm, James B., eds., Eco-Reformation: Grace and Hope for a Planet in Peril. Eugene, Oregon: Cascade, 2016.

Garzón, Paco Calvo and Keijzer, Fred, "Plants: Adaptive behavior, root-brains, and minimal cognition," Adaptive Behavior. 19(3), 2011. 155-171.

Gottlieb, Roger S. ed., The Oxford Handbook of Religion and Ecology. Oxford and NY: Oxford University Press, 2006.

Hava Tirosh-Samuelson, "Judaism," Roger S. Gottlieb ed., The Oxford Handbook of Religion and Ecology, Oxford and NY: Oxford University Press, 2006.

Iriti, Marcello, "Plant Neurobiology, a Fascinating Perspective in the Field of Research on Plant Secondary Metabolites," International Journal of Molecular Sciences. 14 (May, 2013). 10819-10822.

Isaac Kureethadam, Joshtrom, "Conservation of our Planetary Home: The 'Sabbath' as an appropriate paradigm for total sustainability," Conservation Science in Cultural Heritage. 15(1), 2015. 165-177.

Kim, Grace Ji-Sun, "Colonialism, Han, & Eco-Theology," Scriptura. 111, March, 2012). 376-384.

Mancuso, Stefano and Viola, Alessandra, Brilliant Green: The Surprising History and Science of Plant Intelligence. Washington: Island Press, 2015.

Pereira, Nancy Cardozo, "My People Shall be as Trees: Commitment and Biblical Interpretations from Brazil," The Ecumenical Review. 62(2), July, 2010. 174-187.

Pollan, Michael, The Botany of Desire: A Plant's-Eye View of the World. NY: Random House, 2001.

Pombo, Olga, Manuel Torres, Juan, Symons, John, and Rahman, Shahid eds., Special Sciences and the Unity of Science. NY, London, and Heidelberg: Springer, 2012.

Rasmussen, Larry L., Earth Community Earth Ethics. Maryknoll, NY: Orbis Books, 1996.

Shore-Goss, Robert E., God is Green: An Eco-Spirituality of

Incarnate Compassion. Eugene, Oregon: Cascade, 2016.

Smith, Huston, Cleansing the doors of perception: the religious significance of entheogenic plants and chemicals. NY: Jeremy P. Tarcher/Putnam, 2000.

Spencer, Dan, "The Greening of Religion: Insights and Principles for Teaching about Religion and Ecological Sustainability," Ometeca. 14/15, 2010. 138-164.

Trewavas, Anthony, Plant Behaviour and Intelligence. Oxford: Oxford University Press, 2014.

'포스트-휴먼(post-human)'과 과학 기술: 4차 산업과 기독교 윤리학의 과제

I. 들어가는 말[539]

작금의 4차 산업 혁명은 인류의 역사에 새로운 획을 긋고 있다. 18세기 수공업 시대에 등장한 증기 기관은 '기계화 혁명'이라 불리며 1차 산업 혁명을 이끌었고, 19세기 후반 전기의 발명은 대량생산 체계를 이끌며 2차 산업 혁명을 촉발시켰다. 20세기 후반 정보기술 시대를 연 컴퓨터의 인터넷 시대는 3차 산업 혁명을 '디지털'로 이루었으며, '만물초지능 혁명'이라고 불리는 4차 산업 혁명은 인공지능, 사물인터넷, 그리고 빅데

---

[539] 본 글의 출처는 다음과 같다. 유경동, "'포스트-휴먼(,post-human)'과 과학 기술-4차 산업과 기독교 윤리학의 과제," 신학사상 183호(2018.12), 111-135. 이 글은 2018.4.21. 한국 기독교 윤리학회가 주관한 "포스트 휴먼 시대, 기독교 윤리는 가능한가?"에서 필자가 "포스트-휴먼(post-human)과 과학 기술: 4차 산업과 기독교 윤리학의 과제"라는 제목으로 발표한 글을 신학사상의 출판 형식에 맞추어 편집하였음을 밝힌다. 논지에서 영어권의 이론을 소개할 때 서두에는 소개하는 학자를, 그리고 단락 맨 마지막에 이론의 출처를 인용 부호 각주로 처리하였으며, 사상가들의 관점 배경이 되는 재인용 각주는 생략하고 학자들이 가지고 있는 입장을 대변함을 밝힌다. 참고로 이 글에서 일부 서술 내용은 필자가 이전에 쓴 글을 풀어서 적절하게 수정하고 필요한 내용을 첨가하였으며 별도의 재인용 각주 없이 옮겼음을 밝힌다. 이 논문과 비슷한 주제로 일반 교양지에 별도의 각주 없이 기고한 관련 글들은 다음과 같다. 유경동, "4차 산업 혁명과 교회의 역할: 인간화의 문제와 기독교 영성"(기독교세계, 2018.2), 14-17. 유경동, "4차 산업 혁명과 교회의 역할: '인간다움'만이 '기계다움'을 이끈다." UMC(United Methodist Church) Leadership Journal 한국판 LID 2019.

이터(Big Data)를 주축으로 사람과 사물을 공간을 넘어 자동화로 연결시켜 나가고 있다.

현재 진행형인 4차 산업 혁명은 미래의 청사진을 보여주고 있는 듯하다. 인간의 생물학적 영역에 융합되는 초지능은 뇌파를 이용하여 잃어버린 팔이나 다리를 대신하여 로봇 기능을 수행할 수 있다. 일상생활에 있어서 로봇을 통한 기계화에 인간이 혜택을 받는 영역도 확대될 것은 분명하지만 반면 기계화에 따르지 못하는 상대적 빈곤층을 더 생산해 낼 것이다. 빅데이터 중심의 만물초지능은 인간의 지능을 압도하여 기계 의존도가 높아지는 만큼 인간의 소외 현상은 깊어질 것이며 인간의 불안정한 감정에 의한 판단보다는 그러한 개입을 차단하는 소위 '알고리즘(algorithm)적 사고'를 선호하여 인간성이 천대받는 세계가 곧 닥쳐올 것이다. 그렇게 되면 인간의 자의식과 공동체 정신은 점점 약해지고 도덕적 가치와 윤리적 사고에 대한 판단과 책임은 기계에 의하여 좌우되는 비인간화에 직면할 것이다. 아울러 로봇의 자율 학습에 따른 자의식 가능성, 인공지능 로봇 신을 따르는 종교 조직[540] 파생, 뇌의 기억을 스캔한 '홀로그램(hologram)'으로 인간을 '불사(不死)의 존재'로 만들려는 시도[541]는 '신인류'를 기대하는 조급증을 불러일으키기에 충분하다.

필자는 위와 같은 '포스트-휴먼'의 특성을 개괄하며 4차 산업 혁명의 과정에서 제기되는 '과학 기술'과 '인간성'에 관한 문제를 윤리학적 관점에서 살펴보고자 한다. '호모사피엔스(Homo sapiens)'적 생체 진화가 아

---

540 곽노필, "'인공지능 신'을 섬기는 교회가 있다.", 「한겨레」, 2017.11.20., URL=http://www.hani.co.kr/arti/society/religious/819821.html#csidx3d6911697581cd8bdd715634a83069, (최종 업데이트: 2018년 3월 10일).

541 유창선, "인간 생각도 컴퓨터에 저장… 인간불멸 프로젝트", 「전자신문」, 2016.03.15, URL=http://www.etnews.com/20160315000007, (최종 업데이트: 2018년 3월 10일).

닌 기계화로 진화한 인간의 미래상에 대한 양가적 관점이 당분간 지속되겠지만 본 글에서는 다음과 같이 크게 3가지로 논지를 전개하고자 한다. 첫째, 과학 기술에 대한 거시적 담론으로 '포스트-휴먼'에서 '포스트(post)'에 대한 찬반의 비판적 시각을 통해 인간성에 대한 성찰을 강조하고자 한다. 둘째, 미시적 담론으로 '포스트-휴먼'을 4차 산업 혁명과 연관 지을 때 제기되는 과학 기술의 윤리적 사안들에 대하여 살펴보고, 셋째, '포스트-휴먼'에 대한 기독교 윤리학적 과제에 대하여 제시하고자 한다.

이 글은 서구권의 '포스트-휴먼'에 관한 관점들을 중심으로 논지를 전개하여 윤리적 이론들을 소개하기 때문에 이론을 분류하는 과정에서 일반화의 한계가 있고, '포스트-휴먼'에 대한 아시아권의 관점, 예를 들어, 서구의 과학 기술에 관한 탈식민지나 탈근대주의적 이론은 검토하지 못했음을 밝힌다. 필자는 기본적으로 서구 중심의 '포스트-휴먼' 담론을 극복하는 대안적 담론을 염두에 두고 기독교 신학을 변증하는 관점에서 논지를 전개하도록 하겠다.

II. '포스트-휴먼(post-human)' [542] 인가 '탈-휴먼(de-human)'인가?

'포스트-휴먼'에 대한 관점을 살펴보면 과학의 입장에서는 종교와는 별도의 가치중립적 경향을 띠는 반면 기독교 사상가들은 전통적인 기독

---

[542] 필자는 '포스트'와 '휴먼'의 단어 사용에 있어서 '포스트-휴먼(post-human)', '포스트휴먼(posthuman)' 또는 '포스트 휴먼(post human)'의 용례로 나누어 볼 수 있다고 본다. 영어권에서는 '하이픈(hyphen)'이 점차로 생략되는 경향이 강하여 'post-human' 대신 'posthuman'이 일반화되고 있으나 필자는 '포스트

교의 관점을 변증하는 입장이다. 필자는 먼저 '포스트-휴먼'에 대한 서구권의 관점들을 간략하게 정리하여 보도록 하겠다.

첫째, '포스트-휴먼'은 기독교 세계관을 배제하고 인간의 유한성보다는 과학을 통한 진보를 긍정하는 입장이 있다. 트리스트람 엥겔하르트(H. Tristram Engelhardt)는 포스트휴머니즘이 생물 공학과 기계공학적 기술을 인체에 주입함으로써, 인간의 생물학적, 심리학적, 생리학적 능력을 넘어서는 존재를 지향하는 과학 기술과 연관이 되며 이는 재생의학이라는 의학 기술과 이를 둘러싼 다양한 경제, 정치적 논의의 핵심이 된다고 지적한다. 이러한 '포스트-휴먼'에 대한 논의는 인간의 과학적 발전 이전에 정의되었던 인간성에 대한 재정의를 요구하는 한편, 인간의 기본적인 생명과 진화, 재생산과 같은 근간에 대한 새로운 논의를 강요함으로써 인간 본성이나 본질에 대한 규범적 논의를 촉발하게 된다고 본다.[543]

엥겔하르트는 '포스트-휴먼'이라는 개념은 '휴먼'에 기반한 상대적 개념으로, 서구 기독교 중심의 세계관에 대한 근대 세속적 세계관의 반동의 결과라고 본다. 엥겔하르트는 '포스트-휴먼'을 추구하는 생물 공학 및 의학적 시도가 철저하게 기독교적 윤리관을 배제하고 있다고 평가하고 있다. 즉 포스트휴먼을 세속적 기준을 중심으로 구성하는데 이는 인

(post)'와 '휴먼(human)' 양 단어가 아직은 한 단어로 사용되거나 아니면 두 단어로 사용되기에는 '어정쩡한(quandary)' 입장이라고 보기에 양 단어 사이에 '하이픈(hyphen)'을 넣어서 일종의 '거리두기'를 하며 영문 번역의 경우에는 원저자가 하이픈을 사용하지 않은 경우 단어를 붙여서 '포스트휴먼'으로 함을 밝힌다.

543 H. Tristram Engelhardt, "Regenerative Medicine after Humanism: Puzzles Regarding the use of Embryonic Stem Cells, Germ-Line Genetic Engineering, and the Immanent Pursuit of Human Flourishing," King-Tak Ip ed., *The Bioethics of Regenerative Medicine* (NY: Springer, 2009), 13, 15.

간 본성 자체를 규범적 기준으로 보는 인식이 아니라, 인간 본성은 일종의 극복 가능한 한계라고 이해하는 것이다. 따라서 '인간'은 포스트휴머니즘의 목적을 위해서 언제든 이용가능한 도구적 성격 또는 임시적 제한의 성격으로 규정된다.[544]

킹-탁 입(King-tak Ip) 또한 엥겔하르트의 관점과 같은 차원에서 세속적 생명 윤리학은 인간 본성 자체의 규범적 중요성을 간과하는 것이 문제라고 지적한다. 즉 기술 중심의 세속적 문화는 인간의 생물학적 본성을 단순히 우연적인 것으로 간주한다. 인간의 과학적 기술의 발전은 이렇게 우연히 이루어진 생물학적 본성을 넘어서는 새로운 과학적 기술의 발명에 집중하게 되는데 이는 결국 인간 생명을 취급함에 있어 필요한 도덕의 개념을 설정하는 데 한계가 있는 것이다.[545]

둘째, '포스트-휴먼'을 아직 정의를 내리기는 이른 현재 진행형으로 보며 기독교 세계관과의 협조를 구하는 관점이 있다. 지닌 트위트-베이츠(Jeanine Thweatt-Bates)는 현재 '포스트-휴먼'에 대한 정확한 정의는 존재하지 않으며, 다양한 학문과 과학 기술이 결부된 하나의 프로젝트라고 본다. 트위트-베이츠는 다음과 같이 설명한다.[546]

'포스트휴먼'이란 철학적이며, 사색적이고, 문화적이며 은유적 구조를 형성하는 하나의 분야로서, 유전 공학, 나노 공학, 의학-약학 기술과 정보 기술, 그리고 인공지능과 같은 분야를 포함하는 과학들을 관통하

---

544 Ibid., 15-16.
545 King-Tak Ip, "Introduction: Regenerative Medicine at the Heart of the Culture Wars," King-Tak Ip ed., *The Bioethics of Regenerative Medicine* (NY: Springer, 2009), 4.
546 Jeanine Thweatt-Bates, *Cyborg Selves: A Theological Anthropology of the Posthuman* (Burlington, VT: Ashgate, 2012), 8.

는 연결의 결과물로서 나타난다. 다른 말로 하면, 포스트휴먼이 살아갈 공간이란 정확하게 인간의 합리성이 지능을 향한 탐험을 하는 사이의, [포스트휴먼에 결부되는 다양한 학문과 과학 분야에 있어서 어떠한 수직적 위계가 존재하지 않는다는 의미에서] 횡적 공간이다. 신학 또한 이러한 횡적인 포스트휴먼 공간으로 들어가고자 한다면, 인간이 무엇을 의미하는지에 대한 신학적 개념들이 포스트휴먼과 관련된 논의의 일부가 되어야 하며, 아마도 신학자들 또한 포스트휴먼을 구성하는 데에 참여할 수 있어야 할 것이다.547

위와 같은 입장은 과학 기술과 신학 사이의 상충적인 입장 차이에 관심을 가지는 대신 '포스트-휴먼' 자체를 양자가 더 나은 세계관을 위해 협력하는 진보의 관점으로 보고 있다.

셋째, '포스트-휴먼'을 기독교 세계관의 인간론에 대한 위협으로 보는 입장이 있다. 기독교 윤리학자인 브렌트 워터스(Brent P. Waters)에 따르면, 포스트휴머니즘에 대한 기독교 신학적·윤리적 논의는 "인간이 '포스트-휴먼'이 되어야만 하는가?"(Should we become posthuman?)라는 질문으로부터 시작해야 한다고 주장한다. 이 질문은 적어도 인간의 기술적 발전이 '포스트-휴먼'을 지향한다고 한다면, 그것이 의학적으로 또는 생명공학적으로 의도한 방향으로의 발전이 되어야 하지만, 만약 의도하지 않은 문제가 발생할 때, 이에 대하여 어떻게 대처할지에 대한 논의의 필요성을 강조하는 것이다.548

547　Ibid., 8.
548　Brent Waters, "Extending Human Life: To What End?", King-Tak Ip ed., *The Bioethics of Regenerative Medicine* (NY: Springer, 2009), 139.

워터스에 따르면, "인간이 '포스트-휴먼'이 되어야만 하는가?"라는 규범적 질문은 필연성에 대한 질문과도 결부된다. 필연성의 문제는 인간의 생명에 있어서 기본적인 것으로 인식되는 개별 인간 개체가 경험하는 탄생과 죽음의 고리가 과연 필연적인지에 대한 질문이다. 이 질문은 기본적 필연성을 극복하는 일이 과연 전체적인 인류 종 자체, 나아가 지구적인 생명 환경 자체에 옳은지에 대한 윤리적 논의를 가능하게 한다. 적어도 자연 선택이라는 과정에 있어서, 인간 종 내에서의 또는 인간 외의 종과의 경쟁을 통한 과정이, 이제는 기술로 무장한 인류라는 종에 의한 인간 선택으로 고정될 때, 이러한 인간의 조정과 선택의 과정이, 전체적인 생명 체계에 필요한 것인지에 대한 논의도 필요하다.[549]

워터스는 생명 기술 중심의 한 극단으로 트랜스휴머니스트의 문제를 제시하는데, 그는 트랜스휴머니즘의 경우, 인간의 불사를 강조하고 지향하지만, 이러한 관점은 인간 생명 자체를 기술에 의존함으로써 인간의 기본적 본성에 내재된 운명을 거스르려고 한다는 점에서, '기술주의적 허무주의'라고 비판한다.[550]

제럴드 멕케니(Gerald McKenny)는 포스트휴머니즘의 기본적 목표는 인간의 생물학적, 인지적 강화에 대한 시도로부터 시작한다고 지적한다. 따라서 포스트휴머니즘은 '포스트-휴먼'이 현재의 인류보다 우수한 인류라는 전제를 가진다. 그러나 멕케니는 이러한 '포스트-휴먼'에 대한 정의는 인간 존재에 기본적으로 신으로부터 '체화된 인간성'을 부인하는 결과를 초래한다고 지적하며, 일부 포스트휴머니즘 관점은 새로운

---

549 Ibid., 145-146.
550 Ibid., 150.

형태의 영지주의라고 비판한다. 인간의 육체적 한계에 대한 강화의 한 형태로서 인간 수명 연장에 대한 기술적, 의학적 관여를 예로 보면, 어느 선까지의 수명 연장인지에 대한 목표가 불분명하다. 그리고 인간에 체화된 생명 자체에는 삶과 죽음이라는 과정이 생물학적으로 내재되어 있는데, 무한정의 생명 연장이란 곧 인간 육체의 한계를 넘어서는 것으로 정의될 수 있다. 현재 트랜스휴머니즘 같은 경우, 그러한 육체적 제한을 데이터화를 통한 육체로부터의 해방을 목표로 하기도 한다. 결국 인간 존재의 한계로부터 해방하겠다는 목표는 인간 육체에 대한 부정으로 귀결될 수밖에 없다고 멕케니는 주장한다.[551]

넷째, 필자는 '포스트-휴먼'은 산업 혁명을 주도하여 온 서구 문명에 대한 반성을 전제하며 '포스트-휴먼'을 둘러싸고 벌어지는 기술 독점의 권력과 중상주의의 한계를 극복하여야 한다고 본다. 물론 '포스트-휴먼'에 인간을 재정립하려는 '탈인간화'의 시도가 없는 것은 아니다. 근대의 휴머니즘과 연결고리를 찾으려는 트랜스휴머니즘의 낭만적 관점보다는 다소 진보적 개념이긴 하지만 '포스트-휴먼' 용어 자체를 그대로 받아들이기에는 무리가 있다.[552]

일례로 문명화 과정 중에서 '문명'이란 개념은 지배 계급이 피지배 계

---

551 Gerald P. McKenny, "The Ethics of Regenerative Medicine: Beyond Humanism and Posthumanism," King-Tak Ip ed., *The Bioethics of Regenerative Medicine* (NY: Springer, 2009), 159-160.

552 필자는 이 글에서 'human' 또는 'humanism'에 접두어로 붙은 'trans'를 '근대적 휴머니즘의 기술적 이행'으로 이해하며, 그리고 'post'는 '휴머니즘의 한계를 극복하려는 다양한 시도'로 보고 있다. 따라서 'trans'의 경우는 과학 기술의 능력을 통하여 인간성의 강화를 목표로 하기 때문에 'post'의 경우와 같이 이데올로기적 특성을 띠고 있지 않다고 본다. 그러나 이러한 구분이 실제적으로 명확하게 학자들 사이에서 일치를 보고 있지는 않는 것 같다고 필자는 이해하고 있다. 최근 한국 학계에서는 이러한 용어에 대한 연구가 이루어졌는데 다음의 내용을 참고하시오. 이혜영, 안지현 외, 『트랜스휴머니즘과 포스트휴머니즘』(한국학술정보, 2018)

급을 구분하기 위하여 만들어진 것이라는 노베르트 엘리아스(Nobert Elias)의 입장에 필자는 동의한다. 그는 중세로부터 근대 시기까지의 문명화 과정이라는 것은 지배 계급이 그 자체의 권력을 보존하기 위하여 '사회적 결합태(social figuration)'를 구성하고 자기중심적인 권력의 의존 관계를 재생산하는 과정으로 보았다.[553] 식민지화를 통하여 인적 자원과 물적 자원을 마구 착취하던 근대화의 과정 중에 산업 혁명은 그 기치를 올렸다. 4차 산업 혁명에 이르기까지 서구의 산업은 1차 산업 혁명의 물적 기반이 되었던 식민지 무역을 통하여 촉진되었다고 하면 과언일까? 필자는 현재에도 산업 혁명이 서구와 비서구간 신분과 계급, 그리고 기술과 자본의 차이를 계속하여 심화시키며 그 이면에 서구의 가치를 최고로 평가하는 민족 중심적인 특성을 강하게 띠고 있다고 본다. 따라서 아시아적 관점에서 '포스트'는 서구의 도구적 이성에 대한 재해석과 교정, 그리고 보다 근본적인 인간성 성찰이 요구된다. 아울러 이를 시정하기 위한 '과학 기술 정치'가 전제되어야 한다고 본다.

4차 산업 혁명의 '포스트-휴먼'이 인간 생체와 과학 기술을 융합하여 질적 변형을 추구하는 기술 시대를 연다고 하지만 과연 인간의 정신까지 변화시키고 있는지 필자는 근본적으로 의심한다. 인간 이성의 진보를 말하면서 과학 기술을 이끌어 온 현 인류의 상황은 어떠한가? 지구 곳곳을 피로 물들이는 정당성 없는 전쟁이 자국의 이익을 위한 에너지 확보에서 비롯되고 있다는 것은 상식이다. 상품의 세계화만 있고 인

---

[553] '사회적 결합태(social figuration)'란 문명이 합목적성을 가지고 발전하는 것이 아니라 권력을 유지하려는 동기 부여를 통하여 인간 상호간의 의존 관계의 역학에 의하여 진행하여 나간다는 관점이다. 노베르트 엘리아스(Norbert Elias)/박미애 옮김, 『문명화 과정(Über den Prozeß der Zivilisation)』 (서울: 한길사, 1996), 25-30. 74-75. 필자는 선행 연구를 통하여 노베르트 엘리아스의 이론을 검토한 바 있다. 그 분석에 관한 내용은 다음을 참고하시오. 유경동, 『한국 사회와 기독교 정치 윤리』 (한국기독교연구소, 개정판, 2005), 3장 "현대 문명과 기독교 정치 윤리의 과제," 113-119.

간의 세계화는 없는 "지구 시민에게 시장의 자유를 허하라"는 공허한 세계화는 헤아릴 수 없는 지구촌 난민과 이주 노동자를 양산하고 있다. '평화 조약'을 체결하면 될 것을 '안보 딜레마'에 빠져들게 하여 분쟁 국가로 하여금 끊임없는 무기구매를 부추기는 군수 산업의 배후에 과학 기술은 어떻게 이용당하고 있는가? 이어지는 핵발전소 사고와 환경 재앙의 근본 원인은 누구에게 있는가?

인간 이성의 실현과 과학 기술의 진보가 문명의 이기를 만들어 낸 것은 사실이지만 우리는 산업 혁명의 이면에 여전히 미해결 과제로 남아 있는 우리 인간의 역사에 대한 반성을 배제한 채 '포스트-휴먼'을 말할 수 없다. 그러므로 '포스트-휴먼'의 윤리적 문제는 4차 산업과 연관한 과학 기술에 대한 '정의(definition)'로부터 시작하여야 한다. 이런 맥락에서 '포스트(post)'는 호모사피엔스를 이어주는 '후기'가 아니라 우리가 인간이라고 치부하며 살았던 인간성에 대한 '해체(de)' 또는 '탈'로부터 출발하여야 한다고 본다. 따라서 'post-human'이 아니라 'de-human'이 옳다고 할 수 있겠다. 이는 근대화를 넘어 후기 또는 탈근대화의 과정 중에 있는 인간성의 반성과 해체와 재구성, 그리고 다시 인간다움에 헌신하는 목표가 설정되어야 함을 의미한다. 따라서 포스트(post)라는 접두어가 미래에 대한 청사진 이전에 과거에 대한 망각이나 자의적 기억상실, 또는 침묵이나 책임의 생략이 되어서는 안 된다.[554]

지금까지 필자는 '포스트-휴먼'의 성격에 관하여 진보적 특징과 신학

---

554 릴라 간디(Leela Gandi)/이영욱 옮김, 『포스트 식민주의란 무엇인가?(*Postcolonial Theory: a critical introduction*)』(현실문화연구, 1999), 20-21. Leela Gandi는 식민주의적 "과거의 문제"를 료타르(Jean-Francois Lyotard)의 사상을 빌어서 정의하고 있다. 료타르의 입장에 대하여는 다음을 참고하시오., Jean-François Lyotard, *The Postmodern Explained to Children: Correspondence 1982-1985* (Sydney: Power publication, 1992).

과 과학 기술 사이의 협력적 관계 모색, 신학적 관점에서의 변증적인 관점, 그리고 탈휴머니즘적 맥락에서의 윤리적 과제들에 대하여 살펴보았다. 이제 '포스트-휴먼'과 과학 기술에 대한 거시적 담론을 살펴보기 위하여 밀드레드 솔로몬(Mildred Solomon)이 제기한 문제를 분석하여 보겠다.

III. '포스트-휴먼'과 과학 기술

'포스트-휴먼'의 시대를 이끌고 있는 과학 기술에 대한 윤리적인 문제는 많이 제기되고 있다. 매크로(macro) 수준과 마이크로(micro) 수준에서 많은 담론들이 형성되어 있는데 전자는 4차 산업 혁명의 특성과 윤리적 문제, 후자는 초지능과 같은 보다 상세한 내용의 윤리적 문제에 관한 것이다. 필자는 여기에서 거시적 차원에서 4차 산업 혁명의 윤리적 사안에 대하여 개괄하고 "IV. '포스트-휴먼' 과학 기술과 인간의 위기"에서 미시적 차원의 윤리적 사안에 대하여 살펴보도록 하겠다.

비나약 달미아(Vinayak Dalmia)와 카비 샤르마(Kavi Sharma)는 과학과 기술 공학의 발전을 통해 4차 산업 혁명의 과정이 도래하면서, 이를 주도하는 과학자/공학자들 또한 이러한 새로운 시대에 맞는 도덕 규범이 필요하다고 지적한다. 그러나 과학/공학의 발전과 이에 대한 윤리적 규범의 문제는 언제나 딜레마에 빠질 수 있음도 지적한다.[555] 이들이 제

---

555 Vinayak Dalmia and Kavi Sharma, "The Moral Dilemmas of the Fourth Industrial Revolution," *European Business Review* (Feb. 17. 2017), 유러피언 비즈니스 리뷰 웹사이트(최종접속: 2018년 3월 13일) URL=http://www.europeanbusinessreview.eu/page.asp?pid=1777

기하는 딜레마는 생명 과학에서 대두되는 '맞춤형 베이비'에서 생명의 선택에 대한 윤리적 문제, 인공지능의 알고리즘적 판단을 누가 통제할 수 있는지에 대한 의문, 경찰이 치안을 위하여 '얼굴 인식' 소프트웨어를 사용할 때 생기는 사생활 침범의 우려, 소셜 미디어 등이 심장 박동의 변화로 특정 사안에 대한 반응을 탐지하기 위하여 인간에게 얼굴 인식 소프트웨어를 사용하고 생체 감지기 등을 연결하게 될 때 발생하는 윤리적인 문제, 그리고 자율주행차가 운전 중 판단한 결과에 대하여 인간에게 부여한 '권리 장전'과 같은 권리를 부여할 수 있는지 여부 등에 대한 것들이다. 따라서 달미아 등은 미래에 대한 우려를 이솝 우화의 양치기 소년의 거짓말 정도로 치부할 것이 아니라 곧 현실로 나타날 수 있는 문제이므로 기계의 비도덕적 특성에 윤리적 기준을 정하는 것이 시급하다고 강조한다.[556]

하버드 대학교 의과대학 마취과 교수인 밀드레드 솔로몬(Mildred Solomon)은 4차 산업 혁명의 융합적 특징에 있어서 자연 과학, 정보 기술 및 인공지능 기술이 다양한 생물 과학과 결부되어 일어나는 시너지에 집중한다. 솔로몬은 기술이나 공학, 과학은 언제나 윤리적으로 중립적일 수 없기 때문에, 4차 산업 혁명을 정의하고 그것이 어떻게 인간의 삶에 영향을 미치는 지에 대해서는 윤리적 논의가 계속되어야 한다고 지적한다.[557] 밀드레드 솔로몬이 4차 산업 혁명의 과제에 대하여 간략하

---

[556] 위의 인용 글에서 달미아(Vinayak Dalmia) 등의 견해를 요약하였다.

[557] 이하 밀드레드 솔로몬(Mildred Solomon)이 제기한 네 가지 윤리적 문제는 아래의 사이트에 나온 내용을 별도의 인용 부호 없이 요약한다. Mildred Solomon, "The 4 Big Ethical Questions of the Fourth Industrial Revolution," *World Economic Forum* (Oct. 10, 2016), 세계 경제 포럼(World Economic Forum) 웹사이트(최종접속: 2018년 3월 13일)
URL=https://www.weforum.org/agenda/2016/10/how-can-we-enjoy-the-benefits-of-the-fourth-industrial-revolution-while-minimizing-its-risks/

게 지적하는 윤리적 문제는 총 네 가지이다.

첫 번째 윤리적 문제는 4차 산업 혁명이 고도의 기술적 융합을 토대로 이루어지는 만큼, 기술 자체에 대한 낙관적 관점을 가질 수 있는가에 대한 것이다. 솔로몬은 "기술이 언제나 우선순위로 발전되고 개발되어야만 하는가?"(Should the technology be developed in the first place?)라는 질문을 통해, 어떠한 기술을 개발하고 발전시키는 문제는 단순히 기술자들이 결정할 문제가 아니며, 전 세계적인 윤리적 논의에 기반하여 실행되어야 한다고 지적한다.

두 번째 윤리적 문제는 "만약 어떠한 기술이 계속 발전하게 된다면, 그것이 사용될 수 있는 제한선 또는 한계는 어디인가?"(If a technology is going to proceed, to what ends should it be deployed?)이다. 즉 3차 산업 혁명까지는 기술에 대한 인간의 통제 가능 범위가 결정적이었다면, 4차 산업 혁명에서는 기술의 발전과 더불어, 기술 자체가 자율적인 판단과 실행을 하는 상태에 이르렀을 때, 그것을 이용하고 통제할 만한 인간의 능력이 과연 존재하는지, 또한 그렇게 발달된 기술 자체를 이용하는 것이 과연 윤리적으로 정당한 것인지에 대한 논의가 필요하다고 보는 관점이다.

세 번째 윤리적 문제는 "만약 그 기술이 계속 발전할 것이라면, 어떠한 방법으로 발전해야 하는가?"(If the technology is to go forward, how should it proceed?)라는 질문이다. 이는 연구 윤리에 대한 측면으로, 어떠한 기술의 목적이 치료나 인간 능력의 강화에 있다고 할 때, 그것을 위한 과정에서 발생하는 비윤리적 연구 행위가 정당화 될 수 있는지에 대한 논의가 필요하다는 것이다.

그리고 네 번째 윤리적 문제는 "일단 어떠한 [기술에 대한 연구 및 실행] 규범이 설정되었다고 할 때, 그 규범을 얼마나 잘 지키는지를 모니터 할 수 있는 방안은 무엇인가?"(Once norms have been set, how will the field be monitored to ensure adherence?)에 대한 질문이다. 4차 산업 혁명이라는 흐름에 있어서 국가나 연구 기관의 규제가 필요한지에 대한 논의가 병행되어야 한다는 것이다. 솔로몬은 현재 다양한 공학적, 과학적 연구에 대한 중요한 가이드라인이 존재하지만, 여전히 그 가이드라인으로는 통제가 되지 않는 맹점이 존재한다고 말하며, 이를 효과적이고 긍정적으로 관리할 수 있는 윤리적 규범이 필요하다고 지적한다.[558]

밀드레드는 4차 산업 혁명에 관하여, 윤리적으로 논의되어야 할 부분을 정리하며, 4차 산업 혁명이 가져올 변화가 무궁무진하므로, 인간은 이러한 변화와 발전을 지혜롭게 운용할 수 있어야 한다고 지적한다. 따라서 인간의 주체성이 발전하는 기술에 침식되지 않도록 논의하고 이를 조정할 수 있는 능력을 윤리적 논의로 보며, 이러한 윤리적 논의는 기술과 과학 연구 당사자와 그 외 다양한 전문가들 사이의 끊임없는 대화를 전제한다고 본다.

필자는 밀드레드의 관점을 살펴보았듯이 나름대로 다음과 같이 해결점을 모색하여 보았다. 첫 번째로 급한 문제는 과학 기술에 대한 윤리적 함의가 전제되지 않고서는 '포스트-휴먼'은 또 다른 고통이 될 것이라는 점이다. 우리는 소위 과학 기술이란 것이 권력화 되어 자칫하면 국가가 국민을 호도하는 전방위적 선전으로 사용되기도 하며, 중상주의의

---

[558] 지금까지 밀드레드가 제기한 질문을 요약하였다. Mildred Solomon, "The 4 Big Ethical Questions of the Fourth Industrial Revolution," *World Economic Forum* (Oct. 10, 2016), 세계 경제 포럼(World Economic Forum) 웹사이트(최종접속: 2018년 3월 13일)
URL=https://www.weforum.org/agenda/2016/10/how-can-we-enjoy-the-benefits-of-the-fourth-industrial-revolution-while-minimizing-its-risks/

유혹에 빠져 과학을 황금알을 낳은 거위로 둔갑시키기도 한다는 것을 알고 있다. 세계 제국의 흐름은 영토의 확장과 해상의 패권을 넘어 이제는 우주 공간과 4차 산업을 선점하는 일에 집중하고 있는 것을 보게 된다. 같은 맥락에서 '포스트-휴먼'은 결국 과학 기술의 정치 윤리적 함의가 없는 상태에서 인공지능을 둘러싼 권력 투쟁은 불 보듯이 뻔한 일이다.

필자는 밀드레드가 제시한 두 번째 윤리적 사안인 4차 산업에 대한 인간의 자율성과 통제에 대한 요청에 대하여서도 의구심을 떨쳐버릴 수 없다. 이는 철학이 없는 기술 절대주의에 관한 의구심이기도 하다. 인간은 과학 기술에 대하여 '유토피아'를 꿈꾸지만 결국 '디스토피아'가 되지 말란 법이 없다. 인간의 자율성에 관한 의문은 자연히 인간 이성이 추구하는 계몽과 진보의 허구에 대한 철저한 반성을 촉구한다.

세 번째 윤리적 사안인 '연구 윤리'에 대한 인간 능력에 관한 밀드레드의 질문도 매우 중요하다. 연구 윤리가 확보되기 위하여서는 비판적 이성의 가능성이 제시되어야 하는데 이는 자기 보존을 최우선으로 삼는 주관적 이성에 대한 반성이 전제된다.[559] 과학 기술이 유용성만을 중시하는 도구로 전락하지 않기 위하여서는 연구 윤리가 중시되는 과학 공동체 및 사회 공동체의 구성이 필연적인데 국제 사회에서조차 규약이 지켜지지 않는 현실에서 '연구 윤리'를 확보할 수 있는 구성체의 조직 또한 요원하여 보인다. 따라서 합목적성을 가진 윤리적 규범과 조직을 구성하는 일 또한 급선무이다.

---

[559] 필자는 호르크하이머의 도구적 이성 비판을 염두에 두었다. 그는 자율적 이성의 자율성의 한계를 지적하며 주관적 이성과 객관적 이성의 조화를 시도하고 있다. 이론의 배경은 다음의 책을 참고하였다. 막스 호르크하이머(Max Horkheimer)/박구용 옮김, 『도구적 이성 비판』, (문예출판사, 2006)

네 번째 밀드레드가 제기한 것처럼 모니터링에 대한 책임은 누가 져야 하는가? 이미 '생활 세계의 식민지화'에 빠져있는 현 사회 구조적 상황에서 가능한 사안이 아니다. 관습이나 가치를 의사소통의 체계를 통하여 규범화하는 일상의 생활 세계는 관료 행정의 정치적 체제 또는 체계와 조화를 이루어야 한다. 그러나 공공 영역에서 생활 세계는 체제에 의하여 식민지화 될 가능성이 매우 높다. 권력과 돈, 그리고 정보의 통제를 통하여 제도화된 체제는 '포스트-휴먼'의 과학 기술에 대한 생활 세계 내 의사소통을 보장하지 못하고 오히려 전술적인 조작의 대상으로 전락시킬 수 있다.[560] 따라서 과학 기술의 공공성과 이를 보장하는 체제의 안정, 그리고 기독교의 공공성 또한 중요하다고 할 수 있다.

이와 같은 4차 산업에서 대두되는 윤리적 사안들이 거시적 담론이라면 '포스트-휴먼'에서의 과학 기술에 대한 미시적 사안들은 무엇이며 그에 따른 윤리적 문제점은 무엇인지 살펴보겠다.

IV. '포스트-휴먼' 과학 기술과 인간의 위기

'포스트-휴먼' 과학 기술에서 가장 큰 이슈가 되는 인공초지능의 문제가 비인간적 존재와 인간 사이의 상호 관계에 대한 논의를 유발하지만 이를 긍정적인 측면에서 보는 관점도 있다. 에이미 영스(Amy M. Youngs)에 따르면, 휴머노이드 또는 사이보그와 같은 인간의 형태와 특징을 바

560　윤평중, 『푸코와 하버마스를 넘어서』 (서울: 교보문고, 1990), 127-129. 참고로 하버마스(Habermas)의 이론적 배경은 다음의 책을 참고하였다. Jürgen Habermas, Trans. By Thomas McCarthy, *Communication and the Evolution of Society* (Boston: Beacon press, 1979).

탕으로 인공적으로 구성된 존재는 인간 자아를 상당히 반영하고 있다고 설명한다.561 에이미 영스는 새로운 기술을 통해, 새로운 관계성이 형성된다는 낙관적 견해를 보인다. 즉 인간은 기술의 발전을 통해, 타자를 보는 새로운 기술과 타자와 관계하는 새로운 연결점을 형성한다는 것이다.562

에이미 영스는 비록 현재 인간과 비인간에 대한 이분법적 선입견으로 인해, 사이보그-휴머노이드-로봇이나 인공지능과 같은 인간형 기계들은 아직까지 반(半)인간적인 것으로 정의되고, 이에 대하여 일종의 공포나 부정적 인식이 팽배하지만, 계속된 기술의 발전과 이로 인해 형성된 로봇과의 상호 교류가 더욱 활발해지면, 보다 긍정적인 인식을 통해 새로운 형태의 세계관이 만들어질 것으로 낙관한다. 그녀는 예술적인 측면에서, 인공지능과 같은 공학에 기반한 예술 작품을 만드는 과정에서 인간은 보다 상호 관계적이며 공유된 세계를 만들 수 있다고 보는데 인간은 인공지능이 구축한 가상의 세계 안에서 새로운 상황에 놓여진 자신을 인식하고 경험할 수 있게 되는 것이다. 이를 통하여 인간은 새로운 환경에서 상호 의존적 관계의 복잡한 연결들을 보고 이를 인식하고 상황을 예측하는 능력을 신장하게 될 수 있다고 에이미 영스는 강조한다.563

그러나 위와 같은 긍정적인 측면과는 반대의 문제도 있다. 다음으로 '포스트-휴먼'의 과학 기술의 문제와 연관하여 사물인터넷의 초연결성,

---

561　Any M. Youngs, "Embracing Interdependencies: Machines, Humans and Non-humans," Damith Herath, Christian Kroos and Stelarc eds., *Robots and Art: Exploring an Unlikely Symbiosis* (Singapore: Springer Science_Business Media, 2016), 92.

562　Ibid., 102.

563　Ibid., 110.

생물 공학, 나노 공학, 그리고 로보틱스에서 제기되는 윤리적 사안들에 대하여 살펴보도록 하겠다.

첫째, 독일 출신 경제학자 슈바프(Klaus Schwab)는 인터넷 및 초-연결성 문제에 대하여 경제학적 관점에서 4차 산업 혁명으로 들어가는 과정과 결과에 대한 낙관적 관점을 견지하면서도, 다양한 기술 분야 간 통합을 무제한적으로 허용할 때 그로 인해 인간의 기본적 능력이 소실될 지도 모른다고 지적한다. 슈바프는 스마트폰을 예로 들면서, 스마트폰의 등장과 그와 연계된 다양한 SNS를 통해, 인간은 거의 모든 시간 타인과 연결된 삶을 살게 되어 버리는데, 이로 인해 스마트폰을 통한 초연결성에 빠진 인간은 사색을 위한 연결의 단절이 불가능하게 됨으로써, 의미를 추구하는 사색이나 재충전을 위한 쉼의 시간을 가질 수 없게 된다고 지적한다. 특히 타인과의 관계에 있어서, 전인적인 관계가 아닌, 드러난 피상적 정보에 의존한 복잡한 관계가 형성됨으로써 공감이나 협력, 연대성과 같은 인간의 기본적 능력이 사라진다고 슈바프는 주장한다.[564]

알렉산더 마누(Alexander Manu)는 사물인터넷 기술과 인터넷 초연결성을 통해 '존재의 이중성' 문제가 야기된다고 지적한다. 마누에 따르면, 예를 들어, 'SNS(Social Network Service)'의 경우, 비록 현재 SNS를 이용하지 않더라도, SNS 상의 내가 끊임없이 다른 사람들에게 노출이 된다. 마누는 이를 '존재의 이중성'으로 정의하면서 사회적 미디어에 의하여 인간이 물리적으로 시공에 존재하면서 동시에 가상적인 아바타로 공존

---

[564] Klaus Schwab, "The Fourth Industrial Revolution: what it means, how to respond," *World Economic Forum* (Jan. 14, 2018), 세계 경제 포럼(World Economic Forum) 웹사이트(최종접속: 2018년 3월 13일) URL=www.weforum.org/agenda/2016/the-fourth-industrial-revolution-what-it-means-and-how-to-respond/

하여 새로운 존재의 형태를 띠게 된다고 본다.[565] 이와 같은 존재의 이중성은 특정한 시공의 장소에 자아의 위치가 제한받지 않고, 가상적 공간과 연결되어 '편재적'으로 존재하는데 이렇게 되면 현실의 물리적 세계를 사이버상에 구축하기 때문에 현실성이 약화되어 인간 정체성의 혼란을 부추길 위험이 있다고 지적한다.[566]

소위 과학 기술에서 '디지털 트윈(Digital Twin)'의 경우[567] 물리적 세계의 정보를 가상의 디지털에 도입한 후 시뮬레이션을 통하여 최적화된 제품을 얻을 수 있겠지만 이러한 원리를 인간에게 적용해서 가상의 인간을 실험하여 실제 인간을 구축할 수 있게 될지는 필자도 의문이다. 왜냐하면 인간성의 원리는 개체의 유일성에 근거하고 있으므로 유한한 인간이 디지털로 편재적으로 존재할 때 가상 공간에 대한 책임과 윤리적 의무가 문제시되기 때문이다. 이는 자연히 인간의 생물학적 존재로서의 특성을 중시하게 되는데 그 사안은 다음에서 살펴보겠다.

둘째, 인공 지능 및 생물 공학 문제에 대하여 슈바프는 특히 이 두 분야가 4차 산업 혁명에 있어 가장 큰 축을 담당하므로, 인간에 대한 새로운 정의를 정립해야 한다고 지적한다. 그는 인간에 대한 재정의는 곧 인간의 도덕적 경계를 재설정해야 하는 문제로 이어진다고 보고 있다.[568]

---

565   Alexander Manu, *Value Creation and the Internet of Things: How the Behavior Economy will Shape the 4th Industrial Revolution* (Burlington, VT: Gower, 2015), 55.

566   Ibid., 57-58.

567   '디지털 트윈(Digital Twin)'에 대한 설명은 다음을 참고하였다. 웹사이트(최종접속: 2018년 3월 28일) URL=http://blog.lgcns.com/1586

568   Klaus Schwab, "The Fourth Industrial Revolution: what it means, how to respond," *World Economic Forum* (Jan. 14, 2018), 세계 경제 포럼(World Economic Forum) 웹사이트(최종접속: 2018년 3월 13일) URL=www.weforum.org/agenda/2016/the-fourth-industrial-revolution-what-it-means-and-how-to-respond/

비나약 달미아(Vinayak Dalmia) 등도 인공지능을 통해 인류는 의사 결정 과정에 있어서 보다 유의미한 데이터를 확보하고 이를 통해 더 정확한 결정을 내릴 수 있다는 긍정적인 면이 있는 것은 사실이지만, 인공지능을 통해 수집되고 평가된 정보들을 얼마나 신뢰할 수 있는지에 대하여 문제를 제기한다. 즉 인공지능의 기본적 구성에 있어서 정보를 수집하는 데 적용된 기본값이 과연 그 자체로 정확한가에 대한 신뢰도의 문제가 발생하고 그러한 정보값을 입력하는 판단의 주체에 대한 정당성에 문제가 제기된다는 것이다.[569]

트랜스휴머니스트인 닉 보스트롬(Nick Bostrom)은 인공지능은 단순히 인공적으로 구성된 지능의 형태를 넘어, '인공적인 초지능적 행위자'로 발전하는 과정에 대하여 문제를 야기할 수 있다고 지적한다. 인공지능을 하나의 행위적 주체로 인정하는 경우, 그 주체에 대한 인류의 통제가 과연 가능한가 하는 문제이다. 또한 인공지능이 인간의 지능적 한계를 넘어서는 초지능으로 정의되는 경우, 인간의 판단이나 사고가 과연 이러한 인공지능의 사고처리 능력을 넘어설 수 있는지에 대한 문제가 발생한다. 예를 들어, 인간 주체가 인공지능을 또 다른 주체로 인정하여, 자신의 관심이나 문제를 해결하려고 할 때, 과연 그러한 결정을 내리게 하는 주체는 인간인지, 아니면 인공지능인지에 대한 혼란이 발생한다. 보스트롬은 이러한 문제를 '이중 주체 문제(Two agency problem)'로 명명한다.[570]

---

[569] Vinayak Dalmia and Kavi Sharma, "The Moral Dilemmas of the Fourth Industrial Revolution," *European Business Review* (Feb. 17, 2017), 유러피언 비즈니스 리뷰 웹사이트(최종접속: 2018년 3월 13일) URL=http://www.europeanbusinessreview.eu/page.asp?pid=1777

[570] Nick Bostrom, *Superintelligence: Paths, Dangers, Strategies* (Oxford: Oxford University Press, 2014), 127-129.

물론 보스트롬은 인간이 충분히 인공초지능에 대한 통제 가능성이나 잠재력이 있다고 진단은 하고 있다. 그는 인간이 만약 인공초지능을 통제할 수 있으려면 인간이 원치 않는 것을 미리 예방하여야 한다고 본다. 예를 들어, 초지능이 인간에게 해를 가하지 못하도록 하는 '가두기 방식(boxing method)'을 사용하거나 인공지능이 인간을 해하지 못하도록 초지능 내에 일종의 제어 방식을 심어서 이를 잘 수행하도록 '격려하는 방식(incentive methods)'을 채택할 수 있다. 보스트롬은 초지능이 자체적으로 수행하는 과정에서 '한계를 설정하여(stunting)' 자체적으로 문제를 유발하여 '실패할 수 있도록 유도하는 방식(tripwire)'도 가능하다고 설명한다.[571]

인공지능 전문가인 조지 자카다키스(George Zarkadakis) 또한 인공지능에 대한 통제 가능성을 제시한다. 근대적 관점에서 인간 정신이 어떻게 형성되는지에 대한 질문은, 인간이 인공적으로 정신을 만들 수 있는지에 대한 관심으로 이어졌고, 현재 학습이나 자율적 판단, 데이터 수집 및 정리와 같은 합리적인 인간 정신이 이미 인공적으로 구축되고 있다. 문제는 인공지능이 과연 인간에게 해를 가할 수 있는가 인데, 무인기가 이미 살상 무기로 사용된다는 점을 보면, 인공지능이 충분히 어떤 특정한 환경에서 인간에게 해를 가할 수 있다는 윤리적 문제가 초래된다. 따라서 그러한 문제가 어떤 상황이나 조건에서 벌어지는지에 대하여 충분히 논의하고, 인공지능 자체가 인간-친화적인 형태로 움직이도록 유도하는 데 최선을 다한다면, 불가능한 일은 아니라고 주장한다.[572]

---

571 Ibid., 129-138.
572 George, *In Our Own Image: Savior or Destroyer? The History and Future of Artificial Intelligence*, xx.

셋째, 나노 공학(Nanotechnology)의 문제에 대하여 아메드 칸(Ahmed S. Khan)은 나노 공학은 "다양한 공학 원리 및 적용 기술이 수렴된 분야로서, 나노미터 단위 수준에서 분자와 그 구조를 다루는 분야"[573]라고 정의될 수 있다고 본다. 비록 나노 공학 자체가 2차 산업 혁명부터 계속된 연구 및 기술 분야이지만, 4차 산업 혁명의 한 특징으로 볼 수 있는 이유는 전자 공학에 유기 물질을 사용하고 나노의 수준에서 바이오 물질을 조작하고 제어함으로써 4차 산업 혁명의 융합적 특징과 더불어 발전하고 있기 때문이다.

아메드 칸은 기본적으로 나노 공학은 인간의 건강이나 의료 분야에 있어서 획기적으로 그 진단의 정확성을 높이고, 치료 효과를 높이는 강점을 보이지만, 그럼에도 불구하고 이에 대한 윤리적 문제 또한 중요하다고 지적한다. 예를 들어, 인간의 생명을 나노 수준의 물질을 다루는 관점에서 접근할 때, 이러한 연구 또는 개발로 인해 형성되는 나노 수준의 폐기물이나 쓰레기 등이 인간이나 자연 환경에 미칠 영향은 어떻게 다루어야 하는지, 나노 공학이 아직 완성된 기술 분야가 아니어서 야기되는 불확실성의 문제를 어떻게 다룰지, 그리고 나노 공학을 통해 개발된 기술이 어떻게 공정하게 소비될 수 있는지 등에 대한 윤리적 논의가 필요하다고 본다.[574]

---

573   Ahmed S. Khan, "Nanotechnology: An Introduction to Applications and Ethical and Social Issues," Ahmed S. Khan ed., *Nanotechnology: Ethical and Social Implications* (Boca Raton, FL: CRC Press, 2012), 4.

574   Ibid., 24-30. 일례로 은나노 세탁기는 세탁물 안에 은입자를 침입시켜 살균효과를 내게 하는 것인데, 미국 환경보호청은 은 입자가 공기와 접촉하거나 하천으로 유입될 경우 화학 반응을 일으켜서 생태계에 유익한 박테리아나 미생물을 죽여서 생태계의 교란이 일어날 수 있어 농약류처럼 취급되어야 한다고 지적한 바 있다. 김청한, "인체 무해한 은나노 제품 가능할까?", 「The Science Times」, 2010. 7. 14. 웹사이트(최종 접속 2018년 3월 30일)
URL=http://www.sciencetimes.co.kr/?s=%EC%9D%B8%EC%B2%B4+%EB%AC%B4%ED%95%

진 앤더슨(Gene Anderson)은 보수적 기독교의 관점에서 기독교 윤리 체계는 하나님에 대한 신학적 구조, 그리고 성경에 대한 해석의 전통 등을 바탕으로 구성된다고 보며, 이러한 기독교 세계관은 4차 산업혁명을 이끄는 나노 공학 및 생명 공학의 기술 중심의 윤리성과는 배치될 수 있다고 지적한다. 앤더슨은 인간의 도덕적 능력을 강화시키는 기술에 대한 윤리적 문제를 제기한다. 예를 들어, 인간의 두뇌를 통제하여 범죄적 행위를 예방하거나, 특정한 약을 복용함으로써 윤리적 특징을 강화하는 행위는 신학적으로 인간이 무엇인지, 즉 하나님의 형상으로서의 인간 존재에 대한 문제를 제기하게 된다고 본다. 또한 인간의 윤리적 선택이나 판단의 문제는 주로 인간의 자율성에 기반하는데, 이러한 기술 중심의 방식은 인간의 자율성 문제를 침해할 소지가 있어 문제가 된다는 것이다.[575]

넷째, 로보틱스(robotics)와 '포스트-휴먼'의 문제에 대하여 지닌 트위트-베이츠(Jeanine Thweatt-Bates)는 로보틱스 및 인공지능과 같은 분야는 '포스트-휴먼'에 대한 가능성과 신학적 윤리적 당위성 문제가 연관된다고 본다. 먼저 '포스트-휴먼'에 대한 정의가 이루어져야 하는데, 트위트-베이츠는 '포스트-휴먼'은 포괄적 개념으로 "유전적으로 강화된 인간, 인공 인간 또는 안드로이드, 강화된 의식, 사이보그와 키메라(기계적 또는 유전적 혼종)" 등을 포함하는 개념으로서, 그 자체로 "하나의 특정한 어떤 것이라기보다는, 인간으로서 우리가 누구인지, 그리고 우리

B4%ED%95%9C+%EC%9D%80%EB%82%98%EB%85%B8

575   Gene Anderson, "Ethics: A Conservative Christian Perspective," Ahmed S. Khan ed., *Nanotechnology: Ethical and Social Implications* (Boca Raton, FL: CRC Press, 2012), 113-123.

가 어떤 존재가 될 수 있는지에 대한 성찰과 형상화의 행위"[576]라고 정의한다.

4차 산업 혁명의 로봇 공학 문제는 기존의 사이보그, 즉 사이버네틱과 유기체의 결합을 통해, 인간이 무엇인지에 대한 재정의를 요구한다고 보면서 스콧 미드슨(Scott Midson)은 기본적으로 인문학에서 인간에 대한 정의는 비인간 대상에 대한 상대적 개념으로 정의되어 왔다고 지적한다. 즉 인간의 정체성은 비인간에 대한 정의를 통하여 변증법적으로 구성되기 때문에 현재의 기술 중심 사회에서 로봇은 인간을 이해하는 상대로 규정된다고 할 수 있다. 미드슨이 제기하는 점은 기술의 발달과 더불어 비인간 영역으로 정의된 로봇이나 인공지능, 그리고 사이보그가 인간의 특징을 장착하면서 상대적으로 인간이 무엇인가를 정의할 영역이 점차 줄어들 위험이 있다는 것이다. 따라서 미드슨은 로보틱스의 상대적 관점에서 인간다움 또는 인간성을 이해할 것이 아니라, 인간 그 자체로부터 인간에 대한 정의를 이루며, 사이보그나 다른 여타의 인공적 유기체에 대한 정의는 인간에 대한 정의의 상대적인 위치에서 구성할 것을 요청한다.[577] 미드슨의 이러한 관점은 4차 산업에서 포스트모던의 윤리적 방향이 더욱더 올바른 인간성을 구축하고 신장할 것을 요청한다고 할 수 있다.

지금까지 필자는 '포스트-휴먼'에서 제기되는 윤리적 사안들을 거시적 수준과 미시적 수준에서 핵심적인 쟁점들만 짚어보았다. 다음에서

---

576 Jeanine Thweatt-Bates, *Cyborg Selves: A Theological Anthropology of the Posthuman* (Burlington, VT: Ashgate, 2012), 1.

577 Scott Midson, *Cyborg Theology: Humans, Technology and God* (NY: I.B.Tauris, 2018), 20-21; 198-200.

는 '포스트-휴먼'과 신학적 윤리의 과제에 대하여 그 내용을 간략히 살펴보도록 하겠다.

V. '포스트-휴먼'과 윤리학적 쟁점

필자는 앞에서 '포스트-휴먼'에 대한 거시·미시적 쟁점들을 살펴보았다. 이를 근거로 기독교 윤리학적 관점에서 제기되는 윤리적 사안들에 대하여 정리하면 다음과 같다.

첫째, '포스트-휴먼' 논의에 있어서 인간의 육체와 본성에 대한 보다 깊은 성찰이 요구된다. 미국 노틀담 대학교(University of Norte Dame)의 기독교 윤리학자 제럴드 맥케니(Gerald P. McKenny)는 현재 생물 공학의 발전은 인간의 본성을 실제적으로 변화시킬 만한 가능성을 가지지만, 이러한 경우, 인간의 본성에 변화를 주면서까지 생물 공학적으로 인간의 신체나 능력을 강화하거나 변화를 줄 필요가 있는지에 대한 신학적 논의가 필요하다고 지적한다. 즉 맥케니는 생명 공학적 간섭이 인간이 자연적으로 진화시켜 왔던 인간 본성에 인위적으로 개입하는 행위의 당위성을 신학·윤리적으로 논의하기 위해서는 인간 본성이라는 것이 생물 공학을 적용하는 문제에 있어 정말로 유의미한지에 대한 논의가 선행되어야 한다고 본다.[578]

맥케니는 생명 공학 기술과 그 기술을 인간에 적용하는 문제에 대한

---

[578] Gerald McKenny, "Biotechnology and the Normative Significance of Human Nature: A Contribution from Theological Anthropology," *Studies in Christian Ethics*, 26(1) (2013), 19.

기독교 윤리학적 입장은 4가지로 분류된다고 설명한다.[579] 일단 인간 본성에 대한 정의 또는 전제를 바탕으로 규범적 기준 여부를 정의할 수 있는데, 첫 번째 관점은 생명 공학은 기본적으로 인간 본성을 인위적으로 왜곡하고 개입한다고 보는 부정적인 입장이다. 따라서 인간 본성은 생명 공학에 의하여 간섭받을 수 없으며 신학적으로든 생물학적으로든 그 자체로 '자연적인 소여(natural givenness)'로 본다. 두 번째 관점은 인간 본성을 선과 권리를 위한 조건으로 이해하는 입장으로서 인간 본성에 개입할지 말지에 대한 여부는 언제나 인간의 공동선을 위한 합리적인 조건 하에서만 가능하다고 본다. 세 번째 관점은 생물 공학적인 발전을 지지하는 입장인데, 이 입장에 의하면 인간 본성에 대한 정의는 언제나 가소적이며 변형 가능한 것이다. 신학적으로 볼 때, 첫 번째 관점은 인간 본성 자체를 신으로부터의 '소여'로 보기 때문에, 본성 자체가 곧 인간에게 주어진 소명과 일치되는 반면, 세 번째 관점은 하나님께 받은 생명 자체를 강화시키고 완성으로 이끌 수 있는 생물 공학적 발전이 곧 소명으로 연결된다고 본다. 마지막으로 네 번째 관점은 맥케니 자신의 입장으로서 인간은 하나님의 형상을 따라 지음 받았기에 하나님과 다른 인간 존재와의 관계를 통하여 파악되는 존재라고 강조한다.[580]

둘째, 앞에서 맥케니가 강조한 것처럼 인간의 영혼은 과학 기술에 의하여 패턴화될 수 없다는 관점 또한 '포스트-휴먼' 논의에서 중요하다. 영국 성공회 성직자이자 의학자인 고든 맥페이트(Gordon McPhate)에

---

579 이하 맥케니의 기독교 윤리학적 관점을 요약한다. Gerald McKenny, *Biotechnology, Human Nature, and Christian Ethics* (NY: Cambridge University Press, 2018), 8-10.

580 지금까지 맥케니의 관점을 정리하였으며 그는 바르트(Karl Bart)와 태너(Kathryn Tanner)의 관점을 따르고 있다고 언급한다. Ibid., 8-10.

따르면, 기독교 신학에서 정의하는 영혼 개념은 인간의 '고유성'과 결부되어 왔다고 강조한다. 그는 영혼을 이해하기 위하여선 인간의 생명력, 의식, 자유 의지와 이성 등을 중시하여야 한다고 강조한다. 그는 아울러 인간의 영혼은 하나님의 형상 이론에 근거한 기독교 인간론의 중심이며, 인간의 "창조성, 도덕 주체성, 이타적 사랑을 할 수 있는 능력, 지혜와 이성을 보유할 수 있는 능력, 그리고 언어와 복잡한 의사소통 능력 등"을 포함하는 의미로 이해되어야 한다고 설명한다.[581]

조직신학자인 테드 피터스(Ted Peters)도 트랜스휴머니즘을 포함하여, 포스트휴머니즘에 대한 신학적 논의에 있어서 인간의 육체에 대한 기본적인 기독교 신학에 대한 이해가 선행되어야 한다고 설명한다. 피터스에 따르면, 기독교 신학의 인간론은 인간이 하나의 인격체로서 체화된 존재이기 때문에, 한 인간의 정체성은 단순히 육체나 영혼에 제한되지 않는다고 이해한다. 그렇기 때문에, 육체가 변화한다고 해서, 인간 정체성 전체는 절대 사라지지 않는다고 보는 영혼-육체 이원론적 사고가 전제되어 있다.[582]

피터스는 트랜스휴머니즘의 경우, 인간 육체를 배제한 채, 영혼을 정보 패턴으로 치환함으로써 인간의 불멸성을 추구한다는 점에서, 체화된 존재로서 인간의 본성을 부정한다고 지적하면서도, 인격적 존재로서의 인간성은 육체와 기본적으로 구분되는 영혼의 영역으로 둔다는 점에서 신학적 전제와도 연결된다고 지적한다. 그럼에도 불구하고 문제가

---

[581] Gordon McPhate, "Ensoulment Revised in Response to Genetics, Neuroscience and Out-of-Body Experience," Celia Deane-Drummond and Peter Manley Scott eds., *Future Perfect? God, Medicine and Human Identity* (NY: T&T Clark, 2010), 100-101.

[582] Ted Peters, "Perfect Humans or Trans-Humans?" Celia Deane-Drummond and Peter Manley Scott eds., *Future Perfect? God, Medicine and Human Identity* (NY: T&T Clark, 2010), 25.

되는 점은, 만약 육체의 기능이 기계적으로 바뀌고, 영혼이나 정신이 정보로 패턴화된다고 할 때, 이러한 복제의 과정이 과연 영육의 연결성을 담지 하는가에 따라 정체성 문제가 남는다는 것이다.[583]

셋째, 앞에서 인간 영혼의 고유성을 강조하였는데 여기서 한걸음 더 나아가 "인간은 하나님의 형상대로 지음을 받은 존재"라는 점은 매우 중요하다. 앤드류 러스틱(Andrew Lustig)은 기독교의 신학적 인간론은 신의 형상에 대한 논의에 기반한다고 보며, 생명 기술의 발전에 따른, 인간 본성에 대한 과학적 시각이 너무나 인간 중심적 또는 기술 중심적 사고관에 제한되지 않도록 기독교 신학적 논의가 필요하다고 주장한다. 러스틱은 '인간 생명의 존엄'이라는 개념은 기본적으로 신의 형상이라는 기독교 신학적 인간론에 맞닿아 있다고 본다.[584] 포스트휴머니즘이 생명 공학을 통하여 인간 육체와 본성의 질적 변화를 추구하지만 인간의 존엄성이 '하나님의 형상' 개념과 연관이 되는 한 윤리적 기준 또한 이를 근거하여 세워야 할 것이다.

고든 맥페이트(Gordon McPhate)도 기독교 신학에서 신의 형상 개념은 인간 본성에 대한 환원주의적 물질주의에 대한 대응이 될 수 있다고 주장한다. 즉 인간은 신의 형상으로서 체화된 존재이자, 하나님으로부터 영혼이 주입된 존재이다. 인간의 영혼은 하나님의 창조적 행위의 결과물로서, 인간은 하나님의 형상으로서 미래의 잠재성을 지니는 동시에, 다른 유기체와 구별된 독특성을 획득한 존재라고 정의할 수 있는 것

---

[583] Ibid., 27.
[584] Andrew Lustig, "The Image of God and Human Dignity: A Complex Conversation," *Christian Bioethics*, 23(3), (2017), 331.

이다.[585]

따라서 맥페이트는 신학적으로 인간 존재는 언제나 정신과 육체의 연합으로 정의되어야 하며, 인간에게 부여된 영혼은 하나님의 실재를 향한 목적론적인 지향성을 가지는 것으로 이해하여야 한다고 강조한다. 포스트휴머니즘은 단순히 인간의 완성을 기술적 개입이나 새로운 발명에서 찾는 것이 아니라, 그 자체가 하나님의 형상에 기반한다는 사고가 필요하다고 맥페이트는 주장한다.[586]

넷째, 인간은 기계론적 육체를 넘어 부활과 연관이 된다는 점 또한 강조되어야 한다고 본다. 노틀담 대학교(Notre Dame University)의 조직신학자인 셀리아 디앤-드러몬드(Celia Deane-Drummond) 또한 인간의 육체를 부정하는 영생 또는 불멸 개념은 신학적으로 정당화될 수 없으며, 기독교 신학의 역할은 이러한 극단적인 기술 낙관주의적 관점에 대한 대안을 마련하는 데 있다고 주장한다. 디앤-드러몬드는 기독교 신학의 종말론은 부활에 대한 소망과 더불어, 인간의 죄에 대한 이해를 전제한다고 강조한다. 그리고 무엇보다도 하나님의 나라에서 약속되는 영생은 인간의 삶에 있어서의 궁극적 변화, 즉 하나님이 원하시는 새로운 존재가 되는 것이다. 따라서 인간에게 부여된 덕을 하나님의 은혜로 완성하게 되는 과정을 통해, 인간의 기술 중심적 사고를 벗어나, 인간의 생명에 대한 궁극적 가치와 규범을 제안할 수 있다고 주장한다.[587]

---

585 Gordon McPhate, "Ensoulment Revised in Response to Genetics, Neuroscience and Out-of-Body Experience," 104.

586 Ibid., 112.

587 Celia Deane-Drummond, "Future Perfect? God, the Transhuman Future and the Quest for the Immortality," Celia Deane-Drummond and Peter Manley Scott eds., *Future Perfect? God, Medicine and Human Identity* (NY: T&T Clark, 2010), 182. 참고로 뇌 과학자인 아서 사니오티스(Arthur Saniotis)도 포스트휴머니즘에서 주장하는 기계론적 인간의 불멸성은 문제가 있다고 보고 있

지금까지 필자는 '포스트-휴먼'에서 제기되는 과학 기술의 일반 윤리적 사안을 간략하게 정리한 다음 기독교 신학에서 제기될 수 있는 문제들에 대하여 살펴보았다. 특히 과학 기술에서 간과하기 쉬운 육체와 영혼의 관계, 하나님의 형상론과 부활과 같은 신학적 주제들의 중요성에 대하여 강조하였다. 이제 다음에서 '결론'으로 '포스트-휴먼'에 대한 기독교 윤리학의 과제를 몇 가지 제시하도록 하겠다.

VI. 결론: '포스트-휴먼'과 기독교 윤리학의 과제

필자가 결론에서 제시하고자 하는 '포스트-휴먼'에 대한 기독교 윤리학의 과제는 세 가지인데 그것은 각각 '포스트-휴먼'에 대한 인간의 역사적 의식과 과학 기술의 정치화 참여', '신학의 위기에 대한 대응', '도덕 신학을 통한 공감과 배려의 공공성'에 관한 것이다.

첫째, '포스트(post)'에 대한 반성이 전제될 때 '포스트-휴먼'에 대하여 '역사적 책임' 또한 요청된다고 본다. 인간의 미래는 '오래된 것'이며 '오래된 과거'에 대한 반성이 있을 때 현재의 올바른 책임을 물을 수 있고, 미래가 가능하다는 관점에 귀 기울여야 한다고 본다.[588] 필자는 '포스트'

다. 인간에게 기존의 자연 선택적 진화과정은 이제 인간이 통제하고 개발하는 진화로 변화되어가고 있다고 본다. 특히 가상현실의 공간에서 새로운 형태의 감각이나 쾌락, 그리고 성 행위 방식들을 제공할 수 있다고 보고 있다. 그러나 문제는 육체성(physicality)이나 성(sexuality)은 생물학적 육체와 연관이 되어야 함에도 불구하고 부정될 수 있다고 우려한다. Arthur Saniotis, "Attaining Transcendence: Transhumanism, the Body, and the Abrahamic Religions," David Cave and Rebecca Sachs Norris, eds., *Religion and the Body: Modern Science and the Construction of Religious Meaning* (Leiden, Netherlands and Boston, MA: Brill, 2012), 157-158.

588 참고) 다음의 개념을 참고하였다. 헬레나 노르베리 호지(Helena Norberg-Hodge)/양희승 옮김, 『오래된 미래』(서울: 중앙북스, 2015). 헬레나 노르베리 호지는 서부 히말라야의 고지에 위치한 라다크의 공동

의 진정한 과제는 '탈' 또는 '반'의 입장이 반영되어야 하며 4차 산업 혁명에 이르기까지 배태한 '비인간화'에 대한 철저한 책임이 전제된다고 본다. 따라서 과학 기술은 중립적인 것이 아니라 '과학 기술 정치'가 이루어져야 한다. 과학의 탈정치화가 일면 과학의 순수성을 유지하는 점이 없지 않으나 과학 지식이 한쪽의 이득을 위한 '제로섬(Zero Sum)'의 원리에 기반한 통제적인 정치 권력이 아닌 사회의 복리를 신장하는 '토탈섬(Total Sum)'을 실현하여야 한다고 본다.[589] 이를 위하여 사회 체제 안에서 과학적 정당성을 유지하는 관점에서 나아가 과학 기술의 철학을 통한 정통성을 정치적으로 확보하여야 한다.[590] 따라서 기독교 공동체도 과학 기술에 대한 절차적 정당성에 대한 문제 제기와 아울러 정치적 역량을 통하여 앞에서도 지적한 인간 본연의 가치를 지지하는 과학 기술이 될 수 있도록 노력하여야 한다.[591]

둘째, 4차 산업의 '포스트-휴먼'에서 제기되는 가장 큰 문제는 '신학의 위기'에 관한 것이다. 이는 신학적 인간학에서 주요 주제인 신존재, 믿음, 죄, 영혼, 자유, 자율, 의지, 도덕적 판단과 같은 사안들과 연관이 된

체 정신을 통하여 생태적 위기에 직면한 미래는 과거와 전통의 유산 속에서 발견할 수 있다는 역설을 강조한다.

589 이 개념은 다음에서 참고하였다. 김문조, "과학 기술의 시대적 가치와 과학 기술자의 사회 정치적 역할", 『The Science Times』, 2004. 3. 28. 웹사이트(최종접속: 2018년 3월 30일) URL=http://www.sciencetimes.co.kr/?news

590 필자는 '정당성'과 '정통성'을 사회 구성체에서 가치 규범을 유지하는 합리성으로 파악하고 있으며 '정당성'이 구성체 내 절차적 과정을 중시한다면, '정통성'은 그러한 절차적 결과에 대한 사회적 용인을 뜻한다고 이해하고 있다. 예를 들어, '정당성'을 갖추었어도 '정통성'의 문제가 발생할 수 있다. '정당성'의 요건이 일방적인 결과를 얻기 위하여 자의적이거나 편파적으로 구성되었을 때, 이는 결과에 상관없이 그 '정통성'에 문제가 제기되는 것이다.

591 김혜령은 제4차 산업 혁명을 통하여 기계로 대체되는 인간의 노동과 그 결과로 파생될 심각한 임금 노동의 문제를 지적하면서, 칼뱅주의의 직업 윤리관을 재조명하였는데, 특히 '더불어 살기'의 모형으로 복지제도와 연관된 기본 소득제를 진지하게 고려하여야 한다고 강조한다. 김혜령, "제네바 종교개혁 정신에 비추어 본 제4차 산업 혁명과 사회적 기본권 보편보장제도 성찰," 『신학사상』(178집, 2017 가을), 155-195.

다. 현재 인공 초지능을 둘러싼 연구가 인간 본위의 특성이었던 자율성의 영역까지 파고들고 있고, 뇌 기억의 '홀로그램(hologram)'을 통한 '인간 불사론'까지 등장하여 전통적인 신론이 매우 위태하다.[592] '창조주 하나님의 실재'와 '인간의 죄', 그리고 '십자가의 대속'과 '천국'은 신학을 구성하고 있는 핵심인데 초지능이 신적 지혜를 대신하고 인간의 결점과 죄가 알고리즘(algorithm)적 사고로 대체될 경우 십자가의 대속은 그 의미가 약화되고 스스로 불사를 강조하는 로봇 문화 사고 안에서 천국은 부정될 것이다. 따라서 기독교 윤리학은 위와 같은 문제들에 대하여 응답하여야 하며 무엇보다도 '하나님의 실재'를 변증하는 일에 앞장서며 십자가의 사랑을 구현하는 인간 공동체의 형성에 이바지하여야 할 것이다.

일반적으로 과학과 신학의 대화에서 필자의 선행 연구로는 크게 네 가지 모델이 가능하다고 본다.[593] 그것은 각각 '상충', '독립', '대화', 그리고 '통합'의 유형인데 비록 양자 간 통섭의 입장을 필자는 지지하지만 각 입장의 차이가 극명하게 갈리고 있는 것을 본다. 예를 들어, 마리오 뷰리가드(Mario Beauregard)는 뇌 과학과 신학과의 양자 간 관계를 '부수현상론', '제거적 유물론', '심신일원론', '유심론', '실체이원론', 그리고 '이원

---

[592] 김동환은 포스트 휴먼의 특성 중 과학적 세계관의 '불사'와 기독교 구원관이 제시하는 '영생'과의 차이점에 대하여 강조한다. 김동환, "미래 인간은 구원받을 수 있는가?" 『신학사상』 (160호, 2013 봄), 141-161.

[593] 필자는 선행 연구에서 이언 바버(Ian Narbour)의 유형론에 따라서 '뇌 과학과 윤리'의 대화 모델을 정리한바 있다. 자세한 내용은 다음을 참고하시오. 유경동, 『뇌 과학과 윤리』 (용인: 킹덤북스, 개정판, 2016), 7장, 216-305. 이언 바버의 유형론은 다음을 참고하였다. 이언 바버(Ian Barbour)/이철우 옮김, 『과학이 종교를 만날 때』 (서울: 김영사, 2002). 참고로 이언 바버는 양자 간 대화를 '상충', '독립', '대화', 그리고 '통합'으로 유형화하는데 이에 대한 비판은 대화나 통합 모델의 경우 신의 실재와 자연 법칙의 세계관과는 양립불가능하다고 보며, 양자 간 대화가 다원주의나 또는 상대주의적 관점에서 통섭이 되려면 양자 간 공통문가 설정이 되어야 되는데 그러한 점이 부족하다고 지적받는다. 필자는 그럼에도 불구하고 이언 바버의 유형론이 양자 간 대화에서 필요한 유형론임을 인정한다.

적 상호 작용론'으로 정리하고 있다.[594] 부수현상론은 인간 정신은 뇌 활동의 부산물로 보는 입장이며 제거적 유물론은 과학적 지식에서는 전통적인 심리학적 관점은 제외하고 오로지 유물론적 인과 관계만 인정되어야 한다는 관점이다. 정신과 물리적 현상을 이원론적 입장에서 보는 실체이원론이나 양자 간의 중층적 해석이 가능한 이원적 상호 작용론, 그리고 정신과 뇌 활동의 연결을 살피는 심신일원론이나 유심론은 전통적인 신학적 해석을 수용할 가능성이 있다. 하지만 부수현상론이나 제거적 유물론의 영향력은 '포스트-휴먼'의 초지능과 연관하여 신의 실재나 인간의 영혼 또는 자율성에 관한 해석을 위축시킬 것이며 점점 무신론적 경향으로 흐르게 될 것으로 예측된다. 따라서 '포스트-휴먼'과 통섭할 수 있는 기독교 신학의 역할이 이론적으로 강화되어야 하며 과학 기술의 한계를 윤리적인 맥락에서 이론화하고 신학 본유의 가치들에 대하여 더 많은 관심을 기울여야 한다고 본다.

셋째, 현재 '포스트-휴먼'에서 영성, 덕, 그리고 성화와 같은 신학적 주제는 그 어느 때 보다도 중요하다고 본다. 그 이유는 기독교의 가치를 방어하자는 차원에서 뿐만 아니라 기계론적 초지능에 있어 '덕'과 같은 가치는 인간의 규범을 통하여 프로그래밍되기 때문이다. 기계의 연산력이나 알고리즘적 사고는 덕을 이루지 못한다. 인공지능에게 도덕 규범이 필요하다면 먼저 선행되어야 하는 것은 인간의 도덕적 수준에 의하여 초지능의 '기계 윤리(machine ethics)'도 결정된다는 사실이다. 따라서 그 어느 때 보다도 인간성 안에 덕과 성화를 체현할 수 있는 윤리적

---

594 유형론의 종류는 마리오 뷰리가드의 분류를 적용하였다. 마리오 뷰리가드(Mario Beauregard)/김영희 옮김, 『신은 뇌 속에 갇히지 않는다』(서울: 21세기북스, 2010), 187-188.

담론과 공공 가치의 실천에 앞장서는 자세가 요구되기에 기독교 윤리학은 이러한 사안들에 대하여 더욱 많은 관심을 가져야 할 것이다.[595]

무엇보다도 인간성에 근거한 '공동체'와 '공감'에 대한 보다 깊은 탐구가 '영성'과 연관하여 이루어져야 한다고 본다. '포스트-휴먼'에서 로봇화되는 인간에게 인간성을 정의할 영역은 점점 축소될 것이다. 인간 본연의 가치인 공감과 배려를 신장하고 기독교의 최고 가치인 사랑을 실현하는 '인간다움'을 소중히 여기는 일에 기독교는 앞장서야 한다고 본다. 로봇은 인간과의 대결에서 승리하고도 이긴 기쁨이 무엇인지 모른다.[596] 좌절하고 낙심한 이의 어깨를 감싸주는 우정과 생명을 살리기 위하여 소중한 자신의 장기를 내어주면서까지 희생하는 그 심정을 로봇은 계산해내지 못한다. 초지능로봇이 인간의 감정, 표정과 신호를 기계적으로 부호화할지라도 그것은 단지 '코딩(coding)'의 결과에 불과하다.

미래 교회의 일상이 바뀔 날도 멀지 않은 것 같다. 인공지능이 찬송가를 작곡하고 목회자가 빅데이터에 주제 단어 몇 개만 입력하면 그럴싸한 설교가 생산될 것이다. 로봇 신을 섬기는(?) 교회가 등장하였으니 신 개념과 교회 봉사 준칙이 입력된 로봇 교인이 예배에 참석하지 말란 법이 없다. 주보는 교회 입구에서 로봇이 대신 나눠줄 것이고 주방에서도 로봇들이 요리를 준비할 것이다. 그러나 이러한 모습이 과연 진정한 미래의 교회 모습일까?

---

595 안택윤은 포스트모더니티의 생태 신학의 출발점은 기존 '산업주의적인 신학의 수정'에 있다고 지적하면서, 제1세계 중심의 전체주의의 극복과 아울러 지역과 전통의 가치를 살리는 '지역성'과 '부분성'의 조화를 통한 다양성을 주장한다. 그의 주장은 4차 산업 시대의 '포스트 휴먼' 윤리에 있어서 고려하여야 할 좋은 모티브를 제공한다고 본다. 안택윤, "포스트모더니티 생태 신학을 향하여-자연 생태계, 경제 사회, 그리고 포스트모던 신학," 『신학사상』 (139호, 2007 겨울), 135-161.

596 예를 들어, 인간과 인공지능과의 바둑대결을 보면 인간은 한 수 한 수에 감정이 개입되지만 정작 인공지능 로봇은 인간을 이기고도 기뻐할 줄 모른다.

4차 산업 혁명이 박차를 가하는 이 때 기독교의 역할은 교회의 개혁과 영성 회복에 앞장서야 한다고 본다. 미래 사회 초지능의 기계화를 맹신하지 말고 하나님의 형상대로 만들어진 인간과 인간의 형상대로 조립된 기계와의 차이를 직시하여야 할 것이다. 우리가 고백하는 하나님은 스스로 낮아지고 고통당하신 하나님이시다. 인간이 만든 기계는 인간을 위압하는데 인간은 그를 초지능이라고 부추기고 있다. 유한한 인간이 자신의 한계를 뛰어 넘는 기계를 추앙하는 것은 과학을 또 다른 기계적 영지주의의 영역으로 내모는 것이 아닐까? 종교개혁 500주년을 막 지난 지금 우리는 4차 산업이 그리는 유토피아에 현혹되지 말고 루터가 그랬던 것처럼 하나님의 말씀과 우리 안에서 소리치는 신앙의 '양심'을 새롭게 하여야 할 것이다.

참고문헌

간디, 릴라/이영욱 옮김. 『포스트 식민주의란 무엇인가?(Postcolonial Theory: a critical introduction)』. 서울: 현실문화연구, 1999.

김동환, "미래 인간은 구원받을 수 있는가?" 『신학사상』(160호, 2013 봄)

김혜령, "제네바 종교개혁 정신에 비추어 본 제4차 산업 혁명과 사회적 기본권 보편보장제도 성찰," 『신학사상』(178집, 2017 가을)

노베르트 호지, 헬레나/양희승 옮김. 『오래된 미래』. 서울: 중앙북스, 2015.

바버, 이언/이철우 옮김. 『과학이 종교를 만날 때』. 서울: 김영사, 2002.

뷰리가드, 마리오/김영희 옮김. 『신은 뇌 속에 갇히지 않는다』. 서울: 21세기북스, 2010.

안택윤, "포스트모더니티 생태 신학을 향하여-자연 생태계, 경제 사회, 그리고 포스트모던 신학," 『신학사상』 (139호, 2007 겨울)

엘리아스, 노베르트/박미애 옮김. 『문명화 과정(Über den Prozeβ der Zivilisation)』. 파주: 한길사, 1996.

유경동. 『한국 사회와 기독교 정치 윤리』. 고양: 한국기독교연구소, 개정판, 2005.

_____. 『뇌 과학과 윤리』. 용인: 킹덤북스, 개정판, 2016.

윤평중. 『푸코와 하버마스를 넘어서』. 서울: 교보문고, 1990.

호르크하이머, 막스/박구용 옮김. 『도구적 이성 비판』. 서울: 문예출판사, 2006.

Anderson, Gene. "Ethics: A Conservative Christian Perspective", Ahmed S. Khan ed.. *Nanotechnology: Ethical and Social Implication*. Boca Raton, FL: CRC Press, 2012.

Bostrom, Nick. *Superintelligence: Paths, Dangers, Strategies*, Oxford: Oxford University Press, 2014.

Dalmia, Vinayak & Sharma, Kavi. "The Moral Dilemmas of the Fourth Industrial Revolution", *European Business Review*, Online. Feb. 17, 2017.

Deane-Drummond, Celia. "Future Perfect? God, the Transhuman Future and the Quest for the Immortality", Celia Deane-Drummond and Peter Manley Scott eds.. *Future Perfect? God, Medicine and Human Identity*, NY: T&T Clark, 2010.

Engelhardt, H. Tristram. "Regenerative Medicine after Humanism: Puzzles Regarding the use of Embryonic Stem Cells, Germ-Line Genetic Engineering, and the Immanent Pursuit of Human Flourishing", King-Tak Ip ed.. *The Bioethics of Regenerative Medicine*, NY: Springer, 2009.

_____. "Introduction: Regenerative Medicine at the Heart of the Culture

Wars", King-Tak Ip ed., *The Bioethics of Regenerative Medicine*, NY: Springer, 2009.

Habermas, Jürgen. *Communication and the Evolution of Society*. trans. By Thomas McCarthy, Boston: Beacon press, 1979.

Khan, S. Ahmed. "Nanotechnology: An Introduction to Applications and Ethical and Social Issues", Ahmed S. Khan ed., *Nanotechnology: Ethical and Social Implications*, Boca Raton, FL: CRC Press, 2012.

Lustig, Andrew. "The Image of God and Human Dignity: A Complex Conversation", *Christian Bioethics*, 23(3) (2017).

Lyotard, Jean-François. *The Postmodern Explained to Children: Correspondence 1982-1985*. Sydney: Power publication, 1992.

Manu, Alexander. *Value Creation and the Internet of Things: How the Behavior Economy will Shape the 4th Industrial Revolution*. Burlington, VT: Gower, 2015.

McKenny, P. Gerald. "The Ethics of Regenerative Medicine: Beyond Humanism and Posthumanism", King-Tak Ip ed., *The Bioethics of Regenerative Medicine*, NY: Springer, 2009.

_____. *Biotechnology, Human Nature, and Christian Ethics*. NY: Cambridge University Press, 2018.

McKenny, Gerald. "Biotechnology and the Normative Significance of Human Nature: A Contribution from Theological Anthropology", *Studies in Christian Ethics*. 26(1) (2013).

McPhate, Gordon. "Ensoulment Revised in Response to Genetics, Neuroscience and Out-of-Body Experience", Celia Deane-Drummond and Peter Manley Scott eds., *Future Perfect? God, Medicine and Human Identity*, NY: T&T Clark, 2010.

Midson, Scott. *Cyborg Theology: Humans, Technology and God*. NY: I.B.Tauris, 2018.

Peters, Ted. "Perfect Humans or Trans-Humans?", Celia Deane-Drummond and Peter Manley Scott eds.. *Future Perfect? God, Medicine and Human Identity*, NY: T&T Clark, 2010.

Saniotis, Arthur. "Attaining Transcendence: Transhumanism, the Body, and the Abrahamic Religions", David Cave and Rebecca Sachs Norris, eds.. *Religion and the Body: Modern Science and the Construction of Religious Meaning*, Leiden, Netherlands and Boston, MA: Brill, 2012.

Schwab, Klaus. "The Fourth Industrial Revolution: what it means, how to respond", *World Economic Forum*, Online. Jan. 14, 2018.

Solomon, Mildred. "The 4 Big Ethical Questions of the Fourth Industrial Revolution", *World Economic Forum*, Online. Oct. 10, 2016.

Thweatt-Bates, Jeanine. *Cyborg Selves: A Theological Anthropology of the Posthuman*, Burlington, VT: Ashgate, 2012.

Waters, Brent. "Extending Human Life: To What End?", King-Tak Ip ed.. *The Bioethics of Regenerative Medicine*. NY: Springer, 2009.

Youngs, M. Any. "Embracing Interdependencies: Machines, Humans and Non-humans", Damith Herath, Christian Kroos and Stelarc eds.. *Robots and Art: Exploring an Unlikely Symbiosis*, Singapore: Springer Science_Business Media, 2016.

Zarkadakis, George. *In Our Own Image: Savior or Destroyer? The History and Future of Artificial Intelligence*. NY and London: Pegasus Books, 2015.

곽노필. "'인공지능 신'을 섬기는 교회가 있다". 「한겨레」. 2017.11.20. http://www.hani.co.kr/arti/society/religious/819821.html#csidx3d6911697581cd8bdd715634a83069. 최종 업데이트 2018.3.10.

김문조, "과학 기술의 시대적 가치와 과학 기술자의 사회 정치적 역할". 「The Science Times」. 2004.03.28. http://www.sciencetimes.

co.kr/?news, 최종 업데이트 2018.3.30.

김청한. "인체 무해한 은나노 제품 가능할까?". 「The Science Times」. 2010.7.14. http://www.sciencetimes.co.kr/?s=%EC%9D%B8%EC%B2%B4+%EB%AC%B4%ED%95%B4%ED%95%9C+%EC%9D%80%EB%82%98%EB%85%B8, 최종 업데이트 2018.3.30.

유창선. "인간 생각도 컴퓨터에 저장… 인간불멸 프로젝트". 「전자신문」. 2016.03.15., URL=http://www.etnews.com/20160315000007, 최종 업데이트 2018.3.10.